존 로크의
정치사상

존 로크의
정치사상

송규범 지음

아카넷

학문이 독립된 분과 체계로 전문화하기 이전에 위대한 사상가들이 흔히 그러했지만, 로크는 그 누구보다 실로 다양한 분야에 걸쳐 지적 관심을 가졌고 또한 여러 분야에서 나름대로 일가견을 이루었다. 그렇지만 그가 다른 무엇보다 역사에 지워지지 않을 족적을 남긴 것은 철학과 정치사상의 두 분야이다. 그는 『인간 오성론』을 통해 영국 경험주의 철학을 확립한 철학자로서, 그리고 『정부론』을 통해 근대 자유주의 정치사상의 기초를 다진 인물로 우뚝 선 것이다.

자유주의 정치철학의 위대한 저작이라는 평가를 받아 온 『정부론』은 적어도 영미 세계에서는 그에 대한 연구가 끊임없이 이루어지고 있다. 그에 비해 우리나라에서는 로크가 명성에 걸맞은 대접을 받고 있지는 못한 듯하다. 간간이 단편적인 논문이 발표되기는 하지만, 그의 정치사상에 대한 전반적이고 종합적인 연구는 거의 없는 실정이다. 이 책은 정치사상가로서의 로크의 면모를 주저인 『정부론』을 중심으로 파악해 보려는 시도이다. 로크의 사상에 대해서는 다양한 주제의 연구 업적들이 쏟아져 나오고 있고, 그런 만큼 각양각색의, 때로는 서로 상충하는 해석과 견해가 난무하기도 한다. 이 책에서 필자는 여러 다양한 연구 업적들을 종합적으로 검토하면서 로크의 좀 더 참된 모습을 그려보고자 하는 것이다. 이 연구는 두 부분으로 구성되어 있는데, 제2부는 『정부론』, 특히 그 가운데 『제2론』의 텍스트를 분석한 것이고, 제1부는 텍스트의 보다 올바른 이해를 위해 그 역사적·정치적 콘텍스트를 살펴본 것이다.

로크의 정치사상을 집약한 『제2론』의 가장 단순한 얼개를 말하자면 다음과 같다. 원래 인간은 공동체로 조직화되기 이전에 자연상태에서 자연법의 지배를 받으며 살고 있었다. 그런데 그들은 좀 더 효율적으로 재산—생명·자유·자산—을 보전하기 위해 자발적인 계약과 동의로 시민사회를 수립하고, 재산을 보전하는 데 필요한 권력을 정부에 양도하면서 그에 복종할 의무를 스스로 받아들였다. 그렇지만 그 의무는 조건부의 것이어서, 만일 정부가 그 임무를 방기한다면 국민은 그에 저항할 권리를 갖고 있다는 것이다. 이 책의 제2부를 이루는 다섯 장은 각각 이 얼개를 구성하는 핵심 관념이라 할 수 있는 자연법과 자연상태, 재산, 시민사회, 동의와 정치적 의무 그리고 저항권을 중심으로 텍스트를 분석하였다.

『정부론』은 전통적으로 명예혁명의 탁월한 변론서로, 그리고 휘그당의 정치 이념을 훌륭하게 표현한 것으로 인식되어 왔다. 그러다가 20세기 후반기로 넘어오면서 오랜 시간에 걸쳐 많은 연구자들이 정통으로 받아들여져 온 그런 견해에 대해 이의를 제기했다. 이들은 『정부론』이 명예혁명을 변호하기 위해 저술된 것도, 실제 그렇게 기능한 것도 아니며, 그것이 휘그에게 열렬하게 받아들여지지도 않았다고 주장한다. 온건한 휘그들이 받아들이기에는 로크의 주장이 너무 과격했다는 것이다. 제2장 (『영국 연구』 제18호에 게재)과 제3장(『서양사론』 제106호에 게재)은 『정부론』

6

이 저술된 정치적 배경이나 저술 의도, 그리고 명예혁명과 관련하여 갖는 의미 등의 문제와 관련한 여러 학자들의 논쟁을 검토하여『정부론』을 둘러싼 콘텍스트를 이해하고자 한 것이다. 그리고 제1장은 로크의 사상이 형성되어 간 과정을 추적하기 위해 그의 삶을 그 시대적 상황과 관련하여 정리한 것으로서, 로크의 소략한 전기 구실을 할 수 있기를 기대하면서 쓴 글이다.

제2부는 제7장(『서양사론』 제115호에 게재)을 제외하고는 원래 학위논문으로 작성한 것이다. 대체로 1980년대 후반에 쓴 것이니 거의 한 세대도 더 지난 낡은 것이다. 아마 다른 사람도 그런 경우가 더러 있을 것이다. 시간에 쫓겨 만족스럽지 못한 상태로 작업을 끝낸 뒤 내심 "곧 좀 더 손을 봐서 책으로 출간해야지" 하고 생각하지만, 막상 학위를 받고난 뒤에는 두 번 다시 들춰보고 싶지 않아 그대로 팽개쳐 두는 경우 말이다. 내 학위논문「John Locke의 정치사상」이 바로 그런 신세에 처해졌던 것이다. 그러다가 10년이나 지난 2000년대 초에 뜻하지 않게 로크를 다시 찾게 되었다. 급히 연구 실적이 필요한 일이 생겼는데, 별다른 준비를 해 놓은 게 없는 바람에 로크를 다시 찾은 것이다. 만만한 게 로크였다.

사실 학위논문 주제로 로크를 잡은 것 자체가 무슨 고상한 동기나 사명감이 있어서가 아니라, 순전히 편의성 때문이었다. 무엇보다 그가 만만해 보였던 것이다. 우선 언어 장벽의 문제를 피할 수 있었다. 이런저런 주제를 건드려도 보고, 한때는 루소에 관심을 가지기도 했다. 그러나 독일어나 프랑스어의 장벽이 부담스러웠다. 사료 문제도 그렇다. 논문을 준비하던 무렵만 하더라도 2차적인 문헌도 구하기가 만만치 않은 판에 1차 사료는 나로서는 언감생심이었다. 그러나 사상사의 경우에는 이 문제가 큰 난관이 되지는 않았다. 특별한 경우가 아니면 연구 대상 인물의 저작들을 구하지 못할 일은 없었기 때문이다. 사상사는 적어도 사료 문제로 연구자를 주눅 들게 하지는 않았다. 그 무렵 사상사를 택한 연구자들은 다들 비슷한 생각이었을 것이다. 그래서 석사 과정에서도, 그리고 박사 과정에서도 연구 주제를 찾아 이리저리 헤매다가 여건이 여의치 않게 되자 결국은 '만만한' 로크를 찾아갔던 것이다. 로크는 늘 그렇게 아쉬울 때 나에게 비빌 언덕이 되어 주었다.

이때도 그랬다. 로크에게서는 뭘 하나 쉽게 얻어낼 수 있을 것 같았다. 그래도 첫사랑 아닌가. 그래서 잡은 주제가 부록에 실은 로크의 관용론(『서양사론』 제78호에 게재)이다. 그러나 내 평소의 만만디 기질을 어찌할 수 없어서, 성과물을 얻는 데는 처음 기대했던 것보다 훨씬 오랜 시간이 걸렸다. 그런데 애초에 그것이 필요했던 사정 자체는 없는 일이 되어 버렸는데, 그 대신 그 작업이 예정에 없던 결과를 가져왔다. 지금 펴내는 이 책이 그 결과물이다. 이 관용론 연구를 계기로 해서 오래 방치해 둔 숙제를 다시 꺼내 들게 되었다. 이왕 손댄 김에 묵은 숙제를 끝내 보자고 마음먹은 것이다. 그래서 그 뒤로 학위논문에서 다루지 못했던 부분인 콘텍스트와 관련한 문제를 살펴보는 제1부의 세 편의 글을 쓰고, 마지막으로 제7장을 써서 제2부의 공백 부분을 보충했다.

마지막으로 작성한 제7장을 학술지에 발표한 게 2012년 12월이다. 이후에 주로 한 세대 전에 쓴 학위논문을 중심으로 모든 글들을 고치고 다듬고 하면서 보완한답시고 보낸 세월이 벌써 꼬박 2년도 더 지났다. 웬만큼 생산성이 뛰어난 학자라면, 아예 책을 한 권 새로 쓰는 것보다 더 오랜 시간이 걸렸다. 석사논문을 위해 로크와 처음 사귄 1970년대 말로부터 치면 거의 40년 세월이다. 참으로 한심하고 부끄럽다. 로크는 자작의 비명(碑銘)에서 "노력으로 된 학자"라고 하면서 스스로를 한껏 낮추었지만, 이는 분명 과겸(過謙)의 비례(非禮)라 할 것이다. 그런데 타고난 재능이 모자라면 이를 메우려는 노력이라도 기울여야 하는데, 나는 그리하지도 못했다. 노력도 아무나 하는 게 아닌가보다. 어느덧 앞을 내다보기보다 뒤를 돌아보게 되는 나이가 되어, 돌이켜 보면 내 학문적 삶의 빈약함과 초라함을 확인하는 것 같아 마음 한구석이 편치 않다. 그러니 어쩌겠는가? 어쨌거나 이제 그 오랜 짐을 벗게 되었으니 한편 홀가분하기도 하다.

근년에 "내가 역사를 공부해도 헛공부 했구나" 하는 생각을 한 적이 있다. 역사라는 게 원래 굽이치며 흐른다. 곧바로 나아가지만은 않는다. 휘몰아치기도 하고, 에돌아가기도 하고, 때로는 뒤로 돌아가기도 한다. 그게 역사다. 머리로는 그렇게 알고 있으면서도, 나는 우리 역사가 뒷걸음치리라고는 미처 생각하지 못했다. 이른바 형식적 민주주의의 문턱을 넘은 지도 한참 지났다. 어떻게 이룬 민주화인가! 그것이 어찌 뒤집어지겠는가? 그러나 지금 수레바퀴는 거꾸로 돌고 있다. 이 책의 제2부를 이루는 학위논문을 쓰던 때는 자유주의의 이름으로 자유가 유린되고, 민주주의의 이름으로 기본적 인권이 짓밟히던 시절이었다. 그런데 민주화가 이루어졌다는 대한민국에서 정도야 덜하지만 그 시절과 비슷한 일들이 다시 벌어지고 있다. 인권도 국민의 기본권도 뒷걸음치고, 사회 전반에 걸쳐 퇴행 현상이 벌어지고 있다. 빨갱이 사냥이 사라지는가 싶었는데, 이름만 살짝 바꾼 종북 몰이가 여전히 극성을 부리고 있다. 자유와 인권의 보장을 기본 가치로 하는 자유민주주의를 거의 국시로 떠받드는 나라에서 말이다. 자유주의에 대한 이해가 지극히 천박한 탓이다.

"대한민국의 주권은 국민에게 있고, 모든 권력은 국민으로부터 나온다." 대한민국 헌법 제1조의 한 구절이다. 이 헌법 제1조가 연전에는 거리 시위에 등장했다. 수많은 국민들이 촛불을 밝히면서 거리에서 헌법 제1조를 외쳤다. 국민은 주권 재민의 원칙이 헌법 조문에만 존재하면서 사문화되어 가고 있다고 느끼기 때문이다. 로크가 삼백하고도 수십 년 전에 천명한 주권 재민의 원칙을 21세기 대한민국에서 새삼 확인해야 하는 상황이 된 것이다. 오죽하면 국민이 국가에게 헌법을, 그것도 제1조를 지키라고 외치겠는가.

아직도 이 나라에서 경제적·사회적 민주주의는 사치인 것 같다. 자유민주주의는 이 땅에서는 아직도 넘어서야 할 대상이 아니라 힘겹게 찾아 세우고 확립해야 할 바의 것이다. 그런 면에서 자유민주주의를 처음 사상적으로 체계화한 로크는 지나가 버린 과거가 아니라, 우리에게는 미래에서 외치는 소리가 아닌가 하는 생각도 든다. "지금 왜 로크냐?"에 대한 이유가 되지 않을까? 수십 년 동안 팽개쳐 둔 로크를 지금 다시 꺼내 드는 것이 부질없거나 무의미하지는 않으리라고 자위해 본다.

누구든 학문의 길에서 많은 분들에게 빚을 지게 마련이다. 나 역시 그렇다. 많은 분들이 감사하지만, 이 자리에서는 특히 두 분의 은사님께 감사의 마음을 전해 드리고 싶다. 오래 전에 돌아가신 양병우 선생님은 석사논문을 지도해 주셨고, 구순에 이른 지금도 학인의 모습을 변함없이 보여 주고 계시는 나종일 선생님은 박사논문을 지도해 주셨다. 특히 나 선생님은 내가 논문을 거의 손 놓고 있을 때, 격려하고 다그치고 해서 끝맺음을 하게 해주셨다. 그렇지 않았다면 아마 논문이 완성되지 못했을지도, 그러면 지금의 이 책도 애초에 생겨나지 않았을지도 모른다.

끝으로 이 책을 펴내는 과정에서 이경열 부장님을 비롯해 직접적으로든 간접적으로든 애쓰신 모든 분들께도 감사드린다.

2015년 4월

송규범

차례

제1부

제1장

존 로크: 삶과 시대

1. 서머세트에서 옥스퍼드까지

로크는 자신과 관계되는 것은 무엇이든 매우 꼼꼼하게 기록하고, 또한 그것을 버리지 않고 보관하는 습관을 가지고 있었다. 그 덕분에 일기, 독서 노트, 편지는 말할 것도 없고 심지어 물품 구매 목록이나 가계부에 이르기까지 풍부한 자료들이 지금까지 전해져서, 우리는 로크의 삶에 대해 그 시대의 어느 누구보다 더 잘 알 수 있게 되었다.[1]

··

1) 로크는 상속자 피터 킹(Peter King)에게 소장 장서와 미발간 원고, 그리고 자신과 관련한 여러 자료 등 방대한 분량의 문헌을 유산으로 물려주었고, 이후 이 문헌은 러블레이스(Lovelace) 백작 가문(킹은 나중에 러블레이스 백이 되었다)의 가산으로 보관되어 왔다. 그러다가 이 이른바 러블레이스 문고(collection)가 1948년에 옥스퍼드 대학의 보들리 도서관(Bodleian Library)에 매각되었는데, 이로써 로크의 꽤 온전한 전기를 구성할 수 있을 방대한 분량의 원사료가 연구자에게 공개되었다.

로크는 1632년 8월 29일 외가인 서머세트(Somerset)의 소읍 링턴 (Wrington)에서 태어나 인근에 있는 펜스퍼드(Pensford)의 친가에서 자랐다.[2] 그가 자란 집은 전망 좋은 언덕배기에 자리 잡은 안락한 농가였다. 브리스틀(Bristol)에서 남쪽으로 10킬로미터 가량 떨어진 곳에 있는 이 집은 할아버지 니컬러스(Nicholas) 로크가 포목상으로 성공하여 도시트(Dorset) 주에서 옮겨와 정착한 곳이었다. 로크의 아버지는 장남으로 태어나, 유망한 가업을 잇지 않고 법률가가 되어 시골 마을의 이름 없는 변호사와 서머세트 치안판사의 서기로 일했다. 벌이가 별로 신통치 않아서 경제적으로 보자면 그는 선대보다 나아지지 못했다. 아버지 존(John)은 청교도로서 엄격하고 과묵한 사람이었으며, 아들 존에게 정신의 독립성과 절제의 자세를 보여 주었다. 외가 또한 청교도 상공업자 집안이었다. 무두장이의 딸로서 남편보다 나이가 열 살이나 많았던 어머니 역시 "매우 경건한 여성이자 다정한 어머니"였다.[3] 부모의 이런 청교도적 훈육은 로크의 삶에 매우 큰 영향을 끼쳤다.[4]

로크가 태어난 세상은 그가 삶을 마감할 때의 영국 사회와는 판이하게

∙∙

2) 링턴과 펜스퍼드는 원래 서머세트에 속해 있었는데, 지금은 1974년의 행정 개편으로 신설된 에이번(Avon) 주에 속해 있다.

3) 로크는 후일 어머니에 대해 그렇게 회상했다. Maurice Cranston, *John Locke, a biography* (London, 1957), p. 13에서 재인용.

4) 특히 John Dunn, *Locke* (Oxford, 1984), pp. 1-3은 부모로부터 영향을 받은 청교도적 감정과 태도의 중요성을 강조한다. 던에 의하면 로크는 평생 의무감을 삶의 중심에 두고 매우 엄격한 도덕적 기준을 유지했다는 것이다. 비록 로크의 철학 저술에는 청교도적인 것이 직접적으로 표현되지는 않았고 오히려 당시의 청교도들에게 충격을 줄 내용이 많았지만, 그럼에도 그의 사상 전반에 걸쳐 통합성과 인간적 깊이를 부여해 주는 정체성은 바로 깊은 청교도적 자아의 정체성이었다고 던은 주장한다. Richard Ashcraft, "Faith and Knowledge in Locke's Philosophy," J. W. Yolton, ed., *John Locke: Problems and Perspectives* (Cambridge University Press, 1969), p. 214 역시 "로크의 철학은 확고부동한 기독교 신앙의 지하묘지에서 솟아난다"고 하면서 로크의 사상이 기독교 신앙에 바탕을 두고 있음을 강조한다.

다른 세상이었다. 그가 눈을 감을 때 영국은 삶에 대한 균형감 있고 관용적인 태도가 지배하는 사회였지만, 그가 처음 접한 것은 "격렬한 갈등과 편협한 열정의, 과장되고 거친 의사 표현의 미친 세상이요, 사람의 감정과 정감이 지나치게 횡행하고 이성이 잊힌 세상"이었다.[5]

로크가 열 살 때 내란이 일어나자 아버지는 1642년 4월 모시고 일하던 치안판사 앨릭잰더 포펌(Alexander Popham)이 일으킨 의용군에 가담하여, 기병대위로 의회군의 편에 서서 내전에 참가했다. 그러나 잉글랜드의 서부 지역에서는 의회의 대의가 크게 먹혀들지 못했고, 이듬해 상반기에 우월한 세력의 국왕군은 서머세트의 거의 모든 지역을 장악했다. 마침내 7월 13일에는 포펌 대령과 로크 대위가 소속된 의회군이 디바이지즈(Deviges) 근교에서 국왕군에게 참패를 당했고, 이 패배 이후 그들은 군사 활동에서 물러나 귀향했다.

이 내란으로 로크의 집안은 거의 거덜이 날 만큼 가산이 탕진되었으며, 여러 해 고생한 뒤에야 옛 생활 방식을 되찾을 수 있었다. 로크의 아버지는 비록 군사적으로 실패하고 경제적으로 고초를 겪기는 했지만, 이때 맺은 포펌과의 인연으로 장남 로크의 인생에 중요한 전기를 마련해 줄 수 있었다. 바스(Bath)의 의원으로 중앙 정치 무대에 진출한 포펌은 내전이 의회군의 승리로 사실상 끝난 1647년 가을에 로크를 웨스트민스터 스쿨(Westminster School)에 입학시켜 주었던 것이다. 그리하여 가난하고 이름 없는 시골 변호사의 아들이 당대 최고의 명문 학교에 유학을 가게 되었다.

15세에 집을 떠나 맞이한 웨스트민스터의 학창 생활은 단순히 외적인 생활환경의 변화를 가져 왔을 뿐만 아니라 고향집과는 다른 정치적 분위

••
5) R. I. Aaron, *John Locke* (Oxford, 1937, 2nd ed., 1965), p. 1.

기와 접하는 기회가 되었다. 당시 웨스트민스터 스쿨은 승리한 의회의 통제를 받으면서도 완고한 왕당파 교장 리처드 버스비 박사(Dr. Richard Busby)가 그대로 자리를 지키고 있었다. 그는 자신의 정치적 성향을 숨기지 않았고, 1649년 1월 찰스(Charles) 1세가 학교의 지척에서 참수되었을 때 학생들에게 국왕을 위한 기도를 올리게 했다. 학교는 그의 영향으로 전반적으로 왕당파의 대의에 충실해 온 분위기를 유지하고 있었다. 이런 환경은 청교도 가정의 배경을 가진 로크에게는 어느 정도 혼란스러운 것이었고, 왕당파의 영향에 조금씩 물들게 되었다. 학교에서 그는 왕당파 집안 출신의 여러 친구들과 사귀었고, 입학 두 해째에 있었던 국왕 처형의 충격도 겪으면서 왕당파에 대해 좀 더 동정적인 견해를 갖게 되었다.

로크는 빼어난 학생이었고, 1650년에는 국왕장학생으로 선발되었다.[6] 그러나 그에게는 학교생활이 마냥 만족스러운 것은 아니었다. 교과과정은 거의 전적으로 고전 공부에 국한되어 있었고, 끊임없이 그리스어와 라틴어를, 그 다음에는 히브리어를 익혀야 했다. 그 덕분에 그는 고전에 통달했지만, 그는 나중에 자신의 교육사상을 개진할 때 웨스트민스터의 교과과정과 교육방식을 비난했다.

1652년에 로크는 웨스트민스터를 졸업하고, 일반적인 경우보다 훨씬 늦은 나이인 20세에 옥스퍼드 대학의 으뜸가는 칼리지인 크라이스트처치(Christ Church)에 입학했다. 옥스퍼드 시는 청교도혁명 때에 국왕군의 본부였던 곳이며, 크라이스트처치 칼리지의 건물은 국왕의 궁정이었다. 1646년 여름 옥스퍼드는 의회군에 함락되고 황폐해졌는데, 로크가 입학할 무렵 대학은 혼란 상태에서 회복되어 어느 정도 안정과 질서를 되찾고 청교 정신에 입각한 개혁이 추진되고 있었다. 각 칼리지에서 완강

6) 당시 웨스트민스터에는 40명의 국왕장학생과 그 외에 200명의 학생이 있었다.

한 왕당파 학장들이 숙청되고, 완고한 국교회 대신 종교적으로 관용적인 분위기가 자리잡아 가고 있었다. 크라이스트처치의 학장은 존 오언(Owen)이었는데, 그는 투철한 독립파(the Independents)로서 관용의 투사였다.

옥스퍼드의 학부 교육은 아직도 중세적인 것에서 벗어나지 못했다. 데카르트(Descartes) 철학의 도입이나 과학과 수학 분야의 최근의 큰 진전에도 불구하고 아리스토텔레스와 스콜라철학이 여전히 옥스퍼드를 지배하고 있었다. 교과과정은 주로 논리학·형이상학·고전어 등에 한정되었는데, 로크는 그것을 매우 무미건조하고 따분하다고 생각했다. 그는 나중에 친구 장 르클레르(Jean le Clerc)에게 옥스퍼드에서는 아리스토텔레스나 소요학파의 철학 이외에는 아무것도 배운 게 없다면서 그것의 무익함에 대해 불평을 털어 놓았다.[7] 한편 옥스퍼드 시절에 로크는 평생의 지기가 된 제임스 티렐(Tyrrell)을 만났다. 로크보다 열 살 아래인 티렐은 1657년에 퀸스칼리지(Queen's College)에 입학했는데, 그 이듬해에 둘은 서로 알게 되었고, 이후 두 사람의 교우 관계는 언제나 평탄했던 것은 아니지만 평생 유지되었다.

로크는 1656년 2월에 문학사 학위를, 그리고 1658년 6월에 문학석사 학위를 취득하고 또한 크라이스트처치의 연구원 지위(senior studentship)[8]를 얻었다. 그는 이렇듯 정규과정을 훌륭하게 이수했지만, 사실 정규 교과보다는 오히려 최근 옥스퍼드에 도입된 실험과학에 자극받아 화학실험과 의학에 더 큰 관심을 가졌다. 당시에는 의학 역시 여전히 고대 그리

---

7) Cranston, *John Locke*, p. 39.
8) 이는 다른 칼리지의 'fellowship'에 해당하는 것으로서, 특별한 사유로 박탈당하지 않는 한 종신직이나 로크는 1684년 국왕의 지시로 이 지위를 박탈당했다.

스의 갈레노스(Galenos)와 히포크라테스(Hippocrates) 같은 권위자에 기초하고 있었지만, 과학적 조사와 실험의 필요성도 제기되었고, 이미 그 성과로 해부학이 큰 진전을 이루어 윌리엄 하비(William Harvey)가 혈액 순환을 발견하기도 했다. 관찰과 실험에 입각한 새로운 의학 접근법은 로크에게는 매우 신선한 충격이었고, 그의 관심을 끌기에 충분한 것이었다. 석사학위를 받은 뒤 그는 좀 더 자유롭게 종교·윤리·정치 등을 포함하여 다양한 지적 관심사를 추구해 나갔는데, 그러나 그 무엇보다 의학과 화학 등이 이 시기 그의 주된 관심사였다. 이렇듯 로크는 첫 발걸음을 철학자로 시작하지는 않았다.

이런 분야에 대한 로크의 관심을 더욱 북돋운 사람은 저명한 화학자 로버트 보일(Robert Boyle)이었다. 보일은 로크와 거의 비슷한 기간 동안 옥스퍼드에 머물렀다. 그는 1654년에 런던에서 옥스퍼드로 옮겨왔는데, 옥스퍼드 대학에서 학문적 직책을 가지고 있지는 않았지만, 부유한 귀족이었던 보일은 집안에 실험실을 차려 놓고 새로운 실험적 방법에 관심 있는 젊은 과학자들을 불러 모았다. 로크는 이 모임의 일원이 되어 경험적, 과학적으로 자연에 접근하는 방법을 배웠고, 다섯 살 연장자인 보일과는 평생토록 우의를 유지하면서 지냈다.

이 시기에 보일과 더불어 로크의 사상 형성에 크게 영향을 미친 인물은 르네 데카르트(René Descartes)였다.[9] 이 무렵 데카르트의 합리주의 철학은 아직도 아리스토텔레스와 스콜라철학의 풍토에서 벗어나지 못한 대학의 경시에도 불구하고 영국의 지식인들에게 큰 영향을 주고 있었다. 로크는 아리스토텔레스를 넘어서고 스콜라철학의 시대를 끝장내는 데에

∙∙
9) Aaron, *John Locke*, p. 9는 초기의 로크에게 영향을 준 양대 인물은 보일과 데카르트인데, 둘 중에서 보일이 더 큰 영향을 주었다고 주장한다.

서 데카르트의 중요성을 분명히 인식했다. 그는 데카르트의 방법론적 회의가 많은 잘못된 관념과 선입견을 제거했음을 인정했다. 그렇지만 그는 데카르트의 연역법을 진리에 이르는 방법으로 인정하지는 않았다. 그는 진리는 오직 귀납법, 즉 '과학적' 방법으로만 발견할 수 있다고 믿었다. 로크는 데카르트의 영향을 받은 한편 이처럼 그의 비판자가 되었는데, 그렇게 된 데에는 데카르트의 가장 날카로운 비판자인 피에르 가생디(Pierre Gassendi)의 영향이 컸다. 가생디는 모든 지식은 감각지각(sensory perception)에 기초한다고 주장했는데, 가생디의 이런 생각은 로크 철학의 토대가 되었다.[10]

로크는 자신의 관심 분야에 대한 연구 활동을 계속하는 한편, 대학에서 그리스어(1661, 1662년), 수사법(1663년), 도덕철학(1664년) 등을 강의하고, 또 칼리지 튜터로서 많은 시간을 학부 학생들을 보살피고 지도하면서 보냈다. 이런 대학의 직책에서 나오는 수입은 보잘 것 없었지만, 아버지가 1661년 사망하면서 물려준 약간의 토지와 몇 채의 농가에서 나오는 소득으로 그는 경제적으로는 안정되고 안락한 삶을 영위할 수 있었다.[11] 한편 정치 현실도 1660년에 왕정이 복고됨으로써 안정을 회복했다. 1658년 올리버 크롬웰(Oliver Cromwell)이 사망한 뒤 나라가 불안정해지자, 로크는 가족과 친구에게 보낸 편지에서 또다시 내란이 일어나지 않을까 크게 걱정했으며, 그래서 그는 대부분의 영국인과 마찬가지로 내란을 피하고

∴

10) 같은 책, p. viii은 가생디가 로크에게 끼친 영향을 철학자들이 부당하게 무시해 왔다고 비판하면서 그 영향의 중요성을 강조했다. Dunn, *Locke*, pp. 7-8은 데카르트와 가생디 가운데 로크의 성숙한 단계의 견해는 많은 면에서 가생디와 더 가깝지만, 그를 처음에 철학으로 강하게 끌어당기고 인간의 인식과 관련하여 정확하고 체계적으로 이해하도록 이끈 것은 데카르트였다고 주장한다.

11) 어머니는 이미 1654년에 사망했고, 하나뿐인 동생(바로 밑의 동생은 어릴 때 죽었다)마저 1663년에 죽음으로써 로크는 가족 중 홀로 남았다.

이룩한 왕정복고를 진심으로 환영했다.

이 무렵의 로크는 자연상태에 대한 그의 개념에 있어서나, '절대적이고 자의적인 권력'의 필요성을 주장한 데서나, 토머스 홉스(Thomas Hobbes)를 많이 닮았다.[12] 로크는 1660년대 초에 최초의 체계적 저술이라 할 논고를 썼는데, 관용에 관한 이 논고[13]에서 그는 자연상태를 거의 홉스와 비슷하게 묘사하고 또한 홉스와 마찬가지로 시민사회의 수립으로 사람들은 자신의 원래의 자유를 완전히 포기한다고 생각했다.[14] 그러면서 그는 종교적 관용을 부정하고 주권자가 종교에 대해 절대적인 권력을 가진다고 주장했다.

로크는 관용과 관련한 글에 이어 자연법에 관한 글도 썼는데, 이것은 그가 1664년에 담당한 도덕철학 강의를 위한 것이었다.[15] 여기에서 그는 철학과 정치학을 과감하게 결합하였다. 그는 모든 정치 문제에서 핵심적 요소는 인간 본성이며, 이 본성을 이해하기 위해 우리는 먼저 인간이 어떻게 세계에 대한 인식에 이르게 되는가를 알아내야 한다고 믿었다. 그에게 자연법이란 신이 인간에게 제시하고 그 준수를 요구한 도덕법이었다. 그는 이 자연법이 존재하고, 모든 이성적 존재는 분명히 그것을 인식할 수 있으며, 그리고 그것은 구속력을 지닌 것임을 논증하려고 했다.[16] 그런

---

12) Paul Strathern, *Locke in 90 Minutes* (Chicago, 1999), p. 28.

13) 이 논고는 출판되지 않은 채 보관되어 왔는데, 1967년에야 에이브럼즈(Philip Abrams)가 편집하여 『정부소론(*Two Tracts on Government*)』(Cambridge University Press)으로 세상에 공개되었다.

14) Cranston, *John Locke*, p. 62는 로크의 자연상태 묘사를 홉스의 것의 "잘된 표절은 아니지만, 명백히 표절한 것이다"라고 했다. 로크는 그러나 홉스가 자신에게 영향을 미쳤다는 것을 극구 부인했다.

15) 이 역시 출판되지 않고 초고로 남아 있던 것을 1954년에 라이덴(W. von Leyden)이 편집하여 『관용에 관한 논고(*Essays on the Law of Nature*)』(Oxford University Press)로 출판하였다.

데 자연법을 다룬 이 글에서 로크는 재산권이나 저항권 혹은 여타 인간의 자연권에 관해서는 아무런 논의도 전개하지 않았으며, 자연법의 내용이나 규정을 특정 형태의 정부의 정통성 문제와 연관시키려는 노력을 보여 주지도 않았다. 자연법에 관한 이 논고에서도 로크는 관용에 관한 연전의 글에서 드러낸 정치적 보수주의의 입장을 그대로 견지하였다.

다방면에 걸친 지적 욕구를 채우기 위해 로크는 열심히 연구에 몰두했지만 학문에만 매몰된 것은 아니었다. 전통적인 로크의 이미지는 감정에 영향을 받지 않는 그런 인물이지만, 실제로는 그렇지 않았다. 그는 옥스퍼드 시절에 여성의 환심을 사려고 애썼으며, 실제 여러 여성들과 교제했던 흔적을 많이 남겨 놓았다. 그는 여성에게 구애하는 많은 편지를 쓰고, 또 연서를 서로 주고받았다. 이런 편지나 노트에서 그는 지나치게 조심스럽고 숨기고 감추기를 좋아하는 성격을 드러내었다. 가명을 쓰는 것은 당대의 유행이라 치더라도, 그는 알아차릴 수 없는 다양한 암호나 속기체를 사용하고, 연애편지에 때로는 안 보이는 잉크를 사용하기도 했다. 편지를 받으면 이름과 장소를 지우거나 도려내어 버렸다.

옥스퍼드 시절에 로크는 아직도 장래의 진로에 대해 명확한 전망을 가지고 있지 못했다. 칼리지가 권유하고 아버지도 기대했던 것은 성직자의 길이었는데, 로크는 결국 성직 수임을 거부했다. 또 하나의 가능성은 의사가 되는 것이었다. 그는 의사의 길을 확고하게 결정하지 않았을지는 모르지만, 분명히 그것을 아주 유력한 하나의 가능성으로 고려하고 있었다. 그는 꾸준히 열성적으로 의학 공부에 매진했다.

16) Cranston, *John Locke*, p. 65는 로크가 이 문제와 직접 맞부딪쳤지만 만족스럽게 답하지는 못했다고 평가했다.

2. 엑시터하우스 시절

로크의 옥스퍼드 생활은 비교적 단조로운 편이었다. 그런데 1665년에 뜻하지 않게 아주 새로운 경험을 할 기회가 생겼다. 영국은 브란덴부르크(Brandenburg) 선제후와의 협상을 위해 그 수도인 클레페(Cleve)에 써 월터 베인(Sir Walter Vane)을 외교사절로 파견했는데, 로크가 사절단의 서기관으로 동행하게 된 것이다. 당시 영국은 네덜란드와 전쟁 중이었는데, 네덜란드와 국경을 맞대고 있는 브란덴부르크로부터 동맹 내지는 최소한 중립을 얻어 내는 것이 그들의 임무였다. 사절단은 11월에 영국을 떠났다가 이듬해 2월에 돌아왔다. 그들은 임무를 완수하지 못하고 빈손으로 돌아왔지만, 로크 개인으로서는 이 첫 해외여행은 매우 유익한 것이었다. 두 달 남짓 클레페에 머물면서 그는 서로 다른 여러 교회의 구성원들이 함께 조화롭게 살아가는 공동체를 목격했는데, 이 경험은 종교적 관용 문제에 대한 생각을 가다듬는 데 크게 도움이 된 듯하다.

런던으로 돌아오자마자 로크는 사절단에서 한 역할을 인정받아 좀 더 중요한 외교 업무를 제의받았는데, 이번에는 에스파냐에 부임하는 대사의 서기관으로 그와 함께하는 것이었다. 그는 고심 끝에 외교관직으로 진출할 기회를 포기하고, 옥스퍼드로 돌아가 다시 새로운 열정을 가지고 의학 관련 연구를 계속했다.[17] 로크가 장래 진로에 대해 무슨 계획을 세웠든지 간에, 그의 의학 연구는 개업의의 길을 열지는 않았지만 결국 그의 인생 진로를 결정하는 가장 중요한 계기를 마련했다.

∴

17) 아버지가 54세에 폐와 관련된 질환으로 그리고 동생도 불과 26세의 나이에 비슷한 병으로 죽었고, 로크 역시 일찍부터 기관지 천식 관련으로 고생해 왔는데, 가족의 병력과 자신의 병약함이 의학에 관심을 갖고 또 그에 몰두한 요인이 아니었을까 짐작해 볼 수 있다.

1666년 여름 로크는 신병 치료차 옥스퍼드를 방문한 앤서니 애슐리 쿠퍼(Anthony Ashley Cooper) 남작을 우연한 기회로 만났는데, 이 만남은 이후 그의 삶을 송두리째 바꾸어 놓았다. 자그마한 체구에 볼품없는 외모를 하고 있었지만, 애슐리는 이미 그 무렵에 영국 최고의 정치적 거물이었다. 그는 우여곡절이 많은 정치적 역정을 거친 인물이었다.

부유한 시골 젠트리(gentry)들이 흔히 그렇듯이 애슐리는 처음에 왕당파의 입장을 취했고, 청교도혁명 초기에 국왕 편에서 싸웠다. 그러다가 그는 1644년 초에 의회 편으로 전향했다. 그러나 이전의 이력 때문에 강경 노선의 의회 지도자들에게 완전한 신뢰를 얻지는 못했으며, 또한 그 때문에 1645년에는 하원에 진출하려던 시도가 좌절되기도 했다. 그렇지만 그는 1653년에 크롬웰의 지명을 받아 이른바 지명의회(Nominated Parliament)에 진출할 수 있었고, 급진파와 대립한 보수 집단의 일원으로서 자신의 위상을 확립했다. 그는 국무회의(Council of State)의 위원 자리도 획득했는데, 국무위원으로서 그는 급진파인 수평파(Levellers)의 지도자 존 릴번(Lilburne)을 정부가 계속 임의로 구금할 것을 요구하기도 했다. 1654년 말경에 애슐리는 크롬웰에게 왕관을 수여할 것을 제안했지만 실패하고 난 다음, 국무회의를 떠나 의회의 반대파와 결합했다. 크롬웰이 죽은 뒤 그는 스튜어트의 복위를 계획하는 세력과 손잡고 왕정복고에 앞장섰다. 왕정복고가 성공한 다음, 그는 찰스 1세의 처형에 책임이 있는 10명의 국왕 시해자들을 재판하고 처형한 특별위원회의 일원으로 활약했다. 곧 이어 1661년 봄에는 남작에 서임되어 귀족의 반열에 올랐으며, 그리고 또한 재무상(Chancellor of the Exchequer)과 추밀원 의원(Privy Councillor)이 되는 등 찰스 2세의 치하에서 승승장구하고 있었다.[18]

18) 애슐리에 대한 진술은 David McNally, "Locke, Levellers and Liberty: Property and

첫 만남에서 애슐리와 로크는 서로 호감을 가졌고 의기투합하였다. 애슐리가 로크를 자신의 주치의 겸 조언자로 초빙하자, 로크는 이를 받아들여 15년 간의 옥스퍼드 생활을 청산하고, 1667년 늦은 봄에 런던의 중심가인 스트랜드(Strand)에 있는 애슐리의 대저택, 엑시터하우스(Exeter House)로 거처를 옮겼다. 로크는 1675년까지 8년 동안 이 저택에서 안락한 생활을 누렸을 뿐 아니라, 과학 실험에 필요한 시설과 공간도 확보했다. 이제 런던이 그의 새로운 삶의 무대가 되었고, 이후 그는 애슐리가의 식솔로서 그와 삶을 함께 했다. 지금까지 적어도 외형적으로는 어느 정도 평온한 삶을 살아왔던 로크는 이제 정국의 핵심인 애슐리의 사람이 됨으로써 요동치는 정치의 격랑 속에 깊이 몸을 담그게 되었다.[19]

로크의 런던 이주는 학문적 관심의 실현에도 유익했다. 당시 런던은 경험적 모델에 입각한 과학 활동의 중심지였다.[20] 런던에 온 지 얼마 지나지 않아 로크는 '17세기의 위대한 의사'[21]인 토머스 시더넘(Sydenham)을 만남으로써 의학 공부의 향상을 기할 수 있었다. 시더넘은 화학계의 보일만큼이나 의학계의 뛰어난 인물로서 경험과 관찰에 기초한 의학의 개척자였다. 로크는 시더넘의 진료에 동행하고 그와 함께 긴밀하게 협동 작업을 함으로써 이론적 연구에 임상경험을 보완할 수 있었다.[22]

.·.

Democracy in the Thought of the First Whigs," *History of Political Thought*, vol. 10, no. 1 (Spring, 1989), p. 19에 의한 것임.

19) Peter Laslett, "Introduction," Lasllet ed., *Two Treatises of Government* (Cambridge University Press, a Mentor Book, 1965), p. 40는 나중에 샤프츠베리(Shaftesbury) 백작이 된 애슐리 경이 로크에 미친 영향에 대해 "샤프츠베리가 없었다면 로크는 전혀 로크가 되지 못했을 것이다"고 하면서 그 중요성을 강조했다.

20) W. M. Spellman, *John Locke* (New York, 1997), p. 17.

21) Dunn, *Locke*, p. 3.

22) 시더넘은 1676년 자신의 저서의 헌사에서 의료인으로서의 로크의 재능에 대해 "나는 지성의 명민함, 판단의 견실함, 그리고 예절의 단순함, 즉 빼어남이라는 면에서 우리 시대의 사

런던 이주는 이들 실험과학자뿐만 아니라 벤저먼 휘치코트(Benjamin Whichcote)를 위시한 여러 광교회파(Latitudinarians) 성직자들과 교유하는 계기도 되었다. 광교회(Latitudinarianism)는 로크가 유년이었던 1630년대에 옥스퍼드에서 처음 시작된 영국교회의 한 흐름으로서, 기본적으로 최소 교리(minimal creed)의 신앙이었다. 광교회파는 영국교회가 기독교의 교리를 최소한의 본질적인 것, 이를테면 '예수는 구세주'라는 것으로 축소하고 그 외의 비본질적인 것에 대해서는 관용함으로써 다양한 교리를 가진 모든 종파들을 다 포괄할 수 있을 만큼 그 폭을 넓게 확장해야 한다고 주장했다. 로크는 이들과 어울리면서 종교에 대한 이들의 관용적인 태도로부터 많은 영향을 받았다.

로크는 케임브리지 플라톤학파(Cambridge Platonists) 사람들과도 사귀었다. 광교회 성직자였던 휘치코트와 랠프 커드워스(Ralph Cudworth) 등이 당대의 대표적인 플라톤학파였는데, 이들은 홉스의 유물론과 칼뱅교(Calvinism)의 교조주의, 그리고 종파들의 광신을 비판하였다. 로크는 이들의 종교적 형이상학과 본유관념(innate ideas) 등은 거부했지만, 이들이 가진 관용적 태도와 자유주의적 견해는 나누어가졌다.[23]

로크가 엑시터하우스에 합류한 1667년 여름에 최고 권력자인 상서경(Lord Chancellor) 클래런던(Clarendon)이 탄핵을 당해 몰락하고 그 자리를 5인의 인물이 대신했는데, 애슐리 경은 이후 이 다섯 명의 이름의 첫 글자를 따 커밸(CABAL)로 알려진 5인 위원회를 주도하면서 권력의 핵심으로 떠올랐다.[24] 그런 애슐리가 1668년 5월 중병에 걸렸다. 그는 오랫동

..

람들 가운데 그와 맞먹는 사람은 거의 없으며, 그보다 더 나은 사람은 전혀 없다고 분명하게 단언합니다"라고 썼다. H. R. Fox Bourne, *The Life of John Locke*, 2 vols. (London, 1876), vol. 1, p. 219에서 재인용.
23) Aaron, *John Locke*, pp. 25-28 참조.

안 간 질환을 앓아 왔는데, 아무도 명확한 진단과 처방을 하지 못한 채 악화되어 생명이 위독한 지경에 이른 것이다. 로크는 자신의 진단에 따라 간의 농양을 제거하는 극히 위험한 수술을 단행했는데, 다행히 이 수술이 성공하여 애슐리는 기적적으로 건강을 회복하였다. 이로 인해 애슐리는 로크를 생명의 은인으로 생각하고 절대적으로 신뢰했으며, 이후 두 사람의 관계는 더욱 돈독해졌다. 애슐리는 로크에게 정치적 조언을 구했을 뿐만 아니라 병약한 아들의 교육도 완전히 맡겼고, 심지어는 그의 혼사마저 떠맡겼는데, 로크는 이 일도 훌륭하게 처리하여 가문의 대를 잇게 해 주었다.

엑시터하우스의 가솔이 되면서 로크는 자연히 런던의 정치에 관여하게 되었다. 그는 중요한 정치적 현안에 대해 애슐리 경에게 조언하고, 나아가 그의 측근 정객들에게도 영향을 미쳤다. 그러면서 그는 현안에 대한 이론적 기초를 마련하는 작업에도 노력을 기울였다. 그 하나가 1667년에 쓴 종교적 관용에 관한 짧막한 논고였다.[25] 영국은 아직 종교적 편견이 지배하는 사회였고, 의회는 관용에 적대적인 편협한 국교도들이 장악하고 있었다. 찰스 2세의 첫 의회인 이른바 기사의회(Cavalier Parliament)는 클래런던 법전(Clarendon Code)으로 알려진 일련의 비관용적인 법률을 제정하여, 국교 신봉을 강압하고 국교를 신봉하지 않는 공직자나 성직자를 탄압했던 것이다. 이즈음 애슐리는 개신교계 비국교도의 자유를 축소하

··

24) 다섯 명은 써 토머스 클리퍼드(Clifford), 알링턴(Arlington) 백 헨리 베네트, 버킹엄(Buckingham) 공 조지 빌리어즈, 앤서니 애슐리 쿠퍼 경, 그리고 로더데일(Lauderdale) 백 존 메이틀런드이다.

25) 출간되지 않은 채 필사본으로 남아 있던 이 글은 Bourne, *Life of Locke*, vol. 1, pp. 174-194에 「관용에 관한 논고(An Essay concerning Toleration)」라는 제목으로 수록되어 처음 소개되었다.

고 제한하는 이러한 입법 조치에 반대하면서 관용 정신의 수호자로 떠오르고 있었는데, 로크의 관용에 관한 이 논고는 애슐리의 이런 정치적 행보를 뒷받침하는 것이었다. 로크는 이제 옥스퍼드 시절의 불관용 옹호의 입장에서 벗어나 관용의 정신을 설파했다. 그는 신앙은 각자의 자유로운 선택에 맡길 문제이지 국가가 간여할 사항이 아니라고 주장했다.

옥스퍼드 시절에는 경제 문제에 대해 아무런 관심도 보이지 않았던 로크가 이제는 경제 관련 사안도 다루었다. 애슐리 경이 통상위원회(Council of Trade) 설립 작업에 참여하는 등 경제 정책에 관여함에 따라 로크는 1668년에 이자율과 화폐 문제에 관한 논고를 작성했다. 그리고 이후에 이자율 문제가 현안으로 떠올랐을 때, 조사이어 차일드(Sir Josiah Child)가 법률로 이자율을 낮추어야 한다고 주장하자 이에 로크는 이자율은 시장에서 결정되어야 하며, 법으로 고정할 수 없다고 반박하였다.

애슐리 경의 요청으로 로크는 식민 사업에도 참여했다. 애슐리는 해외무역에 관심을 가졌고, 식민지 개척을 주장해 왔다. 그는 누구보다 더 식민지 팽창과 국제무역이 자신과 같은 투자가에게 막대한 부를 가져다줄 뿐만 아니라 나라 전체의 부와 힘을 증진한다는 점에 주목했다. 특히 캐롤라이나(Carolina)는 그의 식민지적 야심의 핵심이었다. 캐롤라이나는 1663년 찰스 2세가 애슐리를 포함한 여덟 명의 '식민지 영주(Lords Proprietor)'에게 특허를 허용한 곳인데, 애슐리는 1669년부터 여기에 본격적으로 식민지 건설 사업을 추진했다. 그러면서 그는 그 전반적인 업무를 로크에게 맡겼고, 로크는 이 일 역시 놀라울 정도로 열심히 수행했다. 로크는 사업 전반에 대한 관리를 총괄했을 뿐 아니라 1670년 3월에 마련된 『캐롤라이나 정부의 헌법(Fundamental Constitution for the Government of Carolina)』의 작성에도 참여했다.[26] 이 헌법은 식민지에 상당한 정도로 종교와 양심의 자유를 허용하였지만 또한 노예제도 역시 용인하였다.

로크는 애슐리를 보좌하는 많은 일에 바쁘게 매달리는 바람에 의학과 자연철학(과학)의 연구에는 많은 시간을 할애할 수 없는 생활을 하게 되었다. 그런 중에도 그는 그것을 완전히 포기하지는 않았다. 1668년 11월에 그는 다시 런던으로 거주지를 옮겨온 보일이 주도하고 있던 왕립협회(The Royal Society of London for the Improvement of Natural Knowledge)의 회원(fellow)으로 선출되었다. 그렇지만 로크는 왕립협회의 모임에는 잘 나가지 않았고, 협회의 발전에 기여한 바도 거의 없어 보인다. 그는 규모가 이미 상당히 커진 왕립협회보다는 소규모 모임에서 활동하고자 했다. 그는 자신의 방에서 과학·신학·철학 등에 관한 주제를 토론하는 대여섯 명으로 이루어진 작은 모임을 만들었는데, 옥스퍼드 이래의 오랜 지기인 티렐도 그 일원이었으며, 간간이 애슐리 경도 토론에 참여했다.

이 모임에서 이루어진 토론은 로크에게 아주 중요한 성과를 가져다주었다. 그에게 불멸의 명성을 안겨 준 『인간 오성론(*An Essay Concerning Human Understanding*)』은 1680년대 말경에야 최종적으로 완성을 보았지만, 그 기원은 1670년과 1671년 사이의 겨울 수개월 동안 엑시터하우스에서 주고받은 토론에 있었다.[27] 이 토론을 바탕으로 그는 『인간 오성론』의 기초가 된 두 개의 초고를 작성했다. 이때까지만 하더라도 그는 인

∴

26) 로크가 이 문서의 작성에 어느 정도 참여했는지는 분명하지 않다. 로크의 장서에 이 문서 사본이 한 부 들어 있어서 많은 연구자들이 이것을 전적으로 로크가 작성한 작품으로 보기도 했지만, 근래에는 대체로 로크와 애슐리의 공동작품으로 보고 있다. Bourne, *Life of Locke*, vol. 1, pp. 239-240 및 J. R. Milton, "Locke's Life and Times," Vere Chappell ed., *The Cambridge Companion to Locke* (Cambridge University Press, 1994), p. 10을 참조하라.
27) 로크는 『인간 오성론』의 서문에서 이 모임이 처음에 어떻게 인식론의 문제를 다루게 되었고, 또 그가 어떻게 그 문제에 관심을 가지게 되었는가를 간략하게 설명하고 있다. "Epistle to the Reader," P. Nidditch ed., *An Essay Concerning Human Understanding* (Oxford, 1979), p. 7.

식론이나 형이상학에 대해서는 거의 관심을 보이지 않았으며, 이때의 로크는 아직 오늘날 의미의 철학자가 아니었다.[28] 그러나 이후 20년 동안 인간 인식의 문제, 즉 우리는 어떻게 인식에 이를 수 있으며, 인식이란 정확히 무엇인가 하는 문제가 그의 주된 관심사의 하나였다.

런던 생활은 로크의 건강에 아주 해로운 것이었고, 엑시터하우스가 있는 강변은 특히 그러했다. 런던의 매연과 안개는 그의 천식을 악화시켰다. 그는 특히 겨울에는 밤낮으로 기침을 했고, 때로는 숨쉬는 것조차 힘들어 했다. 그는 이따금 런던의 탁한 공기를 피해 옥스퍼드에 잠깐씩 머물다 오곤 했다. 그 자신이 질병으로 고통받는 가운데 그는 틈틈이 가까운 친지들의 건강을 보살피고 의술을 펼치기도 했다. 그는 학위를 위한 정규 과정을 거치지 않았지만 의학박사 학위를 무척 받고 싶어 했으며, 1670년 다시 한 번 학위를 얻기 위해 권력자 애슐리의 영향력까지 동원했지만 대학은 완강히 거부했다. 몇 년이 지나 1674년에 의학사 학위를 취득하고 그 이듬해에 크라이스트처치의 의학연구원 지위(medical Studentship)를 얻었으나, 그는 끝내 그토록 바라던 의학박사가 되지는 못했다.

1672년은 애슐리 경에게는 인생의 절정이었다. 그는 이 해에 샤프츠베리(Shaftesbury) 백작의 작위를 얻었고, 게다가 마침내 권력의 최정상인 상서경의 자리에 올랐다. 9월에 휴가를 얻어 요양을 겸해 프랑스로 단기 여행을 떠났던 로크는 한 달도 채 못 되어 런던으로 소환되었다. 11월에 상서경이 된 샤프츠베리 백작은 로크에게 성직관리관(Secretary for the Presentation of Benefices) 직책을 맡겼다. 이는 상서경의 관할 아래 들어온 교회 관련 제반 문제를 관리하고 감독하는 자리였다. 로크는 이 때문

••
28) Milton, "Locke's Life," pp. 10-11.

에 성직의 임명과 승진, 교구 문제의 조정, 기타 여러 가지 일로 무척 바빴졌다.

샤프츠베리 백작은 정상의 자리를 채 한 해도 지키지 못했다. 찰스 2세는 1672년에 개신교계 비국교도와 가톨릭교도에게 가해진 모든 형법의 효력을 정지하고 그들의 종교 의식을 허용하는 관용령(Declaration of Indulgence)을 선포했는데, 샤프츠베리가 그에 대한 의회의 지지를 끌어내지 못해서 관용령은 결국 1년 만에 철회되고 말았다. 의회는 한걸음 더 나아가 모든 공직자에게 국교회의 의식에 따른 성사를 받도록 요구하는 심사법(Test Act)을 통과시켰다. 가톨릭교도를 공직에서 몰아내는 것을 목적으로 했던 이 법으로 해서, 결국 가톨릭교도인 왕제 요크(York) 공을 포함하여 가톨릭교도 신하들이 공직을 박탈당했다. 샤프츠베리는 국왕의 신임을 잃었고, 찰스 2세와 프랑스 왕 루이(Louis) 14세 사이에 맺어진 도버 조약(Treaty of Dover)의 비밀 조항을 알게 되면서 그는 심사법을 지지하고 국왕의 비판자로 돌아섰다.[29] 그는 국왕의 최측근 신하에서 차츰 친프랑스 및 친가톨릭 정책을 추구하는 국왕에 반대하는 세력의 지도자로 변신해 갔다. 1673년 11월 결국 샤프츠베리는 상서경에서 파직되고 댄비(Danby) 백작이 권력을 차지했다. 권력에서 밀려난 그는 의회의 동료들을 규합하여 지방당(Country Party) 이른바 휘그당(Whigs)을 결성하여 댄비를 중심으로 한 궁정당(Court Party) 혹은 토리당(Tories)과 대립하였다.

샤프츠베리의 파직으로 로크도 성직관리관의 자리를 잃었지만, 파직

---

29) 도버 조약(1670)은 영국이 프랑스의 재정 지원을 받는 대신에 프랑스 편에 가담하여 네덜란드를 침공하기로 한 것이었다. 그런데 여기에는 루이 14세로부터 재정 후원과 반란 발생 시에 군사 지원을 받는 대가로, 찰스 2세가 가톨릭교로 개종하고 영국에 가톨릭교를 재도입하기로 한다는 비밀 조항이 들어 있었다.

직전에 얻은 좀 더 흥미 있는 직책인 통상식민위원회(Council of Trade and Plantations)의 서기 자리는 이 기구가 왕명으로 해산한 1675년 3월까지 유지했다. 샤프츠베리 백작이 주도하여 신설한 이 위원회는 식민지 및 국내외의 통상과 관련한 모든 사항을 조사하고 검토하는 일을 담당했는데, 로크는 그 실무를 총괄했다. 그는 캐롤라이나 사업까지 포함하여 이런 업무를 관장함으로써 영국과 식민지에서 일어나는 정치 및 경제적 현상들과 직접 접촉할 기회를 충분히 가질 수 있었다. 해외통상과 식민 사업에 대한 로크의 관심은 순수하게 학문적이거나 행정적인 것만은 아니었다. 그 사업에 많은 투자를 한 샤프츠베리와 더불어 로크 자신도 칙허 아프리카회사(Royal African Company)와 동인도회사(East India Company) 등에 투자한 투자자로서, 그에 대해 상당한 이해관계를 가지고 있었다.[30]

3. 왕위계승배제 위기(Exclusion Crisis)

1675년에 들어서서 로크는 건강이 급속하게 나빠졌다. 그동안 과중한 업무에 더하여 석탄 매연과 안개로 자욱한 런던의 공기는 로크의 허파와 기관지를 괴롭혔다. 때때로 발작적으로 터져나오는 기침으로 기진맥진한 로크는 기력을 회복하기 위해 잠깐씩 옥스퍼드에 가서 머물곤 했는데, 1675년 11월에는 갑작스레 8년 동안 살았던 엑시터하우스를 떠나 요양을 위해 프랑스로 건너갔다.[31] 전에 잠시 머물렀던 것과는 달리, 이번의

••
30) Spellman, *John Locke*, p. 15.
31) 샤프츠베리의 정치적 전망의 최초의 표현이요, 나중에 『정부론(*Two Treatises of Government*)』에서 전개될 입장의 예고편으로 생각되는 것이 『한 명사가 시골의 친구에게 보내는 서신(*A Letter from a Person of Quality to his Friend in the Country*)』(1675)이라는 소책자다.

두 번째 프랑스 여행은 1679년 봄까지 3년 반에 이르는 장기 체류가 되었다.[32]

그는 파리와 리옹(Lyons) 등지를 거쳐 크리스마스 날에 당시 요양지로 유명하던 몽펠리에(Montpellier)에 도착했는데, 거기서 1년 3개월을 머물렀다. 그동안 특별히 건강이 좋아지지는 않았지만, 로크는 거기에서 영국인 극작가 윌리엄 위철리(Wycherley)와 나중에 제8대 펨브루크(Pembroke) 백작이 된 토머스 허버트(Herbert) 등의 인사들과 사귀었다. 특히 펨브루크 백은 나중에 로크가 『인간 오성론』을 출판할 때 그 저서를 헌정한 인물이다. 그러던 중 1677년 2월에 샤프츠베리가 측근들과 함께 체포되었다는 소식이 들려왔다. 영국에서는 찰스 2세가 완고하게 친가톨릭 정책을 고수함으로써 그에 못지않게 완고한 개신교도인 백성들의 민심이 이반되도록 했고, 샤프츠베리는 더욱 확고하게 백성과 야당의 지도자가 되어가고 있었다.

1677년 3월 몽펠리에를 떠나 파리로 옮겨간 로크는 이따금 프랑스 각

··

로크가 서둘러 프랑스로 출국한 것은 상원이 이 책자의 소각을 명하고, 그 저자를 색출·처벌할 위원회를 설치한 이틀 뒤였다. 몇몇 로크의 지인들은 로크가 이 소책자의 저자라고 생각했다. 샤프츠베리의 손자인 샤프츠베리 백작 3세도 그것을 로크가 쓴 것으로 믿었는데, 그는 로크의 갑작스러운 출국의 일차적 이유가 이 『서신』의 저자로서 로크에게 가해진 위험 때문이라는 점을 강조했다. Richard Ashcraft, "Revolutionary Politics and Locke's *Two Treatises of Government*: Radicalism and Lockean Political Theory," *Political Theory*, vol. 8, no. 4 (Nov., 1980), p. 434 참조.

32) 로크는 프랑스 체류 기간 중에도 일기를 꼼꼼히 기록해 놓아서 그의 활동에 대해 비교적 소상히 알 수 있지만, 정치적 활동을 말해 주는 기록은 전혀 없다. 다만 그때는 휘그파가 반프랑스 정책을 펴는 댄비 백을 제거하고자 하는 루이 14세와 비밀 접촉을 하고 있던 터여서, 당시의 이런 정세로 볼 때 로크가 한가하게 휴가만 즐길 수는 없었을 것이며, 샤프츠베리 백을 위해 모종의 정치적 역할을 했을 가능성을 배제할 수는 없다고 많은 연구자들이 추정하고 있다. Strathern, *Locke*, p. 35의 경우는 로크가 건강을 여행의 이유로 내세우기는 했지만, 또한 동시에 분명히 모종의 정치적 역할을 수행하기 위한 것이기도 했다고 단정한다.

지를 여행하는 한편, 파리에서 수많은 의사·과학자·철학자·신학자 그리고 문인들과 사귀면서 시대의 지적 분위기를 흡수했다. 데카르트학파 혹은 반데카르트학파와 만나고, 가생디 사상의 영향을 받은 것도 이 시기였다. 많은 인사들을 만나고 사귄 가운데에서 특히 니콜라 트와이나르(Nicholas Thoynard)와는 절친하게 지냈고, 로크가 귀국한 뒤에도 두 사람은 계속 서신을 주고받으면서 우의를 이어갔다. 로크는 그를 통해 많은 학자들을 만나게 되었고, 많은 공공 연구소나 사설 실험실을 이용할 수 있었다. 이때 만난 네덜란드인 의사 피터 게넬론(Pieter Guenellon)은 나중에 네덜란드 망명 시절 다시 만나 교유를 이어갔다. 1678년 말경에는 여행 중 리옹에서 독일 태생의 브라우노버(Sylvester Brownover)라는 젊은이를 만나 그를 조수로 채용했다. 여러 면에서 뛰어난 재능을 지닌 이 청년은 로크가 귀국할 때 함께 영국으로 가서 오랫동안 로크와 함께했는데, 잡다한 일을 처리하고 도왔을 뿐 아니라 필경사로서 큰 몫을 했다.

그 사이 런던에서는 샤프츠베리 백이 다시 권력의 자리를 되찾아가고 있었다. 찰스 2세는 1678년 초에 반대파의 압력에 굴복하여 의회를 개원하고, 2월에 샤프츠베리 백을 석방했다. 1년 만에 런던탑에서 풀려난 그에게 천우신조와도 같은 사태가 그해 가을에 일어났다. 난데없이 타이터스 오트스(Titus Oates)라는 인물이 나타나 가톨릭교도들이 국왕을 암살하고 가톨릭교도인 왕제 요크(York) 공을 즉위시키려는 음모를 꾸미고 있다고 고변했다. 그는 아주 평판이 나쁘고 믿을 바가 못 되는 인물이었지만, 일련의 사태가 대중들로 하여금 이 이른바 '교황의 음모(Popish Plot)'를 사실로 믿게 하는 쪽으로 전개되었다. 개신교도들을 학살하는 예수회의 잔학 행위가 벌어질 것이라는 공포가 민중을 사로잡았다. 가톨릭교도들에 대한 비난과 적의가 고조되고, 반교황적 열광이 민중을 휩쓸었다. 결국 많은 가톨릭교도들이 체포되어 처형되었다.

'교황의 음모'는 정치에 민중적 요소를 공급하였다. 샤프츠베리는 '교황의 음모'가 야기한 공포 분위기를 최대한 활용하여 군대 해산을 요구하고 댄비의 탄핵을 추진하는 등 의회를 통해 국왕에게 압박을 가했다. 찰스 2세는 이에 맞서 1679년 1월에 17년이 넘게 존속시켜 왔던 이른바 기사의회를 해산하고 4월에 새로 총선거를 실시했다. 그러나 전례 없이 치열하게 전개된 이 선거전에서 샤프츠베리의 휘그파는 오트스 사건이 불러일으킨 광범한 가톨릭 혐오 분위기에 힘입어 댄비의 토리파에 대해 압승을 거두었다. 샤프츠베리는 이 의회에서 곧바로 댄비 백을 탄핵하여 런던탑으로 보내고, 재조직된 추밀원(Privy Council)의 의장에 임명되어 마침내 권좌에 복귀하였다. 샤프츠베리는 권력 복귀의 길이 열리자마자 로크를 프랑스에서 불러들였다. 1679년 5월 초순, 로크는 런던에 도착하자 곧바로 올더스게이트가(Aldersgate Street)에 있는 샤프츠베리의 새 저택 새너트하우스(Thanet House)[33]에 합류하였다.

　로크가 귀국했을 때 정계의 최대 현안은 정비(正妃)에서 얻은 적자가 없는 연로한 찰스 2세의 후사를 책봉하는 문제였다. 영국의 국왕은 국교회의 수장이기도 한데, 찰스는 철저한 가톨릭교도인 동생 요크 공 제임스를 후사로 삼고자 했다. 만일 제임스가 국왕이 된다면 그는 영국을 가톨릭 왕국으로 되돌려놓을 것이라는 공포가 널리 퍼졌다. 이에 1679년 이후 만 2년이 넘도록 샤프츠베리 일파는 제임스의 왕위 승계를 막을 법안을 입법화하는 데 모든 힘을 쏟아 부었다. 그들이 지배한 새 의회가 찰스 2세의 뜻에 반하여 제임스의 왕위계승권을 박탈하는 소위 왕위계승배제법안(Exclusion Bill)을 추진하자, 왕은 5월에 의회를 정회하고 곧 이어

---

33) 샤프츠베리 백은 1676년에 엑시터하우스를 처분하고 이 새너트하우스를 새로 매입하여 옮겨갔다.

7월에 아예 해산해 버림으로써 법안 통과를 봉쇄하였다. 샤프츠베리는 찰스 2세의 여러 서자 가운데 장남인 개신교도 먼머스(Monmouth) 공 제임스 스코트(Scott)를 옹립하려 했지만, 동생인 요크 공을 후계로 삼으려는 찰스 2세의 의지는 요지부동이었다.

찰스 2세는 10월에 결국 요크 공을 반대하는 뜻을 고수하는 샤프츠베리를 다시 추밀원 의장에서 해임했다. 그리고 그 달에 다시 실시한 선거의 결과 의회 구성이 지난 의회와 별 차이가 없자, 찰스 2세는 개원을 요구하는 대대적인 청원운동을 묵살해 가면서 이듬해인 1680년 10월까지일 년이나 개원을 미루었다.[34] 그러나 실각한 샤프츠베리는 찰스에게 개원을 압박하며 집요하게 배제 법안에 매달렸다. 그는 선거한 지 1년 만에 가까스로 개원된 의회에서, 그리고 이 의회가 1681년 1월에 또 해산된뒤 3월에 반란의 위험이 있는 런던을 피해 옥스퍼드에서 다시 소집된 의회에서, 계속 휘그파의 모든 자원과 힘을 기울여 이 법안을 관철하기 위해 노력했다. 그렇지만 찰스 2세는 앞의 의회가 법안을 통과시키자 상원에서 부결되게 만든 뒤 의회를 해산했으며, 뒤의 이른바 옥스퍼드 의회는아예 법안 통과 절차를 원천봉쇄하기 위해 소집한 지 불과 닷새 만에 해산해 버림으로써 그 모든 시도를 끝내 좌절시켰다.

불과 2년 남짓 사이에 네 차례나 의회를 해산해 가면서 의회와 맞섰던찰스 2세는 이후 죽을 때까지 다시는 의회를 소집하지 않았다. 그는 프

---

34) 개원을 요구하는 이 대중 청원운동 과정에서 휘그(Whig)와 토리(Tory)라는 정당 명칭이 처음 생겨났다. 샤프츠베리의 영향 아래 국왕 반대파가 우세한 여러 지역에서는 의회를 빨리 개원하라고 요구하는 청원서를 제출했다. 이에 대해 국왕을 지지하는 쪽에서는 의회를 소집·정회·해산하는 국왕 대권을 간섭하는 청원에 대한 혐오를 표현하는 성명서를 제출했다. 이 양파에게 처음에는 '청원자들'과 '혐오자들'이라는 명칭이 붙었는데, 이후 곧 휘그와 토리라는 이름으로 대체되었다. J. R. Tanner, *English Constitutional Conflicts of the Seventeenth Century 1603~1689*(Cambridge, 1966), pp. 244-245 참조.

랑스의 루이 14세와의 비밀 협상을 통해 막대한 액수의 보조금을 확보함으로써 의회에 손을 내밀지 않고도 재정적 어려움을 타개할 수 있었던 것이다. 의회가 사라지면서 배제 법안도 사라졌다. 왕이 아예 의회를 소집할 의사가 없다는 것이 분명해지자 휘그는 분열하였다. 온건파는 정치 무대에서 물러나 시골로 은퇴하거나 아니면 상대편으로 넘어갔다. 급진파는 합법적 방법으로 요크 공을 배제할 방법이 없어지자 반란의 가능성을 심각하게 고려하기 시작했다. 찰스 2세는 샤프츠베리 일당을 분쇄하기로 작정하고 휘그들에 대한 대대적인 탄압을 강행했다. 샤프츠베리는 1681년 7월 대역죄 혐의로 또다시 체포되어 기소되었으나 12월에 대배심의 무죄 평결로 풀려났다. 위기 때마다 그랬던 것처럼, 휘그가 지배한 런던의 배심원은 이번에도 그를 감옥과 교수대에서 구해 주었다. 그러나 휘그는 철저하게 분쇄되고 깊은 무기력 상태에 빠져들었다.

배제 법안을 둘러싸고 벌어진 갈등은 영국의 의회 정치 발전 과정에서 중요한 고비의 하나였다. 1670년대 말 영국의 정치 공동체는 여러 쟁점에서 서로 간에 다양한 형태로 심각하게 분열되어 있었는데, 배제 법안의 갈등 과정에서 그 분열은 두 공고한 정치 집단을 중심으로 점점 더 양극화해 가고 있었다. 국왕은 할 수 있는 수단은 총동원하여 샤프츠베리 일파를 분쇄하고 제임스의 승계를 확보하려 했다. 의회에서, 법정에서, 런던을 비롯한 대도시와 각 주에서, 투쟁이 벌어졌다. 그것은 단순히 정치 권력을 차지하려는 투쟁에 그치는 게 아니라 또한 사람의 마음을 얻으려는 투쟁이었고, 책과 팸플릿을 통한 설득의 투쟁이었다. 한마디로 그것은 이데올로기 투쟁이었다.[35]

..

35) John Dunn, "The Politics of Locke in England and America in the Eighteenth Century," Yolton ed., *John Locke: Problems and Perspectives*, pp. 47-48.

배제 법안이 야기한 휘그와 토리의 이데올로기 투쟁 과정에서 자유주의 정치철학의 위대한 저작인 『정부론(Two Treatises of Government)』이 생겨났다. 로크는 훗날 명예혁명의 상황을 반영하여 조금씩 첨가하고 수정하기는 했지만, 실제 『정부론』의 저술이 이루어진 것은 배제 법안 위기의 소용돌이 과정에서였다. 집필 시기가 이 무렵이라는 사실은, 그것이 일어난 혁명, 즉 명예혁명을 사후에 정당화하려는 것이 아니라 사전에 혁명을 고취하기 위해 저술된 것임을 의미한다. 즉 그것은 개신교도 군주를 즉위시키기 위한 샤프츠베리의 혁명 운동과 관련된 저작인 것이다. 다른 한편으로 그것은 일반적 오해와 달리 홉스 철학에 대한 비판이 아니라, 1680년 출판되어 왕위계승배제 논쟁 과정에서 토리파의 핵심 이데올로기 구실을 하던 로버트 필머(Filmer)의 『가부장(Patriarcha)』에 대한 반론이기도 했다.[36]

배제 법안을 둘러싼 정치적 격랑 속에서 로크는 『정부론』을 저술하고, 샤프츠베리를 돕는 일에 헌신하고, 기타 여러 가지 일로 바쁘게 지내는 가운데서도 의학에 대한 관심과 열정을 포기하지 않았다. 여러 잡다한

36) 로크가 정확히 언제, 그리고 왜 『정부론』 저술에 본격적으로 착수했는지는 분명하지 않다. 일찍이 폭스 부언(Fox Bourne)은 『정부론』의 집필 시기에 대해 『제1론(First Treatise)』은 1681년 혹은 1682년에 '준비'되었고, 『제2론(Second Treatise)』은 네덜란드 망명 마지막 해인 1688년에 '준비'되었다고 생각했다. 그러나 오늘날 그 집필 시기가 대략 배제 법안 입법 운동을 전후한 1679에서 1683년 사이라는 데는 연구자들 사이에 대체로 의견이 일치하는데, 다만 좀 더 구체적인 연대를 추정하는 일은 고도의 논쟁적인 요소를 안고 있다. 『제1론』이 로크가 필머의 『가부장』을 산 1680년 1월 하순 이후에 곧바로 시작되었을 것이라는 데는 별다른 이견이 없다. 주된 쟁점은 『제2론』의 시기와 관련한 것이다. 피터 래슬리트(Peter Laslett)는 『제2론』의 집필이 1679년 가을에 시작되었다고 보는데, 이는 그것을 배제 법안의 위기가 만들어 낸 정치적 문헌으로 이해하는 것이다. 그에 비해 리처드 애시크래프트(Richard Ashcraft)는 그것이 1681년 3월 옥스퍼드 의회가 해산된 이후에 시작되었다고 주장하는데, 이는 그 저술을 훨씬 더 급진적인, 참으로 반란적인 유형의 정치를 위한 이론적 정당화로 파악하는 것이다. Milton, "Locke's Life," pp. 14-15 참조.

일과 나쁜 건강 때문에 실제로 의사의 역할을 제대로 수행하지는 못했지만 그는 생의 마지막까지 친지들 사이에서 의료 활동을 계속했고, 진료 경험에 대해 꼼꼼하게 기록했다. 그는 네덜란드 망명 시절에도 친구들 사이에서 대체로 의사로 불렸고, 그 스스로도 다른 무엇보다 자신을 우선 의사로 생각했다.[37]

　1681년 12월에 런던 민중의 열광적인 환영을 받으면서 런던탑에서 풀려난 샤프츠베리 백은 먼머스를 즉위시키기 위한 반란을 획책했다. 의회는 해산되고, 런던의 시정부와 법정은 이제 국왕의 통제 아래 들어가고, 게다가 가톨릭교도가 곧 왕위를 차지하게 될 상황에서, 그는 반란밖에 남은 길이 없다고 생각했다. 그러나 반란은 계획대로 진행되지 않았다. 샤프츠베리와 로크를 포함한 그의 측근들은 당국의 감시를 당하고 있었고, 먼머스를 포함한 일부 동료들은 때가 무르익을 때까지 기다려야 한다고 생각하고 소극적 태도를 보였다. 1682년 9월에 결국 모의가 조금씩 노출되면서 체포령이 내렸다. 런던의 시정을 토리파가 장악하여 더 이상 배심에 기대할 수도 없는 상황에서 위협을 느낀 샤프츠베리는 지하로 잠적했다. 그는 11월에 비밀리에 네덜란드로 망명했는데, 건강이 좋지 않았던 그는 이듬해 1월 지병이 악화되어 혁명의 꿈을 접고 그곳에서 숨을 거두었다. 샤프츠베리의 사망으로 사태가 끝난 것은 아니었다. 1683년 6월 중순에는 국왕과 요크 공 제임스를 암살하려는 소위 '라이하우스 음모' (Rye House Plot) 사건이 터졌다. 몇몇 휘그 과격파가 찰스 2세와 제임스가 뉴마키트(Newmarket)에서 열리는 춘계 경마 행사에 참석한 뒤 런던으로 돌아갈 때, 그 길목인 하트퍼드셔(Hertfordshire)에 있는 라이하우스를 지날 때 암살하려고 모의했던 것이다. 이 모의는 사전에 드러나 미수에

‥

37) Bourne, *Life of Locke*, vol. 1, pp. 445-446.

그치고 말았다.[38]

이 시기에 있었던 일련의 사태에서 로크가 무슨 역할을 했는지, 어느 정도 연루되었는지는 잘 알 수 없다.[39] 사실 프랑스에서 돌아온 1679년 4월부터, 특히 1681년부터 1683년 가을 네덜란드로 망명하기까지의 기간은 그의 삶에서 다른 어느 시기보다 상대적으로 불명료한 시기이다. 이 무렵은 정치적으로 격동기이자 로크의 신변이 가장 위험한 시기였는데, 요시찰 인물이었던 그는 이 시기에 신변에 관한 기록을 별로 남기지 않았다. 그는 1681년 3월의 옥스퍼드 의회를 계기로 이후에는 자주 그곳에서 거주했는데, 옥스퍼드에서 로크를 감시하던 감시인이 1682년 3월에 올린 동정 보고서는 그가 얼마나 용의주도한가를 잘 보여 준다.[40]

한편 장래가 지극히 불투명하고 신변이 위험에 처해진 이 무렵에 두 명의 소중한 사람이 로크의 삶 속으로 들어왔다. 하나는 1675년 결혼한 사

••

38) 이런 종류의 음모 사건이 자주 그렇듯이, 이 사건도 그 실체적 진실에 대해서는 의문의 여지가 있다. Richard Ashcraft, *Revolutionary Politics and Locke's Two Treatises of Government* (Princeton University Press, New Jersey, 1986)는 그것이 실재했던 사건이었으며, 로크 역시 그에 연루되어 있었다고 주장한다. 그러나 Gordon J. Schochet, "Radical Politics and Ashcraft's Treatise on Locke," *Journal of the History of Ideas*, vol. 50, no. 3 (1989), p. 493은 애시크래프트가 사건 관련 자료들이 정부의 조작일 가능성에 대해 조금도 의심하지 않고 너무 믿는다고 비판하면서, 그 음모가 반대파를 탄압하려고 정부가 꾸민 핑계 이상의 어떤 것이라고 생각하는 학자는 별로 없다고 주장한다.

39) Bourne, *Life of Locke*, vol. 1, pp. 469-470은 아마도 로크는 샤프츠베리 백의 계획이 현명하지 못하다고 판단하고 만류한 듯하며, 백작의 망명 이후에는 현실 정치에 직접 개입하기보다는 옥스퍼드에서 조용히 머물면서 연구와 저술에 몰두한 것으로 보인다고 추정했다. 그러나 애시크래프트를 비롯한 근래의 많은 연구자들은 이런 견해를 부정하고 로크가 반란 혹은 혁명 운동에 적극 개입했다고 주장한다.

40) "누구도 그가 어디로 가는지, 언제 돌아오는지 알지 못합니다. 분명히 휘그파의 음모가 그 뒤에 도사리고 있는 것입니다. 그러나 여기서는 정치와 관련된 그의 이야기는 한 마디도 들리지 않으며, 현재의 사건에 관해서도 그의 이야기는 새로운 것이 전혀 없습니다." Udo Thiel, 『로크(*John Locke*)』, 이남석 역, 한길사, 1998, p. 73에서 인용.

촌누이 메리(Mary)의 남편인 에드워드 클라크(Edward Clarke)로서 이후 로크의 가장 가까운 친지가 되어 로크와 고향 서머세트를 이어주는 다리 구실을 했다. 또 한 사람 대머리스(Damaris) 커드워스라는 여인은 그 누구보다 가까운 인물이 되었는데, 그녀는 로크가 일찍이 엑시터하우스 시절부터 교유하던 케임브리지 플라톤학파의 저명한 철학자이자 신학자인 랠프 커드워스의 딸이었다.

　대머리스는 상당한 학문과 철학적 소양을 갖춘, 이를테면 재색을 겸비한 빼어난 여성이었다. 두 사람은 1681년 말경이나 이듬해 초에 처음 만났는데, 그때 로크는 49세, 대머리스 커드워스는 23세였다. 로크는 첫눈에 매혹되었다. 아버지의 플라톤주의를 상당 부분 나누어가졌던 대머리스와 경험주의 철학자 로크는 철학적 견해가 일치하는 것은 아니었지만 수준 높은 철학적 토론을 서로 즐길 수 있었다. 두 사람은 철학에 대한 공동의 관심으로 결합된 단순한 지적 친구로만 머물지는 않았다. 그들은 정서적으로 서로 끌리면서 필랜더(Philander)와 필로클레아(Philoclea)라는 이름으로 연서를 주고받는 관계로 나아갔다. 필로클레아가 연정의 감정을 내세우면 필랜더는 우정을 앞세우고, 그러다가 필랜더가 연정을 내비칠 때 필로클레아는 우정으로 돌아서는 등, 그들은 연정과 우정의 경계에서 밀고 당기고 했다. 그러나 객관적 여건이 그들 관계의 지속적 발전을 가로막았다.

　옥스퍼드에서 로크는 엄중한 감시 아래 놓여 있었고, 휘그 세력은 무너지고 있었다. 1683년 여름을 지나면서 '라이하우스 음모'와 관련하여 윌리엄 러슬(Russell) 경은 참수당하고, 에식스(Essex) 경은 재판을 앞두고 런던탑에서 자결했으며(휘그 급진파들은 그가 살해당했다고 주장했다), 군주에 대한 저항권을 주장했다는 사실도 죄목에 첨가되어 앨저넌 시드니(Algernon Sidney)도 처형되었다. 먼머스 공은 체포되었다가 보석으로 석방된 뒤 네덜란드로 도피했다. 이들과 긴밀한 관계를 맺어온 데다가, 국왕에 대한 저항은 합법이라는 학설을 공식적으로 비난한 옥스퍼드대학에서 국민의 저항권을 옹호하는 지극히 불온한 『정부론』의 초고를 집필한 로크로서는 자신을 향해 그물망이 점점 좁혀오는 위기감을 느꼈다. 언제 옥스퍼드를 떠났고, 언제 배를 탔는지는 알 수 없지만, 결국 그는 영국을 벗어나 9월 초순에 네덜란드에서 모습을 드러내었다. 그는 망명길에 조수인 브라우노버를 대동했다. 그는 영국을 떠나기 전에 많은 문헌들을 소각하고, 남은 문헌의 일부를 제임스 티렐에게, 그리고 다른 문헌과 재산 관리 등의 일은 사촌매제인 에드워드 클라크에게 맡겼다.

4. 네덜란드 망명 시절

어느 정도 위험하고 힘들긴 했지만 망명 생활은 많은 친구를 새로 사귀는 기회가 되었고, 또한 격변의 정치 현실에서 한발 비켜서서 철학적·종교적 문제들을 체계적으로 사유하고 집필할 시간을 얻을 수도 있었다. 17세기의 네덜란드는 그 자유롭고 관용적인 분위기 때문에 유럽 각지에서 종교적·정치적 박해를 피해 찾아온 망명객들의 피난처였다. 특히 로크가 머물렀던 암스테르담(Amsterdam)은 국제무역의 중심지로서 다양한 종교적 소수자들이 자유롭게 자신의 신앙을 향유했으며, 정치적 난민 역시 이곳에서는 기꺼이 받아들여졌다.

로크는 네덜란드에서도 의학 연구를 계속하고 폭넓게 독서를 했지만, 이제 주된 관심은 철학에 있었다. 그는 망명 첫 겨울의 대부분을 『인간오성론』을 쓰는 데 바쳤고, 이후에도 틈나는 대로 그 작업을 계속했다. 맑은 공기와 심리적 안정으로 건강도 호전되었다. 암스테르담에서 그는

6~7년 전 파리에서 사귀었던 피터 게넬론을 다시 만나 교유했는데, 그를 통해 1684년 초에 리몬스트런트파(Remonstrants)의 저명한 신학자 필리푸스 반 림보르흐(Philippus van Limborch)를 만났다. 로크와 동년배인 그는 이후 네덜란드인 중에서 로크의 가장 좋은 친구가 되었고, 로크가 귀국한 뒤에도 자주 서신을 주고 받으며 평생 우정을 나누었다.[41]

리몬스트런트파는 칼뱅(Calvin)의 예정설을 부정하는 아르미니우스파(Arminians)의 한 분파로서, 당시 지배적이었던 칼뱅교에 반대하여 완전한 신앙의 자유를 요구하면서 1610년에 그들이 네덜란드 의회(States-General)에 제출한 진정서(Remonstrance)에서 그 명칭이 유래했다. 림보르흐는 이 리몬스트런트파를 창시한 에피스코피우스(Episcopius)의 종손(從孫)으로, 이미 그 명성이 서유럽에 널리 알려진 신학자였다. 합리적 신학과 최소한의 교리라는 원칙을 견지한 리몬스트런트파는 신앙 문제를 각 개인이 성서를 읽고 선택 및 판단할 문제로 생각하고, 무엇보다 윤리와 도덕을 강조했다. 그러나 정교한 교리도 체계적 교회 조직도 없는 이 운동은 그 자체의 종파를 건설하기보다 다른 종파의 교도들 사이에 자유주의적이고 관용적인 견해를 진작하는 데 더 크게 이바지했다. 로크는 이들의 견해가 자신의 생각과 아주 가깝다는 것을 알고 놀랐다.[42] 그는 이들과 어울리면서 다원화된 사회에서의 관용의 미덕을 새삼 깨달았다.

로크는 망명 중에 오랜 기간에 걸쳐 틈틈이 클라크 부부에게 자녀들의 양육과 교육에 관해 조언하는 수많은 편지를 보냈는데, 이 장문의 글들은 나중에 『교육에 관한 몇 가지 생각(Some Thoughts Concerning

••

41) Aaron, *John Locke*, p. 21은 "네덜란드가 로크에게 준 모든 좋은 것 가운데 가장 좋은 것은 림보르흐와의 교우 관계였다"고 둘 사이의 우정을 평했다.
42) Cranston, *John Locke*, p. 233 및 Bourne, *Life of Locke*, vol. 2, pp. 6-8.

Education)』(1693)으로 출판되었다. 로크는 클라크 자녀에게 조언을 해 주었을 뿐만 아니라, 림보르흐를 포함한 여러 지인들의 자제를 직접 맡아서 돌보고 가르치기도 했다. 교육에 관한 그의 견해는 전통적인 것과 혁명적인 것이 기묘하게 혼합되어 있었는데, 그는 전체적으로 볼 때 어린이의 훈육에 스파르타식 접근을 선호했지만, 그러나 체벌은 강력하게 반대하였다.

로크는 연구와 저술에 몰두하는 한편 조심스럽게 여러 망명 인사들과 접촉을 유지했다. 이즈음 네덜란드는 영국의 반정부 인사들과 혁명적 야심가들의 본거지였다. 네덜란드는 17세기 내내 영국의 정치적·종교적 난민의 피난처 구실을 해왔는데, 특히 1680년대에 들어 망명객의 수가 부쩍 늘어났다. 이들 망명한 영국의 급진파들은 서로 긴밀히 연결된 공동체를 형성했고, 그 안에서 그들은 재정·주거·우편물 수발 등 여러 가지 면에서 서로 도왔는데, 로크 역시 이 공동체의 일원이 되어 다른 인사들과 긴밀하게 교류했던 것이다.

로크는 네덜란드에 와서 처음에는 토머스 데어(Thomas Dare)라는 사람의 집에 묵었는데, 데어 자신이 급진 휘그로서 샤프츠베리의 지지자였으며, 그의 집은 암스테르담에 있는 망명 급진파의 회합 장소 역할을 했다. 헤이그(Hague)에는 먼머스 공이 망명해 있었는데, 그의 주위에는 이런 저런 망명객과 모험가들이 모여들었다. 당연히 영국 정부는 이런 위험 인물들의 움직임에 촉각을 곤두세우고 있었다. 이 시기 네덜란드 주재 영국 공사의 주요 임무의 하나는 첩자와 밀고자를 통해 이들을 감시하고 정보를 수집하여 본국에 보고하고, 때로는 이들을 체포하여 본국으로 압송하는 일이었다. 로크의 움직임 역시 이들 첩자를 통해 본국 정부에 보고되었다. 그 결과 1684년 11월에 찰스 2세의 명령으로 로크는 옥스퍼드 대학 크라이스트처치 칼리지의 연구원 자격을 박탈당했다. 이듬해에는 박해가 더욱 위험한 형태로 가해졌다.

1685년 2월에 찰스 2세가 죽고 마침내 요크 공 제임스가 즉위했는데, 그의 즉위는 왕위계승 분쟁과 관련된 마지막 소동을 가져왔다. 6월 초순에 먼머스 공이 소규모 부대를 이끌고 네덜란드에서 영국으로 침공해 갔던 것이다. 그 거사는 달포 남짓 만에 가볍게 진압되고, 공은 체포되어 결국 처형되었으며, 다른 지지자들도 가혹하게 처벌되었다. 이와 같은 반란 모의의 움직임과 관련하여 영국 정부는 5월에 네덜란드 당국에 84명의 반역 혐의자 명단을 보내고 이들에 대한 신병 인도를 요청했는데, 로크의 이름이 그 명단 맨 마지막 자리를 차지했다. 로크는 먼머스의 지원자로 지목되었지만 그의 거사에 실제로 얼마나 관여했는지는 분명하지 않다.[43] 그러나 체포영장이 발부된 상태가 계속되자 로크는 림보르흐와 게넬론 등 친구들의 도움으로 잠적하고, 네덜란드 의사 린덴(Dr van der Linden) 이라는 가명을 사용하며 네덜란드 의사로 행세했다. 다행히 영국의 망명 객들에 우호적이었던 네덜란드 정부 당국은 영국의 체포영장 발부 요청에 마지못해 응하기는 했지만, 실제로 체포된 망명객은 아무도 없었다.[44]

•••

43) 로크가 먼머스의 거사에 연루되었다는 주장은 원래 거사 실패 뒤 체포된 인사들이 로크가 거사에 재정을 지원했다고 자백한 데서 연유했다. 그러나 Bourne, *Life of Locke*, vol. 2, pp. 9-20은 이 반란에 로크가 거액의 재정을 지원했다는 주장이 당시에 있었지만 이는 사실이 아니며, 로크는 먼머스와는 조심스럽게 거리를 두고 있었다고 주장한다. Cranston, *John Locke*, pp. 250-251 역시 부언의 견해에 전적으로 공감한다. 이들에 따르면 체포된 인사들의 자백에서 재정 지원자로 거론된 인물은 니컬러스 로크(Nicholas Lock)라는 담배업자인데, 이를 존 로크로 오인한 데서 혼란이 일어났다는 것이다. 그렇지만 Ashcraft, "Revolutionary Politics," p. 458은 샤프츠베리가 1680~1682년의 정치 투쟁에서 먼머스와 협력한 사실이나 망명기에 유지된 먼머스 측근들과 로크의 인간관계 등을 고려할 때, 네덜란드 망명 기간 동안 로크는 이들 전기 작가들이 인정하려는 것보다 훨씬 더 깊이 먼머스 반란 계획에 연루되었다고 주장한다. 또한 Ashcraft, *Revolutionary Politics*, pp. 459-462는 크랜스턴의 주장을 논박하면서, 자백에서 거론된 인물은 담배업자가 아니라 바로 존 로크라는 점을 길게 논증하고 있다.

수많은 지인들이 죽거나 처형당하거나 아니면 투옥당하는 바로 그 슬픔과 좌절의 시기에 로크는 다시 낭보일 수 없는 소식을 접했다. 잠적한 지 얼마 지나지 않아 그는 대머리스 커드워스로부터 결혼했다는 편지를 받은 것이다. 남편은 아들 여덟에 딸 하나가 딸린 홀아비 프랜시스 매셤(Francis Masham) 준남작(baronet)이었다. 에식스의 하일레이버(High Laver) 근교의 장원저택 오트스(Oates)가 그녀의 새로운 보금자리였다. 그녀는 전과 같이 계속 '필로클레아'로 남아 '필랜더'와 우정을 유지하기를 바랐다. 이리 저리 고달프고 외로운 가운데서도 로크에게 크게 다행한 일은 네덜란드의 맑은 공기와 좋은 기후 덕분에 건강을 회복한 일이었다. 회복한 건강과 여유 있는 시간으로 그는 알차게 집필 활동을 할 수 있었다.

『인간 오성론』에 많은 시간을 할애하는 한편, 1685년과 1686년 사이의 겨울 동안에 그는 라틴어로 『관용에 관한 서신(*Epistola de Tolerantia*)』을 썼다. 이 무렵 고국에선 가톨릭 군주 제임스 2세가 영국을 가톨릭 왕국으로 만들려 하고, 프랑스에서는 개신교도에 대한 대대적인 박해 정책이 시행되고 있었다. 도처에서 가톨릭교를 강제하는 이러한 기도에 직면하여 로크는 신앙의 자유와 종교적 관용을 주장하였다. 그는 강제가 결코 영혼 구제의 길이 될 수 없으며 정부가 할 일도 아님을 설파하는 한편, 가

---

44) 영국 정부는 네덜란드 주재 공사를 통해 급진파 망명객들을 납치하여 본국으로 압송토록 하는 한편, 사면이라는 미끼를 이용하여 회유하는 정책도 병행했다. 이에 일부 급진파는 사면을 받아 영국으로 돌아가기도 했는데, 로크의 경우는 이 문제와 관련해서 여러 엇갈린 증언 때문에 연구자들 사이에 논란이 분분하다. 매셤 부인의 증언을 근거로 로크에게 사면이 제안되었지만 로크가 거부했다는 주장에 대해 애시크래프트는 관련 증언과 당시 상황을 다각적으로 검토하면서, 주위의 회유가 있었기는 하지만 로크가 국왕에게 사면을 요청한 적도, 그에게 사면이 허락된 적도, 그리고 그가 사면을 거부한 적도 없다고 주장한다. Ashcraft, *Revolutionary Politics*, pp. 511-520 참조.

톨릭과 무신론에 대한 관용은 부정하였다. 친구 림보르흐에게 보내는 편지 형식의 이 글은 비록 짧막하지만 『인간 오성론』 그 자체보다 영향력이 적다고 할 수 없는"[45] 로크의 주요 저술이었다.

다행히 1686년 5월에 로크는 네덜란드 당국이 발표한 신병 인도 명단에서 빠졌고, 그래서 1년 만에 그는 공개된 세상으로 다시 나왔다. 잠적 상태에서 벗어난 로크는 여름에 거처를 위트레흐트(Utrecht)로 옮겼다. 그러나 11월 말 시 당국이 위트레흐트를 떠나 줄 것을 요구하여 그는 다시 1687년 2월 로테르담(Rotterdam)으로 옮겨갔고, 망명의 나머지 기간을 그곳에서 보냈다. 로테르담에서 그는 벤저먼 펄리(Benjamin Furly)의 집에서 기거했는데, 펄리는 원래 영국 태생으로 젊은 시절에 부친과 퀘이커(Quaker)로 개종한 뒤 종교적 박해를 피해 네덜란드로 이주해서 상업으로 성공한 인물이었다. 그는 부유한 상인이었을 뿐만 아니라, 신학·철학·과학 그리고 기타 많은 주제에 대해 관심을 가지고 있었고, 또한 높은 식견을 지니고 있었다. 그리고 그는 방대한 장서를 가지고 있어서 로크의 연구에 큰 도움을 주었다.

로크가 로테르담으로 옮겨갈 무렵에는 『인간 오성론』이 거의 다 마무리되어 있었다. 그는 이 저작의 서문에서 아무나 다 보일이나 시더넘 혹은 뉴튼이 될 수는 없으며, 이들 거장에 비해 자신은 그저 "지식으로 나아가는 길에 놓여 있는 마당을 조금 청소하고, 쓰레기를 조금 치우는 데에 보조 일꾼으로 쓰이는 것만도 충분히 야심찬 일"[46]이라고 말하면서, 자신의 작업에 대해 겸손해 하였다. 그러나 실은 그는 그것으로 영국의 근대 경험주의 철학을 확립하였다. 이 저술은 92쪽 분량으로 프랑스어로

45) Cranston, *John Locke*, p. 259.
46) Nidditch ed., "Epistle to the Reader," *Human Understanding*, p. 10.

번역된 요약본이 제네바(Geneva) 출신의 젊은 망명객 장 르클레르가 펴내는 잡지 『세계 및 역사 총서(*La Bibliothe que universelle et historique*)』의 1688년 1월호에 실림으로써 세상에 처음 공개되었다. 이전에도 이 잡지에 로크의 글이 여러 차례 실리기는 했지만, 실질적 중요성을 지닌 저술로서는 이것이 최초의 출간이었다.

5. 명예혁명

한편 국내에서는 제임스 2세가 가톨릭교도 군주로서 민심을 끌어안지 못하고, 가장 강력한 지지 세력인 국교회와 대립함으로써 오히려 전선을 확대하고 있었다. 그는 1687년 4월 관용령을 선포하여 심사법의 효력을 정지하고, 가톨릭교도를 포함한 모든 종파에 예배의 자유를 허용하는 한편, 가톨릭교도를 요직에 대거 임명하였다. 그리고 먼머스의 반란군을 격퇴한 이후 2만 명 규모의 상비군을 그대로 유지하면서 그들을 런던 근교에 숙영시킴으로써 런던에 은근히 압박을 가했다. 가톨릭 왕국을 추구하는 국왕의 이런 무분별한 정책은 자의적이고 전제적인 통치의 길로 너무 멀리 나아갔고, 이는 영국인이 용납할 수 있는 한계를 넘어서고 있었다. 불만을 가진 세력은 제임스가 연로했고, 그가 죽으면 그의 장녀 메리가 왕위를 계승할 것이라는 데 희망을 걸고 있었다. 네덜란드의 오렌지 공 윌리엄(오라녜 공 빌렘)과 결혼한 메리는 개신교도였다.

그런데 1688년 6월 어느 누구도 예상하지 못한 사태로 이 희망이 깨어졌다. 10년 이상 아이를 갖지 못했던 두 번째 왕비에게서 후사가 태어난 것이다. 그는 가톨릭교도 어머니 아래에서 가톨릭교도로 양육될 것이고, 그러면 앞으로 가톨릭교도 군주의 치세가 계속될 것이다. 이는 현재의 불만이 일시적인 것이 아니라 항구적인 것이 될 것임을 의미했다. 가톨릭 군주와 프랑스식의 절대왕권에 대한 두려움으로 휘그뿐 아니라 토리마저 제임스 2세에게 등을 돌렸다. 7월에 의회 및 국교회의 지도자들이 은밀하게 찰스 1세의 외손자에 제임스 2세의 사위이기도 한 오렌지 공에게 군대를 이끌고 영국으로 원정을 와 달라고 정식으로 요청하였다.

로크가 로테르담으로 거처를 옮긴 것은 이러한 영국 국내의 사태 전개와 무관하지 않을 것이다. 국내에서 제임스 2세를 몰아내려는 분위기가 점차 무르익어 가고, 네덜란드에서는 윌리엄이 있는 헤이그를 중심으로 그 일을 위한 모의가 진행되고 있었다. 그런데 헤이그와 아주 가까운 로테르담은 그와 관련된 중요한 일에 참여할 수 있을 만큼 가까운 한편, 소소하고 이기적인 이해관계와 관련된 문제에서는 한 발짝 벗어날 수 있는 곳이었다. 윌리엄은 사실 먼머스 반란의 실패 이후 네덜란드에 있는 망명객들의 유일한 희망이었다. 제임스 2세의 회유에 응해 사면을 받고 영국으로 돌아가지 않는 한, 그들이 불법적이고 불안한 신분과 망명객의 신세를 떨쳐버릴 수 있는 유일한 길은 윌리엄이 영국의 지배권을 장악하는 것이었다. 그래서 그들은 그러한 전망에 자신의 운명을 걸고 있었다.[47] 이즈음 네덜란드에서 로크의 가장 가까운 정치적 동료는 1685년 11월에 네덜란드로 건너와 오렌지 공의 핵심 조언자가 된 찰스 모어던트 (Mordaunt) 경이었다. 로크는 모어던트 경을 통해 오렌지 공과 관련을 맺고, 추진되고 있는 혁명에 대해 조언했음에 틀림없다.[48]

프랑스 왕 루이 14세의 위협에 맞서고 있던 윌리엄은 망설임 끝에 결

••

47) Ashcraft, *Revolutionary Politics*, p. 527.

48) Bourne, *Life of Locke*, vol. 2, pp. 57-59 및 Garrett Tomson, *On Locke* (Wadsworth, 2001), p. 8.

심을 하고 영국 침공을 준비했다. 늦어도 1688년 10월에 들어서면 윌리엄이 영국을 교황으로부터 해방시키려는 계획이 네덜란드에서 진행되고 있다는 것은 공공연한 비밀이었다. 마침내 11월 초 윌리엄의 대규모 함대가 영국 침공을 위해 네덜란드를 출발했다. 모어던트 경을 위시한 영국의 지지자들이 윌리엄과 동행했으나, 56세의 병약한 로크는 자신의 정치철학을 실현하는 군사 모험에 직접 동참하지는 않았다. 군대가 잉글랜드 남서부에 상륙한 뒤 런던으로 진격하자 이곳저곳에서 봉기가 일어나고 많은 사람들이 오렌지 공의 깃발 아래 모여들었다. 국왕의 상비군은 윌리엄의 군대를 훨씬 능가했지만, 군 사령관을 비롯하여 수백 명의 장교들이 국왕을 버리고 윌리엄 쪽에 가담했다. 고립무원의 제임스 2세는 머뭇거리다 희망이 없다고 판단하고 프랑스로 도망쳤다. 혁명은 피 한 방울 흘리지 않고 '명예로운' 성공을 거두었다.

이듬해 1월 소집된 비상의회인 공회의회(Convention Parliament)는 오랜 토론 끝에 제임스 2세가 국왕과 국민 간의 원초계약을 파기함으로써 헌정체제를 전복하려 했고, 국외로 도피함으로써 왕위를 버렸으며, 따라서 왕위가 비어 있는 상태라는 결의안을 통과시켰다. 그리하여 휘그와 토리 간에 윌리엄과 메리에게 공동으로 왕관을 부여하는 타협이 이루어졌다. 메리는 2월 초에 영국에 도착하여 다음날 윌리엄과 함께 영국의 공동 국왕으로 즉위하였다. 이들 공동 군주는 신의 뜻이나 엄밀한 세습제에 의해서가 아니라 의회의 결의로 세워진 군주였다. 이런 왕위계승이 이루어지고 난 다음 왕권신수설 같은 주장은 차츰 영국에서 더 이상 거론할 수 없게 되었다.

로크는 모어던트 부인을 수행하여 메리의 일행으로 5년 반의 망명 생활을 끝내고 귀국하였다. 그는 귀국 후 곧 브란덴부르크 선제후국 주재 대사직을 제의받았지만 건강상의 이유를 들어 고사했다.[49] 국왕 윌리엄

3세는 보다 기후가 좋은 빈(Vien)이나 다른 나라의 대사직도 제의했지만, 그는 국내에서 봉사하기를 바라면서 끝내 고사했다. 사실 그는 런던에 도착하자마자 천식이 악화되기 시작하는 등 건강을 자신할 수 없었다. 그러나 그런 이유 외에도 그는 무엇보다 연구와 저술에 좀더 많은 시간을 갖고 싶어 했다.[50] 결국 로크는 과세 불복 문제를 다루는 물품세항소심의원(Commission of Appeals in Excise)의 심의관이라는 한직을 맡았는데, 자주 출석하지 않아도 되는 비상근직이어서 그는 비교적 만족스러워했으며, 여생 동안 계속 그 자리를 유지했다.

귀국할 때 로크는 56세, 초로의 학자였지만 아직 변변한 저작 하나 세상에 내놓지 못했고, 학자로서의 명망도 얻지 못한 입장이었다. 그러나 그해 말경에 그는 3대 저작을 한꺼번에 쏟아내었다. 원래 라틴어로 쓴 『관용에 관한 서신』이 영역되어 10월에 제일 먼저 출판되었고, 곧이어 『정부론』이, 그리고 12월에는 『인간 오성론』이 잇달아 출판되었다.[51] 『인간 오성론』은 로크에게 엄청난 명성을 가져다주었다. 그는 그것으로 단번에 당대 영국의 지성계를 지배하는 인물이 되었을 뿐만 아니라, 영국 지성사의 전체 역사에서도 우뚝 선 인물이 되었다. 그러나 그는 고도의 정치적 논란을 불러일으킬 저술에 대해서는 자신이 저자임을 밝히기를 극도로

∴

49) 브란덴부르크 선제후인 프리드리히(Friedrich) 3세는 1701년에 프로이센 왕국을 창건하고 프로이센 국왕 프리드리히 1세가 된 인물인데, 윌리엄 3세가 프랑스의 루이 14세와 맞서기 위해서는 가장 절실하게 필요한 동맹자였다. 윌리엄이 그 대사직을 맡겼다는 것은 로크를 그만큼 신임하고 있었다는 증거로 볼 수 있을 것이다.

50) 귀국 얼마 후 림보르흐에게 보낸 1689년 4월 12일자 편지에서 로크는 어떤 공직도 원치 않고, 오직 좀 더 편히 숨 쉴 수 있게 건강이 좋아지고 학문의 세계로 돌아가는 것만 바랄 뿐이라고 심경을 토로했다. Bourne, *Life of Locke*, vol. 2, pp. 156–157 참조.

51) 뒤의 두 책은 모두 출판일자가 1690년 초로 되어 있는데, 이것은 출판업자들이 오늘날의 잡지사처럼 그들의 책이 좀더 오랫동안 최신의 책인 것처럼 보이게 하려고 날짜를 늦추어 놓았기 때문이다.

꺼려해서『관용에 관한 서신』도『정부론』도 익명으로 출판했고,[52] 아무리 친한 친구라도 그 사실을 누설했을 때는 매몰차게 불만을 털어 놓았다.[53] 이렇듯 툭하면 성을 내고 분통을 터트리는 것은 로크의 성격상의 결함이기도 했다.[54]

『관용에 관한 서신』은 로크가 다른 두 저작의 출판을 준비하는 동안 유니테리언교도(Unitarian)로서 상인인 윌리엄 포플(William Popple)이 영어로 번역하여 출판하였다. 이 책은 금방 다 팔려서 몇 달 만에 2쇄를 찍어낼 만큼 크게 주목을 받았고, 즉각 격렬한 논쟁을 불러일으켰다. 로크는 주된 비판자인 국교회 성직자 조너스 프로스트(Jonas Proast)와 세 차례나 공방을 벌였는데, 익명을 유지하기 위해 필란트로푸스(Philanthropus)라는 필명으로 원저자를 편드는 제3자 행세를 했다.

귀국한 뒤 2년 동안 로크는 런던에서 살았는데, 그 동안 펨브루크 백,

52) 로크는 사망하기 불과 한 달 반쯤 전인 1704년 9월 15일에 작성한 유언보족서에서 비로소 자신이『정부론』의 저자임을 공식적으로 인정하고 또 죽기 전에는 자신의 모든 저작을 인정하였지만, 그전까지 그는 철학 저술인『인간 오성론』이외에 정치 및 종교와 관련된 저술들에 대해서는 병적일 정도로 익명성을 고수하려 했다. 말년에, 자신이 저자임이 이미 공공연한 비밀이 되어 있는 시점에서도, 그는 가장 신뢰했고 둘도 없이 가까웠던 몰리뉴(Molyneux)에게조차『정부론』을 썼다는 사실을 냉정하게 부인했다.
53) 평생의 지기인 티렐이『정부론』의 저자가 로크라고 발설한 일로 둘은 서로 불편한 관계가 되기도 했다. 그리고 로크는 림보르흐로부터 그가 불가피하게『관용에 관한 서신』의 필자가 로크임을 그들 두 사람 모두의 막연한 친구인 게넬론 박사에게 발설했다는 편지를 받고, 1690년 4월 22일자 편지에서 "이 소책자에 대한 소문이 널리 퍼져 있는데, 그 저자가 알려지지 않았을 땐 나를 전혀 어렵게 하지 않았지만 이제 그것은 나를 거의 망치려 하고 있습니다. …… 만일 당신이 그런 비밀을 나에게 알려 주었다면 나는 그 어떤 경우에도 어떤 친구나 다른 어떤 사람에게도 그것을 결코 누설하지 않았을 것입니다. 당신은 내게 얼마나 큰 어려움을 안겨 놓았는지 모릅니다"하고 원망과 책망을 쏟아냈다. Cranston, *John Locke*, p. 332와 Bourne, *Life of Locke*, vol. 2, p. 207에서 재인용.
54) 이 점에 대해서는 매섬 부인도 "그(로크)가 아주 자연스럽게 빠져드는 감정은 노여움이었다"고 인정했다. Cranston, *John Locke*, p. 438에서 재인용.

존 소머즈(John Somers), 그리고 의회에 진출한 사촌매제 클라크 등 여러 가까운 정치 지도자와 정책 수행자들에게 자문을 하면서 활발한 정치 활동도 아끼지 않았다. 특히 소머즈는 1690년대에 옥새관(Lord Keeper)과 상서경 등 요직을 맡으며 윌리엄 3세의 최측근으로 활동했는데, 그는 어떤 면에서는 로크에게 지난날의 샤프츠베리와 같은 인물이었다.[55]

윌리엄과 메리를 공동 군주로 하는 정치적 타협을 이룩한 다음 공회가 착수한 주된 과업의 하나는 관용법(Toleration Act)을 제정하는 일이었다. 이 법을 논의하는 과정에서 로크는 그것이 가능한 한 폭넓은 것이 되고 실질적으로 신앙의 자유를 보장하는 것이 되도록 열심히 노력했으나 그 결과는 실망스러운 것이었다. 1689년 5월의 관용법은 관용의 정도가 인색하고 협량하여 로크와 광교회파가 바라 마지않던 이상, 이를테면 모든 종파를 하나의 넓고 포괄적인 교회 안에 통합하여 아우르고자 하는 이상은 깨어지고 말았다. 그는 그때의 심경을 림보르흐에게 다음과 같이 피력하였다.

당신은 이미 이 편지 이전에 분명히 관용이 이제 우리들 사이에 법으로 확립되었다는 것을, 그러나 기독교인의 오만과 증오에서 벗어나 있는 당신과 당신처럼 진실한 사람들이 열망하는 만큼 그렇게 폭넓게 확립되지는 못했다는 것을 알고 있을 것입니다. 그렇지만 그것은 무언가 얻은 것입니다. 나는 이 작은 시작으로 그리스도의 교회가 건설될 수 있는 토대가 놓이게 되기를 바랍니다.[56]

55) Laslett, "Introduction," p. 53.
56) 1689년 6월 6일자 편지. Bourne, *Life of Locke*, vol. 2, p. 155에서 재인용.

6. 오트스에서의 말년

두 해 동안의 런던 생활로 건강을 해치고 피로해진 로크는 1691년 초에 드디어 런던 생활을 청산할 기회를 얻었다. 로크의 귀국을 누구보다 반겼던 사람이 프랜시스 매섬의 부인 대머리스였다. 로크는 건강이 좋지 않을 때면 가끔 매섬 부부의 저택인 오트스에 가서 잠시 머물곤 했는데, 이때에 그들의 초청을 받아 아예 그곳으로 거처를 옮겨 매섬 부부의 식객으로 지내게 되었다. 그는 시중도 들고 저술의 필사도 하는 등 여러 가지 일처리를 해 줄 사람이 필요해서, 조수 혹은 비서라고 할 브라우노버도 함께 데려갔다. 런던에서 북동쪽으로 대략 30킬로미터 정도 떨어진 곳에 있는 오트스는 튜더(Tudor) 시대에 지은, 해자로 둘러쌓인 붉은 벽돌의 아담한 장원저택이었다. 시골의 맑은 공기는 로크의 건강을 조금씩 회복시켜 주었고, 남의 아내가 되었지만 아직도 여전히 '필로클레아'로 남아 있는 대머리스와 나누는 대화는 그의 삶에 활력을 불어넣어 주었다. 에식스의 하원의원으로 전형적인 영국신사였던 남편 프랜시스와 로크는 공통의 관심사가 없었고, 사실 서로 거의 직접적인 관계를 맺지 않고 지냈다. 그 둘의 이런 관계가 상호 존중 탓인지 아니면 무관심 탓인지 말하기 어렵다.

오트스로 옮긴 뒤에도 로크는 정부의 공무를 수행하기 위해 이따금 런던을 방문하고, 때로는 상당 기간 머물기도 했지만, 이곳은 그가 여생을 보낸 주된 거주지였다. 이곳에서 그는 오랫동안 바라 마지않던 학문의 세계로 돌아가 좀더 많은 시간을 책과 더불어 지낼 수 있었고, 때때로 찾아오는 많은 방문객을 맞아 담소를 즐기기도 했다. 오트스에 자주 방문한 인사 중 하나가 아이저크 뉴튼(Isaac Newton)이었다.

로크는 뉴튼을 귀국하던 그해 봄에 펨브루크 경의 살롱에서 처음 만났는데, 그는 이 무렵 케임브리지대학 선거구의 의원으로 선출되어 런던에 와 있었다. 뉴턴은 로크보다 열 살이나 아래였지만 로크와는 달리 이미 일찍부터 천재를 드러내었고, 『자연철학의 수학적 원리(*Philosophiae Naturalis Principia Mathematica*)』로 저명한 학자의 명성을 누리고 있었다. 그들은 다양한 주제에 대해 의견을 나누었지만 가장 큰 공통의 관심사는 신학, 특히 성서 해석이었다. 로크는 사도 바울의 서신에 관해 오랜 세월에 걸쳐 방대한 분량의 연구 성과를 쌓았는데, 뉴턴이 출판을 권유하기도 했다. 이 주석은 로크의 사후 1705~1707년 사이에 『사도 바울 서신의 주해(*Paraphrase and Notes on the Epistles of St. Paul*)』로 출판되었다. 1692년 여름에 로크는 300쪽이나 되는 『관용에 관한 제3 서신』으로 프로스트 교수와의 관용 논쟁을 이어갔는데, 그는 그 일부를 뉴턴에게 보내어 읽고 비판해 주기를 부탁하기도 했다.

로크는 1693년에는 망명 시기에 클라크에게 편지로 써 보낸 아동 교육과 관련한 글들을 정리하고 보완하여 『교육에 관한 몇 가지 생각』으로 펴냈다. 『인간 오성론』에 이어 두 번째 실명으로 출판한 이 저서로 그는 저술가로서의 명성을 더욱 높일 수 있었다. 이런 노력과 더불어 그는 『인간 오성론』에 대한 수정과 보완 작업에 몰두하여 1694년 5월에는 그 재판을 낼 수 있었는데, 재판에서 보이는 변화 가운데 많은 부분은 아일랜드의 철학자 윌리엄 몰리뉴와 서신을 통해 의견을 나누면서 얻은 결과였다.[57] 로크는 이런 딱딱한 성격의 저서가 불과 몇 년 만에 첫 판이 다 소진되고 제2판의 출판이 필요해진 상황에 대해 매우 만족스러워했다.

1695년 8월에는 『기독교의 합리성(*The Reasonableness of Christianity, as delivered in the Scriptures*)』을 펴냈다. 전적으로 귀국 이후에 쓴 이 저

••
57) Milton, "Locke's Life," pp. 19-20.

서에서 로크는 삼위일체설과 함께 예수의 십자가 대속과 성처녀 탄생 그리고 부활 등이 기독교 신앙의 본질적 요소임을 부인했다. 그는 구원에 필수적인 신조는 '예수는 메시아'라는 것밖에 없다고 주장하면서, 보다 단순하고 모든 것을 포괄하는 형태의 교회를 옹호하였다. 이것도 물론 익명으로 출판했는데, 아직도 사상과 출판의 자유가 온전하지 못한 시대 상황에서 로크처럼 조심스러운 사람이 극히 논쟁적인 성격의 이런 저작의 저자임을 밝히기는 어려운 일이었다.[58] 사실 이 책은 즉각 뜨거운 논쟁을 야기했고, 그 저자는 유니테리어니즘(Unitarianism), 소시니어니즘(Socinianism), 이신론, 심지어는 무신론을 부추겼다고 공격받았다.[59]

가장 신랄한 비판자는 성직자 존 에드워즈(Edwards)였다. 에드워즈는 즉각 이 책의 저자를 소시니언이라고 비난하고 나섰다. 이탈리아 신학자인 렐리오 소치니(Lelio Sozzini)와 파우스토(Fausto) 소치니의 추종자인 소시니언파는 삼위일체와 원죄를 부인하고 기독교 신앙의 완전한 합리성을 강조하여 이단으로 배척받는 집단이었다. 이에 로크는 자신이 소시니언이 아니라 정통파 평신도임을 주장하는 변론으로 대응하였다.

로크가 반론을 제기하자 에드워즈는 이듬해에 『가면을 벗은 소시니어니즘(Socinianism Unmasked)』에서 로크의 저서가 기독교 신앙을 오도하고 무종교와 무신론을 지향한다고 재차 공격하고, 그 익명성에 대해서도 격렬하게 비난했다. 로크도 다시 자신의 신앙을 변호하면서 그에 반박하였다. 그러나 1697년에 미들섹스(Middlesex)의 대배심이 『기독교의 합리성』에 대해 금서 판결을 내린 것으로 보아 그의 노력이 별로 성공한 것

..

58) 에든버러(Edinburgh) 학생이었던 토머스 에이컨헤드(Aikenhead)가 성서를 조롱했다는 혐의로 교수형을 당한 일도 있었다.

59) J. D. Mabbot, *John Locke* (London, 1973), p.136.

같지는 않다.[60] 로크는 영국교회의 신실한 신앙인으로서 평생 그 울타리를 벗어나지 않았지만, 사실 광교회파로서 그는 철학적으로나 신학적으로 소시니언과 아주 가까운 견해를 가지고 있었다. 광교회의 주장을 그 논리적 결론으로 밀고 가면 결국 소시니어니즘에 가 닿는 것이다.[61]

에드워즈에 이어 그보다 훨씬 더 강력한 논적인 우스터(Worcester) 주교 에드워드 스틸링플리트(Stillingfleet)가 이번에는 『기독교의 합리성』보다는 저자의 이름이 명시된 『인간 오성론』을 주된 대상으로 하여 로크를 직접 공격하였다. 그는 당시 영국교회의 가장 유능하고 날카로운 논쟁가로서, 켄터베리 대주교 물망에도 올랐던 막강한 인물이었다. 스틸링플리트는 이 저서의 인식론이 반삼위일체 운동을 부추기는 데 기여하고, 기본적으로 소시니어니즘을 내포하고 있다고 주장했다. 그는 삼위일체에 대한 믿음을 불가능하게 만드는 사람은 만일 소시니언이 아니라면 소시니어니즘의 하인이라고 비난했다. 로크는 1697~1698년 사이에 세 차례에 걸쳐 공방을 주고받았는데, 이후 스틸링플리트의 사망으로 논쟁이 더 이

..

60) Spellman, *John Locke*, p. 28. Cranston, *John Locke*, pp. 390-392는 『기독교의 합리성』이 명백히 유니테리언 혹은 소시니언적 성격의 저술이라고 규정하고, 로크의 반론도 로크의 견해가 소시니언의 견해와 일치한다는 에드워즈의 주장에 대한 유효한 반박이 되지 못한다고 평가했다.

61) Cranston, *John Locke*, p. 126. 로크의 교육에 관한 견해에서도 소시니어니즘의 원죄 부정과 일치하는 입장을 볼 수 있다. 로크는 인간의 덕성이나 악덕을 거의 전적으로 그가 받은 좋은 혹은 나쁜 교육의 탓으로 파악하였다. 그는 사람이 선하든 악하든, 유용하든 그렇지 않든, 현재의 상태는 교육에 의한 것이라고 주장하였다. 그래서 그는 교육을 통해 이성으로 욕망을 제어하는 힘을 기르고 덕을 사랑하는 마음을 계발함으로써 사람들로 하여금 도덕적으로 행동하게 할 수 있다고 믿었다. John Marshall, *John Locke: Resistance, Religion, and Responsibility* (Cambridge, 1994), pp. 343-345 참조. 로크는 가까이에서 지켜보는 사람들에게도 소시니언으로 비쳤다. 성직자로서 로크와 함께 샤프츠베리 백을 모셨던 로버트 퍼거슨(Ferguson)은 로크가 샤프츠베리를 소시니어니즘으로 타락시켰다고 비난했다. 같은 책, pp. 286-287 참조.

상 이어지지는 않았다. 사실 1690년대는 유니테리언 및 소시니언 들과 정통 국교도 간에 치열한 지적 투쟁이 전개되었던 시기였으며, 로크를 둘러싼 논쟁도 이 투쟁의 일환으로 이루어진 것이었다.[62]

로크는 오트스에서 대부분의 시간을 철학과 신학의 탐구에 바치는 한편 정부의 정책, 특히 경제 정책에도 간여하고 경제 관련 저술도 발표했다. 그는 1692년 초에 『이자율 인하와 화폐가치 인상의 결과에 관한 몇 가지 고찰(*Some Considerations of the Consequences of the Lowering of Interest and the Raising of the Value of Money*)』이라는 소책자를 익명으로 출판했는데, 이는 그의 가장 중요한 경제 관련 저서이다. 그는 일찍이 엑시터하우스 시절에 이 문제에 관한 논고를 쓴 적이 있으며, 조사이어 차일드가 법에 의한 이자율 인하를 주장하자 그에 대해 반론을 제기하며 논쟁을 벌인 적도 있다. 그런데 이즈음 그 문제가 다시 현안으로 대두하여 많은 런던 상인들이 이자율 인하를 요구하고, 일부에서 조사이어 차일드의 옛 논의를 다시 들먹이자 로크는 이에 자극을 받아 한 세대쯤 전에 쓴 그 논고를 다시 손보아 출간한 것이다.

이 저서에서 로크는 이자율은 법으로 규제할 수 없으며, 화폐는 시장에서 그 값이 정해지도록 내버려두어야 한다는 원래의 주장을 반복하였다. 여기에 그는 당시의 보다 절박한 경제 문제인 통화 정책에 대한 사상을 새로 추가하였다. 그 무렵 영국의 은화는 사람들이 오랫동안 가장자리를 깎아내어 실제 가치가 액면가의 절반 정도로 떨어진 상태로 유통되고 있었다. 특히 국제무역에서 외국인들은 이 깎인 주화(clipped money)를 액면가로 받기를 거부하였고, 따라서 무역 질서가 크게 혼란스러웠다. 그래서 이를 해결하기 위한 통화개혁 문제가 정부의 긴박한 현안으

••
62) Milton, "Locke's Life," p. 22.

로 대두하고 있었다. 그런데 당시의 일반적인 제안은 깎인 주화를 회수하고 명목가치를 높인 새 화폐를 주조하자는 것이었다. 로크는 이런 해결책을 반대하였다. 그는 은화의 은 함유량을 줄여야 한다는 주장을 반박하고, 실질가치와 명목가치가 일치하는 은화를 재주조할 것을 주장하였다.

로크는 단순히 글로써 견해를 밝히는 데서 그치지 않고, 그것이 정책으로 채택되게 하기 위해 정치적 영향력도 행사했다. 그 무렵에는 휘그파가 권력을 장악하고 있었고, 로크의 오랜 지인들이 그 지도적인 인물로 활동하고 있었다. 그는 그 동안 정치적 조언을 해 주던 존 소머즈, 에드워드 클라크, 존 프리크(Freke), 월터 영(Sir Walter Yonge) 등과 더불어 '칼리지(College)'라는 소규모 정치 클럽을 만들고, 이 모임을 통해서 의회에 영향력을 행사하였다. 이들 가운데 특히 로크를 정치적 스승으로 생각하는 존 소머즈는 1697년에 상서경의 지위에까지 오르는 등, 윌리엄 3세 정부에서 가장 중요한 인물의 하나였다. 그런 인물이 후원자 역할을 하고 있어서 '칼리지'는 무시하지 못할 만큼 큰 비중을 차지하고 있었다.

'칼리지'는 특히 통화 문제에 큰 관심을 가지고 있었다. 정통 재무 관료인 윌리엄 라운즈(Lowndes)가 1695년에 통화 실태를 조사하고 보고서를 발표하자, 로크는 그에 대한 반론으로 『화폐가치 인상에 관한 재고찰 (*Further Considerations Concerning Raising the Value of Money*)』을 발간하였다. 로크의 권고가 정부 정책으로 채택되고, 그 입법을 위한 재주조법안이 의회에 제출되어 논란 끝에 1696년 4월 마침내 통과되었다. 로크의 이자 이론은 1692년에 이자율을 5%로 고정하는 법안이 하원에서 통과됨으로써 거부되었지만, 화폐개혁 문제에서 그는 동료들과 더불어 승리를 거두었다. 매섬 부인은 로크의 이 업적을 그 하나만으로도 "영원히 잊지 않고 기억할 기념비"를 받을 만한 조국에 대한 봉사라고 말했다.[63]

같은 시기에 로크는 또한 검열제의 도입을 막는 데도 크게 이바지했다. 1695년에 의회는 출판규제법(the Act for the Regulation of Printing)을 제정하려고 했는데, 로크는 이 입법을 위한 소위원회의 위원이었던 클라크와 프리크를 통해 그 법을 반대하는 자신의 주장을 하원에 전달했다. 그의 논의가 하원을 지배했고, 논란 끝에 결국 그 법안은 폐기되었다. 로크는 자유 그 자체를 위해서 출판에 대한 검열을 반대했지만, 경제와 공익이라고 하는 실용적인 측면 또한 그의 검열제 반대의 주요 논거를 차지했다.

로크는 수년째 맡고 있는 물품세항소심의관에 더하여 1696년 5월에는 새로 국가에 봉사할 마지막 공직을 맡았다. 자신의 저서들이 야기한 여러 격렬한 논쟁에 대응하느라 바쁜 중에도 그는 15명으로 구성된 통상식민위원회(Commission of Trade and Plantation)의 위원으로 임명되었다. 제임스 2세 때만 해도 영국의 식민지 행정은 비교적 잘 유지되었는데, 윌리엄 3세 시대에 와서는 극도의 혼란을 겪었다. 통상과 관련한 법들은 끊임없이 유린되고 해적 행위가 빈번하게 일어났다. 기존의 기구가 이런 문제에 제대로 대처하지 못하고 있다는 사실이 드러나자 로크의 오랜 정치적 동료인 존 소머즈가 주도하여 신설한 기구가 통상식민위원회였다. '이 왕국의 통상을 증진하고 아메리카와 여타 지역의 식민지를 조사하고 개선하기 위한 전하의 위원회'라는 긴 명칭이 말해 주듯이, 이 기구는 영국의 통상과 관련한 전반적인 상태를 감독하고, 식민지에 대해 통상 관련뿐아니라 행정과 사법 등 전반적인 문제에 관해 책임 지는 기구였다.
　이 위원회는 그 기능을 거의 전적으로 로크의 노력과 재능에 의존하다시피 했고, 그는 건강이 허락하는 한 열성적으로 임무를 수행하였다. 통

••
63) Cranston, *John Locke*, p. 396.

상식민위원으로서 로크가 기울인 노력은 어떤 면에서는 영국의 편협한 '상업적 제국주의'를 추구했던 샤프츠베리 백의 프로그램을 실현하는 것이었다.[64] 그는 불가피하게 런던을 자주 방문하고 또 오래 머물곤 하였다. 런던의 공기와 방대한 업무는 연로하고 병약한 로크에게는 감당하기 힘든 것이었고, 그 때문에 특히 겨울에는 건강이 아주 나빠져 어떤 때는 숨쉬기조차 힘들었다. 이듬해 1월에는 사임을 결심하고 상서경의 지위에 오른 존 소머즈에게 사의를 표명했으나, 소머즈의 간청으로 사의를 철회할 수밖에 없었다. 로크의 공직 수행은 사회적 책임의식 때문만이 아니라 자기 자신에게 충실하고자 하는 의식의 발로 때문이기도 했다. 그는 행동의 삶이 이성의 삶의 필수적인 한 부분이라고, 그리고 사람은 가만히 앉아서 생각하는 것만으로 진리를 발견할 수 있는 것이 아니라 오직 직접적인 삶의 경험을 통해서만이 진리를 발견할 수 있다고 믿었다.[65]

통상식민위원으로서 로크가 크게 관심을 가지고 있었던 것은 버지니아(Virginia) 문제였다. 그가 관여하여 작성한 한 문서는 버지니아가 자연의 부와 커다란 잠재력을 가지고 있음에도 아메리카에서 가장 가난하고 헐벗은 고장임을 주목하고, 사람들의 정착의 실패가 그 원인임을 지적하면서 국왕 대권으로 다시 사람들을 강제로 정착시킬 것을 권고하였다. 국내 문제로서 1697년에 위원회 앞에 놓인 핵심적인 과제는 실업과 빈곤(pauperism)이었다. 그 해결책으로 로크가 제시한 구상은 위원회에서 거부되었지만, 이 문제에 대한 그의 견해를 보여 준다. 그는 빈곤과 실업의 원인을 식량의 부족이나 일자리의 부족이 아니라 규율의 해이나 덕성과 근면성의 타락으로 진단했다. 그래서 가난한 사람들을 일하게 하는 첫 번째

••

64) Dunn, *Locke*, p. 12.
65) Cranston, *John Locke*, p. 419.

조치는 법의 엄격한 시행으로 그들의 방탕함을 통제하는 것이어야 하며, 허가 없이 구걸하는 행위에 대해서는 가혹하게 처벌해야 한다고 주장했다.

1697년에서 1698년 사이의 겨울에 로크는 건강이 크게 나빠져서 겨우내 집안에서 칩거하고 지내야 했다. 그 무렵 클라크에게 보낸 편지에서 그는 숨쉬기가 너무 힘들어 걸을 수가 없어서, "나는 집안에만이 아니라 내 의자에 갇힌 수인"이라고 호소할 지경이었다.[66] 다행히 매섬 부인의 정성어린 간호로 겨울을 넘긴 뒤 건강이 회복되었다. 그런 다음 그해에 로크에게는 커다란 기쁨과 슬픔이 잇달아 찾아왔다. 그 여름에 윌리엄 몰리뉴가 로크를 찾아 런던으로 왔다. 로크는 이 아일랜드 철학자와 1692년 이래 매우 친밀한 관계를 유지해 왔지만, 편지로만 교유했을 뿐 직접 만난 것은 이때가 처음이었다. 노년의 식민주의자 로크는 나이가 훨씬 아래인 식민지 주민 철학자와 5주 동안 함께하며 격의 없는 담소의 즐거움을 한껏 맛보았다. 몰리뉴는 9월에 더블린(Dublin)으로 돌아가면서 이듬해 봄의 재회를 약속했지만, 돌아간 지 한 달도 안 되어 그는 42세의 나이에 그 약속을 지킬 수 없는 곳으로 떠나고 말았다. 몰리뉴의 뜻하지 않은 죽음은 로크에게 엄청난 슬픔과 비통함을 안겨 주었다.

1700년 4월에 소머즈가 정적들의 공격을 받아 상서경에서 물러나자 이는 로크가 통상식민위원의 직에서 은퇴하는 계기가 되었다. 그는 5월에 마침내 모든 공직에서 해방되어 삶의 마지막을 맞을 준비를 할 수 있게 되었다. 이즈음 그에게는 피터 킹(Peter King)이라는 젊은이가 자주 찾아왔다. 로크는 그에게 정치에서 재정 투자와 결혼에 이르기까지 모든 사안에 대해 조언하는 한편, 또한 크고 작은 많은 일을 그와 상의하고 점점 더 많이 그에게 의지하였다. 킹은 로크의 숙부인 피터 로크의 외손자, 그

66) Aaron, *John Locke*, p. 41에서 재인용.

러니까 로크의 사촌누이의 아들이었다. 결혼을 하지 않아 자식이 없었던 로크는 일찍부터 킹을 상속자로 삼았고, 그를 마치 양자처럼 돌보았다. 킹은 로크의 권유로 가업을 잇는 것을 단념하고 대학에 진학했고, 29세 때인 1698년에는 변호사 자격을 땄고, 1701년에는 의회에 진출했다. 이미 대단한 장래성을 보여 주었던 킹은 나중에 크게 성공하여 최고위 관직인 상서경의 지위에까지 올랐으며, 백작의 반열에도 올라 러블레이스(Lovelace) 백작 가문을 일구었다.

공직에서 물러난 로크는 주로 오랫동안 계속해오던 바울 서신의 주석에 심혈을 기울이며 말년을 보냈다. 마지막 해인 1704년 8월에는 그 가운데 제1부의 출판을 준비하고 있었지만, 로크는 결국 생전에 그것의 출간을 보지는 못했다. 같은 해에 12년이나 침묵하던 프로스트로부터 예상 밖의 도전을 받아 『관용에 관한 제4 서신』을 집필하고 있었지만, 이는 미완의 유작으로 남게 되었다. 그 외에도 여러 글들을 썼지만, 1699년 12월 『인간 오성론』 제4판을 마지막으로, 그 이후에는 아무것도 출간하지는 않았다.

1704년 봄이 되면서 로크는 죽음이 가까이 오고 있음을 느끼고 안심입명의 자세를 가다듬었다. 그러나 죽음은 그가 느꼈던 것보다는 더 멀리 있었고, 그것은 아주 느리게 다가왔다. 마침내 10월 28일, 로크는 정장을 하고 서재로 인도되었다. 그리고 그는 의자에 앉은 채, 20년 이상 자신을 연모해 온 매섬 부인이 구약의 시편을 읽어 주는 소리를 들으며 조용히 눈을 감았다.[67] 그는 자신의 비명을 직접 작성해 놓았다. 그는 그 명판

67) Strathern, *Locke*, p. 59는 로크가 죽은 뒤 매섬 부인은 남편과 별거하여 바스(Bath)에 가서 살았는데, 이는 로크에 대한 그녀의 애정이 플라토닉한 것 이상이었으리라는 추측을 낳게 한다고 말한다.

(銘板)이 금방 썩어 없어질 것이라 했지만, 라틴어로 된 그의 비명은 대리석판에 새겨져 300년이 지난 지금도 그가 묻힌 하일레이버 교구교회에서 '나그네'를 맞이하고 있다.

나그네여 멈추시라. 이 자리 부근에 존 로크가 누워 있다오. 만일 그대가 그가 어떤 사람인지 궁금하다면, 그 대답은 그는 자신의 소박한 운명에 만족했던 사람이라는 것이라오. 노력으로 된 학자인 그는 자신의 연구를 오로지 진리의 추구에 바쳤다오. 그 점은 그대가 그의 저술에서 알 수 있을 것인바, 그의 저술은 또한 그대에게 그에 관한 다른 모든 것에 대해서도 묘비명의 미심쩍은 송덕문보다 더 솔직하게 말해 줄 것이라오. 그에게 혹시 덕성이란 것이 있었다 하더라도 그것은 너무나 보잘것없어서 그 자신의 영예를 높여 주지도, 그대에게 본보기가 되지도 못한다오. 그의 악덕은 그와 함께 묻히게 하라. 덕성의 본보기는 그대가 이미 복음 안에서 갖고 있으며, 악덕의 본보기란 사람들이 존재하지 않기를 바라는 바의 것이요, 삶의 유한함의 본보기는 그대가 분명히 여기에서 그리고 어디에서나 갖고 있다오. 그는 1632년 8월 29일 태어나 1704년 10월 28일 죽었다오. 이 명판은, 그 자체가 금방 썩어 없어지겠지만, 그 기록이라오.[68]

로크는 자신의 삶을 진리의 추구에 바친 삶으로 정리했는데, 그를 직접 지켜본 사람도, 그리고 그의 전기 작가도 그 점에는 전적으로 동의했다. 임종을 지켜봤던 매셤 부인은 로크에 대해 "그는 항상 ……이성을 따르고자 했다. 그는 언제나 진리의 충직한 하인―나는 거의 노예라고 말해 왔다―이었던바, 다른 어떤 것을 위해서도 진리를 버리지 않았으며,

··
68) Cranston, *John Locke*, p. 482의 영어 번역문을 이용하였음.

순수하게 진리 그 자체를 위하여 진리를 따랐다"고 회고했다.[69] 19세기의 전기 작가 폭스 부언(Fox Bourne) 역시 "그가 추구했던 전부는 진리였다. 그는 자신의 가르침이 최종적이라고 자처할 생각은 전혀 하지 않았다. 그가 열망했던 것은 오로지 무지와의 전쟁에서 개척자가 되는 것이었다 …… 진리는 로크에게 신 그 자체였다"고 생각했다. 그리고 그가 추구한 진리는 탁상공론의 공허한 진리가 아니었다. 전기가 흔히 그렇듯이 과장된 감이 없지 않지만, 부언은

> 지금껏 아무도 형이상학을 게으른 사변(思辨)의 사막이나 어리석은 공상의 꿈나라에서 끌어내어 상식과 일상생활의 영토로 데려오기 위해 (로크보다) 더 많이 애쓰거나 일한 사람은 없었다. 그리고 일찍이 어떤 형이상학자도 그 자신의 시대와 나라의 실제 업무에 (로크보다) 더 많이 혹은 더 값지게 관계하지 않았다. 그의 최초의 출판되지 않은 저술은 공적인 사안에 대한 그의 관심의 증거를 제공하였고, 출판된 거의 모든 저작들은 주로 세계의, 특히 바로 그의 동시대인들의 정치적, 사회적 그리고 종교적 안락(wellbeing)을 증진하고자 한 것이었다

라고 주장하였다. 그는 이렇게 로크가 단순한 책상물림이 아니라 행동하는 지식인이었음을 강조하였다.[70]

한편 깁슨(Gibson)은 로크의 삶과 그 시대에 대해 다음과 같이 뭉뚱그렸다.

..

69) Bourne, *Life of Locke*, vol., 2, p. 540에서 재인용.
70) 같은 책, pp. 527-528.

로크는 격렬한 정치적·종교적 투쟁의 세계에, 그리고 인간 사상의 거의 모든 분야에서 급격한 변화가 일어나던 세계에 태어났다. 그의 긴 생애가 끝날 무렵에 영국은 18세기의 상대적으로 안정되고 평온한 상태로 접어들었다. 헌정적 및 왕조적 문제들은 해결되고, 격심한 신학적 쟁점은 완화되고, 중세의 철학은 근대 과학의 방법론과 『인간 오성론』이 도입한 새로운 '사고방식' 앞에서 최종적으로 사라졌으며, 그리고 모든 방향에서 로크는 주된 영향력이었다. 이성의 시대가 동텄는데, 로크는 그 예언자였다.[71]

71) James Gibson, "John Locke," Richard Ashcraft ed., *John Locke: Critical Assessments*, 4 vols. (London, 1991), vol. 1, p. 2.

제2장

『정부론』저술과 관련한 몇 가지 쟁점

1. 서론

1689년 늦가을에 처음 출간된 『정부론(*Two Treatises of Government*)』은 제목이 말해 주듯이 두 개의 논문으로 구성되어 있다.[1] 그 중에서 우리가 편의상 『제1론(*The First Treatise*)』이라 부르는 것의 온전한 제목은 『써 로버트 필머와 그의 추종자들의 거짓 원리와 근거가 파헤쳐지고 뒤집히다 (*The False Principles and Foundation of Sir Robert Filmer and his Followers are Detected and Overthrown*)』이고, 『제2론(*The Second Treatise*)』은 『시민

⋮

1) 『정부론』은 이후 1694에 재판이, 그리고 1698년에 제3판이 나왔다. 그 다음 제4판은 로크 의 사후인 1713년에 출간되었는데, 이것이 『정부론』의 결정적 판본으로서 이듬해에 출간 된 로크의 전집(Collective Works) 초판에 수록되었다. 그 이후 18세기에 대략 5년에 한 번 꼴로 이 판본이 증쇄되었다. Peter Laslett, "Introduction," Laslett ed., *Two Treatises of Government* (New York: New American Library, a Mentor Book, 1965), pp. 21-23 참조.

정부의 진정한 기원, 범위 및 목적에 관한 논고(*An Essay Concerning the True Original, Extent, and End of Civil Government*)』이다.

그런데 로크 자신의 설명에 따르면 이 출판된 책은 그 분량이 그가 원래 썼던 것의 절반도 채 되지 않는 것이고, 그보다 더 많은 분량의 원고가 망실되었다고 한다. 독자에게 드리는 '서문'(Preface)의 첫머리에서 그는 "여러분은 여기에 정부에 관한 한 논담(a Discourse)의 시작과 끝을 가지고 있습니다; 가운데를 채웠을 것이며, 나머지 모든 것보다 더 많았던 원고(Papers)를 운명이 달리 어떻게 처분했던가 하는 것은 여러분에게 말할 필요가 없는 일입니다" 하고 밝히고 있다. 아마도 '시작'은 지금의 『제1론』일 것이며, '끝'은 『제2론』일 것이다. 언제 어떻게 망실되었는지는 알 길이 없지만, 이 망실된 부분은 아마도 필머의 주장을 논박한 『제1론』의 연장일지도 모른다. 왜냐하면 로크는 앞의 인용문 조금 뒤에, 남은 부분만으로도 충분하기 때문에 잃어버린 것에 대해 크게 아쉬워할 것도 없으며, "써 로버트를 다시 더듬음으로써 내 고통을 반복하고 내 답변의 부족한 부분을 채울 시간도 의향도 없습니다" 하고 언급하고 있기 때문이다.

『정부론』은 출간 이후 18세기를 거치면서 정치철학의 고전의 지위를 얻었고, 그에 관한 수많은 연구 업적들이 생산되었다. 그래서 이미 80여 년 전에 한 로크 연구자는 "존 로크의 정치 이론은 과거 50년 동안 너무나 자주 분석되어 왔고, 그의 『시민정부론』의 논의는 너무나 세심하게 검토되어 와서 그 주제에 대해 이미 말해진 것에 무언가 새로운 것을 보탠다는 것은 불가능한 과업이다" 하고 말했다.[2] 그러나 그의 이런 언급이 너무나 무색하게도 그 이후에 로크의 정치사상에 대한 연구 논문과 저작들

2) C. H. Driver, "John Locke," F. J. C. Hearnshaw ed., *The Social and Political Ideas of Some English Thinkers of the Augustan Age* (New York: Barnes & Noble, 1928), p. 69.

이 끊임없이 쏟아져 나오고, 그에 따라 미처 알지 못했던 많은 새로운 사실들이 밝혀지고 인식의 지평 또한 그만큼 넓어졌다.

그런 많은 업적들 가운데 중요한 것의 하나가 『정부론』의 저술 시기와 의도 혹은 목적과 관련한 것이다. 이 저서는 명예혁명이 일어난 뒤 로크가 이 혁명을 정당화하기 위해 썼다는 것이 하나의 정설처럼 되어왔다. 로크는 편지와 일기 그리고 독서 노트 등을 비롯하여 자신과 관련한 방대한 기록을 남겼고, 그래서 우리는 그의 사상의 발전 과정에 대해 그때까지의 다른 어느 사상가보다 더 잘 알고 있다. 그러나 그 중에는 정작 그의 정치적 주저인 『정부론』의 구상이나 저술의 시기와 의도 등과 관련된 것은 아무 것도 없다. 로크는 자신이 이 저서의 저자임을 죽을 때까지 철저히 비밀에 부쳤고, 그것과 직접 관련된 어떠한 기록도 남기지 않았다. 그런데 그것이 1688년의 혁명 이후에, 그 혁명을 옹호하기 위해 쓴 것으로 알려져 온 것은 대체로 그가 '서문'에서 밝힌 말 때문이다. 앞에서 인용한 말에 이어 그는

나는 남아 있는 이것들이 우리의 위대한 왕정회복자(Restorer)이자 우리의 현 국왕인 윌리엄(William)의 왕좌를 확립하고, ……국민의 동의 안에서 그의 칭호의 정당성을 입증하기에 충분하리라 희망하며, 그리고 나라가 노예 신세와 파멸의 벼랑 끝에 내몰렸을 때, 영국의 국민이 그들의 정당한 자연권에 대한 사랑과 그것을 지키려는 결의로 나라를 구한 것이 정당했음을 세상에 밝히기에 충분하리라 희망합니다

하고 말했던 것이다.

그러나 지금부터 반세기쯤 전에 이런 '정설'을 뒤집는 주장이 제기되었다.

『정부론』의 작성은 실제 출간된 것보다 훨씬 전에 이루어졌고, 따라서 그 것의 작성은 명예혁명과 직접적 관련이 없다는 것이다. 상세한 주석을 달 아 『정부론』의 표준적 판본을 펴낸 피터 래슬리트(Peter Laslett)는 1956년 발표한 논문에서 설득력 있는 논증으로 이러한 주장을 전개했다.[3] 그의 이 런 주장은 폭넓은 반향을 불러일으켰고, 이후 『정부론』을 새로운 각도에 서 접근하는 여러 시도의 기폭제가 되었다.

본고는 이 래슬리트의 주장을 간략하게 살펴보고, 그가 제기한 쟁점과 관련한 여러 로크 연구자들의 논의를 검토함으로써 『정부론』의 좀 더 나 은 이해를 얻고자 하는 것이다. 로크가 왜, 그리고 어떤 역사적 맥락에서 그것을 썼는지를 확인하는 일은 텍스트 자체의 정확한 의미를 밝히는 데 매우 중요하기 때문이다. 어떠한 고전이든 역사적 맥락이라는 빛을 비출 때라야 자신의 좀 더 온전한 모습을 드러내게 되는 것이다.

2. 『제1론』과 필머의 『가부장』

사실 래슬리트 이전에도 『정부론』이 실제 출판된 때보다 훨씬 앞서 집필 되었다는 인식이 없었던 것은 아니다. 『정부론』의 두 논문 가운데 『제1론』 은 그 제목이 보여 주듯이 써 로버트 필머의 주장을 파헤치고 뒤집는, 말 하자면 필머의 주장을 논박하는 저술이다. 필머 자신은 이미 1653년에 죽은 인물이지만, 그가 청교도혁명 이전에 저술한 뒤 필사본 형태로 유

••

3) P. Laslett, "The English Revolution and Locke's *Two Treatises of Government*," *Cambridge Historical Journal*, vol. 12, no. 1 (March, 1956). 이 논문은 그가 편찬한 『정부 론』의 "Introduction" 제3장에 전재되었다.

통되고 있던 『가부장(*Patriarcha*)』이 뒤늦게 1680년 초에 출간되었다.[4] 그리고 그 전해에는 『자유보유농 대배심(*The Freeholders Grand Inquest*)』이라는 제목으로 그의 여러 짧은 글들이 묶여 편찬되었는데, 1680년에 이것의 재판이 나왔다. 로크는 1680년 1월 22일에 이 1680년 판본의 『자유보유농 대배심』과 『가부장』을 샀다는 기록을 남겼는데, 어쩌면 이 기록은 『정부론』 저술 시기를 가늠해 볼 수 있는 것으로서 그가 남긴 것으로는 유일한 기록이다.[5]

저술된 지 40년이나 지난 필머의 저작들이 새삼스럽게 출간되었던 것은 이 무렵 찰스 2세의 후계 문제를 둘러싸고 일어난 소위 '왕위계승배제법안(Exclusion Bill)'이 야기한 위기 속에서, 샤프츠베리(Shaftesbury) 백작을 중심으로 한 휘그파(Whigs)를 상대로 정치적으로 격렬하게 다투던 토리파(Tories)가 필머의 저술에서 자신들의 입장을 훌륭하게 정당화해 줄 논리를 발견했기 때문이다. 의회 입법을 통해 왕제인 요크(York) 공 제임스(James)를 왕위계승에서 배제하려는 휘그파에 맞서서, 토리파는 의회나 신하가 왕위계승 문제에 개입할 권리가 없으며 이는 전적으로 국왕대권에 속하는 것임을 주장하는 이데올로기가 필요했는데, 필머가 그런 필요에 부응하는 것으로 보였던 것이다.

필머는 군주의 권력은 신으로부터 온 것임을, 신이 아담에게 부여한 지배권, 즉 자식들과 가족에 대한 가부장으로서의 지배권에서 비롯하는 것임을 풍부한 성서적 전거를 들어 논증하였다. 그는 첫째로 인간은 생

··

4) 온전한 제목은 『가부장, 혹은 국왕의 자연적 권력이 단호하게 주장되다(*Patriarcha, or the Natural Power of Kings Asserted*)』이고, 1685년에 재판이 나왔다.

5) E. S. de Beer, "Locke and English Liberalism: the *Second Treatise of Government* in its Contemporary Setting," John W. Yolton ed., *John Locke: Problems and Perspectives* (Cambridge University Press, 1969), pp. 34-35.

물학적으로나 신학적으로 볼 때 신체적 및 법적인 무능 상태로 태어났다는 것, 둘째로 인간은 태어나면서부터 전 생애를 주권자의 지배 아래에서 살면서, 아무런 반대할 권리도 없이 오로지 그의 자의적 뜻에 내맡겨져 있다는 것, 셋째로 이 주권자의 권력은 최초의 아버지, 따라서 최초의 왕인 아담에게 신이 직접 부여해 주었다는 것, 그리고 그 권력은 장자를 통해 상속되어 그 뒤의 모든 아버지-왕은 자식과 신민에 대해 그러한 권력을 누려왔다는 것 등의 주장을 전개하였다. 이 이론에서 군주의 권력은 절대적이고 쪼갤 수 없는 것이며, 군주에게 가해진 유일한 제한은 저승에서 받게 될 신의 상벌이라는 제재뿐이다. 완전한 정치적 행위자, 창조적 역할의 수행자는 오직 지배자뿐이고, 신민은 단지 수동적으로 반응할 의무만 지고 있을 따름이다. 신민은 태어나면서부터 가족과 왕국이라는 권위의 올가미에 얽매여 있다. 그리하여 수동적 복종이라는 정치적 의무를 부정하는 것은 도덕적으로 사악하고, 종교적으로 불경하며, 또한 지적으로는 어리석은 짓이었다.[6]

토머스 홉스(Thomas Hobbes)의 『리바이어선(Leviathan)』 역시 주권의 절대성과 신민의 절대적 복종의 의무를 강조했다. 그러나 『리바이어선』은 토리파에게 철저하게 불신을 받았다. 군주의 세습적 권리를 부정하고 주권은 누구든지 권력을 잡은 자의 것이라고 말하는 것으로 보이는 홉스의 이 책은 절대왕정보다는 오히려 올리버 크롬웰(Oliver Cromwell)의 독재에 대한 무신론적 변론으로 느껴졌던 것이다. 토리파의 입장에서는 세습적 권리는 결코 부정할 수 없는, 사물의 본성과 같은 것이었다. 필머의 저작이 토리파의 구미에 딱 들어맞았던 것은 그것이 절대주의와 세습

••
6) 필머의 사상에 대한 서술은 대체로 John Dunn, "The Politics of Locke in England and America in the 18th Century," Yolton ed., *John Locke*, pp. 49-50에 의한 것임.

적 권리를 훌륭하게 결합해 놓은 점이었다.[7] 거기에서는 정치사회의 기원으로서의 동의나 계약 등의 관념은 허튼소리에 지나지 않았고, 왕위계승 문제를 결정할 의회의 권리란 애당초 있을 수 없었다. 그래서 『가부장』은 크게 각광을 받으면서 곧장 스튜어트(Stuart) 궁정의 '수호신'이 되었고,[8] "거의 공식적 국가 이데올로기가 되었다."[9]

필머의 『가부장』의 출현은 즉각 여러 휘그 논객들로 하여금 반론에 나서도록 자극했다. 절대왕정은 결코 자연적 질서의 일부도, 신이 직접 설립해 놓은 제도도 아니라는 것을, 그리고 시민정부야말로 인류를 위해 마련해 놓은 신의 설계에 전적으로 부합하는 것임을 논증하는 것이 그들이 해야 할 일이었다. 이들 중 하나가 로크의 오랜 지기인 제임스 티렐(James Tyrrell)이었는데, 그는 곧 『가부장은 군주가 아니다(*Patriarcha non Monarcha*)』라는 적은 분량의 글을 작성했고, 1681년 봄에 익명으로 출간했다.[10] 이 무렵 로크는 많은 시간을 버킹엄셔(Buckinghamshire)의 오클리(Oakley)에 있는 티렐의 집에서 지내면서 나중에 우스터(Worcester) 주교가 된 스틸링플리트(Edward Stillingfleet)의 불관용 주장을 비판하는 작업을 함께하고 있었다. 이런 정황을 미루어볼 때 티렐과 비슷한 정치 지향과 문제의식을 나누어가졌던 로크가 필머에 대한 그 자신의 답변을 마련

••
7) de Beer, "Locke and English Liberalism," p. 40.
8) 저명한 휘그였던 토머스 버니트(Thomas Burnet)는 1698년 라이프니츠(Leibniz)에게 보낸 편지에서 『가부장』이 스튜어트 궁정의 수호신이 되었다고 언급했다. Mark Goldie, "John Locke and Anglican Royalism," Richard Ashcraft ed., *John Locke: Critical Assessments*, 4 vols. (London & New York: Routledge, 1991), vol. 1, p. 154 참조.
9) G. J. Schochet, *Patriarchalism in Political Thought* (New York, 1975), p. 103. W. M. Spellman, *John Locke* (New York, 1997), p. 101에서 재인용.
10) 앨저넌 시드니(Algernon Sidney) 역시 이 무렵에 필머를 논박하는 『정부에 관한 논담(*Discourses Concerning Government*)』을 썼으나, 이것이 출간된 것은 그가 처형되고도 한참 뒤인 1698년의 일이다.

하려 했다는 것은 충분히 그럴 법한 일이다.[11]

　그래서 특히 필머에 대한 직접적인 논박인『제1론』의 저술은 일찍부터 필머 저작의 출판과 연계하여 생각되어 왔고, 일부 연구자는 그 저술 시기를 1680년에서 로크가 망명을 떠난 1683년 사이로 추정했다. 빅토리아 시대의 로크의 전기 작가 폭스 부언(H. R. Fox Bourne)은 이미 1876년에 "1681년 혹은 1682년에 로크가 1690년에 출간한『정부론』의 첫째 부분을 준비했다는 것은 그럴 법하다"고 지적했다.[12] 그러면서 그는 로크가 망명에서 귀국한 1689년 2월에서 원고가 출판에 넘겨진 8월 하순까지의 6개월 동안 여러 다른 일로 너무 바빠 그런 분량의 책을 쓸 시간을 가질 수 없었을 것이라는 점, 게다가 로크처럼 치밀하고 조심성 많은 사람이 나머지보다 분량이 더 많은 중간 부분을 쓴 즉시 잃어버렸다는 것은 그럴 법하지 않다는 점, 그리고『제2론』의 어조와 방법이 윌리엄 3세의 즉위 이후가 아니라 이전에 작성되었음을 암시하는 것으로 보인다는 점 등의 사실을 근거로 망실 부분을 포함한 방대한 양의 앞부분은 네덜란드로 망명하기 이전에 작성되었으며, 전체 저작은 네덜란드에 거주한 마지막 해 무렵에 사실상 완성된 것으로 추정했다.[13]

　아마도 부언의 이런 견해를 받아들였을 것으로 보이는 리처드 에어런(Richard I. Aaron) 역시『정부론』의 집필이 필머의『가부장』출현 직후에 시작되었다고 추정했다. 그리고 에어런은 로크가 1683년 망명할 때 "의

• •

11) '왕위계승배제법안'이 불러일으킨 논쟁은 엄청난 양의 정치적 책자와 팸플릿의 출판을 가져 왔는데, 이는 17세기에서 청교도혁명기 다음으로 많은 양이었다. Richard Ashcraft, *Locke's Two Treatises of Government* (London, 1987), p. 27 참조.

12) H. R. Fox Bourne, *The Life of John Locke*, 2 vols. (London: Henry S. King & Co., 1876), vol. 1, p. 466.

13) 같은 책, vol. 2, pp. 165-166.

심의 여지없이" 그 원고를 가져갔고, 나중에 혁명의 기운이 무르익어 제임스 2세의 축출이 가시화하자 영국인들의 반란의 권리를 논증한『제2론』을 써서『정부론』을 완성했다고 주장했다.[14] 그러니까 부언과 에어런은『제1론』과『제2론』의 집필 사이에 수년간의 시간적 간격이 있으며, 그렇지만 후자 역시 혁명 이전에 완료되었다고 믿었다.

그러나 이들의 이런 주장은 엄밀한 근거가 결여된 추정에 불과하고,『제1론』만을 명예혁명과 직접 관련이 없는 것으로 파악함으로써『정부론』의 전통적 해석에 별다른 영향을 주지 않는 단편적인 주장에 그쳤다.[15] 사실 부언은『제2론』이 혁명 이후가 아니라 이전에 집필되었다고 주장하면서도 "그렇지만 그것의 정치사 및 철학사에서의 위치는 로크가 영국으로 돌아온 이후의 첫해에 할당해야 한다"고 하면서『정부론』의 의미를 명예혁명과 관련하여 자리매김했던 것이다.[16] 뿐만 아니라 부언 등은『제1론』의 집필 시기를 왕위계승배제 위기의 무렵으로 추정은 했지만 거기에서 그쳤을 뿐, 그 사실이『정부론』을 이해하는 데에 어떤 의미를 지니는지를 고찰하는 데까지 나아가지는 못했다. 게다가『제1론』자체가 로크의 정치사상에서 별다른 주목을 받지 못했기 때문에 그것이 언제 그리고 왜 집필되었는가 하는 문제는 거의 아무런 의미를 갖지 못했다.

사실『제1론』은 로크의 저술 가운데 가장 무시되어 온 것에 속한다.『정부론』에 관해 수많은 연구 업적이 쏟아져 나왔지만『제1론』을 상세하

----

14) R. I. Aaron, *John Locke* (Oxford, 1937; 2nd ed., 1965), p. 274.

15) 물론 이들의 견해가 완전히 무시된 것은 아니다. J. W. Gough, *John Locke's Political Philosophy* (Oxford University Press, 1956), p. 126은 대체로 부언의 견해를 받아들이면서, 그러나『제2론』의 마지막 장인 제19장 '정부의 해체에 관하여'는 혁명 이후에 쓴 것으로 보았다.

16) Bourne, *Life of John Locke*, vol. 2, p. 166.

고 구조적으로 해석한 것은 거의 없었다. 왜냐하면 『제1론』은 필머의 정치저술, 특히 『가부장』을 조목조목 논박하고 있는데, 절대왕권을 옹호하기 위해 주로 성서를 근거로 논증하는 것으로 알려진 그 『가부장』이 오늘날에는 학자들의 관심을 끌지 못하기 때문이다.[17] 시대에 뒤진 흥미 없는 책에 대한 세세한 비판 역시 시대에 뒤지고 흥미 없기는 마찬가지인 셈이다. 『제2론』은 일찍이 1691년에 프랑스어로 번역되어 출간되었지만, 『제1론』은 1963년까지도 프랑스어 번역서가 나오지 않았다. 『정부론』은 미국에서도 대단한 인기를 누렸지만 그것은 『제2론』에만 해당하는 것이고,

∴

17) 저커트(M. P. Zuckert)에 의하면, 정치사상사가로서 필머의 재평가를 주장하는 그린리프(W. H. Greenleaf)는 필머 사상의 핵심은 성서적 교의가 아니라 철학적 교의이며, 이 철학적 차원을 무시하고 역사적이거나 성서적 혹은 법적 차원에서만 집중적으로 그의 사상을 분석하는 것은 적절하지 않다고 주장한다. 그린리프는 로크가 필머의 철학적 차원을 무시했기 때문에, 로크가 필머를 폄하고 조롱하는 것은 아무런 타당한 근거도 없다고 결론짓는다. 그는 사실 로크가 의도적으로 필머를 왜곡했다고 믿는다. 저커트 자신도 그린리프의 이런 견해에 동의한다. 저커트는 『제1론』의 논의 구조가 필머의 성서적 논증에 초점이 맞춰져 있는 한 필머와는 별 상관이 없으며, 특히 제3장에서 제7장까지에서 로크가 검토하고 논박한 것은 거의 전적으로 필머의 논설이 아니며, 그에 대한 심각한 오해에 근거하고 있다고 주장한다. M. P. Zuckert, "An Introduction to Locke's *First Treatise*," Ashcraft ed., *John Locke*, vol. 3, p. 129 참조. 그리고 저커트는 이 논문 pp. 122-125에서 11개 장으로 구성된 『제1론』의 전체 논의 구조를 크게 세 부분으로 나누어 설명하고 있다. 첫 부분은 서론적인 성격의 것으로서 1장과 2장이 여기에 해당한다. 로크는 여기에서 필머를 논박하려는 이유와 그가 제시하려고 계획하는 논설의 종류, 그리고 쟁점들의 예비적인 정의와 분류를 다룬다. 3장에서 7장까지를 포함하는 두 번째 부분에서 로크는 아담의 자격이나 권리 혹은 주권에 대한 필머의 주장을 거론하고 그에 대한 비판을 개진한다. 다시 말하면 필머는 '우리들의 최초의 아버지'인 아담에게 정치적 주권이 있다는 주장을 여러 가지 근거를 들어 논증하고 있는데, 로크는 자신이 필머가 제시한 근거라고 파악한 것을 매 장마다 하나씩 다루면서 비판하는 것이다. 이는 그 근거의 종류에 따라 다시 둘로 나뉘는데, 앞의 세 장은 성서적 논설이고 뒤의 두 장은 자연권적 논설이다. 8장 이후의 마지막 부분은 소위 아담의 권력의 '양도', 즉 계승을 다룬다. 로크는 여기에서 필머의 논설이 다른 주제와 마찬가지로 이 주제에서도 사리에 닿지 않고, 또 성서의 가르침과 경험에 배치된다고 주장했다. 여기서도 논설은 역시 성서적 논설과 자연권적 논설의 두 종류로 나뉘어 전개되었다.

1947년까지『제1론』은 출간조차 되지 않았다.[18] 우리나라에서도『제2론』은 여러 판본의 번역서가 나왔지만,『제1론』은 지금까지 번역되지 않았을 뿐만 아니라 앞으로도 그럴 가능성이 요원하다고 할 것이다.

반세기도 더 전에 라우언(Herbert H. Rowen)이『제1론』에 대한 학자들의 무관심을 지적하면서『제1론』에는 필머의 가부장 이론의 논박 이상의 것이 있다고 주장했다. 그는『제1론』의 중심 주제가 잘못 해석되었고 그 때문에 그에 대한 전반적인 무관심이 야기되었다고 하면서, 사실은『제1론』이 로크의 전체 정치사상의 본질적 부분이라고 주장했다.[19] 그러나 그의 주장은 별다른 반향을 불러일으키지 못했고, 그 이후에도『제1론』은 여전히 로크 연구자들의 주된 관심 영역의 바깥에 머물고 있다.

3. 래슬리트와 '왕위계승배제 논쟁'

래슬리트는『정부론』의 집필과 관련하여 먼저 그것이 수년의 간격을 두고 따로, 그러니까『제1론』은 1680년경에, 그리고『제2론』은 명예혁명 직전에 집필되었다는 추정에 이의를 제기한다. 그는 로크가 '서문'에서 한 말에 주목하면서『정부론』이 두 부분으로 된, 그리고 두 번의 기회에, 몇 년의 시차를 두고 따로 집필된 것이 아니라는 점을 지적한다. 로크는 '서문'에서 그 저서를 '한 논담'이라 했고,『제1론』과『제2론』을 그것의 시작과 끝이라고 불렀다. 시작과 끝이 하나의 전체를 이루는 한 부분이지 그

---

18) 같은 논문, p. 121.

19) H. H. Rowen, "A Second Thought on Locke's *First Treatise*," *Journal of the History of Ideas*, vol. 17 (1956), pp. 130-132.

자체가 온전한 별개일 수 없을진대, 『정부론』은 두 논문으로 구성된 하나의 전체라는 지적은 타당하다고 할 것이다. 그리고 래슬리트는 로크가 『제1론』과 『제2론』을 교차 참조(cross reference)를 하는데, 그 점도 로크가 두 논문을 별개의 것으로가 아니라 단일 저서로 생각했음을 보여주는 증거라고 생각했다. 또한 인쇄 과정에서 두 논문으로 나뉘었지만 로크는 원래 분명히 하나의 논담으로 인쇄할 의도였다는 것이다. 그래서 래슬리트는 『정부론』이 하나의 전체로 쓴 것이라면, 그 '시작'과 '끝'을 수년의 시차를 두고 별도의 계기에 따로 쓴 것이 아니라 그 모두를 상대적으로 짧은 특정 기간 안에 썼다고 봐야 한다고 주장한다.[20]

만일 그것이 어느 한 기간에 쓴 것이라면, 그것은 언제일 것인가? 만일 그렇다면, 그 저술 시기는 필머 저작의 출간과 관련한 논쟁의 시기이거나 명예혁명 전후의 시기 중 어느 하나일 것이다.[21] 그러나 명백히 후자일 수는 없다. 이미 폭스 부언도 지적했듯이, 그 무렵에는 로크가 방대한 분량의 저서를 집필할 만한 시간적인 여유가 없었으며, 설령 쓸 수 있었다 하

‥

20) Laslett, "Introduction," pp. 62-63.

21) 같은 논문, pp. 66-69에서 래슬리트는 『제2론』이 두 시기의 사이에 해당하는 네덜란드 망명기에 시간적인 여유를 갖고 쓴 것이라는 일부 학자들의 견해를 비판한다. 그는 『제2론』이곳저곳에서 로크가 언급한 영국의 정치 상황이 제임스 2세 때가 아니라 찰스 2세 때의 것임을 지적함으로써 그것의 집필 시기가 망명기가 아님을 증명하려 한다. 그러나 그것이 『제2론』이 망명기에 집필된 것이 아니라는 주장을 확실하게 뒷받침하는 것으로 보이지는 않는다. 망명기는 1683~1689년 초 사이이고 제임스 2세의 즉위는 1685년의 일인데, 래슬리트의 이 논증 자체는 『제2론』이 제임스의 즉위 이전인 망명 초기에 집필되었을 가능성을 배제하지는 못하기 때문이다. 그리고 래슬리트는 로크가 『제2론』 초판본에서 두 번 (133절과 200절) 제임스 1세를 지칭하기 위해 그냥 '국왕 제임스'라고 표현했는데, 만일 그것을 쓴 때가 제임스 2세의 재위 기간이라면 그런 표현은 있을 수 없었을 것이라고 지적했는데, 이 역시 마찬가지의 비판을 받을 수 있다. 그렇지만 래슬리트의 논증의 적절성과는 별개로, 『제2론』은 네덜란드 체류의 흔적을 전혀 보이지 않는다는 점에서 그 시기의 작품은 아니라고 보는 de Beer, "Locke and English Liberalism," p. 36의 지적이 좀 더 설득력이 있다고 할 것이다.

더라도 로크 같은 인물이 금방 쓴 원고의 태반을 잃어버릴 리가 만무하기 때문이다.

그래서 래슬리트는 그 시기를 전자, 즉 1679~1681년 사이, 혹은 아무리 늦어도 1683년의 망명 이전이라고 단정한다. 이때는 '왕위계승배제 위기(Exclusion Crisis)'를 둘러싸고 휘그와 토리가 격렬하게 대립하던 와중에 절대군주정의 옹호자인 토리파가 필머 저작의 출간으로 기세를 올리고, 그에 따라 티렐이나 시드니 등 휘그파가 반격에 나섰던 시기였다. 래슬리트의 판단으로는 『제1론』은 앞에서도 보았듯이 너무나 명백히 필머 저작의 재출간과 관련한 그 무렵의 논쟁의 일환으로 나온 것이고, 『제2론』이 『제1론』과 일체를 이루는 것으로서 같은 시기에 쓴 것이라면 『정부론』 전체가 이 시기에 쓴 것일 수밖에 없다는 것이다.[22] 그런 의미에서 그는 『정부론』은 명예혁명 팸플릿이 아니라 기본적으로 왕위계승배제 문제를 둘러싼 논쟁에 대처하기 위한 '왕위계승배제 논설(Exclusion Tract)'이라고 주장한다.[23] 그러면서 그는 다른 한편으로 별다른 부연 설명 없이 그것이

---

22) Laslett, "Introduction," p. 64. 힌튼(Hinton)은 다소 엉뚱해 보이는 가설을 제안한다. 그는 로크가 1676-1678년 사이에 프랑스에 있었고 아무도 이때 그가 『제2론』을 썼다고 주장하지는 않으므로 선택은 그 이전인 1673~1675년이냐 아니면 1679~1681년이냐 하는 것인데, 그렇게 느리고 신중한 습관을 가진 로크로 볼 때 후자이기는 어렵다고 주장한다. 그는 『제2론』은 전자의 기간에 작성된 것이며, 래슬리트가 지적하는 『제2론』의 필머와 관련한 구절들은 모두 뒤에 삽입된 것으로 봐야지, 그것이 『제2론』의 작성 시기가 1680년 이후라는 증거는 아니라는 것이다. 그래서 힌튼은 1673~1675년 집필설을 가설로 제안하면서 그것이 최선의 합리적인 가설이라고 주장한다. R. W. K. Hinton, "A Note on the Dating of Locke's *Second Treatise*," *Political Studies*, vol. 22, no. 4 (1974) 참조. 그러나 힌튼의 이런 주장은 아무런 주목도 받지 못했다. 그의 '합리적인 가설'은 『제2론』이 그 시기에 집필되었다는 아무런 적극적 증거도 제시하지 않고, 또한 고도의 정치적 메시지를 담고 있는 저서를 당시의 정치 상황과 접목해서 검토하지도 않은 단순한 제안에 불과하다. 힌튼의 가설이 지닌 함의는 『제2론』의 초고가 필머에 대한 답변이 아니라 그 자체로 독자적인 논고이며, 굳이 누군가에 대한 답변이라면 그것은 홉스 혹은 홉스주의자에 대한 답변이라는 것이다.

23) Laslett, "Introduction," p. 75.

"변호할 필요가 있는 혁명의 합리화가 아니라 일으켜야 할 혁명을 위한 요청"이라고 주장하기도 한다.[24]

로크가 남긴 일기나 편지 등에는 여러 곳에서 *De Morbo Gallico*(프랑스 질병에 관하여)라는 라틴어 제목의 문헌이 언급되고 있는데, 모르보 갈리코 즉 프랑스 질병이란 매독을 일컫는 은어였다. 그런데 로크의 방대한 문헌 자료에는 이런 제목을 가졌거나, 혹은 그 제목에 어울리는 주제를 다룬 문헌은 전혀 남아 있지 않다. 그러나 로크가 절대주의를 프랑스 질병으로 간주했다는 점, 그가『정부론』을 쓴 것이 프랑스에서 그 정치제도를 연구하고 돌아온 뒤라는 점, 로크가 의사이며 또 위험하고 비밀스러운 문헌에 흔히 은어를 쓴다는 점, 그리고 그것이 로크가 쓴 것임을 뜻하는 편지가 있다는 점 등을 들어 래슬리트는 이 문헌을『정부론』이라고 추정한다. 또한 그는 로크가 1681년 7월에 이 문헌을 지인인 티렐에게 맡겼다는 기록을 들어 그 무렵에 이미 그 문헌이 존재했다고 주장한다.[25] 그러나 이것은 그럴 가능성이 충분히 있기도 하지만, 또한 달리 증명할 길이 없는 단순한 추정에 그칠 뿐이기도 하다.

래슬리트는 더 나아가 조금은 특이한 주장을 편다. 즉『제2론』이『제1론』보다 앞서 집필되었다는 것이다.『제1론』은『제2론』을 인용하고 있는데 비해 그 반대의 경우는 전혀 없는데, 래슬리트는 이 사실을 후자가 전자보다 시기적으로 앞섰다는 증거로 보았다. 그리고 그의 검토에 따르면, 로크는『제1론』에서 필머의『자유보유농 대배심』을 인용할 때 항상 1680년 판본을 이용하는데,『제2론』의 22절에서는 이 관행에서 벗어나 1679년 판

---

24) 같은 논문, p. 60. Maurice Cranston, *John Locke, a Biography* (London, 1957), p. 208 참조.
25) Laslett, "Introduction," pp. 75-77.

84

본을 인용하고 있다. 래슬리트는 이것을 로크가 『제2론』을 『가부장』이 출간된 1680년 이전에, 그리고 『가부장』을 조목조목 논박한 『제1론』에 앞서 썼음을 보여주는 "확실한 정황적 증거"라고 믿었다.[26] 그러면서 그는 "누가 구태여 복잡한 주제의 설명을 자기 자신의 전제를 진술하지도 않은 채 다른 사람의 학설을 논박하는 것으로 시작하려 할 것인가?" 하고 반문하면서, 소극적(negative) 진술인 『제1론』이 시작되었을 때는 이미 적극적(positive) 진술인 『제2론』은 실질적으로 완성되어 있었다고 단정한다.[27]

『정부론』의 저술 시기에 대해 래슬리트가 추정한 것을 정리하면 다음과 같다: 찰스 2세의 동생 제임스의 왕위계승권을 박탈하는 법안의 입법 운동이 전개되는 와중에서 로크는 샤프츠베리의 요청을 받고 그의 정치적 목적을 위해 1679년 가을에서 1680년 초 사이에 『제2론』의 대부분을 썼다. 그런데 1680년 초에 『가부장』이 출간되고 필머의 영향이 엄청나게 커지자 로크는 원래의 계획이 불충분하다고 느끼고 마음을 바꾸어 『제1론』도 작성했다. 그리고 1681년 여름에 다시 『제2론』에 매달려 제8장의 일부와 제16, 17, 18장을 추가했을 것이다. 이 추가 혹은 수정 작업은 1682년까지 이어졌고, 제18장 일부와 마지막 장인 19장의 일부 혹은 대부분은 1683년의 것일 듯하다. 그리고 최종적으로 1689년 2~8월 사이에 최근의 정치 상황을 반영하기 위해 책 전반에 걸쳐 수정이 이루어지고, 서문을 포함하여 이곳저곳에 여러 절들이 추가되었다.[28]

그러나 집필 순서와 관련해서 래슬리트가 제시하는 것이 "확실한 정황적 증거"라고 보기는 어렵다. 『제1론』에 『제2론』을 참조한 구절이 있다

---

26) 같은 논문, pp. 71-72.
27) 같은 논문, p. 75.
28) 같은 논문, pp. 72-73, 78.

는 사실이 그 구절이 맨 처음의 초고에 반드시 들어 있었음을 의미하지는 않는다. 다른 많은 부분이 그렇듯이 나중에 첨가되었을 가능성은 얼마든지 있는 것이다. 그리고 로크가 『제2론』을 집필하는 데 1679년에 출간된 책을 참조했다는 사실은 그것이 그 해에 집필되었을 가능성을 말해줄 수는 있지만 그 이후에 집필되었을 가능성을 배제하는 것은 아니다.[29]

또한 시민정부에 관한 로크의 최초의 저작인 『정부소론(*Two Tracts on Government*)』의 경우를 보면 이 역시 두 편으로 구성되어 있는데, 첫 편은 배그쇼(Edward Bagshaw)의 저작을 조목조목 논박한 것이고 둘째 편은 종교와 국가의 관계에 관한 일반 이론을 개진한 것이다. 이런 면에서 보면 오히려 '소극적으로' 논적의 글을 먼저 비판하고, 그 다음 '적극적으로' 자신의 생각을 개진하는 것이 로크가 주로 취한 방식이 아니었을까 싶다. 그리고 래슬리트의 말대로 자신의 생각을 먼저 개진하고 난 다음 다른 사람의 학설을 비판하는 것이 자연스러운 일이라면, 굳이 먼저 쓴 글을 『제2론』으로 하고 나중 쓴 글을 『제1론』으로 이름 붙일 이유가 어디 있겠는가?

여하튼 래슬리트는 『정부론』, 특히 『제2론』의 저술을 왕위계승배제 위기라는 맥락 안에 자리매김함으로써, 『정부론』은 로크가 명예혁명을 정당화하기 위해 쓴 것이라는 정통적 해석의 도그마 하나를 깨뜨렸다. 저술시기 및 목적과 관련하여 제기한 그의 가설은 좀 더 정밀한 분석과 연구

··

29) Richard Ashcraft, "Revolutionary Politics and Locke's *Two Treatises of Government*: Radicalism and Lockean Political Theory," *Political Theory*, vol. 8, no. 4 (November, 1980), p. 437은 단 하나의 언급에서 로크가 『제2론』을 어떤 과정을 거쳐 썼는가에 대한 결론을 얻는 것은 위험하다고 하면서, 로크는 『자유보유농 대배심』의 1679년 판본을 가지고 있지 않고 1680년 판본을 가지고 있었는데, 그가 가지고 있지도 않은 저서를 비판하는 책을 1679년에 쓰기 시작했다고 생각할 수 있겠느냐고 반문한다.

를 자극하였고, 그에 따라 다양한 해석과 비판을 낳았다. 그렇지만『정부론』이 이미 일어난 혁명의 변론이 아니라 일어나야 할 혁명에 대한 대망(待望)이자 요청이라는 그의 대담한 주장은 거의 하나의 새로운 정설이 되다시피 하였다. 그뿐만 아니라 그의 가설은 또한 "존 로크의『정부론』의 과녁은 홉스의 계약적 절대주의였다고 하는, 로크의 정치철학과 관련한 표준적 신화의 하나"에도 도전하였다.[30]

래슬리트에게『정부론』은 '왕위계승배제 논설'이며,『제1론』뿐만 아니라『제2론』역시 명백히 필머에 대한 반론이었다. 로크가 필머를 논박하기 위해 그 책을 썼다면, 그 과녁이 홉스와『리바이어선』이 될 수는 없는 것이다. 그 책은 요크 공 제임스의 왕위계승을 저지하려는 샤프츠베리 백작 일파의 긴급한 정치적 목적에 이바지하기 위한 것이었다. 래슬리트의 생각으로는, 그 일파의 지적 대변자라고 할 로크가 절대주의 저술가들 가운데 가장 큰 불신을 받고 왕위계승배제 위기라는 정치 정세에서는 아주 하찮은 존재에 지나지 않는 홉스를 비판한다는 것은 쓸데없는 일이었다. 그에 비해 필머는 당시의 기존 질서를 대변하고 있었으며, 그의 저서는 "거의 공식적 국가 이데올로기"를 제공하고 있던 터였다. 그런 의미에서 로크가 홉스가 아니라 필머를 공격한 것은 너무나 당연한 일이었다.

그렇다고 해서 로크가 홉스와 아무 관련이 없거나 그를 아주 외면했던 것은 아니라고 래슬리트는 덧붙인다. 로크는 홉스의 절대주의도 거부했다는 것이다. '리바이어선'이라는 단어가『제2론』에 직접 등장하고, 홉스

• •

30) G. J. Schochet, "The Family and the Origins of the State in Locke's Political Philosophy," Yolton ed., *John Locke*, p. 81. J. W. Gough, *The Social Contract: A Critical Study of Its Development* (Oxford, 1936), p. 119는『정부론』이 홉스를 직접 언급하지는 않았지만, 사실상 홉스에 대한 응답이라고 주장했다.

에 대한 언급임이 틀림없는 문구나 논설들이 여러 군데에 나타난다.[31] 뿐만 아니라 홉스의 생각은 로크에게 큰 영향을 주었고, 그의 사상 체계 안에 많이 침투해 있다.[32] 그렇기는 하지만 래슬리트는 전통적으로 홉스가 『제2론』에 대해 차지해 온 위치를 필머가 대신해야 한다는 사실은 변함이 없다고 주장한다.[33]

래슬리트의 획기적인 주장이 로크 연구에 미친 영향과 관련하여, 존 던(John Dunn)은 래슬리트가 『정부론』이 명예혁명의 변론이라는 도그마를 공격하는 데는 성공하여 그의 주장이 새로운 정통이 되었지만, 그것이 홉스가 아니라 필머에 답하려는 시도였다는 주장은 열렬한 반응을 얻지 못했고, 그 중요성도 거의 이해되지 못했다고 지적한다. 그러면서 이 두 반응상의 차이의 이유를 던은 두 가지로 설명한다. 첫째 이유는 어느 정도 속된 성격의 것이다. 즉 『정부론』이 과거의 성공한 혁명의 합리화가 아니라는 것을 인정하는 일은 기껏해야 단 하나의 인물에 대한 특정의 역사적 교의를 포기하는 것을 의미할 뿐이며, 그래서 우리의 인식의 한 부분만 수정하면 되는 문제이다. 그렇지만 『정부론』이 홉스에 대한 반

---

31) 『제2론』 98절에 '리바이어선'이라는 용어가 직접 언급되고 있으며, 19, 21, 133, 211, 212절 등이 홉스를 염두에 둔 구절이라 할 수 있다.

32) 홉스가 로크에게 끼친 영향과 관련한 고전적 진술로는 Leo Strauss, "On Locke's Doctrine of Natural Right," *Philosophical Review*, vol. 61, no. 4 (October, 1952)가 있다. 정치사 상사들 사이에는 로크가 홉스와 대립된다는 견해가 지배적이지만, 당대인들의 눈에 비친 것은 반드시 그런 것만은 아니었다. 정치가로보다는 작가와 시인으로 더 위대한 명성을 얻어 당대의 대표적인 문사가 된 샤프츠베리 백작 3세는 로크를 양부라 부르면서 그에 대해 부모 다음으로 최대의 감사의 염과 의무감을 느껴 왔다고 술회했다. 그런 샤프츠베리 백작 3세가 이해하기로는, 로크의 가르침은 궁극적으로 덕성의 자연적 기초를 부정하기 때문에 덕성을 파괴할 위험이 있는 것이었다. 그는 드러내어 놓고 표현하기를 꺼려했지만, 그가 보기엔 로크와 홉스가 똑같은 사람이었다. Jason Aronson, "Shaftesbury on Locke," *The American Political Science Review*, vol. 53, no. 4 (1959) 참조.

33) 위의 두 문단에서 래슬리트의 견해는 "Introduction," pp. 80-81에 의한 것이다.

론이 아니라는 게 사실이라면 그것은 정치 이론의 역사가 인식되는 전체 방식을 크게 수정해야 하는 것을 의미하기 때문이라는 것이다. 다른 하나는 로크의 상대는 의당 필머가 아니라 홉스여야 할 것이라는 선입견과 관련되는 것이다. 홉스는 분명 로크 이전의 17세기 영국에서 가장 빼어난 정치철학자였다. 그런데 그는 『리바이어선』에서 『정부론』과 정반대되는 정치사상을 개진했다. 로크와 같은 철학적 야망을 가진 인물이라면 당연히 홉스의 위대한 저작의 영향을 받지 않았을 리가 없으며, 17세기의 영국 정치 이론의 이 두 지적 거인의 대결은 역사적으로나 철학적으로나 그럴 법한 일이라는 것이다.[34]

그렇지만 로크 자신은 『정부론』의 저술이 필머를 논박하기 위한 것이라는 사실을 분명하게 밝히고 있다. 그는 사실 길지 않은 '서문'을 온통 필머에 대한 언급으로 채우고 있다. 그는 필머의 저술이 의심스러운 표현으로 꾸며졌다는 둥, 그럴듯한 넌센스에 지나지 않는다는 둥, 일관성이 없다는 둥, 이런 저런 말로 노골적으로 필머를 비난했다. 그러면서 그는 교단이 공공연하게 그의 교의를 받아들이고 사람들을 오도하지 않았다면, 자신도 이미 오래전에 죽은 인물에 대해 그렇게 솔직하게 말하지는 않았을 것이라고도 했다. 그는

만일 우리들 가운데서 그의 책들을 칭찬하고 그의 교의를 신봉함으로써 죽은 논적에 대해 글을 쓴다는 비난으로부터 나를 구해 주는 사람이 없었다면, 나는 써 로버트에 대해 글을 쓰거나, 그의 틀린 점, 모순되는 점 그리고 (그가 그토록 자랑하고 또 전적으로 그에 토대를 두었다고 주장하는) 성서적 논증의 결핍

34) John Dunn, *The Political Thought of John Locke* (Cambridge, paperback ed., 1982), pp. 77-78.

등을 보여주기 위한 고통을 겪지는 않았을 것이다

하고 자신의 심경을 토로했다. 이 '서문'은 분명 『제1론』과 『제2론』을 아우르는 『정부론』 전체의 서문이며, 그렇다면 『제2론』 역시 홉스가 아니라 필머를 '논적'으로 하고 쓴 것이라고 보는 것이 온당할 것이다. 필머 자신은 이미 오래 전에 죽었지만, 그는 로크의 시대에 아직도 살아 있는 정치적 힘이었던 것이다.[35]

4. 애시크래프트와 '혁명 정치학'

래슬리트의 주장 자체에 대한 전반적인, 혹은 본격적인 검토와 비판이 이루어진 것은 그의 논문이 발표된 지 한 세대쯤이나 지나서의 일이다. 리처드 애시크래프트(Richard Ashcraft)가 1980년 발표한 꽤 긴 논문에서 방대한 양의 자료를 분석하면서 그 일을 수행했다.[36] 이 글에서 애시크래프트는 래슬리트가 『정부론』의 저술 연대를 정확하게 추정해내지 못하고

35) 로크는 『제1론』의 서론에서도 다시 필머를 계속 언급하고 있다. 그러면서 5절에서 그는 절대왕정과 같은 교의가 처음에 누구에 의해 제창되었고 어떤 슬픈 영향을 끼쳤는가 하는 문제는 역사가들에게 맡겨두고, "현재 내가 할 일은 단지 이런 논의를 극단까지 끌고 간 것을 승인받았으며 또한 그것을 완벽에 이르게 한 사람이라고 간주되는 써 로버트 필머가 뭐라고 말했는지를 고찰하는 것이다" 하고 말하기도 했다.

36) 애시크래프트는 논문 "Revolutionary Politics"를 발표하고 난 다음, 이를 더욱 확장하여 로크의 정치사상 전반을 역사적 맥락 안에서 폭넓고 깊이 있게 연구하고, 그 성과를 상당한 분량의 *Revolutionary Politics and Locke's Two Treatises of Government* (Princeton, N. J., 1986)와 *Locke's Two Treatises of Government* (London, 1987)로 펴내었다. 앞의 저서는 *American Historical Review*, vol. 93, no. 1 (1988), 'Reviews of Books,' p. 145에서 크레이(Gary S. de Krey)로부터 "지난 십년의 로크 연구, 왕정복고기 정치 연구 및 17세기 정치사상사에서 가장 중요한 저작"이라는 평가를 얻었다.

또 샤프츠베리 백작의 정치 활동 및 목표를 충분하게 설명하지 않음으로 해서, 그의 연구 결과가『정부론』에 대한 우리의 해석에 심대한 영향을 주어야 마땅함에도 사실은 그렇지 못했다고 비판했다.

『정부론』의 작성 시기와 관련해서, 애시크래프트는『제1론』이『제2론』보다 먼저 씌어졌고 따라서『제2론』의 구성은 부분적으로『제1론』에서 이미 개진한 논의에 바탕을 두면서 그 논의를 훨씬 진전시켰다고 보는 것이 합리적이라고 믿었다. 래슬리트의 주장이『정부론』은 왕위계승배제 위기라는 정치 상황에서 휘그의 정치적 입장을 변호하는 일련의 글들 가운데 대표적인 것이고, 로크는 그 맥락 속에서 샤프츠베리의 정치적 목적을 성취하기 위해 그 책을 썼다는 것인데, 그의 이런 주장을 인정한다면 그의 결론 즉『제2론』이 1679~1680년에 씌어졌고『제1론』보다 먼저 씌어졌다는 결론을 거부할 수밖에 없다는 것이 애시크래프트의 판단이었다.[37]

『제1론』은 그것 자체가 크게 주목받는 저작도 아니거니와 학자들 사이에 작성 시기의 추정에 별다른 이견이 없다. 래슬리트와 마찬가지로 애시크래프트는 그것을 1680년에서 그 이듬해에 이르는 시기에『가부장』이 촉발한 정치 논쟁의 산물로 생각한다. 이때의 핵심 쟁점은 앞에서도 보았듯이 제임스의 왕위계승을 결정하는 문제와, 이 쟁점에 대한 최종 결정을 내리는 데 있어서 왕과 의회의 상대적인 권한에 관한 문제였다. 로크

37) 사실 래슬리트의 주장 중에서『제2론』이 먼저 작성되었다는 주장은 아무런 동조도 얻지 못했다. 마셜은『제1론』에 저항권의 변호가 없고, 사람은 그들의 지배자에게 완전히 예속되는 것에 동의할 수도 있다고 말하는 것으로 보이는 구절도 있다는 점을 들어『제1론』은 저항권을 옹호하려고 마음먹기 전에 작성되었다고 확신한다. 그리고 그는 예속이나 노예제혹은 저항 등에 대한 로크의 생각은 그가 무장 저항을『제2론』작성의 일차적 목표로 삼게 되면서 상당한 변화가 이루어진 것으로 보인다고 주장한다. John Marshall, *John Locke: Resistance, Religion and Responsibility* (Cambridge University Press, 1994), pp. 117-118 참조.

는 『제1론』에서 정치권력은 한 사람의 의지에서 나온다는 견해와 그것은 국민에게서 나오며 동의와 선거를 통해서 표현된다는 견해 사이의 선택이라는 문제를 제기했고, 따라서 정치 책자로서 『제1론』은 이 시기에 배제법안 관철을 위한 샤프츠베리의 선거 운동 및 의회 입법 운동의 일환으로 기획되었다는 것이다.[38]

그러나 애시크래프트에 따르면, 국왕이 2년 남짓 사이에 의회를 네 번이나 해산하면서 왕위계승배제법안을 저지하고 결국은 의회 없이 통치하는 쪽으로 나아갔을 때,[39] 그리고 사태가 합법적 방법으로는 가톨릭교도인 제임스의 왕위계승을 막을 수 없는 상황으로 치달았을 때, 샤프츠베리를 중심으로 한 제임스의 반대파들은 새로운 정치 전략과 새로운 정치 담론이 필요했다. 1681년 3월에 소집된 이른바 옥스퍼드 의회가 한 주일도 채 안 되어 해산되고,[40] 더 이상 의회가 소집될 가능성도 희박해진 상황에서 샤프츠베리는 자신의 집에서 휘그 지도자들과 여러 차례 모임을 갖고 대책을 숙의했다. 여기에서 그들은 찰스 2세가 의회의 결의를 거부

38) Ashcraft, "Revolutionary Politics," p. 448 및 Ashcraft, *Locke's Two Treatises*, p. 291.

39) 왕정복고와 더불어 개원하여 17년이나 존속한 이른바 기사의회가 1679년 1월 마침내 해산되었는데, 그 이후 왕위계승배제법안의 입법화를 둘러싼 갈등으로 1679년 봄에, 1680년 11월에, 그리고 마지막으로 1681년 3월에 계속해서 의회가 소집되자마자 곧 해산되었다. 이처럼 2년 남짓한 사이에 총선거를 세 번이나 치르고 네 번이나 의회가 해산된 것은 영국 역사상 유례가 없는 사태였다.

40) 런던은 샤프츠베리의 아성이었고 거기에서는 민중이 사태에 개입할 가능성이 있었던 반면에, 옥스퍼드는 전통적으로 왕당파의 중심지였다. 그래서 찰스 2세는 런던을 피해 옥스퍼드에 의회를 소집하고, 게다가 사전에 근위대로 도시를 장악해 놓았다. 옥스퍼드 의회가 해산될 무렵 영국의 상황은 내란을 방불케 하는 것이었다. 휘그 지도자들은 무장한 하인들을 대동했고, 국왕의 의회 해산 조치 뒤에도 샤프츠베리는 의회를 유지하려 했는데, 이러한 행동은 곧 그 당시로는 혁명의 경보를 울리는 행위였다. J. R. Tanner, *English Constitutional Conflicts of the Seventeenth Century 1603~1689* (Cambridge University Press, 1966), p. 248 참조.

함으로써 영국을 사실상 절대군주정으로 바꾸어 놓은 것이라고 판단하고, 이제 공격의 표적은 제임스가 아니라 국왕인 찰스 2세 자신이라는 쪽으로 정책을 재조정했다. 1681년 초까지만 해도 국왕에 대한 무장 저항은 샤프츠베리의 정책이 아니었는데, 이때에야 비로소 그의 일파는 찰스 왕 자신을 공격하고, 국왕이 정부를 해체했기 때문에 각자는 폭군에 맞서 무기를 들 수 있다고 주장하기 시작했다. 바로 이러한 정책 전환이 『제2론』의 출발점인 것이다. 그리하여 정치 논설로서 그것은 저항을 결심한 사람들의 정치 활동을 정당화하는 담론을 제공하고자 했다는 것이다.[41]

샤프츠베리와 그 동료들은 혁명을 계획할 때, 혁명에 대한 지지를 끌어내기 위해 그들의 사상을 어떤 방식으로 개진할 것인가 하는 문제도 아울러 논의했다. 많은 모임이 있었고, 여러 이데올로그들이 혁명운동의 원리를 담은 선언서를 작성하려고 시도하기도 했다. 애시크래프트에 의하면 『제2론』은 이 혁명운동을 위한 정치적 선언을 기초하려고 하는 노력이 낳은 산물을 대표하는 것이다.[42] 그는 옥스퍼드 의회의 해산 이후에야 무장 저항 운운하는 담론이 이루어졌다는 급진파들의 많은 증언을 찾아내었다. 그가 밝힌 바로는, 로크가 『제2론』에서 정부 해체와 무장 저항 등과 관련하여 묘사한 내용은 당시 상황에 대한 로크만의 독특한 견해가 아니라, 샤프츠베리를 포함한 여러 급진 휘그들이 1681년 봄 이후의 정치 상황에 대해 공유하고 있던 인식의 표현이었다. 급진 휘그들이 옥스퍼드 의회의 해산 이후의 정치 정세 속에서 펼친 담론, 이를테면 "절대 권력의 행사는 정부를 해체하고 우리들 모두를 자연상태로 데려 간다"거나, "그래서 국왕에 대한 모든 의무가 해소되고, 신민은 절대군주로서 통치

••

41) 이 문단은 Ashcraft, "Revolutionary Politics," p. 449에 따른 것이다.
42) 같은 논문, pp. 467-468.

하려는 국왕으로부터 자신을 방어하기 위해 자연법에 호소할 수 있다"거나, 혹은 "불법적인 힘은 힘으로 격퇴할 수 있다"고 하는 등등의 담론은 『제2론』에서 쉽게 찾아볼 수 있는 것들이다.[43]

옥스퍼드 의회의 해산 이후 많은 휘그들이 침묵과 무기력 혹은 소극적 자세로 돌아섰지만 핵심 휘그들은 혁명에 참여할 준비가 되어 있었고, 이 집단 가운데 샤프츠베리는 물론 단연 확고한 지도자요 가장 열렬한 혁명 주창자였다. 애시크래프트는 『제2론』이 이런 샤프츠베리의 상황 인식과 목적의 틀 안에서 생겨났다고 믿었다.[44] 그래서 그는 래슬리트도 주장했듯이 로크가 『제2론』을 샤프츠베리의 목적을 위해 쓴 것이라고 본다면, 그것은 래슬리트의 주장처럼 1679~1680년에 쓴 것이 아니라, 급진파를 규합해서 폭군으로 전락한 찰스 2세에 맞서는 혁명으로 나아가게 하기 위해 1681~1682년 사이에 쓴 것임에 틀림없다고 주장했다.

•••

43) 같은 논문, pp. 450-451.

44) 애시크래프트는 로크가 샤프츠베리의 정치적 목적을 위해 글을 썼다는 것을 이해하기 위해서는 그 둘의 아주 특별한 관계를 주목할 필요가 있다고 강조한다. 그에 따르면 당시에는 자타가 공인하듯이 로크는 샤프츠베리의 각별한 신임을 받는 비서요, 주치의요, 정치조언자요, 아들의 가정교사였으며, 그의 '가족'의 일원이었다. 그 둘의 관계에 대해 랑케(Ranke)는 『영국사』에서 그들이 '사상의 공동체'를 이루었으며, "로크의 원리는 곧 샤프츠베리의 원리다"라고 지적했다. 로크의 지인인 르클레르(LeClerc)의 증언을 따르면, 로크가 정치와 종교 혹은 관용, 기타 많은 부문에 해박한 지식을 갖게 된 것은 오직 샤프츠베리와의 교유를 통해서이다. 그리고 자라면서 두 사람의 관계를 옆에서 지켜봤던 샤프츠베리 백작 3세의 증언에 의하면, 샤프츠베리는 로크에게 가장 비밀스런 문제나 협상을 맡겼고, 나랏일과 관련한 중요한 문제에서 로크의 자문을 구하면서 그를 자신을 '보조하는 펜'(assistant pen)으로 썼다. 이들의 이와 같은 독특한 관계는 로크의 정치사상의 역사적 발전에 대한 모든 설명을 위한 핵심 축을 제공한다. 그럼에도 불구하고 이런 측면이 받아 마땅한 만큼의 주목을 받지 못하고, 『정부론』 집필을 지배한 로크의 정치적 의도도, 그 직접적인 역사적 상황도 『정부론』의 그 수많은 연구와 해석에서 중요한 역할을 하지 못했다. 이런 측면에서 볼 때 『정부론』을 샤프츠베리의 정치사상 및 정치적 목적의 표현으로 읽을 필요가 충분히 있다고 애시크래프트는 주장한다. Ashcraft, "Revolutionary Politics," pp. 432-435.

『제2론』의 집필 시기에 대해 애시크래프트가 이런 결론을 내리게 된 것은 그가 이 저서의 가장 중요하고 뚜렷한 특징이 군주의 불법적인 권력 행사에 대한 민중의 무장 저항을 정당화한 데 있다고 보았기 때문이다. 그런데 이 무장 저항의 정당화가 샤프츠베리의 정치적 목적을 위한 것이었고, 그의 정책 방향이 혁명으로 나아가게 된 것은 1679년이 아니라 1681년 이후였다는 것이다. 1679년 10월 샤프츠베리는 추밀원 의장직에서 파직되었는데, 래슬리트는 이 무렵에 『제2론』이 집필되기 시작했다고 보았다. 그러나 애시크래프트가 보기에 아직 이때는 샤프츠베리가 『제2론』의 핵심 주제인 무장 저항 정책을 추구할 의사가 전혀 없을 때였다. 그는 1679년과 1681년의 옥스퍼드 의회의 해산 사이에 샤프츠베리나 혹은 다른 어느 급진파도 현 정부가 해체되어 자연상태로 환원되었다는 주장을 펴거나, 무장 저항의 필요성이라는 기초 위에서 정치 전략을 수립했다는 증거가 전혀 없다고 단정한다. 그로서는 『제2론』의 주된 정치적 메시지를 존재하지도 않은 정책과의 관련에서 설명할 수는 없는 일이라는 것이다.[45]

애시크래프트는 『제2론』을 그 정당한 역사적 토대 위에 세운 면에서 우

---

45) Ashcraft, *Locke's Two Treatises*, p. 290. 이런 논의에 이어서 애시크래프트는 같은 책 pp. 294-295에서 로크가 1679~1682년 사이에 사들인 도서 목록을 조사·분석했다. 그 중에서 배제위기 정치 논쟁과 관련이 있어 보이는 제목이 모두 66개인데, 그 중 1679년의 것은 3개에 불과하고 나머지는 모두 1680년 필머의 『가부장』을 구입한 이후에, 그것도 대부분이 1681년 이후에 출판된 것임을 확인하고, 애시크래프트는 이런 측면에서도 『정부론』의 저술 연대를 1679년으로 잡는 래슬리트의 주장은 터무니없다고 일축했다. 또한 "Revolutionary Politics," p. 447에서는 1679년 10월 초부터 1680년 5월 사이의 로크의 행적을 추적해서 그 기간의 대부분을 여행 등으로 보낸 사실을 밝혀냈다. 그러면서 그는 그러한 일정으로 보면 로크가 한 곳에 오래 머물면서 차분하게 저술에 몰두할 상황이 전혀 아니어서, 이 시기에 『정부론』의 상당 부분을 쓴다는 것은 물리적으로 불가능하다고 주장한다. 한마디로 로크가 1679년에 『정부론』 집필에 몰두했다는 어떠한 증거도 없다는 것이다.

리 모두는 래슬리트에게 빚지고 있다는 것을 인정했다. 그러면서도 그는 또한 래슬리트가 『제2론』이 샤프츠베리의 목적을 위해 쓴 것이라고 하면서도 바로 그 목적이 무엇이었는가를 적절하게 규명하는 일을 소홀히 했으며, 그 저술 시기를 1679년으로 잡은 것은 그가 역사적 접근을 시도했음에도 불구하고 역설적이게도 충분히 역사적이지 못했기 때문이라고 비판했다.[46]

애시크래프트는 한걸음 더 나아가 샤프츠베리가 의회 활동에서 무장 저항으로 방향을 전환하면서 상대적으로 소수의 급진파 집단을 규합하려 했다고 주장한다. 샤프츠베리가 규합하고자 했던 집단은 사회 구성과 정치적 목표에서 명예혁명을 주도했던 휘그들과는 사뭇 달랐다는 것이다. 즉 대부분의 귀족과 젠트리(gentry)들이 국왕에의 복종으로 돌아서거나 침묵과 은둔을 선택하는 가운데, 그가 함께 했던 무리들은 사회적으로 낮은 지위의 사람들, 즉 소매상과 수공업자 그리고 이들보다 아래의 노무자나 짐꾼 같은 하층민 혹은 옛 크롬웰(Cromwell) 군대의 장교들 등등의 사람들이었다는 것이다.[47] 애시크래프트는 각 개인의 평등한 자연권과 저항권의 옹호와 같은 『제2론』의 급진적 요소들은 합법적 수단으로 제임스의 왕위계승을 저지하려던 귀족과 젠트리보다 혁명에 좀 더 동정적인 바로 이들 집단에 호소하기 위해 고안된 것이라고 믿는다.[48]

∴

46) Ashcraft, "Revolutionary Politics," p. 430.

47) 그러나 D. McNally, "Locke, Levellers and Liberty: Property and Democracy in the Thought of the First Whigs," *History of Political Thought*, vol. 10, issue 1 (1989), pp. 24–25는 샤프츠베리를 급진적 인물로 부각시키는 애시크래프트를 비판한다. 샤프츠베리는 모든 '수평화의 경향들'과 민주주의의 확고한 반대자이며, 그의 정치 역정은 절대군주와 군중 지배라는 두 개의 폭정으로부터 지주 젠틀맨의 자유와 재산을 보전하려는 욕망을 반영한다는 것이다.

48) Gordon J. Schochet, "Radical Politics and Ashcraft's Treatise on Locke," *Journal of the*

『정부론』에서 사용된 언사가 지닌 당시의 사회적 의미에서 볼 때, 샤프 츠베리의 정치적 목적이나 활동과 관련해서 볼 때, 혹은 저항 담론에 예민하게 반응하는 청중의 사회 구성의 면에서 볼 때, 로크가 오직 귀족 집단이나 상류계층만을 자신의 혁명 이론을 실천할 사회 집단으로 상정했을 것이라고 생각하는 것은 사리에 닿지 않는다고 애시크래프트는 단언한다. 그는 로크를 한줌의 귀족들이 수행할 저항을 염두에 두었을 뿐 실질적인 민중 혁명을 지지하지 않은 보수적 혁명가로 해석하거나, 혹은 혁명권을 주장하기는 했지만 실제 혁명에는 관여하지 않은 인물로 그리는 것이야말로 가장 비역사적이라고 비판한다.[49]

이를테면 플래므너츠(John Plamenatz) 같은 정치학자는 권력을 남용한 지배자에 저항할 권리는 실제로는 오직 공동체 구성원 가운데서 교육받은 유산계급에게, 그런 문제에 대해 분별력 있고 책임 있는 판단을 내릴 수 있는 부류에게 한정되어야 한다는 것은 거의 모든 동시대인에게 그러했던 것처럼 로크에게는 자연스러워 보였다고 주장한다. 로크의 정치사상을 정치 현실의 어떤 구체적 맥락과 유리된 추상적 이론으로 이해하는 플래므너츠는 로크가 특정 권리를 이론상으로는 모든 사람의 권리로 옹호하지만, 실제로는 그 권리를 오직 소수만이 누리는 현실에 대해서는

∙∙

    History of Ideas, vol. 50, no. 3 (1989), p. 503은 로크가 호소하고자 했다는 바로 그 부류의 많은 사람들에게는 그 저서가 그림의 떡이었을 것이라는 사실은 아이러니라면서 애시크래프트를 비판한다. 왜냐하면 로크가 말하는 '미천한' 계층의 사람들은 대체로 『정부론』과 같은 책을 제대로 읽고 이해할 수 없었기 때문이라는 것이다. 그렇지만 Ashcraft, *Revolutionary Politics*, p. 583은 1689년에 그 저서에서 자신들에게 호소하는 의미를 읽어내는 그런 보수적인 유산계급 독자가 존재했음을 보여 주는 증거가 없으며, 또한 대재산 소유자를 독자로 삼은 어떠한 보수적 저자도 『제2론』에서 개진된 것과 같은 논의를 개진한 적은 없다고 주장한다.

49) 이 문단과 위의 문단은 Ashcraft, *Revolutionary Politics*, pp. 303-304의 것이다.

대부분의 사람들과 함께 당연한 것으로 받아들였다고 말한다. 모든 사람이 재산을 가질 권리를 옹호하면서도 소수만이 재산을 향유하는 현실을 당연하게 여겼듯이, 로크는 모든 사람의 저항권을 변호하면서도 사실상 오직 부유한 유산자만이 권력 남용에 맞서 효과적인 행동을 취하기를 기대할 수 있었던 현실에 대해 만족했다는 것이다.[50]

그렇지만 애시크래프트가 이해하기로는 로크를 포함한 샤프츠베리 일파가 추진하려던 혁명은 사회 구성의 면에서 명예혁명 때 실제로 가담한 것보다 훨씬 광범한 계층의 참여가 필요한 것이었다. 그런 면에서 그는 이들의 혁명의 이상이 1689년에 휘그들이 구상했던 것과는 현격하게 차이가 있으며, 로크가 『제2론』에서 펼친 정치 이론은 오히려 청교도혁명기의 수평파의 정치사상과 밀접하게 연결되어 있다고 주장한다. 이렇게 역사적 맥락에 놓고 살펴보면 『제2론』은 지금껏 인정되어 온 것보다 훨씬 더 야누스의 얼굴을 갖고 있으며, 그래서 애시크래프트는 그 중에서 지금까지 가려져 온 로크의 급진주의적 얼굴을 드러내고자 한다는 것이다. 그러면서 그는 자신의 주장이 『정부론』의 급진적 차원을 강조하는 것이지 보수적 측면을 부정하는 것은 아니라는 점을 강조한다.[51]

∴

50) John Plamenatz, *Man and Society: A Critical Examination of Some Important Social and Political Theories from Machiavelli to Marx*, 2 vols. (Longman, Hong Kong, 1981), vol. 1, p. 209.

51) Ashcraft, "Revolutionary Politics," p. 431. 그럼에도 불구하고 그는 우튼(D. Wootton), 프리드먼(J. Friedman) 혹은 먹낼리(D. McNally) 같은 학자로부터 로크를 '사회적 평등주의자,' '평등주의적 민주주의자,' '사회적 급진주의의 신봉자,' '수평파' 혹은 '경제적 급진주의자' 등으로 파악했다는 비판을 받았다. 이에 대해 이런 비판은 자신의 논의와 무관한 것이라고 반박하면서, 그는 이미 저서 *Revolutionary Politics*의 서문에서 독자에게 그의 '급진적'이라는 용어에서 청교도혁명 시기 급진파 일부의 사회적 혹은 경제적 사상을 읽지 말도록 당부했음을 환기시킨다. 오히려 17세기 말엽의 영국에서 로크를 포함하여 정치적 저항에 종사한 인물들의 행동과 사상에서 그가 관심을 가지고 논증하려던 것은 '정치적' 급진주의였다는 것이다. 그리고 그는 그 다음 펴낸 *Locke's Two Treatises*에서도 로크의 정치사상

위대한 철학자로서의 로크의 모습은 애시크래프트가 보기에 그의 실제 정치 활동을 이해하는 데 장애가 되어왔다. 고매한 지성인이라는 이미지는 로크를 혁명 운동과 같은 그런 유형의 정치 활동과는 거리가 먼 인물로 생각하게 한다. 애시크래프트는 로크의 급진주의적 면모를 드러내기 위해 지금까지 별 관심을 받지 못했던 그의 교유 범위에 대해서도 주목한다. 로크는 언제나 뉴튼(Newton)이나 보일(Boyle)과 같은 인물들과 어울리는 것으로 묘사되고, 신원이 불분명한 소매상인이나 수공업자는 말할 것도 없고 퍼거슨(Ferguson)이나 와일드먼(Wildman)과 같은 급진 이데올로그들과 어울리는 모습은 거의 묘사되지 않았다. 그러나 이는 역사적 로크의 모습을 반영하는 것은 아니라는 것이다. 로크의 인간적 측면을 가장 잘 알고 있었을 매섬 부인(Lady Masham)은 로크가 모든 부류의 사람들과 아주 자연스럽게 어울리고 기꺼이 대화를 나누었으며, 소매상들도 그에게 조언을 구하고 가르침을 받았다고, 그리고 아무리 미천한 사람이라도 로크는 결코 업신여기지 않았다고 증언했다.[52]

애시크래프트의 괄목할 만한 연구는 이어서 여러 학자들의 비판과 보다 세부적인 수정 작업을 불러왔다. 그 가운데 하나인 마셜(Marshall)은 애시크래프트의 논의에 대해 기본적으로 동의하고 그가 『정부론』의 저술과 관련하여 이전의 어떤 학자보다 더 나은 설명을 제공했다고 인정하면서, 약간의 이견을 제시하고 수정을 시도했다. 그는 먼저 1681년 초

은 신학과 철학에 뿌리를 둔 '급진적인 도덕적 평등주의'가 '사회적-경제적 불평등의 보수적 변호'와 결합된 것으로 이해해야 한다는 점을 또다시 강조한 적이 있음을 지적한다. R. Ashcraft, "Simple Objections and Complex Reality: Theorizing Political Radicalism in Seventeenth-century England," *Political Studies*, vol. 40, no. 1 (1992), pp. 99-100.

52) Ashcraft, "Revolutionary Politics," pp. 461-462. 그리고 p. 466에서 애시크래프트는 "요컨대 '로크의 정치적 순결의 신화'는 바로 그것, 신화이다" 하고 단언한다.

에 급진파들 사이에 무장 저항의 담론이 오갔다는 주장에 이의를 제기한다. 정부가 해체되고 국민이 무력을 통한 자기 방어권을 되찾았다는 담론이 그 시기에 휘그의 정치 책자에 반영되어 있는 관점이었다는 증거를 찾기 어렵다는 것이다.[53] 마셜은 많은 휘그들이 옥스퍼드 의회의 해산 이후에도 다시 새 의회가 소집되기를 희망하고 있었고, 심지어는 1681년 가을에도 선거를 기대하면서 선거 운동을 하고 있었으며, 그러한 기대는 1682년 초까지도 지속되었다고 파악한다. 그는 샤프츠베리의 추종자인 퍼거슨의 증언을 들어, 휘그파가 아직 런던의 법정을 지배하고 배심원 임명권을 가진 셰리프(sheriff) 자리를 차지하고 있던 1682년 중엽까지는 저항을 계획하지 않았다고 주장한다.[54]

마셜에 의하면 샤프츠베리와 로크가 찰스 2세의 절대주의적 기도가 확실하게 드러났다고 느낀 것은 1682년 초 이후이며, 다른 휘그 지도자들이 저항이 불가피하다고 느끼기 시작한 것은 그 해 중엽 이후, 그러니까 찰스 2세가 셰리프를 토리파로 대체하고 런던 법정의 통제권을 장악한 이후였다. 우호적 배심에 의한 재판과 법이 제공하는 안전장치가 위협받기 시작한 1682년 초부터 로크는 신변의 안전 자체가 위협받고 있다고 생각했을 것이며, 그것이 왜 『제2론』의 그렇게 많은 부분이 '하늘에의 호소'가 있는 전쟁상태와 '법에의 호소'가 있는 시민정부의 상태의 대비로 구성되어 있는가 하는 이유의 일단이기도 하다는 것이다. 로크가 국왕을 인류를 잡아먹으려는 사자와 호랑이로 묘사한 것도 분명 그가 느낀 위협의 정도를 반영한 것이라고 마셜은 생각한다. 그리고 『제2론』의 많은 부분이 적절한 형태의 정부를 모색하는 '합리주의적 자유주의자'의 음조가

••
53) Marshall, *John Locke*, p. 227.
54) 같은 책, pp. 229-231.

아니라 자신과 후견인의 머리가 단두대에 올려질 위협을 느끼는 절망적인 사람의 음조라는 것이다.[55]

『제2론』의 작성과 관련한 마셜의 결론은 로크가 『제1론』을 1681년 중엽 혹은 말엽에 필머에 대항해서 왕위계승배제법안의 입법화를 변호하기 위해 썼고, 1682년 초에는 필머를 반박하고 무장 저항을 계획하는 샤프츠베리의 목적에 이바지하기 위해 최소한 『제2론』을 쓰고 있거나 아니면 머릿속에 완전히 그리고 있었음이 틀림없다는 것이다. 그렇지만 그때 샤프츠베리와 로크가 저항이 임박했다고 생각하지 않았을 수도 있기 때문에, 로크가 그것을 즉각적인 저항 계획이 진지하게 추진되던 1682년 중엽 혹은 말엽에 썼다는 것이 좀 더 그럴 법하다고 마셜은 덧붙였다.[56]

애시크래프트가 샤프츠베리를 급진 도시 정치의 지도적 인물로 묘사하고자 했던 것과는 달리, 마셜은 오히려 그를 급진 도시 정치에 대한 지도적 반대파의 한 사람으로 파악한다. 도시 및 하원의 급진정치가들과 샤프츠베리의 연대는 기껏해야 일시적이고 깨지기 쉬운 것에 불과했다는 것이다.[57] 이러한 인식의 연장선에서 마셜은 로크가 사회 계층의 좀 더 아래에 있는 집단에게 호소하려고 했다는 애시크래프트의 주장에 대해서도 이의를 제기한다. 당시의 상황에서 지지를 구할 필요가 있는 가장 분명한 집단, 『제2론』과 같은 큰 분량의 책자로 설득할 필요가 있었던 사람들은 지방에서 무기와 세력을 소유하고 있던 젠트리와 자영농(yeomanry), 그리고 국왕과의 싸움에서 재정을 뒷받침할 돈과 세기 중엽에 실제로 국왕과 맞서 싸웠던 역사적 경험을 가진 런던과 기타 도시의 상인들이었다

---

55) 같은 책, p. 242.
56) 같은 책, pp. 242-243.
57) 같은 책, pp. 221-222.

는 것이다. 마셜은 1682~1683년에 절망적 상황에 빠져 있던 로크와 샤프츠베리 같은 휘그들은 분명 광범위한 무장 저항의 운명이 젠트리와 자영농 그리고 상인의 태도와 참여에 달려 있다는 사실을 잘 알고 있었을 것이며, 따라서 『제2론』이 호소하고자 했던 대상은 수공업자와 소매상 혹은 그 이하의 하층민이라기보다 바로 이들이었다고 주장한다.[58]

5. 결론

래슬리트는 『정부론』에 관한 오랜 해석, 즉 그것이 명예혁명을 정당화하기 위한 것이며 또한 홉스를 겨냥해 쓴 것이라는 전통적 견해를 깨뜨리고, 그것을 왕위계승배제 위기라는 역사적 맥락 안에 자리매김함으로써 『정부론』을 새롭게 이해할 수 있는 길을 열어 놓았다. 그는 『정부론』이 왕위계승배제 논쟁 과정에서 로크가 필머를 논박하고 휘그의 대의를 주장하기 위해 쓴 것이며, 먼저 『제2론』을 1679~1680년에, 그리고 이어서 『제1론』을 썼다고 주장했다. 그러나 래슬리트는 로크가 샤프츠베리의 목적을 위해 썼다고 이해하면서도 그 목적을 명확하게 규명하는 일을 소홀

----

58) 같은 책, pp. 264-265. McNally, "Locke, Levellers and Liberty," pp. 37-38 역시 비슷한 견해를 나타낸다. 이에 따르면, 당시의 휘그들은 그들이 젠트리에게 재산과 전통적 권위를 위협하지 않는 저항 프로그램을 지지하는 것이 가능하다는 것을 확신시킬 수 있어야 실행 가능한 정치운동을 추진할 수 있을 것이라는 사실을 알았다. 이것은 반절대주의적인 동시에 반평등적인 입장을 제시하는 것을 의미했다. 이러한 입장을 반영하여 『정부론』은 정치적 급진주의와 사회적 보수주의의 독특한 결합을 이루어 내었다는 것이다. 그러면서 먹낼리는 같은 논문 pp. 24-25에서 애시크래프트가 제시한 샤프츠베리의 급진주의적 면모에 대해서도 비판적으로 평가한다. 그는 샤프츠베리의 일관된 정치적 입장은 절대주의와 군중 지배라는 두 개의 폭정 모두로부터 지주 젠트리의 자유와 재산을 지키려는 것이었다고 주장한다. 그가 보기에 샤프츠베리는 민주주의와 모든 '수평화 경향'에 대한 확고한 반대자였다.

히 함으로써 그의 역사적 접근이 충분히 역사적이지 못하다는 비판을 받았다.

애시크래프트는 래슬리트를 비판하면서『정부론』의 정치적 메시지의 핵심은 혁명의 변호이고, 따라서 그 집필 시기는 샤프츠베리가 의회 운동에서 혁명 운동으로 정책 방향을 선회한 1681년 3월 옥스퍼드 의회의 해산 이후라고 주장한다. 그리고 그는『제2론』이 호소하려는 대상은 귀족이나 젠트리가 아니라 그보다 아래의 사회 계층, 즉 소매상과 수공업자 들이며, 로크의 정치사상은 전통적으로 인식되어 온 것보다 훨씬 급진주의적이라는 점을 강조한다. 애시크래프트의 이런 주장은 로크 연구에 새로운 빛을 비추어주는 것이었으나, 그 역시 또 다른 비판을 면하지는 못했다. 마셜 같은 학자는 샤프츠베리가 혁명을 추진했던 것은 1682년 중엽 이후이고 따라서『제2론』도 이때 집필되었으며, 그것이 호소하고자 했던 대상도 젠트리와 자영농 그리고 상인 들이라고 주장한다.

『제2론』이 혁명의 수행을 위해 동원하고자 했던 대상이 누구였는가 하는 문제를 논의하기 위해서는 좀 더 많은 지면이 필요하고, 또한 그것은 본고의 주제를 넘어서는 일이다. 다만 로크가 변호하고자 한 혁명은 계급혁명이 아니라 국민혁명이라는 점만 확인해 두기로 하자. 로크는 소매상이나 수공업자 등의 민중을 배제한 채 귀족과 젠트리 등 상층계급만 동원하려 한 것도, 혹은 거꾸로 후자를 배제하고 전자만 동원하려 한 것도 아니다. 그는 한 정치 공동체의 모든 구성원이 전제군주에 저항할 권리를 갖고 있음을 천명하려 한 것이다.

샤프츠베리가 혁명을 계획한 때가 1681년 3월이냐 아니면 1682년 중엽이냐 하는 문제와 관련해서는, 그것이『제2론』의 저술 시기를 추정하는 과제에서 본질적으로 중요한 의미를 지니는 사안은 아니라는 점을 지적할 필요가 있겠다. 왜냐하면 우리는 혁명을 촉구하는 문서를 작성하는 일이 반드시 혁명이 구체적으로 계획되거나 추진되고 난 다음에야 필요한 작업인가 하는 의문을 제기할 수 있기 때문이다. 샤프츠베리 일파가 의회를 통한 입법 활동에 몰두하던 시기 동안이라 하더라도, 찰스 2세의 태도로 미루어보아 그 성공 가능성이 높지 않은 상황에서 실패할 경우의 전략도 미리 구상해 놓을 필요가 있는 것이다. 따라서 특정 시점에서 실제 무장 투쟁이 추진되지 않았다는 사실이 그것을 정당화하는 이론적 작업 역시 이루어지지 않았음을 증명하는 필요하고도 충분한 증거는 될 수 없을 것이다. 철학자 혹은 정치사상가의 예민한 감각으로 닥쳐올 혁명적 상황을 예견하고, 이에 대비해서 저항과 혁명을 정당화하는 작업을 그것이 실제 추진되기 전에 미리 수행한다는 것은 충분히 있을 수 있는 일인 것이다.

뿐만 아니라 『제2론』의 작성 시기와 관련해서 애시크래프트가 래슬리트에게 가한, 일견 매서워 보이는 비판은 따지고 보면 실은 헛다리짚은 격이 될 수도 있다. 래슬리트는 『제2론』의 대부분이 옥스퍼드 의회 이전에 작성되었다고 말하기는 했지만, 또한 그 이후에 많은 부분이 추가되었다고 했으며, 주로 혁명을 정당화하는 부분인 여러 장들은 1681년 여름 이후에, 늦으면 1683년에까지 이르는 기간에 추가된 것이라고 보았기 때문이다. 그렇게 보면 래슬리트 역시 『제2론』의 저항 담론 부분은 애시크래프트나 마셜이 주장하는 것과 비슷한 시기에 작성된 것이라고 주장하는 셈이 되는 것이다.

다만 래슬리트는 『정부론』이 합법적인 의회 입법 운동을 지원하기 위한 왕위계승배제 논설이라 주장하면서 다른 한편으로는 별다른 설명을 제공하지도 않은 채 그것을 "일으켜야 할 혁명을 위한 요청"이라고 규정했는데, 아마도 그는 이 양자 간의 관계에 대해 명확하게 인식하고 있지는 못한 듯하다. 폭군으로 전락한 군주에 대한 무장 저항의 정당화가 『정부론』의 핵심적 요소인데, 래슬리트가 그것의 작성을 샤프츠베리의 혁명 전략이라는 맥락 안에서 심도 있게 분석하지 않은 점은 아쉬움으로 남는다. 그런 면에서 래슬리트의 역사적 접근이 충분할 만큼 역사적이지는 못했다는 애시크래프트의 비판은 정당하다 할 것이다.

그러나 혁명의 정당화가 물론 『제2론』의 중요한 정치적 메시지이기는 하지만 그것이 전부는 아니다. 분명 『제2론』의 많은 부분에는 래슬리트가 주장했듯이 왕위계승배제 위기 동안 휘그가 가졌던 의회적 관심이 크게 반영되어 있는 것이다. '샤프츠베리의 목적'으로 말하자면, 그의 목적은 왕위계승배제법안의 관철에서 혁명으로 바뀐 것이지 혁명이 유일한 것이 아니었다. 그의 목적인 혁명의 정당화를 그의 '보조하는 펜'인 로크가 제공할 필요가 있었다면, 그의 법안 관철 시도를 정당화하는 로크의 이른바 '왕위계승배제 논설' 또한 필요한 것이었을 터이다. 그런 면에서 보면, 『제2론』의 실제 작성 과정은 『제1론』에 이어 왕위계승배제 논설로 시작되었다가 의회가 없어지고 상황이 바뀌어감에 따라 저항 담론이 보태어지는 것으로 진행되었다고 보는 것이 오히려 합리적이지 않을까 싶다.

한편 혁명의 정당화 담론이든 왕위계승배제 논설이든, 『정부론』을 어떤 정치적 목적을 위한 팸플리트로, 말하자면 '상황의 작품'(a pièce d'occasion)[59]으로 보는 데 대한 근본적인 거부감은 여전히 남아 있다. 특히 정치학자들은 그것을 역사적 맥락과 관계없는 정치이론서로 보려고 한다. 플래므너츠는 로크가 『제2론』을 명예혁명을 정당화하기 위해 썼느냐 아니냐에 대한 논란이 있지만, 저자의 동기가 아니라 검토하는 이론의 내용에 일차적 관심을 가지는 정치이론가는 이런 논쟁에 끼어들지 않으며, 로크가 무슨 동기에서 그것을 썼든지 간에 그가 그 혁명과 당시 영

---

59) 이는 Gough, *John Locke's Political Philosophy*, p. 120에서 쓴 표현이다.

국의 정부 형태 및 사회 질서를 찬성했다는 사실은 의심할 여지가 없다고 주장한다.[60] 그리고 드 비어(de Beer)는 래슬리트를 비판하면서 로크가 『제2론』을 샤프츠베리 백이 추진한 봉기를 위한 선전물로 썼다는 견해는 받아들일 수 없다고 단호하게 말한다. 그것은 어디까지나 사변적 논설에 대한 답변으로 쓴 사변적 논설이며, 그 직접적 목적은 절대주의의 공격에 대해 전통적인 영국 헌정을 변호하는 것이라는 것이다.[61]

애쉬크프트 역시 이런 면에서 비판을 받았다. 추상적 접근에 대한 단호한 비판과 거부 때문에 그는 로크의 저술의 철학적 측면을 보지 못했다는 것이다. 스코체트(Schochet)는 그의 맥락적(contextual) 접근법에는 정치적 텍스트의 독해를 위한 '철학적', '추상적', 혹은 '이론적' 방법의 여지가 전혀 없다고 비판한다. 그래서 애시크래프트의 방법은 전반적으로 효과적이었음에도, 추상적이지만 핵심적인 관념, 이를테면 자연법·동의·신탁·재산 등의 의미를 제대로 분석하지 않고 내버려두는 결정적

..

60) Plamenatz, *Man and Society*, vol. 1, p. 209.

61) de Beer, "Locke and English Liberalism," p. 36. 이런 견해는 『정부론』이 명예혁명의 변론서라고 하는 견해만큼이나 뿌리 깊은 것이다. Driver, "John Locke," p. 78 역시 『제2론』이 '본질적으로' 휘그혁명의 변론서 같은 그런 종류의 것이 전혀 아니라면서, "로크의 생각을 이끄는 힘과 동기는 어떤 당파의 변호보다 훨씬 더 강력하고 훨씬 더 중요한 그런 어떤 것이었다"고 주장했다. 한편 C. D. Tarlton, "The Exclusion Controversy, Pamphleteering, and Locke's *Two Treatises*," *The Historical Journal*, vol. 24, no. 1 (1981)은 왕위계승배제 위기 시기의 휘그 팸플릿과 『정부론』을 비교해서 분석하고, 『정부론』을 왕위계승배제 논쟁의 팸플릿의 하나로 읽어야 한다고 강조한다. 탈턴은 래슬리트가 『정부론』의 작성을 배제 논쟁과 관련시킨 지가 20년도 더 지난 시점에서도 아직 많은 학자들이 이 저작을 정치적 팸플릿으로 취급하기를 꺼리고, 그것을 무언가 좀 더 고상한 것으로, 이를테면 '정치철학'이나 '체계적인 도덕적 변론' 등으로 특징짓기를 고집한다고 하면서 그들을 비난한다. 그는 이런 현상이 로크 연구자를 포함한 많은 영국 역사가들이 초기 휘그들에 대해 느끼는 광범한 경멸감과 관계있다고 주장한다. 탈턴에 따르면, 영국 역사가들은 초기 휘그에 대한 혐오 때문에 로크를 동시대 휘그 팸플릿 작가들과 분리해서 다루었으며, '철학'의 수준을 획득하지 못했다는 점에서 이들을 로크에 비해 아주 열등한 존재로 파악했다는 것이다.

인 결점도 있다는 것이다. 그리고 로크가 비록 그의 시대의 급진적인 정치 음모에 깊이 개입했다 하더라도, "로크는 또한 그에 대한 철학적 관찰자요 논평자였으며, 그의 저술들은 불가불 스튜어트 영국의 정치를 훨씬 넘어 거슬러 올라가는 데에 뿌리를 둔 담론 방식과 개념화를 반영했다"라고 스코체트는 주장한다.[62]

그러나 『정부론』을 사변적 철학서냐 '상황의 작품'이냐 하는 식으로 엄격하게 구분하고 양자택일할 문제는 아니다. 『정부론』은 분명 '상황의 작품'이지만, 그러나 동시에 그 이상이었다. 당시의 수없이 많은 다른 출판물들은 거의 모두 잊힌 반면, 그것은 정치사상의 고전으로 살아남았다. 로크는 단순한 정치 팸플릿 저자인 것만이 아니라 또한 전문 철학자였다. 『정부론』이 상황의 소산이라고 해서 그것이 철학적 사색을 결한 정치 선전물이라는 말은 결코 아니다. 요컨대 정치에 관한 저작이 철학적이면서 동시에 상황의 작품일 수 있는 것이다. 셀리거(Seliger)의 지적처럼 정치적 요구의 압력 아래 책을 쓰는 것과 그런 도전에 대해 정치철학자로서 그 해답을 제시하는 것 사이에는 아무런 필연적 모순도 없다. 오히려 이것은 거의 모든 정치철학의 고전들이 저술된 방식인 것이다.[63]

62) Schochet, "Ashcraft's Treatise on Locke," pp. 506-507 및 Schochet, 'Reviews of Books,' *Albion*, vol. 19, no. 4 (1987), p. 624.

63) M. Seliger, *The Liberal Politics of John Locke* (New York, 1969), p. 32.

제3장

명예혁명과 로크의『정부론』

1. 서론

로크가 네덜란드 망명 생활을 끝내고 귀국한 것은 혁명 상황이 일단락된 뒤인 1689년 2월 초의 일이었다. 그때는 이미 휘그파와 토리파가 공회의회(Convention Parliament)에서 치열한 논쟁을 벌인 끝에 혁명 체제를 확립하고 난 다음이었다. 그는 제임스 2세의 장녀 메리(Mary)와 함께 그 일행으로 귀국했고, 메리는 귀국 다음날 부군인 오렌지(Orange) 공 윌리엄(William)과 함께 영국의 공동 국왕으로 즉위했다.『정부론』은 그 해 말경이 되어서야 출판되었다. 그래서 사실 로크는 혁명 체제를 수립하는 일과는 아무런 직접적인 관련이 없었다. 그가 공회의 휘그 정객들에게 직접 영향을 줄 수도 없었고,『정부론』이 그들에게 논쟁을 위한 어떤 이론적 근거를 제시해 줄 상황도 아니었다.

그렇지만 이런 정황과는 관계없이 전통적으로 로크의『정부론』은 명예혁명(Glorious Revolution)을 옹호하고 휘그의 정치 원리를 확립한 것으로 해석되어 왔다. 일찍이 흄(David Hume)은 그 저서가 18세기 중엽의 휘그당에게 휘그당의 '철학적 혹은 사변적인 원리 체계'를 제공해 주었다고 말했다.[1] 이런 견해를 이어받아 고프(Gough) 역시 휘그의 여론은 『정부론』을 그들이 자랑스럽게 따르고 있는 원리의 '철학적 해설이자 정당화'로 환영했다고 주장한다.[2]

그래서 윌리엄 3세와 앤(Ann) 여왕 시대의 정치사상은 대체로 로크의 저술과 관련해서, 그리고 때로는 홉스나 해링턴(Harrington) 혹은 앨저넌 시드니(Algernon Sidney) 등의 저술로 보완되어 설명되었다. 또한 혁명기의 휘그 정치지도자들은 로크의 저항 이데올로기, 말하자면 원초계약의 조건 아래에서 국민은 폐정을 저질러 폭군으로 전락한 군주를 폐위할 권리를 갖고 있다는 이데올로기를 공유하고 있었던 것으로 추정되었다. 그리고 그들은 로크의 이 정교한 저항 이데올로기를 무기로 하여, 왕권신수설과 가부장주의로 무장하고 그들 체제의 정당성을 부정하는 토리파와의 권력투쟁에서 궁극적 승리를 얻었다는 것이다.[3] 그뿐 아니라 명예혁명과 관련하여 얻은 명성을 바탕으로 『정부론』은 "영국 국체의 근본 원리와 서양 세계의 상투어가 된 문구를 진술했다"고 칭송되기도 했다.[4]

••

1) M. P. Thompson, "The Reception of Locke's *Two Treatises of Government* 1690~1705," *Political Studies*, vol. 24, no. 2 (1976), p. 184.

2) J. W. Gough, *The Social Contract: A Critical Study of Its Development* (Oxford, 1936), p. 127.

3) J. P. Kenyon, *Revolution Principles: The Politics of Party 1689~1720* (Cambridge University Press, 1977, paperback ed., 1990), p. 1.

4) E. S. de Beer, "Locke and English Liberalism: the *Second Treatise of Government* in its Contemporary Setting," John W. Yolton ed., *John Locke: Problems and Perspectives* (Cambridge University Press, 1969), p. 44.

그러나 근래 수십 년 사이에 명예혁명과 『정부론』의 관계에 대한 이러한 해석에 커다란 변화가 일어났다. 『정부론』이 '왕위계승배제법안(Exclusion Bill)' 논쟁의 소산이라는 사실이 밝혀짐으로써 명예혁명을 옹호할 목적으로 '저술'된 것이 아니라는 것은 이미 오래 전에 확인되었지만, 다시 한 걸음 더 나아가 그것이 명예혁명의 원리를 담고 있다는 이른바 정통 해석에도 근본적인 수정이 가해진 것이다. 이를테면 혁명 원리나 혁명 변호를 위한 주된 담론이 『정부론』의 그것과 다르며, 혁명을 주도한 휘그 지도자들의 생각이 로크의 정치사상과는 거리가 있다는 것이다.[5] 이런 작업은 특히 1970~1980년대 무렵에 집중적으로 이루어졌는데, 그것은 대체로 한편으로는 명예혁명의 본질적으로 보수적인 성격과 다른 한편으로는 『정부론』 논의의 급진적 특성을 강조하는 방식으로 이루어졌다.[6]

여러 연구자들은 『정부론』이 끼친 영향과 관련하여 이구동성으로 우선 그것이 출판된 뒤 별다른 주목을 받지 못했다는 사실을 지적한다. 던 (Dunn)은 이 저작이 아무런 즉각적인 명성을 누리지 못했으며, 출판 이후 로크가 사망할 때까지 14년 동안에 그와 직접적인 교유가 없는 사람으로서는 단 세 명의 영국인만이 『정부론』을 긍정적으로 언급했을 뿐이며, 그의 사후 2년 사이에 나타난 여러 사망기사 어디에서도 그것은 두드

---

5) 미국에서도 '건국의 아버지들'의 정치 이론 중 많은 부분을 로크의 저술에서 확인할 수 있다거나 로크의 저작이 일종의 정치적 복음으로 받아들여졌다는 것이 미국 역사가들의 상투적인 표현이었다. 그러나 던에 의하면, 이런 진부한 표현 역시 치명적인 비판을 받아서, 이제 그것은 사상의 역사에서 아주 순진한 견해에 불과한 것으로서, 미국혁명의 성격에 대한 해로운 견해로 간주되고 있다는 것이다. John Dunn, "The Politics of Locke in England and America in the Eighteenth Century," Yolton ed., *John Locke*, p. 46.

6) 애시크래프트는 명예혁명과의 관련에서뿐만 아니라 로크의 정치사상 전반에 걸쳐서 그 강조점에 거의 완전한 반전이 일어나서, 정치사상의 특징을 규명하는 데 있어서 마르크스(Marx)를 제외한다면 로크보다 더 철저한 변모를 겪은 정치이론가는 없을 것이라고 주장한다. R. Ashcraft, *Locke's Two Treatises of Government* (London, 1987), pp. 1-2.

러지게 취급되지 못했다고 주장한다. 그의 판단으로는, 18세기를 통틀어서도『정부론』의 명성은 로크의 주된 철학 저서인『인간 오성론(*An Essay Concerning Human Understanding*)』의 명성에 뒤처졌으며, 그것이 얻은 명예혁명의 빼어난 변론서라는 평판은 그 저작 자체의 면밀한 독해에서보다는 오히려 그것이 엄청난 명성을 누린『인간 오성론』의 저자가 쓴 저서라는 사실에서 나왔다는 것이다. 즉 18세기 전반기까지만 해도『정부론』은 영국의 학문적 전통에서 별로 언급조차 되지 않다가 후반기에 와서야 비로소 근대 유럽의 가장 위대한 철학자가 혁명을 변호하기 위해쓴 저작으로서 그 지적 품질을 보증받았다는 것이다.[7]

톰슨(Thompson)은 던의 주장이 사실을 과장한 측면이 있다고 비판하면서도, 우리가 익히 알고 있는『정부론』의 명성에 비추어 볼 때 그것에 대한 당시의 반응은 놀라울 정도로 냉담했다는 사실을 확인한다. 옥스퍼드와 런던의 학문 사회에서 이런 저런 관심을 보였고, 여러 휘그 책자도『정부론』을 인용했다. 빼어난 휘그 팸플릿 작가인 애트우드(William Atwood)는『정부론』의 논의를 인용하면서, 그 책을 시민정부를 다룬 논술로서 영어로 된 것 중에는 가장 훌륭한 것이라고 평하기도 했다. 그렇

..
7) Dunn, "Politics of Locke," pp. 56-57, 62. 포코크 역시 던과 거의 같은 견해를 가지고 있다. 포코크는『정부론』이 괄목할 만한 저작임에 틀림없지만, 로크가 18세기에 인식론·심리학·종교·교육 등에 관한 저술로 엄청난 지적 신망을 누렸으며, 이 사실이 그의 정치 저술들을 인용하는 좋은 이유를 제공해 주었다고 생각한다. 그래서 로크가 많은 면에서 지배적인 휘그 문화의 대표적인 인물이었음에도 급진 정치의 변호인으로 간주될 수 있지 휘그의 공식적 정치의 변호인으로 간주될 수는 없다고 하면서, 포코크는 18세기 영국 사람들에게 로크가 위대한 정치이론가로 비친 것은 그가 위대한 철학자였다는 사실에 힘입은 바가 크며, 그가 명예혁명의 탁월한 사상가였다는 신화는 이런 지적 혼동에서 생겨났다고 주장한다. J. G. A. Pocock, "The Myth of John Locke and the Obsession with Liberalism," Pocock & R. Ashcraft, *John Locke: Papers Read at a Clark Library Seminar, 10 December 1977* (Los Angeles, 1980), pp. 7-8.

기는 하지만 당시의 정기간행물이나 서평지에서 『정부론』은 대단한 대접을 받지 못했으며, 대부분의 휘그 저술가들은 로크보다는 티렐(J. Tyrell)이나 시드니 등의 저작에 더 많이 의존했다는 것이다. 『정부론』의 명성이 1690년대를 거치면서 꾸준히 높아가고 있었던 것은 분명하지만, 어쨌든 로크가 휘그의 주된 지적 권위였던 것과는 거리가 멀었으며, 17세기 말과 18세기 초의 시점에서 로크가 지녔던 정치저술가로서의 중요성은 후대에 부풀려졌다고 톰슨은 주장한다.[8]

케년(Kenyon) 또한 전통적 해석으로는 혁명 이후의 시기에 로크의 사도로 생각되어 온 휘그 지도자들조차 왜 그토록 그 이름을 거론하기를 꺼려했는지를 이해하기 어려우며, 진실을 말하자면 혁명 옹호자들이 개진한 논의는 전혀 로크적인 것이 아니었다고 주장한다.[9] 디킨슨(Dickinson) 역시 대체로 이들과 견해를 같이한다. 로크의 계약 이론은 휘그조차 전면적으로 수용하기에는 너무 급진적이었으며, 그의 정치 이론이 명예혁명에 의해 개선장군처럼 옹호되었다거나 그 이후에 휘그 진영에서 광범하게 받아들여졌다고 주장하는 것은 분명 과장이라는 것이다.[10]

본고는 명예혁명 및 초기 휘그 이데올로기와 로크의 『정부론』에 개진된 혁명 이론의 관계를 둘러싼 여러 다양한 논의들을 검토하고 정리함으로써 『정부론』이 영국의 정치사상의 발전에 미친 영향을 이해하는 데, 그리고 동시에 텍스트 그 자체의 의미를 좀 더 정확하게 파악하는 데 이바지하고자 한다. 본고는 먼저 혁명 체제를 수립하기 위해 구성된 공회의회가 공식 채택한 입장이 『정부론』의 저항 이론과는 상당히 거리가 있다는

8) Thompson, "Reception of Locke's *Two Treatises*," pp. 184-187.
9) Kenyon, *Revolution Principles*, pp. 1-2.
10) H. T. Dickinson, *Liberty and Property: Political Ideology in Eighteenth-Century Britain* (London, 1979), p. 71.

논의들을 살펴볼 것이다. 그런 다음『정부론』이 당시 미친 제한적인 영향의 이유를 그 저작의 담론 방식과 당시에 명예혁명을 합리화하는 일반적인 담론 방식의 차이점에서 찾는 논의들도 검토할 것이다. 그리고『정부론』의 혁명 담론이 당대의 보수적인 토리는 말할 것도 없고 대다수의 일반 휘그에게도 매우 급진적이었으며, 그래서 전통적으로 이해되어 온 것과는 달리 실은 동시대인들에게 명예혁명의 표준적 변론서로 받아들여지지도 않았고, 초기 휘그의 이데올로기 역할을 한 것도 아니라는 사실을 확인하고자 한다. 이에 덧붙여 마지막으로『정부론』의 출판 의도와 관련한 논의도 간단히 살펴볼 것이다.

2. 공회의회와 혁명 체제

제임스 2세가 프랑스로 도피한 뒤, 사태를 수습하기 위해 1689년 1월에 공회의회가 소집되자 공회 안팎에서 격렬한 정치 논쟁이 전개되었다. 논쟁의 한 쪽 끝에는 새 정치 질서를 받아들일 수 없는 완고한 토리들, 다른 쪽 끝에는 철저한 개혁과 새로운 헌정의 수립을 요구하는 급진 휘그들이 있었고, 이 양 극단 사이에는 혁명을 받아들일 준비는 되어 있지만 그에 대한 태도나 기대가 각기 다른 다양한 부류의 집단들이 있었다. 공회의회는 오랫동안 논쟁을 거듭했는데, 우선적으로 해결해야 할 핵심적인 문제는 그들이 국왕을 폐위할 수 있는가 하는 것이었다. 국왕에 대한 순종 및 무저항의 교의와 신성한 세습군주제의 원리를 믿은 토리는 제임스 2세의 복귀를 요구하거나, 혹은 그에게 국왕의 지위를 그대로 남겨 두고 그 대신 메리를 섭정으로 하여 그녀에게 실권을 넘기자고 주장했다. 반면에 급진 휘그는 폭군으로 전락한 군주를 폐위하고 새로운 헌정을 수립할 신민의 권리를 내세우면서 윌리엄의 국왕 옹립을 주장했다.

오랜 논란 끝에 공회는 핵심을 피해가는 길을 택했다. 1월 28일의 저 유명한 하원의 토론에서 트레비(Sir George Treby)는 그들이 국왕을 폐위할 수 있느냐 없느냐 하는 문제는 다행히도 그들과 상관없는 일이라면서 "우리는 왕위가 비어 있는 것을 발견했으며, 그 결함을 보충해야 합니다. 우리는 그것이 그러하다는 것을 발견했지, 그것을 그렇게 만들지는 않았습니다" 하고 주장했다.[11] 이날 하원은 오랜 논란을 끝내고

> 국왕과 국민 간의 원초계약을 깨뜨리고 예수회 수사들 및 다른 사악한 사람들의 조언을 따름으로써 이 왕국의 헌정을 전복하려고 했고, 근본적 법률들을 위반했고, 그리고 왕국으로부터 스스로 떠나감으로써, 국왕 제임스 2세가 정부에서 퇴위했다는 것, 그리고 그렇게 함으로써 왕위가 비어 있다는 것

을 결의했다.[12] 이튿날 하원으로부터 이 결의안을 넘겨받은 상원은 즉각 '원초계약'이라는 단어를 공격하는 등 많은 논란을 벌인 끝에 '퇴위했다(abdicated)'라는 단어를 '버렸다(deserted)'로 바꿀 것[13]과 마지막의 왕위가 비어 있다는 구절을 삭제할 것, 두 가지만 하원에 요구하고 나머지는 만장일치로 동의해 주었다. 그러나 하원은 이 요구를 거부했고, 양원간의 견해 차이를 해소하기 위해 연 양원 합동 협의회에서 논란 끝에 2월 6일 상원은 결국 애초의 결의안에 동의했다.

..

11) Kenyon, *Revolution Principles*, p. 10에서 재인용.

12) John Miller, "The Glorious Revolution: 'Contract' and 'Abdicaion' Reconsidered," *The Historical Journal*, vol. 25, no. 4 (1982), p. 541에서 재인용.

13) 전자는 제임스의 국왕의 지위가 완전히 없어졌음을 의미하지만, 후자는 제임스가 왕위를 버림으로써 현재는 왕이 아니지만 다시 돌아올 수도 있다는 여운을 남긴 표현이다.

이 결의안은 이후에 대체로 원초계약을 어기고 헌정을 전복했다는 등의 이유로 공회가 제임스 2세를 폐위한 것으로 이해되어 왔다. 그러나 케년이 이런 견해에 이의를 제기했다.[14] 그는 결의안 전체에서 핵심 단어는 자발적 행위를 의미하는 '퇴위했다'이라고 보았다. 제임스 2세는 강제로 폐위된 것이 아니라 스스로 물러났다는 것이 결의안의 핵심이라는 것이다. 결의안은 문장 구조가 혼란스럽고 인과관계가 좀 모호하게 되어 있어서 얼핏 보면 '원초계약을 깨뜨림'이 퇴위를 가져온 세 가지 요인의 하나인 것처럼 보일 수도 있지만, 사실 그 부분은 헌정 전복 구절에 연결되는 것이다. 그리고 '헌정 전복'과 '근본 법률 위반' 그리고 '왕국을 떠나감'이라는 세 요인은 퇴위의 원인으로 볼 수도 있지만, 인과관계와 상관없이 단순히 사례를 열거한 것일 뿐이라고 해석할 수도 있다.[15] 어쨌거나 결의안은 '폐위'를 전혀 언급하지 않았으며, 제임스가 '원초계약'을 깨뜨려서 폐위되었다는 이른바 휘그의 '혁명 원리'는 공회의 행동으로 뒷받침될 수 없다. 그것은 사태 이후에 어느 정도는 로크의 『정부론』의 영향으로 휘그 정치가와 역사가들에 의해 사태의 진실과는 다르게 발전한 것이라고 케년은 주장한다.

:.

14) 이와 관련하여 이 문단과 다음 문단에 서술한 케년의 견해에 대한 언급은 Kenyon, *Revolution Principles*, pp. 5-20에 의거한 것이다.

15) 인용한 번역문에서 달리 할 방법이 마땅찮아 '떠나감으로써'라고 번역하여 앞에 열거한 사실이 뒤의 '퇴위'라는 사실의 원인인 것처럼 표현했다. 그러나 원문은 그냥 분사구문으로 되어 있어서 생략된 접속사가 꼭 인과관계를 나타내는 단어가 아니라고 주장할 수도 있는 것이다. 문장의 정확한 이해를 위해 원문을 전재하는 것이 좋겠다. "that King James the Second, having endeavoured to subvert the constitution of this kingdom, by breaking the original contract between king and people, and by the advice of Jesuits and other wicked persons, having violated the fundamental laws, and having withdrawn himself out of the kingdom, has abdicated the government and that the throne is thereby vacant."

명예혁명이 그 한 세대쯤 뒤에는 일반적으로 저항 혹은 반란의 행위였다고 생각된 것은 사실이지만 실제로 그러했다는 증거는 거의 없다고 주장하면서, 케년은 국민이 반란을 일으키지 않았고 제임스 2세에 대항해 싸우지 않았는데 어떻게 제임스가 폐위되었다고 말할 수 있을 것인가 하고 반문한다. 그러면서 그는 폐위한 것이 아닌 만큼, 따라서 공회가 『정부론』에서 개진된 것과 같은 그런 계약 이론을 채택했다고 볼 수는 없다고 주장한다. 로크류의 계약 이론은 기본적으로 그것을 어긴 지배자의 폐위를 주장하기 때문이다. 공회에서 '원초계약'을 둘러싸고 뜨거운 논란이 전개되었고, 계약론 지지자들이 하원의 최종 결의안에 그 용어를 삽입하는 데는 성공했지만, 그것을 의미 있는 수준만큼 강화하지는 못했다는 것이다. 공회에서 몇몇 휘그 의원이 로크의 것과 유사한 계약, 이를테면 자연법에 입각한 추상적 계약을 운위하기도 했다. 그렇지만, 대부분의 계약 논의는 국왕의 즉위 선서 혹은 윌리엄 정복왕이나 존(John) 왕 때 있었던 일과 같은 영국 역사의 구체적 사례와 관련해서 언급되었을 뿐이라고 케년은 말한다.[16]

2월 14일 공동국왕에게 제출되고 이후 권리장전(Bill of Rights)으로 입

----

16) 디킨슨 역시 대다수의 휘그가 언급한 원초계약은 인간이 어떻게 자연상태를 떠나 시민사회로 들어갔는지에 대한 로크의 합리적 설명이 아니라 영국의 국왕과 국민 간에 실제 있었던 어떤 역사적 합의를 가리키는 것이었다고 하면서, 그 전형적인 예로 Daniel Whitby, *An Historical Account of some things relating to the Nature of the English Government, and the Conceptions which our Forefathers had of it* (1690), pp. 43-44의 다음과 같은 구절을 들었다. "영국의 왕들이 왕인 것은 그들과 국민이 맺은 원초계약의 효력 덕분이었다. 이것은 정복왕이 영국의 귀족 및 평민과 맺은 계약으로 명백하며, 또한 이 왕국의 뒤이은 군주들이 그토록 자주 그 계약이나 그 비슷한 계약을 반복한 것으로 명백한 바, 이 반복은 군주들이 국민들에게 그들의 고래의 권리와 자유, 그들의 원래의 관습과 법을 지켜주겠다고 즉위식에서 행한 선서를 통해, 그리고 국민들이 그들 나라의 법과 국왕 에드워드의 법과 그리고 대헌장에 대해 자신들의 권리라고 끊임없이 제기해 온 주장을 통해 이루어진 것이다." Dickinson, *Liberty and Property*, pp. 72-73에서 재인용.

법화된 권리선언(Declaration of Rights)에는 아예 원초계약이라는 용어 자체가 빠져버렸다. 권리선언은 제임스 2세의 범죄 행위들을 단순히 열거하기만 했을 뿐, 그것을 명시적으로 제임스의 퇴위 이유로 내세우지 않았다. 의회는 제임스가 나라를 버리고 도망감으로써 왕위를 버렸고, 따라서 왕위가 비어 있다는 입장을 견지했다. 로크는 『정부론』이 명예혁명을 정당화하기를 바란다고 언명했지만, 당대인들에게 『정부론』은 당혹스러운 것이었다. 한마디로 대부분의 휘그를 포함해 그 시대의 영국인들은 로크가 개진한 그런 종류의 추상적 계약과 저항의 관념을 받아들일 준비가 되어 있지 않았다고 케년은 주장한다.[17] 그렇다고 휘그들이 정말로 제임스가 자발적으로 퇴위했다고 믿었다는 것을 케년이 주장하려는 것은 아니다. 대부분의 휘그는 사실 명예혁명으로 제임스가 폐위되었다고 생각했지만, 공회는 휘그와 토리 양당의 협력을 이끌어내기 위해 자발적 '퇴위'라는 정치적 논리를 만들어 내었다는 것이다. 케년은 그것이 말하자면 정치적 타협의 결과로 생겨난 '비실제적 허구'임을 강조한다.[18]

　명예혁명에 대한 케년의 해석은 많은 학자들이 공유하고 있는 것인데, 거의 유일하게 그 해석을 직접 공격하고 나선 사람은 슬로터(T. P. Slaughter)이다. 그는 명예혁명에 대한 수정주의 해석을 "1689년에 상원과 공회의 회 어디의 논의에서든 국왕에 대한 저항의 증거를 발견하기 어렵다는 것"이라고 요약하면서, 그 수정주의 해석의 대표로 케년을 지목했다.[19] 그러

．．

17) Kenyon, *Revolution Principles*, pp. 18, 200.

18) 같은 책, p. 10.

19) T. P. Slaughter, "'Abdicate' and 'Contract' in the Glorious Revolution," *The Historical Journal*, vol. 24, no. 2 (1981), p. 323. 정작 케년은 자신의 저서 1990년 판 서문에서 슬로터가 자신을 수정주의자로 규정하는 데 대해 거부감을 드러내면서, 자신은 단지 머콜리(Macaulay)까지 거슬러 올라가는 낡은 해석을 되풀이했을 뿐이라고 빈정거리듯 답했다. Kenyon, *Revolution Principles*, p. x.

면서 슬로터는 '퇴위'라는 용어의 의미와 계약 관념을 중심으로 케년을 비판했다. 그는 케년이 'abdicate'가 17세기 영국인에게 오늘날 우리가 쓰는 뜻과 동일한 것을 의미하는 것으로 생각하는 잘못을 저질렀다고 주장한다. 17세기에 그 단어는 타동사로도 자동사로도 사용되었고, 그래서 관직의 자발적 포기도, 강요된 포기도 의미할 수 있었다는 것이다. 그는 실제 의회에서는 국왕에 대한 저항의 논리가 주장되었고, 그것이 로크류의 계약 이론을 바탕으로 전개되었음을 증명하고자 했다. 그는 "공회의회는 제임스 2세의 권위에 무력으로 저항했고 또한 혼합된 계약 이론을 인정했다"고 확언했다.[20] 그럼으로써 그는 전통적인 휘그 견해를 되살리고자 했다.

슬로터는 결의안에서 왕위가 비어 있다는 구절을 삭제하자는 상원의 요구를 거절하면서 하원이 내세운 논리를 그의 주장의 논거의 하나로 제시한다. 영국의 국민은 국왕으로부터 보호받아야 하고 그 때문에 충성의 의무를 지는데, 그러나 이제 그들이 '국왕의 보호'를 기대할 수 있는 존재가 아무도 없고, '신민의 충성'을 바쳐야 할 대상도 없으므로 왕위가 비어 있다고 하원이 주장했던 것이다.[21] 케년은 혁명 논쟁에서 계약 이론이 별로 중요한 의미를 차지하지 못했다고 주장하지만, 슬로터는 원초계약과 주권자의 의무가 혁명 참여자들의 핵심적인 관심사였다고 보았다. 즉 신민을 위한 보호를 제공하지 않음으로써 제임스 2세는 그들을 충성의 의무에서 벗어나게 했고, 그럼으로써 왕위의 공백 상태가 초래되었다는 것이 의회의 기본 입장이라고 슬로터는 보았다. 제임스가 계약을 어긴 결과 국왕의 자격을 잃고 왕위에서 강제로 폐위당할 수밖에 없었는데, 이

20) Slaughter, "'Abdicate' and 'Contract'," p. 335.
21) 같은 논문, p. 331.

런 과정에는 군주와 신민의 관계에 대한 로크류의 계약 이론이 반영되었다고 그는 주장한다.

슬로터의 주장처럼 의회가 'abdicate'로 왕위의 자발적 포기가 아니라 강제적 퇴위를 의미하려 했다면, 왜 보다 분명한 '폐위(deposition)'라는 용어를 쓰지 않았을까? 그는 그것이 정치적 딜레마를 해결하기 위해서였다고 보았다. 자발적 퇴위와 강제적 폐위의 이중적 의미를 가진 모호한 용어를 사용함으로써 서로 다른 정치적 견해를 가진 집단들이 정치적 타협을 도모할 수 있었다는 것이다. 의회는 그 단어가 폐위를 의미한다는 데 합의했지만, 그것의 모호성이 수많은 보수적인 신민들의 마음을 어느 정도 달래줄 수 있었다는 것이다. 그리고 두 가지 의미로 해석될 수 있는 용어를 사용함으로써 정치적 절충이나 합의를 도모하는 데는 성공했지만, 그 대신 혁명의 정당성을 위한 논리적 일관성이 훼손되고 혁명 해석을 놓고 후대 학자들이 혼란을 일으키는 대가를 치르게 되었다고 그는 덧붙였다.[22]

'abdicate'가 강제적 폐위를 의미한다는 것에 공회가 합의했다는 슬로터의 주장은 그것을 증명하기 위한 많은 노력에도 불구하고 별로 설득력이 있어 보이지 않는다. 그의 주장처럼 당시 사람들이 별다른 오해 없이 그것을 강제적 폐위로 이해했다면, 모호한 용어를 사용함으로써 보수적 집단의 불만을 달래고자 한 의도가 달성되었을 성싶지 않다. 그리고 'abdicate'라는 모호한 용어의 채택이 정치적 타협을 위해 필요한 조치였다고 한다면, 애초에 그가 높인 비판의 목소리와는 달리 결과적으로는 케넌의 견해와 크게 다른 것 같지도 않다. 왜냐하면 앞에서 보았듯이 케넌이 '자발적 퇴위'를 실체적 진실로 주장하는 것은 아니기 때문이다. 케

..
22) 같은 논문, pp. 336-337.

년이 강조하는 것은 그것이 어디까지나 휘그가 군주에 대한 무저항과 복종의 의무를 내세우는 토리와 타협을 이루기 위해 고안해 낸 '비실제적 허구'라는 것이다. 실제로는 저항이 행해졌지만 공식적으로는 공회가 자발적 퇴위라는 모양새를 만들어 사태를 수습하려 했다는 것이다.

평화적인 선양의 경우를 예외로 하면 역사상 군주의 퇴위란 다른 선택의 여지가 없는 강요당한 퇴위, 즉 폐위이게 마련이었다. 누가 윌리엄 군대의 영국 상륙과 그에 대한 의회의 동조가 무력 저항이 아니라고, 제임스 2세가 그런 사태와 관계없이 스스로 왕위를 버렸다고 믿었겠는가? 단지 의회가 오랜 논쟁 끝에, 왕당파의 반발을 막고 행여 일어날지 모를 내란을 피하기 위해 자발적 퇴위라는 허구적 논리를 만들어 내고, 1688년 사태에 대해 그렇게 의미를 부여하기로 합의한 것일 뿐인 것이다. 의회 논의의 과정에서 전체 분위기를 지배한 것은 온건한 해결을 추구하는 보수적 목소리이고, 그에 비해 급진 세력은 상대적으로 소수에 불과했음이 틀림없다. 케년도 분명히 인정했듯이, 로크류의 계약 이론과 저항권 사상의 목소리가 없었던 것은 아니지만, '원초계약'이라는 용어를 결의안에 삽입하는 것 이상의 영향력을 발휘하지는 못했던 것이다.

케년과 전적으로 견해를 같이하면서 슬로터를 반박한 밀러(Miller)도 일부 급진적 논객이 공회에서 로크류의 계약 이론을 설파한 사례가 있음을 확인했다. 그들은 "국왕의 직책은 원래 국민으로부터 온 직책이지 하늘에서 온 것이 아니며, 국민들의 보전을 위하려는 것이지 그들의 파괴를 위해 의도되었던 것이 아니었다. 그러므로 국민을 보전하기 위해 신탁을 받았는데, 그들을 파괴하려는 국왕의 시도는 신탁의 소멸을 가져온다"라든가, "정부와 군주는 신탁 아래 있으며 그 신탁에 반하는 어떠한 행동이든 … 그 신탁을 폐기하는 것이다" 하고 주장했다. 밀러는 그렇지만 '원초계약'이 언급하는 사람에 따라 아주 다양한 방식으로 사용되고 있다는 사실을 주목했다. 그것이 무엇을 지칭하는 것이며 그 구체적 내용이나 의미가 무엇이냐에 대한 합의가 거의 없었으며, 그것을 언급하는 사람들은 대부분 아주 모호하게 말했다는 것이다.[23)]

많은 휘그가 제임스가 원초계약을 파기했기 때문에 폐위되어야 하고 또 폐위되었다고 믿었지만, 그런 논리로 토리의 감정을 자극하는 것은 피하려 했고 그 결과가 'abdication', 즉 퇴위라는 개념으로 양자가 합의에 이르렀다는 것이 밀러의 주장이다. 사실 1689년 1월에 휘그는 타협을 모색할 필요가 있었다. 윌리엄이 임시로 정부를 장악했지만 제임스 2세의 군에서 넘어온 많은 병력이 포함된 그의 군대는 확실하게 믿을 수 없었고, 아일랜드는 혼란 상태였으며, 많은 사람들이 상황이 뒤바뀔지 모른다는 두려움을 드러내고 있었다. 이런 상황에서 왕위계승 문제를 빨리, 휘그뿐 아니라 상원에서 다수파를 이루고 있는 토리도 받아들일 수 있는 방식으로 해결하는 것이 핵심적 과제였다. 밀러에 의하면, 이러한 초당적 문제 해결 방식 때문에 결국 혁명 체제는 이데올로기적 모호성과 혼란이라는 특징을 띨 수밖에 없었는데,[24)] 이후에 휘그가 권력 투쟁에서

··
23) Miller, "Glorious Revolution," p. 544.
24) 자발적 퇴위라는 관념은 나중에 심각한 후유증을 낳기도 했다. 토리파 진영의 가장 완고한 성직자에 속하는 서셰버릴(Henry Sacheverell)은 휘그의 원초계약 이론을 거부하고, 혁명에 어떠한 폭력도 사용되지 않았으며, 제임스 2세는 왕위를 비워 둔 채 자발적으로 퇴위했다는 식의 명예혁명 해석을 강력하게 제시했다. 1709년 11월 5일 윌리엄의 영국 상륙 21주년에 행한 설교에서 그는 1688년 사태와는 어울릴 수 없는, 토리의 전통적인 무저항의 이데올로기를 내세웠다. 이 설교가 불러일으킬 영향을 우려해 휘그파는 그를 재판에 회부했다. 다시 한 번 명예혁명을 정당화해야 할 상황에서 그들은 제임스 2세의 전제정치로부터 헌정을 지키기 위해 저항이 필요했고, 실제 저항이 이루어졌음을 증명하려 노력했다. 그러면서도 휘그파는 그들의 주장을 로크의 원리 위에 세우기를 꺼렸다. 그들은 그 혁명이 아주 극단적인 사태에서 일어난 예외적인 것이었음을 강조하고, 『정부론』에서 개진된 계약 이론에 입각하여 보편적 권리로서 저항을 정당화하려 하지는 않았다. 어느 누구도 공회가 원초계약을 깨뜨렸다는 이유로 제임스를 강제로 폐위했다고 주장하지 않았다. 이런 근거에서 디킨

승리하여 혁명의 명분을 독점하고 로크의 영향이 강조되면서 이런 사실이 가려지게 되었다는 것이다.[25]

3. 역사-법률적 담론 대 이성-철학적 담론

앨저넌 시드니는 무엇보다 우선 영국인의 자유를 위한 위대한 순교자로서 명성을 얻었고, 그의 저서 『정부에 관한 논담(*Discourses Concerning Government*)』이 누린 성가는 저자의 이런 명성에 힘입은 바도 컸다. 그런 면에서 볼 때 『정부론』은 출간 초기에는 그런 혜택을 입지 못했다. 비록 그럴 것이라 추정되기는 했지만, 1704년 사망할 때까지 로크가 그 저자라는 사실이 널리 알려지지 않았기 때문이다. 로크는 철학자나 교육사상가로서 이미 대단한 명성을 얻고 있어서, 익명이 아니라 저자가 밝혀졌다면 그 책은 훨씬 더 많이 읽혔을 것이다. 그렇지만 그런 측면은 톰슨이 보기에는 아주 사소한 요인에 불과하고, 『정부론』이 오랫동안 큰 반향을 불러일으키지 못한 근본 원인은 그것의 논의의 성격 자체에 있었다. 그러니까 『정부론』의 논의 방식이 혁명의 정당화라는 과업을 수행하기에 적합하지 않았다는 것이다.[26]

톰슨은 당시 사람들이 혁명 논쟁에서 지나치게 '철학적인' 논의는 크게

∵
슨은 적어도 1710년까지는 명예혁명에 대한 휘그의 표준적 정당화는 본질적으로 보수적 원리에 기초하고 있었다고 주장한다. H. T. Dickinson, "The 18th-Century Debate on the 'Glorious Revolution'," *History*, vol. 61, no. 201 (Feb., 1976), pp. 33-35 및 Dickinson, *Liberty and Property*, pp. 75-76.

25) Miller, "Glorious Revolution," pp. 548, 554.

26) 이 문단과 이하 톰슨의 견해와 관련한 세 문단은 Thompson, "Reception of Locke's Two Treatises," pp. 187-190에 의한 것이다.

쓸모가 없는 것으로 생각했다고 주장한다. 그들은 그런 것은 전망과 범위는 웅장하지만 실제 상황에 세부적으로 적용하는 면에서는 결함이 있으며, 그래서 이성에 입각한 철학적 논의보다는 법률적 혹은 역사적 논의들을 더 중요하게 여겼다는 것이다. 톰슨이 보기에는 바로 이 점이 혁명을 변호하는 일과 관계되는 한에서 로크의 논의가 가진 문제점이었다. 정부가 사람들의 자연권을 침해할 때는 그것에 저항하는 것이 정당할 뿐 아니라 심지어 도덕적 의무이기도 하다는 로크류의 논의는 공회에서 전혀 받아들여질 수 없었다. '퇴위'와 '공위'를 둘러싸고 벌어진 복잡한 법률 논쟁에 끼어든 한 의원이 제임스 2세에 대한 저항을 엄격한 법적 요건과 결부하려는 시도는 잘못된 것이라고 지적하고, 자연법은 그들이 하는 일을 충분히 정당화해 준다고 주장했지만, 그 목소리는 간단히 무시되었다.

『정부론』 중에서『제2론』의 논의는 너무 일반론적이고 추상적이어서 명예혁명의 법률적 정당화를 바라는 당대의 요구를 충족하지 못했을 뿐 아니라, 또한 고대 헌정(ancient constitution)의 급진적 변화를 용인하는 것으로 보인 이 저작은 새 체제의 안정을 바라는 혁명 지지자들의 입장에서는 썩 탐탁하게 보이지 않았다고 톰슨은 주장한다. 그런 반면에 오늘날에는 거의 주목을 받지 못하는『제1론』이 오히려 당시에는 필머(Filmer)의 가부장주의에 대한 탁월한 논박으로 상당한 명성을 얻었다고 한다. 왜냐하면 가부장주의와 왕권신수설은 명예혁명 이후에도 사라지지 않았으며, 그래서『제1론』에서 논의된 쟁점들이 18세기에 넘어와서도 여전히 논쟁의 핵심이었다는 것이다.

톰슨의 견해에 따르면,『제2론』이『제1론』의 명성을 넘어선 것은 18세기 중엽의 일이다. 이때에 이르러『정부론』은 휘그파가 의존하는 주된 전거가 되었으며,『제2론』의 논의가 그 저서의 핵심으로 간주되었다. 이러한 변화는 17세기 말경부터 시작되었는데, 혁명의 체제가 점점 확고하게 확립되고, 또 혁명에 관한 논란이 그 세부적 사항보다는 그것이 구현하고자 했던 원리에 좀더 천착하기 시작함에 따라 일어났다. 혁명 당시의 논쟁에서는 그렇게나 중요하게 여겨졌던 복잡한 법률적 논의들이 시간이 지남에 따라 차츰 그 긴급성과 적실성을 잃게 되고 철학적인 논의가 더욱 중요하게 되었으며, 그에 따라 『정부론』의 명성이 혁명을 옹호한 다른 저술들을 압도하게 되었다고 톰슨은 보았다.[27]

톰슨은 특히 유럽의 계약 이론에는 두 가지 판이한 전통이 있다고 주장했는데, 많은 휘그 논객과 팸플리트 작가가 전적으로 한 전통에 서 있고, 영국에서 유일하게 로크만이 다른 한 전통에 속해 있다고 강조한다. 그 한 전통은 '기본적 법률들', '기본적 자유들', '원초계약들', 혹은 '고대헌정' 등 주로 역사적이거나 법률적인 개념에 초점을 맞추는 데 비해, 다른 한 전통은 '자연법', '자연권', '자연상태', '사회계약', 혹은 '시민사회'와 같은 좀더 추상적이고 철학적인 개념에 주안점을 둔다는 것이다. 그런데 로크의 시대에 계약론적 언어를 구사한 모든 사람들이 계약을 역사상 실제 일어난 사건으로 이해한 데 비해, 로크는 그것의 역사적 실재성 여부가 그의 논의의 타당성에 어떤 영향을 미친다고 생각하지는 않았다고 톰

----

27) 많은 학자들이 로크의 『정부론』이 널리 받아들여진 시기가 18세기 중엽쯤이라는 데 의견을 같이하고 있다. 디킨슨은 하노버(Hanover) 왕조 초기만 해도 역사가들이 대체로 명예혁명의 정당화를 군주에 대한 국민의 저항권에서 구하지 않았는데, 1760년대부터 새로운 급진파들이 명확한 언어로 계약 이론과 저항권을 내세우면서 혁명에 대해 다른 해석을 제시했고, 그럼으로써 로크의 혁명 이론이 높은 찬사를 받았다고 주장한다. Dickinson, "18th-Century Debate," pp. 37, 40-41. 케년도 로크의 계약 이론이 18세기 중엽에 이르러서는 거의 보편적으로 받아들여졌다고 본다. Kenyon, *Revolution Principles*, p. 17. 포코크는 로크가 혁명 당시의 휘그 논객 사이에서는 비전형적인 인물이었음을 강조하면서, 그랬던 로크가 혁명에 대한 휘그 변론의 전범을 수립했다는 신화가 언제 어떻게 형성되었는지는 불분명하지만, 아마도 그 시기는 휘그가 하노버 왕조에 대해 처음으로 비판적이게 된 조지(George) 3세 치세기(1760~1820)가 가장 그럴듯해 보인다고 말한다. Pocock, "Myth of John Locke," p. 5.

슨은 주장한다. 그가 보기에 『정부론』은 시민정부에 관한 이론적 탐구였고, 당대 휘그들의 실제적이고 역사적인 탐구와는 범주적으로 구별되는 것이었다. 그런데 톰슨은 이런 논거에서 근래의 여러 연구자들이 강조해온바, 로크가 급진 혁명가였다는 사실을 부정하는 데까지 나아갔다. 로크의 언어는 결코 당대의 여러 급진적 휘그의 언어가 아니었다는 것이다.[28]

포코크(Pocock) 역시 로크가 당대 정치 논쟁의 주류 언어에서 벗어나 있었다는 것을 강조한다. 혁명 체제의 성격을 포함한 정치 논쟁은 고대 헌정과 영국의 봉건법 같은 역사적 사실이나 법률적 선례 등을 중심으로 이루어졌는데, 정치적 의무와 정부의 고유한 기능 등에 관해 순전히 이론적인 논의만을 제공한 로크는 예외적 존재로서 그 논쟁에 이바지한 게 별로 없다는 것이다.[29] 케년 또한 명예혁명에 대한 휘그의 견해는 확고하게 영국의 역사에 토대를 두었다고 주장한다. 다른 사람에게 매일 아침 『정부론』을 몇 쪽씩 읽으라고 권한 애트우드조차 자신의 저작의 많은 부분을 영국 역사를 상세히 검토하는 데 바쳤고, 로크의 비역사적이고 이론적인 논의는 몽땅 무시했다는 것이다. 그리고 앨저넌 시드니의 저서가 『정부론』보다 훨씬 영향력이 컸던 것도 그것이 문체가 빼어나기도 했지만 『정부론』보다 훨씬 덜 추상적인 데다 폭넓은 역사적 분석을 담고 있었던 덕분이라는 것이다.[30]

한편 톰슨은 넬슨(Nelson)의 비판을 받았다. 넬슨은 톰슨의 주장이 틀렸다고 단언하면서 이는 역사 자료의 선택적 적용과 불행한 방법론적 편

28) M. P. Thompson, "Significant Silences in Locke's *Two Treatises of Government*: Constitutional History, Contract and Law," *Historical Journal*, vol. 31 (1988), pp. 280-294.

29) Pocock, "Myth of John Locke," pp. 4-6.

30) Kenyon, *Revolution Principles*, pp. 35-36, 51.

견의 결과라고 목소리를 높였다. 그러나 넬슨의 논증은 목소리만큼 높은 설득력이 있어 보이지는 않는다. 그는 1760년대 말에 급진 저술가들이 로크를 재발견할 때까지는 로크에 대한 '홉스적 읽기(Hobbesian reading)', 말하자면『정부론』을 국가 권력에 대한 절대 복종을 논한 저술로 읽는 편이 훨씬 더 우세했다고 주장한다. 1760년대 말에 이르러서야 비로소『제2론』의 급진적 함의가 강조되었고, 미국혁명이 야기한 갈등 속에서 서로 대립한 진영이 모두『제2론』에서 상반된 함의를 끌어내어 상대를 비판하는 데 이용했다는 것이다. 넬슨의 견해에 따르면, 명예혁명 당시에 정치 저술가들의 주된 의도는 혁명을 변호하는 것보다는 윌리엄 국왕 정부에 대한 정치적이고 법적인 의무를 위한 확고한 근거를 제공하는 것이었다. 그런데 동의 이론을 중심한 로크의 논의가 바로 이러한 정치적 의무를 뒷받침하는 논리로 이용되었다는 것이다. 그래서 넬슨은『제2론』의 철학적이고 일반론적인 특성이 정치저술가들에게 아주 처음부터 인정을 받았다고 주장한다.[31]

넬슨은『제1론』이『제2론』못지않게 중요했다는 주장도 반박했다. 한때 복고왕정 체제를 옹호하는 데 재능을 발휘했던 토리들이 혁명 이후 이제는 그 재능을 새 체제에 대한 충성을 정당화하는 과업에 돌렸고, 군주에 대한 수동적 복종의 의무라는 그들의 전통적 교의는 견지한 반면 가부장주의는 주저 없이 버렸다는 것이다. 혁명 이후의 연간에서 지닌『제1론』의 중요성을 강조하는 것은 목소리는 높지만 극소수에 불과한 토리 극우

••
31) J. Richards, L. Mulligan, & J. K. Graham, "'Property' and 'People': Political Usage of Locke and Some Contemporaries," *Journal of the History of Ideas*, vol. 42 (1981), p. 30 역시『정부론』이 급진적이기는 했지만 다른 휘그들의 언어와 원리를 너무나 많이 반영했기 때문에 그들에게 쉽게 거부당하지 않았다고 주장하지만, 주장을 뒷받침하기에 충분할 만큼의 근거를 제시하지는 않고 있다.

파, 이를테면 '제임스 복위파(Jacobites)'와 새 군주에의 충성 서약을 거부한 '선서거부자(non-jurors)'의 정치적 비중과 그들의 가부장 이데올로기의 중요성을 과장하는 잘못에서 나온 것이라고 넬슨은 주장한다.[32]

로크의 정치 이론이 합법적 권력에 대한 복종의 의무와 전제 권력에 대한 저항의 권리를 똑같이 주장하는 양면성이 있는 것은 분명하다. 그렇지만 당시 논쟁의 초점이 제임스 2세의 압제에 대한 저항의 정당화보다 새로 수립된 윌리엄 정부에 대한 복종의 의무를 강조하는 데에 놓여 있었다거나, 더 나아가 『정부론』이 그런 목적에 널리 이용되었다고 주장하는 연구자는 거의 없다. 로크에 대한 '홉스적 읽기'가 없었던 것은 아니다.[33] 그렇지만 넬슨의 비판을 반박하면서 톰슨 자신이 지적했듯이, 그것이 훨씬 우세했다는 주장 역시 그 근거가 너무나 빈약하고 실증되지 않은 일방적 주장일 뿐이다.[34]

많은 연구자들은 휘그파가 정치적 주장을 펼칠 때, 주로 고대 헌정과 역사에 의존하거나 혹은 자연법적 계약과 이성에 호소하는 두 가지 방식으로 담론을 전개했다는 데 의견을 같이 한다. 이런 담론 방식의 대략적인 구분은 로크의 언급을 통해서도 확인할 수 있다. 로크는 1704년 죽기 직전에 젠틀맨에게 적절한 독서에 관해 논하면서, "정치학은 각자가 서로 매우 다른 두 부분을 포함하고 있다. 하나는 사회의 기원과 정치권력

••

32) 앞 두 문단의 넬슨의 견해는 J. M. Nelson, "Unlocking Locke's Legacy: A Comment," *Political Studies*, vol. 26, no.1 (1978)을 요약한 것이다.

33) 로크를 양부(養父)라 불렀던 샤프츠베리(Shaftesbury) 3세는 로크의 가르침이 궁극적으로 덕성의 자연적 기초를 부정하기 때문에 덕성을 파괴할 위험이 있는 것으로 보았고, 로크를 홉스와 같은 사람으로 파악했다. Jason Aronson, "Shaftesbury on Locke," *The American Political Science Review*, vol. 53, no. 4 (1959) 참조.

34) M. P. Thompson, "Reception and Influence: A Reply to Nelson on Locke's *Two Treatises of Government*," *Political Studies*, vol. 28, no. 1 (1980), p. 108.

의 등장 및 범위를 포함하고 있고, 다른 하나는 사회 안에 있는 사람들을 다스리는 기술을 포함하고 있다"고 했다. 그러면서 첫째 것을 통달하기 위해서는 정치철학을 공부할 필요가 있다고 하면서 자신의 저작 외에 후커(Hooker), 시드니, 푸펜도르프(Puffendorf)의 저작을 추천했다. 그리고 둘째 것은 "경험과 역사, 특히 자기 조국의 역사를 통해 가장 잘 배운다"고 하면서 그는 티렐의 역사서들을 언급했다.[35] 로크 역시 정부에 관한 담론이 크게 정치철학과 역사의 두 부분으로 이루어진다고 생각하고 있는 것이다.

톰슨의 잘못은 휘그 논객들이 전적으로 역사를, 그리고 로크가 유일하게 정치철학을 바탕으로 논의를 전개했다고 주장하는 데 있다. 그들은 필요하면 두 가지 담론 모두를 사용했으며, 로크를 별도로 하면 그 두 담론은 많은 경우 서로 결합되어 있었다.[36] 케년은 시드니의 『정부에 관한 논담』이 가진 호소력이 폭넓은 역사적 분석 덕분이라 했지만, 실은 영국인의 권리가 고대 헌정에 기초한다는 논의와 이 동일한 권리가 시민사회 수립 이전의 자연법에 그 기원이 있다는 논의 둘 모두가 시드니의 저서 전편에 걸쳐 개진되어 있다.[37]

∙∙
35) J. L. Axtell ed., *The Educational Writings of John Locke* (1968), pp. 400-401. Kenyon, *Revolution Principles*, p. 2에서 재인용.

36) Mark Goldie, "The Roots of True Whiggism, 1688~1694," *History of Political Thought*, vol. 1, no. 2 (June, 1980), p. 210, James Conniff, "Reason and History in Early Whig Thought: The Case of Algernon Sidney," *Journal of the History of Ideas*, vol. 43 (1982), p. 399 및 Dickinson, *Liberty and Property*, p. 61.

37) Ronald Hamowy, "Cato's Letters, John Locke and the Republican Paradigm," *History of Political Thought*, vol. 11, no. 2 (1990), p. 288. 코니프 역시 시드니의 중요성은 바로 그 두 논의를 결합한 데 있으며, 그리고 시드니가 일차적으로 의존한 것은 이성이며, 제시된 증거를 해석하는 것도 그가 이성에 부합한다고 생각한 기준에 입각해서였다고 주장한다. Conniff, "Reason and History," pp. 399, 404.

휘그파에게 역사적 선례들은 신민은 폭군에게 저항할 수 있다는, 왕위 세습권이 파기할 수 없는 것이 아니라는, 영국의 왕들이 절대 권력을 갖지 않았다는, 그리고 국왕들 스스로 자신의 권력의 한계를 인정했다는 풍부한 증거를 제공하고 있는 것으로 보였다. 신민이 국왕에게 저항하고 그들의 자유를 쟁취해 냈다는 가장 중요한 사례는 대헌장(Magna Carta)을 낳은 존(John) 왕에 대한 항거였다. 또한 저항의 권리는 군주들 스스로 증명하는 것으로 보였다. 엘리자베스(Elisabeth) 여왕과 제임스 1세 그리고 찰스(Charles) 1세는 폭군에게 반란을 일으킨 유럽의 다른 신민들을 지원했기 때문이다. 뿐만 아니라 필머의 장자 상속과 세습 계승의 교의는 영국의 실제 왕위계승 사례를 통해 너무나 쉽게 무너졌다. 그리고 국법을 준수하고 모든 신민에게 정의를 제공하겠다고 맹세하는 국왕의 즉위 선서는 왕권이 조건부 성격의 것이라는 증거로 자주 언급되었다.[38]

영국의 역사적 증거에 대한 이 모든 호소는 고대 헌정이라는 일반 명제 속에 포괄되었는데, 이 고대 헌정이라는 명제는 17세기 내내 스튜어트(Stuart) 절대주의의 반대파들에게 이용되고 윤색되었다. 그들에게 고대 헌정은 아득한 옛날부터 있어온 것으로서, 이를 통해 영국인들은 국왕과 귀족원과 평민원이 주권을 공유하는 혼합정부 아래에서 자유를 누려 왔다고 그들은 주장할 수 있었다. 그리고 그들은 신민이 이 고대 헌정을 전복하려는 폭군에게 저항할 수 있다고 믿었다.

고대 헌정 개념을 중심으로 한 이와 같은 역사 담론에 더하여 일부 휘그들은 또한 이성과 자연법에 근거를 두고 논의를 전개했다. 이들은 모든 사람은 어떤 타고난 불가양의 권리를 가지고 있으며, 정통성 있는 정

----

38) 이 문단과 아래의 두 문단은 대체로 *Dickinson, Liberty and Property*, pp. 62–65에 의한 것이다.

부는 피치자의 동의에 기초해야 한다고, 그리고 군주가 계약을 어기고 폭군으로 전락했을 때 신민은 그에 저항할 권리를 지닌다고 주장했다. 그러나 여러 휘그 이론가 가운데 오직 로크만이 시민정부의 기원을 온전히 설명하고 군주의 권력과 신민의 권리 양자 모두를 설명하는 일관되고 체계적인 계약 이론을 확립했다. 다른 지도적 휘그 이론가들과 달리 로크는 자신의 논의를 고대 헌정이나 어떤 역사적으로 실재했던 원초계약과 같은 역사 담론에 기초하지 않았다. 제한 군주정, 동의에 의한 정부, 저항권 등을 정당화하기 위해 그는 이성과 자연법에 호소했다.

그런데 애시크래프트(Ashcraft)는 다른 많은 연구자들과 다른 견해를 가지고 있다. 그는 역사 담론이 자연법 담론보다 훨씬 더 널리 받아들여졌다는 주장을 거부할 뿐 아니라, 담론 방식을 그 두 가지로 분류하는 것 자체를 거부한다. 포코크가 『정부론』에서 영국의 법률적 혹은 헌정적 역사 논의를 빠뜨렸다는 점에서 로크는 지극히 예외적이었다고 주장한 것을 비판하면서, 애시크래프트는 로크가 『정부론』에서 그런 논의를 생략한 일은 1680년대의 정치 논쟁에서 거의 아무런 중요성도 없다고 말한다. 강조되어야 할 점은 17세기 영국인의 정치의식의 발전에서 역사적 접근법은 정치 문제를 보는 여러 전망 가운데 하나일 뿐이며, 그 중 가장 중요한 것도 아니라는 사실이라는 것이다. 그의 견해에 따르면 수많은 정치 저술가들이 자연법적 접근법을 채택했으며, 역사적 논의는 기껏해야 이차적 중요성밖에 없었다. 포코크가 역사 담론의 좋은 예로 인용한 시드니나 티렐 등도 사실 논쟁의 근본 쟁점은 자연법의 근거에 의존함을 인정했다는 것이다. 1680년대의 수많은 논객들이 정치 문제에 대한 역사적 접근법을 무시했으며, 그런 점에서 로크는 결코 예외적인 인물이 아니었다고 애시크래프트는 강조한다.[39]

애시크래프트는 또한 1680년대의 정치 논쟁에서 고대 헌정 담론과 자연법 담론의 두 전통이 상호 배타적인 것이 아니었고, 고대 헌정에 대한 호소가 반드시 상대적으로 보수적인 성격의 것도 아니었다고 주장한다. 그의 주장을 따르자면 많은 경우 한 사람이 그 두 언어를 모두 사용했던 바, 톰슨이 전적으로 고대 헌정의 전통에 속한다고 예로 든 사람 중 일부는 명백히 자연법 언어도 사용했을 뿐 아니라, 그 두 언어는 서로 호환적인 관계에 있었다. 이를테면 휘그 급진파들은 대헌장 같은 법령과 헌정 문헌들은 단지 개인들이 자연법에 입각하여 주장할 수 있는 권리들을 공표한 것에 불과하다고 보았다. 다시 말하면, 그들은 자연법은 법령을 통해 드러날 수 있으며, 법령은 자연 상태에서 자연권을 행사하는 개인들이 맺은 원초계약의 '법적 표현'으로 이해했다는 것이다.[40]

그러나 사실 톰슨을 포함하여 아무도 역사 담론과 자연법 담론이 서로 배타적이라고 주장하지는 않는다. 많은 연구자가 대체로 그 둘이 범주적으로 구별되며, 누가 어느 담론에 더 많이 의존하느냐 하는 차이가 있을 뿐인데, 당시에 대다수의 휘그가 역사 담론에 크게 의존했던 데 비해 로크는 전적으로 자연법 담론에 의존했다고 말하고 있는 것이다. 이 두 담론의 관계에 대해서는 골디(Goldie)가 보다 더 적절한 설명을 제공해 주는 것으로 생각된다.

골디는 역사-법률 담론과 이성-자연법 담론 사이에는 약간의 긴장이 존재하기도 했음을 지적한다. 그에 따르면 고대 헌정 논의는 의회에 대한 국왕의 궁극적 우위를 부인하기 어려운 측면을 안고 있었다. 저항의 권리는 궁극적으로 역사를 넘어서 자연권 혹은 신권에의 호소였고, 이는

··
39) R. Ashcraft, *Revolutionary Politics and Locke's Two Treatises of Government* (Princeton, N. J., 1986), pp. 189-190.

40) R. Ashcraft, "Simple Objections and Complex Reality: Theorizing Political Radicalism in Seventeenth Century England," *Political Studies*, vol. 40, no. 1 (1992), p. 103.

곧 공동체가 헌정의 틀을 넘어서서 행사하는 것이어서, 영구 불변의 고대 헌정이란 개념과는 어울리기가 쉽지 않았다. 자연법 담론의 급진적 논리에 따르자면, 혁명의 경우에는 공회가 기존 헌정의 입법기구가 아니라 헌정을 뜻에 따라 재구성하는 공동체의 권리를 보유한 제헌의회가 되어야 하는 것이었다. 인간의 평등과 불가양의 자연권 그리고 궁극적인 국민 주권 등과 같은 급진적 함의를 띠고 있는 이와 같은 담론은 대부분의 휘그가 받아들이기에는 아주 불편한 것이었다. 그래서 그들은 대체로 절대왕정의 정당성을 부정하면서 동시에 유산자들이 지배해 온 사회·정치적 질서를 보증해 주는 것으로 보이는 고대 헌정 개념에 입각한 역사 담론을 훨씬 더 선호했다고 골디는 주장한다.[41]

4. 로크와 휘그 급진주의

『정부론』이 당시에 널리 받아들여지지 못한 이유가 주로 그것이 비역사적 접근법을 택한 담론 방식 때문이라는 주장을 거부한 애시크래프트는 그 담론의 내용, 그러니까 로크의 급진주의에서 그 주된 원인을 찾는다. 명예혁명을 정당화할 때 휘그 급진파는 제임스 2세가 폭력과 사기로 국민들의 자유를 박탈했으며, 그럼으로써 폭군으로 전락하여 왕권을 상실했다는 주장을 폈다. 그리고 그들은 제임스에게 저항하는 사람들이 아니라 제임스 그 자신이 반역자요 인민의 적이라고 했다. 최고의 반역은 헌정을 유린하여 저질러지는 것인데, 제임스가 바로 이 헌정을 유린했기 때문이라는 것이다. 휘그 급진파가 혁명의 정당성을 변호하는 데 즐겨

••
41) Goldie, "Roots of Whiggism," pp. 209-210.

사용했던 언사는 이런 것이었다. 급진파는 제임스가 도망가기 전에, 그리고 그것과 관계없이 헌정 유린 행위와 폭정으로 이미 왕위를 '상실했다-몰수당했다(forfeited)'고 믿었다. 그들은 공회가 '상실-몰수' 대신 '퇴위' 혹은 '떠남' 등의 용어를 사용하여 사태를 호도하는 것 자체를 비판했다.[42]

더 나아가 온건 휘그파와 급진 휘그파를 확실하게 가르는 것은 '상실' 이후 뒤따르는 상황에 대한 인식이었다. 급진파는 국왕이 폭정으로 왕권을 상실함으로써 정부가 해체되고, 따라서 모든 정치권력은 국민에게 되돌아간다고 주장했다. 그렇게 되면 이제 국민은 그들이 적합하다고 생각하는 어떠한 형태의 정부도 새로 수립할 수 있게 되는 것이었다. 이러한 견해는 당시 일반적으로 언급되던 계약 이론과는 상당히 거리가 있었다. 당대의 많은 사람들, 말하자면 대부분의 휘그와 일부 토리는 국민의 동의를 정치권력의 기초로 받아들였고, 나아가 국왕의 행동에 대한 제약으로 작용할 '계약'의 존재도 받아들였다. 그들이 받아들이지 못했던 것은 정부가 해체되고 권력이 국민의 수중으로 되돌아간다는 주장이었다.[43]

급진파는 1688년의 혁명을 정부의 해체, 그 다음 자연상태로의 복귀, 그리고 국민의 수중으로의 정치권력의 환원이라는 과정으로 이해했고, 혁명을 그런 방식으로 옹호했다. 그들은 사실 공회가 비록 전통적인 의회의 외형을 띠기는 했지만, 군주의 권위가 필요 없이 헌정을 개혁할 권력을 지닌 제헌의회라는 것을 명확히 하려고 했다. 공회의 논쟁에서 온건 휘그들이 우선 왕위계승 문제를 해결하고 시간이 소요되는 폐정 개혁에 관한 논쟁은 뒤로 미루어야 할 절박한 필요성을 주장한 반면, 급진파는

• •

42) Ashcraft, *Revolutionary Politics*, p. 556.
43) 같은 책, p. 560.

새로운 헌정 수립의 필요성을 주장했다. 왕이 도망가고 없는 이때야말로 정부를 개혁할 절호의 기회이며, 하늘이 준 기회를 놓치고 절반의 성취에 그친다면 세상이 그들을 비웃을 것이었다. 윌리엄은 즉각 왕위를 얻기 원했지만, 급진파는 자신들이 단순히 군주만 바꾸기를 원했던 게 아니며, 사람은 제일 나중에 고려할 일이라고 주장했다. 그러나 공회의 의원들은 통상적인 의회의 의원인 것처럼 행동했고, 급진파가 그들에게 부여하고자 했던 새로운 헌정 수립의 역할을 거부했다.[44]

이들 급진파의 주장은 이미 수립된 정부를 실용적 토대에서 옹호하려는 압도적 다수의 휘그 및 토리에게 거부당했다. 애시크래프트의 주장에 따르면, 그렇지만 혁명 이후에도 비록 소수이기는 하지만 의미 있는 규모의 급진 휘그 집단이 존재했고, 로크의 『정부론』은 바로 이들 급진파의 견해와 궤를 같이 하는 것이었으며, 또한 그 중에서도 정치적 스펙트럼의 가장 왼쪽을 차지하고 있었다.[45] 로크는 『제2론』의 상당한 지면을 할애해서 정부가 책임을 유기하면 정부는 해체되고 정치권력은 공동체에게 환원되며, 이제 공동체는 이전의 의무에서 풀려나서 가장 적합하다고 생각되는 형태의 정부를 자유롭게 선택할 수 있다는 주장을 명백한 어조로 상세하게 전개했던 것이다. 급진파 이외에 어느 누구도 그런 주장을 펴지 않았으며, 급진파의 저술 중에서도 『제2론』만큼 명료하게 이런 급진 담론을 펼친 것은 없었다.[46]

애시크래프트가 보기에, 토리는 물론이고 대부분의 휘그조차 로크를 받아들이지 못했던 것은 케년 등이 주장하듯이 로크의 비역사적 접근 방

---

44) Goldie, "Roots of Whiggism," pp. 218-219.
45) Ashcraft, *Revolutionary Politics*, p. 572.
46) 같은 책, p. 583.

식 때문이 아니라 바로 이러한 정부 해체 및 공동체로의 정치권력 환원이라는 담론 때문이었다. 애시크래프트는 『정부론』에 대한 휘그의 반응의 한 예로 애트우드를 들었다. 빼어난 휘그 이론가였던 애트우드는 필머의 가부장주의를 격파한 데 대해 『정부론』을 높이 치켜세웠다. 그러나 그는 공회의 법적·정치적 지위를 논하면서 정부 해체 이후 권력이 국민에게 되돌아간다는 『정부론』의 주장을 강하게 비판했다. 그는 제임스 2세의 도피와 혁명의 상황에서도 정부가 여전히 존속하고 있다는 것이 명백하다고 주장했다. 그의 견해로는 자신들이 좋다고 생각하는 대로 국민이 새로 정부를 설립할 수 있다는 주장은 무정부 상태와 혼란을 야기할 뿐이었다. 국왕의 퇴위로 권력은 국민이 아니라 의회의 수중에 되돌아갔을 뿐이며, 정부가 해체되지도 않았고 새로운 헌정 질서가 국민에 의해 수립될 수도 없는 것이었다.[47]

프랭클린(Franklin)도 애시크래프트와 대체로 견해를 같이 한다. 프랭클린에 따르면, 10년쯤 전 왕위계승배제 위기 때보다 훨씬 온건해진 혁명기의 휘그는 그때만큼 의회 우위를 내세우려 하지 않았다.[48] 그들은 의회 우위를 주장하지 않고서도, 그리고 영국의 국왕은 의회로부터 독립될 뿐만 아니라 심지어 헌정 안에서 최고 우위라는 것을 부정하지 않고서도, '상실(forfeiture)' 논리로 폭군에 저항하는 것을 정당화할 수 있다고 생각했다. 그들은 제임스 2세가 헌정을 고의로 전복하려 함으로써 왕권을 상실했다고 주장할 수 있었다. 영국의 국법에 따르자면 국왕은 잘못을 저

47) 같은 책, pp. 586-587.
48) Goldie, "Roots of Whiggism," p. 195에 따르면, 샤프츠베리 백작이 주도한 왕위계승배제 운동 과정에서 형성된 최초의 휘그는 그 운동의 실패 이후 찰스 2세에게 분쇄되었다. 1688년의 혁명 이후 항구적인 존립을 확립한 휘그는 최초의 휘그와는 여러 모로 다른 성격의 집단이었다.

지를 수 없었고, 왕정복고 때 바친 충성 서약으로 신민은 그에게 무력으로 저항해서는 안 되었다. 그러나 제임스 2세는 국법을 거부함으로써 그 법이 제공하는 보호를 스스로 포기하고 신민에게 복종을 요구할 권리를 상실해 버렸다는 것이다.[49]

프랭클린은 대체로 여기까지가 일반 휘그가 로크 및 급진파와 견해를 같이 했던 선이며, 그 너머에서 양자는 갈라졌다고 주장한다. 일반 휘그는 제임스의 왕권 상실이 정부의 해체와 국민으로의 권력 환원을 가져온다고는 전혀 생각하지 않았다는 것이다. 애트우드뿐 아니라 로크의 오랜 지인인 티렐도 로크의 해체 이론을 비판했다. 티렐은 공회의 '공위' 이론을 적극 지지하여, 공회가 국민 전체의 대표로서 그 고유한 권한으로 비어 있는 왕위를 단순히 채웠을 뿐이라고 주장하면서 영국 정부가 해체되었다는 견해를 단호하게 거부했다. 휘그의 주된 목적은 윌리엄이 가능한 한 빨리 그 자신의 권리로 영국의 왕위에 오르도록 하는 것이었고, 어느 정도 왕조의 연속성을 유지하기 위해 제임스의 장녀 메리에게는 공동왕의 왕관을 제공하는 것이었다.[50]

프랭클린이 보기에는 왕조의 연속성을 유지하려 한 면에서 대다수 휘그는 토리와 입장을 같이 했다. 제임스 2세가 여전히 국왕임을 주장한 몇몇 완강한 토리는 정부 해체는 말할 것도 없고 '공위' 개념조차 받아들이려 하지 않았다. 그들은 '공위' 개념에 내포된 헌정 단절의 잠재적 위험성을 지적하면서, 만일 왕위가 비어 있다면 그것은 곧 정부의 해체를 가져오며 그와 더불어 공회 자체의 해체를 가져오는 것이 아닌가 하고 휘그를 공격하기도 했던 것이다. 토리의 이런 저항에 직면했던 휘그는 공회의

••
49) J. H. Franklin, *John Locke and the Theory of Sovereignty* (Cambridge, 1981), p. 98.
50) 같은 책, pp. 99-100, 109-110.

토론 과정에서 헌정의 단절을 최소화하기 위해 모든 노력을 다했다. 그들은 정부의 해체를 운위하기는커녕 폐위라는 일조차 일어나지 않았다는 데 동의했으며, 그리고 윌리엄의 왕위계승이 헌정에 합치하는 것처럼 보이도록 애썼다.[51] 이러한 입장을 가진 휘그에게 정부의 해체와 전체 공동체로의 권력 환원과 같은 로크의 주장은 지나치게 급진적일 수밖에 없었다. 더욱이 현실적으로 로크는 1689년의 공회의회를 헌정 개혁을 이룩할 수단으로 간주했기에 양자의 거리는 더욱 멀었다고 프랭클린은 주장한다.[52]

5. 『정부론』의 출판 의도

『정부론』의 담론이 명예혁명을 옹호했던 다른 휘그 저술가들의 담론과 성격을 달리했다는 논증은 또한 『정부론』에 대한 색다른 설명을 낳기도 했다. 탈턴(Tarlton)은 이 저서가 명예혁명의 정당화라는 과업과는 관계가 없다고 주장한다. 로크가 『정부론』으로 명예혁명을 정당화하고자 했다는 전통적인 주장을 뒷받침하는 문헌 증거는 로크 자신이 그 책을 출판하면서 붙인 서문에서 밝힌 언급, 즉 이 저서가 "우리의 현 국왕인 윌리엄의 왕좌를 확립하고 국민의 동의 안에서 그의 칭호의 정당성을 입증하기에 충분하리라 희망하며"라고 한 말이 유일한 것임을 지적하면서, 탈턴은 그 말을 순전히 수사적인 것으로 치부해 버린다.[53]

탈턴은 그러면서 당시의 일반적인 혁명 정당화 담론은 미래를 위한 개

••
51) 같은 책, pp. 102-103.
52) 같은 책, pp. 117, 122.
53) C. D. Tarlton, "'The Rulers Now on Earth': Locke's *Two Treatises* and the Revolution of 1688," *The Historical Journal*, vol. 28, no. 2 (1985), p. 280.

혁이나 국왕에 대한 저항의 일반 이론에 대해서는 거의 관심이 없고, 구체적인 현실 문제에 논의가 집중되어 있었다는 점을 강조한다. 그에 의하면 그런 담론들은 서술 방식이나 강조점 등의 차이에도 불구하고 몇 가지 공통된 특징을 가지고 있다. 그것들은 첫째로 혁명에 가해진 공격, 특히 제임스 2세가 복위해야 한다는 취지의 공격에 대해 반박하고, 둘째로 제임스 2세의 실정에 초점을 맞추는 한편 그에 대비하여 윌리엄의 덕성을 부각하고, 셋째로 거의 언제나 영국의 역사에 토대를 둔 논리를 전개하며, 통치의 일반 이론을 말할 때도 언제나 영국 헌정의 구체적 사례에서 그 근거를 찾는다. 반면에『정부론』은 어디에서도 혁명 정당화 담론을 특징짓는 이런 논의를 전개하지 않았다. 탈턴의 생각으로는 그러한 논의를 전혀 담고 있지 않은『정부론』을 혁명 정당화 노력의 일환으로 규정하는 것은 사리에 맞지 않은 일이었다.[54]

탈턴은『정부론』과 관련해서 오늘날 거의 새로운 정통이 된 해석, 즉 그것은 왕위계승배제 위기 상황에서 로크가 샤프츠베리의 혁명 운동을 위해 쓴 저술이라고 하는 해석 자체를 거부한다. 그것은 래슬리트(Laslett)의 이른바 "일으켜야 할 혁명을 위한 요청"[55]이 아니라는 것이다. 그는 정치에 관한 저술의 가장 오래된 목적의 하나가 '군주를 위한 거울', 말하자면 지배자를 교육하는 것이라는 사실을 환기시킨다. '배제 논쟁'의 휘그 책자들이 바로 그런 종류의 저술이었고,『정부론』역시 그 가운데 하나였다는 것이다.[56] 그러면서 탈턴은『정부론』이 무엇보다 찰스 2세에게 신수

∷

54) 같은 논문, pp. 281-282.

55) Peter Laslett, "Introduction," Laslett ed., *Two Treatises of Government* (New York: New American Library, a Mentor Book, 1965), p. 75.

56) C. D. Tarlton, "The Exclusion Controversy, Pamphleteering, and Locke's *Two Treatises*," *The Historical Journal*, vol. 24, no. 1 (1981), pp. 60-61.

왕권의 교의가 얼마나 근거가 박약하고 또한 위험한지 경고하고, 정치권력이 민중의 합의에 뿌리를 두고 있음을 일깨우고, 민중의 지지의 자연스러운 결과로서 국왕 대권을 행사하도록 권유하고, 그리고 궁극적으로 절대주의적 주장을 고집하면 민중의 저항이 일어날 수 있다는 점을 경고하기 위해 저술된 것이라고 주장한다. 탈턴에게는 그런 목적으로 저술된 책이 나중에 혁명을 옹호하기 위해 출판되었을 것이라고 생각하는 것은 별로 사리에 맞지 않은 일이었다.[57]

그렇다면, 찰스 2세를 위한 '거울'로 저술한 책을 10년 가까이나 지나, 그것도 톰슨의 지적에 따르자면 1688년 혁명의 정당화라는 과업을 수행하는 데 딱 들어맞지도 않은 것을 로크는 왜 출판했는가? 로크가 그것을 출판한 의도는 무엇인가? 혁명의 변호가 아니라면,『정부론』을 그럼 어디에 자리매김할 수 있을까? 스스로 제기한 이런 질문에 대해 답하면서 탈턴은『정부론』의 출판을 1689년 한 해 동안 커져 가고 있던 일부 휘그의 환멸과 결부해서 이해한다. 그의 견해에 의하면 휘그 가운데 일부는 윌리엄의 새 정부와 공공연히 갈라서기를 원하지 않으면서, 그렇지만 국왕에게 무언가 불만스러운 점을 발견했다. 그들은 점점 더 혁명이 그들이 추구하고자 했던 의회 우위의 원리를 구현하지 못하거나, 왕권을 법 아래로 적절하게 제한하지 못하거나 하지 않을까 우려하게 되었다. 윌리엄은 해방자의 역할은 받아들였지만 혁명가는 아니었다. 그의 왕권에 대한 관념이 분명해짐에 따라, 그것이 일부 휘그가 예상했던 것 이상으로 지난 왕들의 관념과 상당히 유사하다는 것이 드러났다. 그의 전쟁에의 몰두, 토리파의 중용, 인신보호법 정지의 추진, 권리선언의 물타기 시도 등 이 모든 것이 합쳐져서 휘그 급진파를 소외시켰다는 것이다.[58]

57) Tarlton, "'Rulers Now on Earth'," p. 280.

군주정의 취약성은 군주 역시 보통의 인간임에도, 신탁받은 권력을 제대로 사용하고 남용의 유혹에 빠지지 않기 위해서는 비상한 극기와 절제의 미덕이 요구된다는 점이다. 그렇기 때문에 그에게는 적극적으로는 적절한 한계 안에서 왕권을 행사하도록 권유하는 일과, 소극적으로는 권력의 남용 시 초래될 혁명의 위험성을 경고하는 일이 필요했다. 탈턴에 따르면 바로 이런 것이 『정부론』의 가르침이었는데, 그것이 찰스 2세 때도 제임스 2세 때도 출판되지 못하다가 1689년의 상황에서야 비로소 출판되었다. 윌리엄 정부의 첫 한 해가 지나가면서 그가 다시 전제권력의 유혹 앞에 놓이게 되었음이 분명해지자, 로크는 찰스 2세를 위해 썼던 그 저술을 이제 윌리엄을 위한 정치적 교훈으로 출판했다는 것이다.[59]

탈턴의 주장대로라면 『정부론』의 일차적 독자는 군주여야 할 것이며, 특히 혁명의 가능성을 경고할 필요가 있는 폭군이나 전제군주여야 할 것이다. 그러나 전제군주에게 혁명을 경고하는 '정치적 교훈'의 저서는 대역죄의 필화를 가져올 위험을 안고 있을 터인데, 조심성 많은 로크가 그런 위험을 무릅쓰고 군주에게 무장 저항의 경고를 기도했을 것인가? 로크는 국외로 망명하면서도 그의 장서와 함께 모든 저술을 숨기고 출판하지 않았는데, 이는 정작 읽혀야 할 찰스 2세에게 결코 읽지 못하게 한 셈이 되는 것이다. 그리고 찰스에게 경고하기 위해 저술한 것이라면 광범한 독자를 전제로 하는 출판은 반드시 필요한 일은 아니지 않은가?

논리적으로 보자면 자연법에 입각한 저항권의 옹호론은 일종의 양날의 칼과 같다. 그것은 전제정에 저항하여 성공한 혁명의 정당화가 될 수도 있고, (비록 전제정을 타도하고 수립된 정부라 할지라도) 현존 정부가 전제

58) 같은 논문, p. 286.
59) 같은 논문, p. 296-297.

정에 빠질 위험성에 대한 경고가 될 수도 있는 것이다. 그런 점에서 톰슨이 지적하듯이, 로크가 『정부론』의 서문에서 표명한 '명예혁명 정당화'라는 의도와 로크의 진짜 의도라고 탈턴이 추정한 '윌리엄 3세에의 경고'라는 의도는 서로 양립하지 못할 이유가 없다.[60] 다만 사태가 휘그 급진파에게는 다소 실망스럽게 전개되어 가기는 했지만, 오랫동안 혐오했던 전제정을 무너뜨린 지 1년도 채 안 된 시점에서, 뿐만 아니라 제임스 2세의 복귀 가능성이 상존하여 혁명 체제를 공고화하는 것이 아직도 중요한 시점에서, 로크가 그 체제에 대해 저항을 경고하려 했다는 것은 사리에 맞지 않은 일일 것이다.

명예혁명 체제에 대해 로크가 자신의 생각을 직접적으로 밝힌 것은 거의 없다. 다만 『정부론』을 출판사에 넘긴 다음 사촌매제 클라크(Clarke)에게 보낸 편지에서 1689년 말의 정치 상황에 대한 그의 생각을 엿볼 수 있는데, 그것은 급진파가 느낀 실망의 분위기를 반영하고 로크가 그들의 입장을 공유했음을 보여 준다. 그러면서 로크는 그 글에서 혁명을 야기하고 그것을 정당하게 한 것은 제임스 2세의 실정 때문인데, 일부 사람들이 윌리엄의 국왕 지위를 단순히 제임스의 해외 도피라는 사실에 기인하는 것으로 말하는 것을 비판했다. 그리고 그는 제임스의 왕위를 유지한 채 윌리엄의 섭정 체제를 주장한 노팅엄(Nottingham) 같은 토리를 공격하고, 정부 인사들조차 윌리엄을 사실상의(de facto) 국왕으로 생각할 뿐 법률상의(de jure) 국왕으로 인정하지 않는 상황을 지적하며 우려했다.[61]

이러한 언급으로 미루어볼 때, 로크가 사태의 진전에 실망했다 하더라도 그의 비난의 화살이 혁명 체제를 위협하는 세력에게 향해 있지 윌리엄

60) Thompson, "Significant Silences," p. 277.
61) Ashcraft, *Revolutionary Politics*, pp. 597–600 참조.

에게 향해 있다고 볼 수는 없을 것이다. 로크의 담론이 다른 휘그들의 혁명 변호 담론과 다르기는 했지만, 그것이 로크가 '서문'에서 밝힌 목적에 이바지할 수 없었을 것이라고 생각할 하등의 이유도 없다. 그리고 당시에 『정부론』을 일차적으로 윌리엄에 대한 경고로 읽었다는 사례를 탈턴은 아무것도 제시하지 않는다.[62]

『정부론』의 급진성을 강조하는 애시크래프트는 로크의 출판 의도에 대해 또 다른 해석을 제시한다. 써 놓은 글을 출판하기로 마음먹는 것은 쓰는 것과는 별개의 또 하나의 행동인바, 한마디로 로크가 『정부론』의 출판을 결심한 것은 1689년의 상황에서 일정 정도 존재했던 급진파의 대의에 대한 그의 연대 행위였다는 것이다. 그의 견해에 따르면 1689년이 지나가면서 명예혁명의 의미에 대한 급진파의 해석이 토리파로부터는 직접적인 공격을 받고 궁정 휘그파로부터는 무시를 당했으며, 그에 따라 혁명이 취하고 있는 진로에 대해 급진파의 실망이 고조되고 있었다.[63] 이런 사태에 맞서 급진파들은 혁명에 대한 비판적 평가들을 출간하고, 일반 휘그와는 다른 급진적 담론으로 혁명의 정당성을 주장하는 책자들을 펴내면서 이데올로기적 반격을 시도하고 있었는데, 로크는 이런 급진주의 활동을 지원 사격하기 위해 『정부론』을 출판했다는 것이다.[64]

∴

62) 우튼은 로크가 『정부론』을 윌리엄에게 그도 전제군주로 전락하면 전복될 수 있다는 경고로 출판했다고 주장할 수는 있지만, 이는 증거를 비튼 억지 해석이라고 탈턴을 비판한다. 그는 로크가 아주 확고하게 윌리엄을 지지했으며, 따라서 윌리엄의 왕위의 정당성을 옹호하고자 한다는 '서문'의 말을 문자 그대로 받아들여야 한다고 주장한다. D. Wootton, "John Locke and Richard Ashcraft's Revolutionary Politics," *Political Studies*, vol. 40, no. 1 (1992), p. 93.

63) 1689년 말 한 급진파 인사는 지나가는 한 해를 돌아보면서 "지난 혁명의 행복한 진행과 그 이후 사태의 불행한 진행"이라면서 급진파가 나누어 가진 소회를 피력했다. Ashcraft, *Revolutionary Politics*, p. 595.

64) 같은 책, p. 591.

애시크래프트는 로크가 『정부론』을 익명으로 출판하고 가장 가까운 지인에게조차 저자임을 숨기고자 한 이유 역시 이런 관련에서 이해하려 한다. 로크는 윌리엄의 정부와 의회에 많은 지인들이 있었다. 만일 『정부론』이 우리가 이해하는 것처럼 그렇게 급진적 문헌으로 읽혔다면, 급진파가 그 무렵 정부에 대해 전개하던 비판적 공격과 맞물려 그는 지인들의 우정이나 신뢰를 잃을 처지에 놓였을 것이다. 로크는 꿈무니 빼지 않고 그 저작을 출판할 만큼 자신의 신념에 충실했지만, 무엇 때문에 굳이 정부에 진출한 지인들과 불편한 관계에 놓이려 했겠는가 하고 애시크래프트는 반문한다.[65] 요컨대 『정부론』의 출판은 로크가 샤프츠베리 경과 자신을 포함한 수많은 인사들이 싸워 이루고자 했던 대의명분에 대해 진 빚을 갚기 위한 것이었다고 애시크래프트는 주장한다.[66]

∵

65) 익명이기는 했지만 사실 『정부론』의 저자는 알 만한 사람은 대체로 다 아는 알려진 비밀이었다. 실제로 알거나 짐작하는 사람들이 바로 애시크래프트가 말하는바, 로크가 우정과 신뢰를 잃을까 염려했을 사람들일 터이다. 그리고 가까운 지인에게는 혁명에 대한 로크의 입장, 그의 저항 이론을 포함한 정치 이론이 꽤 알려져 있었을 것이다. 그렇게 보면 익명이든 실명이든 그것이 가까운 지인들과의 관계에는 별다른 영향을 미칠 수 없는 것이 아닐까? 프랭클린은 자신의 주장이 동료 휘그조차 반감을 느낄 정도로 모두에게 위험한 것으로 간주되었다는 점이 로크가 『정부론』의 저자임을 숨기려 한 이유의 하나일 것이라 주장한다. 저항 이론을 중심으로 한 『정부론』의 급진주의 때문에 로크가 그 저자임이 널리 알려졌더라면 그는 아마 박해를 당했을 것이며, 적어도 명성에 손상을 입었을 것이라고 프랭클린은 짐작한다. Franklin, *John Locke*, p. 113. 래슬리트는 그 이유를 좀 다른 각도에서 이해한다. 1690년대 내내 아직 정치 상황이 유동적이고 제임스 2세가 복귀할 가능성이 남아 있는 상태였는데, 만일 그렇게 되면 그 저서로 인해 혹독한 시련을 겪지 않을까 로크가 우려했기 때문이라는 것이다. 이에 더해 래슬리트는 색다른 이유를 하나 더 내놓는다. 그는 『인간 오성론』을 쓴 인물이 동시에 『정부론』을 썼다는 사실이 알려지기를 로크가 원하지 않았을 것이라고 짐작한다. 왜냐하면 그 두 저서의 학설을 조화시키는 것이 쉽지 않은 일이어서, 그의 인식 이론의 가정과 정치 원리의 가정을 비교할 때 나타날 비판과 논쟁을 로크가 꺼려했을 것이기 때문이라는 것이다. Laslett, "Introduction," p. 79.

66) Ashcraft, *Revolutionary Politics*, pp. 600-601.

6. 결론

전통적으로 『정부론』의 명성은 상당 부분 그것이 명예혁명의 빼어난 변론서라는 인식에서 나온 것이었는데, 근래 한 세대 남짓한 기간 동안 많은 연구자들에 의해 그런 '신화'가 깨어졌다. 말하자면 18세기 중엽에 이르면 로크의 정치철학이 휘그당의 주된 이념적 권위로 받아들여진 게 사실이지만, 출간 당시와 또 그 이후에도 상당 기간 『정부론』은 널리 읽히지도, 명예혁명에 대한 휘그의 표준적 정당화로 받아들여지지도 않았다는 것이다.

명예혁명은 "최소한의 질서 위반으로, 그리고 주로 기존 사회·정치 구조의 최상층부에 있고, 그래서 당연히 급격한 변화를 피하고 싶은 사람들에 의해 수행되었다." 그리고 그것은 또한 휘그파와 토리파의 타협의 산물이었으며, "특정 정당이나 관점의 승리를 분명히 한 것이 아니었다."[67] 공회의회의 휘그와 토리 의원들은 제임스 2세의 복귀를 차단하는 한편, 정부 해체와 급진적 혁명을 막는 데 합의하고, 군주 폐위라는 정치적 부담을 피해 자발적 '퇴위'라는 타협적 논리를 고안해 내었던 것이다. 로크는 『정부론』이 명예혁명을 정당화하는 데 이바지하기를 바랐지만, 공회의 의원들은 신민이 폭군으로 전락한 국왕에게 무력으로 저항하고 그를 폐위할 권리가 있다는 『정부론』의 주장을 받아들이기를 꺼렸다. 그들은 "국왕과 국민 간의 원초계약"을 언급하기도 했지만, 이는 『정부론』의 계약 이론과는 거리가 먼 것이었다.

명예혁명을 정당화하는 논의는 대체로 두 가지 담론 방식을 취했다. 하나는 역사-법률적 담론으로서 영국 역사와 헌정의 구체적 사례에서 혁

---

67) J. R. Western, *Monarchy and Revolution* (London, 1972), pp. 1, 324.

명의 정당성을 구하는 것이고, 또 하나는 이성-철학적 담론으로서 자연법과 사회계약 등과 같은 추상적이고 철학적인 개념에 입각하여 혁명을 정당화하려는 것이었다. 이 두 담론은 범주적으로 구별되는 것일 뿐 서로 배타적인 것이 아니어서, 많은 휘그 논객들은 두 담론을 다 사용했다. 그렇기는 하지만 골디가 지적했듯이, 후자는 상대적으로 급진적 함의를 띠고 있어서 일반 휘그는 대체로 전자의 담론을 더 선호했다. 그런 반면 『정부론』은 전적으로 이성-철학적 담론에 의지하고 있는데, 『정부론』이 당대에 즉각적으로 커다란 호응을 불러일으키지 못한 데에는 이러한 요인도 어느 정도 영향을 미쳤을 수 있을 것이다.

그러나 『정부론』이 당대 휘그 논객들의 전범이 되지 못한 주된 이유는 그것의 급진성 때문이었다. 로크는 그 무렵 휘그의 주류에 속한 것이 아니라, 이를테면 정치적 스펙트럼의 가장 왼쪽에 위치한 소수파였다. 로크가 『정부론』에서 개진한 계약 이론은 일반 휘그뿐 아니라 가까운 지인들조차 받아들이기 버거울 만큼 급진적이었다. 대다수 휘그가 원초계약을 언급했을 때, 그것은 로크의 것이 아니라 고대 헌정이라는 개념에 기반을 둔 것이었다. 고대 헌정 개념은 실제의 역사적 사례에 기초를 둔 것인 반면, 로크의 계약 이론은 불가양의 자연권이라는 추상적 개념에 기초를 둔 것이었다. 무엇보다 혁명 상황에서는 정부가 해체되고 권력이 공동체의 수중에 되돌아간다는 로크의 주장은 소수의 급진파를 제외한 대부분의 온건 휘그가 받아들이기 힘든 것이었다. 『정부론』이 '보수적인' 명예혁명의 표준적인 변론서가 되고 대다수의 온건한 휘그의 정치 교본이 되기에는 양자 간의 간극이 무시할 수 없을 만큼 컸다고 할 것이다.

로크는 '왕위계승배제' 논쟁의 정치 상황을 통해 『정부론』에서 가다듬은 자신의 소신을 정치 지형이 훨씬 보수화한 명예혁명의 상황에서도 그대로 견지했다. 그래서 『정부론』의 급진적 저항 담론은 아주 가까운 지기인 티렐이나 혹은 애트우드 같은 휘그로부터도 비판을 받았다. 만일 그 저자가 로크임이 알려지면, 그는 가까운 휘그 지도자들과 갈등을 일으킬 수도 있었을 것이다. 그럴 소지가 있음에도 그는 『정부론』을 출판함으로써 한편으로는 성공한 혁명을 변호하고 정당화하면서, 그와 동시에 명예혁명을 영국 헌정의 급진적 변혁의 계기로 삼고 싶어 했던 다른 급진파들과 함께 휘그 급진주의의 대의를 지키고자 했다.

제2부

제4장

자연법과 자연상태

1. 자연법과 그 인식

"로크의 정치철학의 초석"이라고 할 수 있는 자연법은 유럽 정치사상의 역사에서 가장 오래된 관념 가운데 하나이다.[1] 그것은 저 멀리 고대 아리스토텔레스(Aristoteles)로부터 비롯하여 스토아학파(Stoics)와 로마의 법률가들을 거쳐 중세 기독교 사상을 통해 근대까지 전해져 내려오고 있었다. 전통적인 자연법 교의는 주로 인간의 의무를 가르쳤다. 혹 얼마간 권리에 관심을 기울였다 하더라도, 그것은 본질적으로 의무에서 파생되는 것으로 인식되었다. 고대 스토아철학자들은 자연법을 인간의 삶과 관련된 이성의 명령이라고 보았으며, 때로는 그것을 신과 동일시하기도 했다. 그것은 삶의 안내자이자 의무를 가르치는 교사로서, 인간은 그것을 좇아

---

1) J. W, Gough, *John Locke's Political Philosophy* (Oxford University Press, 1956), p. l.

삶으로써 덕성의 삶을 영위할 수 있다고 그들은 주장했다. 중세에 와서는 스콜라철학자들(Scholastics)이 아리스토텔레스와 스토아철학의 자연법 사상을 계승하여 기독교의 자연법 교설을 발전시켰다. 이들에게 자연법이란 영원한 신법 중에서 이성적 피조물인 인간에게 적용되는 근본 규범이요 도덕 원리였으며, 또한 인간 사회의 모든 법의 기초였다. 그것은 국가와 교회 등의 기존 체제를 보편적 질서의 일부로 합리화하고, 그 권위에 대한 복종의 의무를 강조했다.

그러나 이 자연법의 유구한 전통은 근대에 들어오면서 근본적인 변화와 단절을 겪게 되었다. 중세가 지나가면서 정치철학이 차츰 신학의 지배에서 벗어나 세속화함에 따라 그것은 합리주의적·개인주의적·급진적 성격의 이론으로 바뀌어 갔던 것이다.[2] 특히 17~18세기를 거치는 동안 그것은 국가나 교회 등의 기존 권위를 비판하고 반대하는 명분에 이바지했으며, 무엇보다 의무보다는 권리를 강조하는 교의가 되었다. 권리는 마치 인간에 내재해 있는 재산인 것처럼 개인에게 귀속되었다. 그리고 시민으로서의 인간에게 실제로 어떤 권리가 인정되든, 그의 자연권은 그가 가는 어느 곳이든 함께 가는 것이 되었다.

자연적 의무 지향에서 자연적 권리 지향으로의 근본적인 전환은 홉스(Thomas Hobbes)에게서 가장 명확하게 드러난다. 그는 무조건적인 자연권을 모든 자연적 의무의 기초로 삼았으며, 따라서 의무는 단지 권리에 따라 생기는 조건적인 것일 뿐이라고 생각했다. 홉스는 그런 의미에서 근대 자연법 교의의 창시자이다.[3] 그는 사람들이 권리와 법을 혼동한다고

　•◦
2) A. P. d'Entrèves, *Natural Law* (London, 1951), ch. 3은 근대 자연법 이론이 그 이전의 것과 구별되는 주된 특징으로 합리주의, 개인주의 및 급진주의 등을 들고 있다.
3) Leo Strauss, *Natural Right and History* (Chicago, 1971), p. 182.

비판하면서 그 둘을 분명하게 구별하였다. 그에게 "권리란 행하거나 삼 갈 자유에 있는 반면, 법이란 그 중 어느 한 쪽으로 결정해서 그것에 구 속되게 하는 것이다. 따라서 법과 권리는 의무와 자유만큼이나 서로 다 르며, 하나의 동일한 문제에 있어서는 서로 모순되는 것이다." 그래서 그 에게 자연권이란 각자가 스스로를 보전하기 위해 필요하다고 판단하면 무엇이든 할 수 있는, 심지어 다른 사람의 생명을 해칠 수도 있는 무제한 의 자유인 반면, 자연법은 사람에게 자신의 생명을 파괴하거나 자기 보 전의 수단을 빼앗는 행위를 금하는 일반 규칙인데, 이는 이성을 통해 알 려지는 것이었다.[4]

그런데 이성이 알려 주는 일반 규칙인 이른바 자연법은 홉스에게는 전 혀 법이 아니었다. 그에 의하면 "이성은 사람들이 합의에 이를 수 있는 적절한 평화의 조항들을 제시해 준다."[5] 그리고 "이러한 이성의 명령을 사람들은 흔히 법이라는 이름으로 부르곤 하지만, 그러나 적절하지 못하 다. 왜냐하면 그러한 명령은 단지 무엇이 자기 자신의 보전과 방위에 도 움이 되는가 하는 문제에 대한 결론 내지 정리(定理)에 불과한 것이며, 그 에 비해 법이란 원래 정당한 권리로서 다른 사람들에 대한 지배권을 가진 사람의 말이기 때문이다."[6]

홉스에게 법은 어떤 법이든 간에 저항할 수 없는 힘으로 뒷받침되지 않으면 구속력을 지닌 진정한 법이라 할 수 없었다. "제약은 칼이 없이는 단지 구두선에 불과한 것"이며, 비록 자연법이 있다 할지라도 확립된 권 력이 존재하지 않거나 혹은 안전을 보장하기에 충분할 만큼 강력하지 못

••
4) Thomas Hobbes, *Leviathan*, C. B. Macpherson ed. (Pelican Books, 1978), p. 189.
5) 같은 책, p. 188.
6) 같은 책, pp. 216-217.

하면, 사람들은 각자 자신의 힘과 기술에 의존하려 하고 또한 합법적으로 그렇게 할 수 있는 것이다.[7] 따라서 형평·정의·감사의 염 그리고 그 외의 다른 덕성들 속에 있는 자연법은 엄밀한 의미의 법이 아니며, 일단 국가가 수립되면 그때에야 비로소 실제 법이 되는 것이다.[8] 그런 의미에서 보자면 당뜨레브(d'Entrèves)의 말마따나 "근대 자연법 이론은 정확하게 말하자면 전혀 법 이론이 아니었다. 그것은 권리의 이론이었다."[9]

그러나 사실은 법 이론과 권리 이론이 그렇게 엄격하게 구분될 수 있는 것은 아니다. 법과 권리는 서로 밀접하게 관련되게 마련이며, 따라서 그 하나의 이론은 어느 정도 다른 것의 이론일 수밖에 없다. 로크의 경우에는 더욱 그러하다. 자연법과 자연권은 로크에게는 거의 동일한 것을 의미했다. 그의 자연법은 단순히 규율만으로 이루어진 것이 아니라 또한 많은 개인적 권리로 구성되어 있다. 그것은 인간에게 도덕적 계율을 부과할 뿐만 아니라, 동시에 재산에 대한 권리를 포함하여 많은 권리를 부여해 주며, 더 나아가 시민정부에 그 한계를 설정함으로써 이러한 권리를 정치권력의 권위보다 우선적인 것으로 삼는다.[10]

이와 관련해서 보자면, 권리와 의무에 대한 로크의 개념은 홉스에 비해 좀 더 일상적이고 실제적인 것이었다. 홉스의 자연권은 의무를 수반하지 않는 무조건적인 권리인 데 비해, 로크의 권리는 언제나 의무를 수반한다. 로크의 인간 역시 자기 보전의 권리를 가지고 있지만, 그의 자연법은 인류에게 "모두가 다 평등하고 독립된 존재로서, 누구도 다른 사람의

••

7) 같은 책, pp. 223–224.
8) 같은 책, p. 314.
9) d'Entrèves, *Natural Law*, p. 59.
10) W. von Leyden, *Hobbes and Locke: The Politics of Freedom and Obligation* (New York, 1982), p. 100.

생명·건강·자유 혹은 소유물을 해쳐서는 안 된다고 가르친다."(sec. 6)[11]
한 사람의 권리란 그것을 권리로 인정하고 존중할 다른 사람의 의무를
전제할 때 비로소 어떤 의미를 지닐 수 있을 것이다.[12] 그런 점에서 로크
의 자연법 논의는 진정한 권리의 교의라 할 수 있다. 인간을 사회로부터
완전히 단절하여 추상화한다면, 그리고 사회관계 속에서 지킬 의무가 부
과될 누군가를 상정하지 않는다면, 인간의 권리에 관한 논의는 결국 공
론에 그치게 될 뿐이다. 인간의 절대적 자연권에 관한 홉스의 논의가 결
국은 절대적 국가 권력의 정당화로 귀결된 것도 바로 그러한 연유에서인
것이다.

오늘날 많은 연구자들이 지적하듯이, 로크의 자연상태는 그 용어가 풍
기는 것보다 실제로는 훨씬 더 사회적이다. 그 속에서 살고 있는 인간들
은 결코 서로가 완전히 격리된 상태에서 각각 고립된 삶을 영위하는 존
재가 아니다. 그들은 "나머지 모든 인류와 더불어 하나의 공동체를 이루
며, 다른 모든 피조물과 구별되는 별개의 사회를 구성한다."(sec. 128) 이
자연상태에서 살고 있는 사람들은 상호간에 긴밀한 관계를 맺고 서로 권
리와 의무로 얽혀 있는, 이를테면 '사회적' 존재이며, 이들 인간을 지배하

---

11) *Two Treatises of Government*, Peter Laslett ed. (New York, a Mentor Book, 1965). 『제2론
(*Second Treatise*)』을 인용할 경우에 별다른 언급이 필요 없을 때는 이와 같이 본문에서 그
절(sec.) 표시를 하여 각주를 대신하고, 『제1론(*First Treatise*)』의 경우는 (I, sec.)로 표시한
다. 그리고 편자의 서문은 Laslett, "Introduction"으로 약기한다.

12) Richard Tuck, *Natural Rights Theories: their Origin and Development* (Cambridge,
1979), pp. 160-161은 푸펜도르프(Pufendorf) 역시 이와 같은 각도에서 홉스를 비판했다
고 지적한다. 이에 의하면, 푸펜도르프가 보기에도 홉스의 '권리'는 권리가 아니었다. 왜냐
하면 어떤 권리든 다른 사람에 대한 명백한 의무를 요구하기 때문이라는 것이다. 그리고
각 개인은 그들이 서로에 대해 권리를 주장할 수 있을 때만 권리를 가졌다고 말할 수 있으
며, 그들이 사회적 의무의 망을 벗어난 바깥에서 그들 자신 속에 어떤 권리나 재산을 가지
고 있다는 생각은 근본적으로 잘못되었다는 것이다.

는 법이 바로 자연법이다. 로크는 이 자연법 가운데 "제일의 근본적인 자연법은 사회의 보전이며, 그리고 (공공선과 일치하는 한에서) 그 안에 있는 각개 개인의 보전이다"라고 생각했다.(sec. 134) 자연권은 이 자연법에서 도출되는 것이었다.

로크는 자연법이 홉스에게서처럼 단순히 자신의 보전을 위한 '정리'나 '이성의 명령'에 불과한 것이 아니라, 모든 사람들을 실제로 구속하는 진정한 법이라고 믿었다. 『정부론』 전체를 통해 자연법이란 표현은 마치 그 존재, 그 의미, 혹은 그 내용에 아무런 의문의 여지도 없는 것처럼 분명한 어투로 사용되고 있다. 그것은 "이성적인 피조물 누구에게나 명료하고도 인식 가능한 것"이며(sec. 124), 자연상태가 스스로를 지배하는 법으로 갖고 있는 것으로서, 모든 사람들은 그것에 따라야만 한다.(sec. 6) 게다가 자연법은 자연상태에서만 통용되는 것이 아니라, 정치사회에서도 그 효력이 결코 소멸하지 않고 '영원한 규율'로 남아 있는 '신의 의지의 선언'이다.(sec. 135)

따라서 홉스와 달리 로크에게는, "계약은 칼이 없이는 단지 구두선에 불과한 것"이 결코 아니었다. 그에게는 "성실과 서약의 이행 등은 사회의 성원으로서가 아니라 인간으로서의 인간에 해당하는 일이다." 그리하여 "절해고도에 있는 두 사람 사이에 맺어진, 혹은 아메리카 삼림 속에서 한 사람의 스위스인과 한 사람의 인디언 사이에 맺어진 거래·협정 및 약속은, 비록 그들이 상호간의 관계에서는 완전히 자연상태에 있는 것이지만, 그들에 대해 구속력을 갖고 있다."(sec. 14)

로크의 자연법에 관한 이런 논의가 스트라우스(Leo Strauss)에게는 근본적으로 홉스와 별다른 차이가 없는 것으로 이해되었다. 그는 로크를 기본적으로 홉스주의자로 파악하였다. 얼핏 보기에는 로크가 자연법에 관한 홉스의 관념을 거부하고 전통적 교의를 답습하고 있는 것처럼 보이지만, 기본적으로 로크는 홉스주의자라는 것이다. 그렇기 때문에 로크의 자연법 논의를 완벽하게 이해하자면, 로크가 인정한 여러 자연의 법들을 홉스가 말한 바와 같은 것으로, 즉 "무엇이 자기 자신의 보전과 방위에 도움이 되는가 하는 문제에 대한 결론 내지 정리에 불과한 것"으로 받아들여야 한다고 스트라우스는 주장한다.[13] 그는 로크의 자연법도 홉스의 것과 마찬가지로 엄밀한 의미에서 법이 아님을 논증하기 위해 많은 노력을 기울였다.

그러나 로크 자신은 인간을 지배하는 도덕법으로서의 자연법에 대한 확신을 가지고 있었으며, 그것은 비단 『정부론』뿐만 아니라 자연법에 관해 쓴 초기 저술인 『자연법논고(Essays on the Law of Nature)』에서도 견지하고 있던 입장이었다. 이 글에서 그는 삼라만상이 각기 그들의 법칙의 지배 아래 움직이고 있는 것과 마찬가지로, 인간 역시 일정한 법의 지배를 받고 있는 것은 당연한 일이라고 주장하였다. 이 법이 바로 자연법인바, 그것은 곧 인간의 행동을 규제하는 도덕 규율이었다.[14]

로크의 관점에서는 자연법이 법의 요건을 모두 갖추고 있음은 분명한 일이었다. 첫째, 그것은 인간보다 상급의 존재 즉 신의 의지의 포고인바,

---

13) Strauss, *Natural Right and History*, p. 229.

14) *Essays on the Law of Nature*, W. von Leyden ed. (Oxford University Press, 1965), p. 109. (이하에서는 *Law of Nature*로 약기한다.) 이 저술은 8개의 논고로 이루어져 있는데, 그 가운데 첫 번째 논고의 제목이 「우리에게 주어진 도덕규율, 즉 자연법이 있는가? 있다.」 이다. 이 논고는 오랫동안 잊혀 오다가 이 출판을 계기로 연구자들에게 널리 알려지게 되었다. P. E. Sigmund, *Natural Law in Political Thought* (Cambridge, Massachusetts, 1971), pp. 82-83은 이 『자연법논고』에서 로크는 홉스와는 크게 동떨어져 전통적인 자연법의 견해를 취하고 있다고 지적한다. 그러면서 스트라우스가 로크를 고전 및 중세의 자연법 전통과 날카롭게 단절되고 홉스의 영향을 크게 받은 것으로 분석한 것은 『자연법논고』가 출판되기 전의 일이었지만, 출판 이후에도 스트라우스는 자신의 관점을 바꾸지 않고 계속 옹호하고 있다고 비판한다.

이로써 법의 형식적 명분이 갖추어진 것이다. 둘째, 그것은 무엇이 행해져야 하며, 무엇이 행해져서는 안 되는가를 규정하고 있는바, 이것은 곧 법의 고유한 기능이다. 셋째, 그것은 의무를 창출하는 데 필요한 모든 요건을 포함하고 있으므로, 인간에 대한 구속력을 갖고 있다. 그리고 이러한 자연법은 물론 실정법과 마찬가지의 방법으로 알게 될 수 있는 것은 아니지만, 그러나 자연의 빛에 의해 인간에게 충분히 알려질 수 있는 것이었다.[15] 홉스는 자연법이 법이 아니라 이성의 결론이나 정리에 지나지 않는다고 말하고, 혹자는 그것을 이성의 명령이라고 부르기도 한다. 그렇지만 로크가 보기에 그것은 정확하게 붙여진 이름이 아니었다. 왜냐하면 그것은 신이 제정하고 우리의 가슴에 심어 놓은 법으로서, 이성은 단지 그것을 알아내고 발견할 뿐 그것을 수립하고 선언하는 것은 아니었던 것이다. 이를테면 "이성은 자연법의 입법자가 아니라 그 해석자일 뿐이다."[16]

로크는 사상을 개진하는 데에서 논지의 일관성을 유지하지 못했다는 비판을 자주 들어 왔는데, 특히 자연법에 관한 논의가 더욱 그러하다고 지적되곤 한다. 이러한 비판에 따르면 거의 비슷한 시기에 출간된 그의 양대 주저인 『정부론』과 『인간 오성론』[17]이 적어도 이 문제에 관한 한 서로 양립하기 어렵다는 것이다. 앞에서도 잠깐 보았듯이, 로크는 『정부론』에서 자연법은 "이성적인 피조물 누구에게나 명료하고도 인식 가능한 것"(sec. 124)이라고 주장함으로써, 마치 그것이 자명한 진리나 원리인 것처럼, 바꾸어 말하자면 생득관념인 것처럼 말하고 있는데, 그런 점에서

••
15) *Law of Nature*, pp. 111, 113.
16) 같은 책, p. 111.
17) *An Essay Concerning Human Understanding*, P. H. Nidditch ed. (Oxford University Press, 1975). 이하 *Human Understanding*으로 약기한다.

그것은 『인간 오성론』과 정면으로 배치된다는 것이다. 왜냐하면 『인간 오성론』은 데카르트(R. Descartes)의 생득관념을 공격하면서 모든 지식은 궁극적으로 경험에서 도출된다고 주장하기 때문이다.[18]

두 저서 간의 논지가 이렇게 상충한다고 비판하면서, 래슬리트(P. Laslett)가 『인간 오성론』과 배치되는 대표적인 구절로 지목하는 것은 『제2론』의 11절과 『제1론』의 86절이다.[19] 전자에서 로크는 사람에게는 살인자를 살해할 권리가 있으며 이것은 자연법의 하나라고 하면서, "이것은 아주 분명하게 모든 인류의 가슴에 씌어 있었다"고 주장한다.[20] 그리고 후자에서는, 신은 인간에게 삶에 필요한 식량과 기타 물품들을 허락해 주었고, 생명의 보전을 위해 이 세상을 이용할 수 있는 권리를 부여해 주었다고 하면서 다음과 같이 이어가고 있다.

자기의 생명과 존재를 보전하려는 욕망, 강렬한 욕망이 신 자신에 의해 그에게 하나의 행동 원리로 심어졌다. 그렇기 때문에 그의 안에 있는 신의 목소리인 이성은 그에게 다음과 같이 가르치고 확신시키지 않을 수 없었다. 즉 자신의 존재를 보전하기 위해 가지고 있는 바로 그 자연적인 성향을 추구함으로써, 그는 그의 조물주의 의지를 따르는 것이며, 따라서 … 저들 피조물들을 이용할 권리를 가지고 있는 것이었다.(I, sec. 86)

래슬리트는 『정부론』을 편찬하면서 이 구절에 대한 각주에서, 이 진술

----

18) Laslett, "Introduction," IV-2와 Gough, *Locke's Political Philosophy*, p. 11을 참조하라.

19) 각 절에 대한 래슬리트의 주석을 참조하라.

20) 로크는 그 외에 56절에서는 "신이 그(아담)에게 심어 놓은 이성의 법의 명령", 136절에서는 "자연법은 문자로 씌어 있는 것이 아니며, 그래서 사람의 마음속 이외에는 어디에서도 찾아볼 수 없는 것"과 같은 표현도 하고 있다.

이 로크의 정치 이론에서 중대한 문제점을 야기한다고 주석했다. 즉 자기 보전은 로크에게는 자연법인데, 그것이 여기에서는 '행동 원리'로 표현되면서 "신 자신에 의해 그에게 심어졌다"고 했으니, 결국 인간의 '행동 원리'로서의 자연법은 생득관념이 되는 셈이다. 그가 보기에 이것은 "생득적 실천 원리는 없다"는 『인간 오성론』 제1권 제3장의 논의와 정면으로 배치되는 것이며, "『인간 오성론』에는 자연법을 받아들일 여지가 전혀 없다"[21]는 것이다. 그래서 그는 로크를 "모든 위대한 철학자들 가운데 가장 일관성 없는"[22] 인물이라고 비난했다.

이 문제와 관련한 래슬리트의 비판은 과연 정당한가? 이러한 질문에 답하기 위해 위에서 인용한 『제1론』 86절을 래슬리트가 해석한 의미 그대로 받아들여야 할 것인가, 그래서 그것이 과연 "생득적 실천 원리는 없다"는 『인간 오성론』과 서로 상충하는 것인가 하는 점을 확인해 볼 필요가 있다. 래슬리트를 포함하여 아무도 주목하지 않았지만, 이 문제와 관련하여 매우 중요하다고 생각되는 구절 하나를 먼저 검토해 보기로 하자.

참으로 인간의 욕구(appetites) 속에는 행동 원리들이 자리 잡고 있다. 그러나 이러한 원리들은 생득적인 도덕 원리와는 너무나 거리가 먼 것이어서, 만

---

21) Laslett, "Introduction," p. 94. 로크는 『정부론』을 익명으로 출간하고, 이후 죽을 때까지 거의 15년 동안 고집스럽게도 그 저자임을 숨겼는데, 래슬리트는 그 이유를 1690년대 전 기간을 통해 제임스 2세가 복귀할 가능성이 상존하고 정국이 완전히 안정되지 않은 상태에서의 보신책이라는 요인 이외에도, 또한 로크의 정치사상과 철학의 상호 관계라는 문제에서 찾고 있다. 즉 『인간 오성론』의 저자가 동시에 그것과 모순되는 『정부론』을 썼다는 사실을 숨기고 싶었을 것이라는 것이다. 양 저술의 저자가 동일인임이 밝혀지면, 그에 대한 비판과 또 당연히 따를 논쟁을 꺼렸기 때문이라는 것이다. 같은 논문, p. 79 참조.

22) 같은 논문, p. 95. 반면에 R. W. Grant, *John Locke's Liberalism* (Chicago, 1987), p. 9는 특히 『제2론』은 매우 잘 정리된 체계적인 진술이며, 일견 혼란스러워 보이는 부분들도 논의의 전체 구조에서 제자리에 놓고 보면 사리에 닿는다고 강조한다.

일 그것들을 한껏 제멋대로 내버려 둔다면, 그것들은 인간들로 하여금 모든 도덕을 붕괴시키는 데까지 이르게 할 것이다. 도덕법은 … 이들 터무니없는 욕망(desires)을 억제하고 견제하는 것으로 세워진 것이다.[23]

이 글에서 로크는 어떤 '행동 원리'가 인간의 '욕구' 속에 내재해 있다는 것을 인정하지만, 그것을 도덕법 즉 자연법과 엄격하게 구별한다. 욕망의 '행동 원리'는 인간이 준수해야 할 도덕적 표준을 의미하는 것이 아니라, 바로 이 도덕적 표준에 의해 통제되고 인도되어야 할 대상인 것이다. 로크에게 욕망은 언제나 이성에 의해 억제되어야 할 대상이다. 이 『인간 오성론』의 인용문을 위에서 본 『정부론』의 인용문과 비교해 보면, 그 두 진술이 상당히 비슷하다는 사실을 쉽게 알 수 있다. 비록 『정부론』에서는 '하나의 행동 원리'로서 "자기의 생명과 존재를 보전하려는 욕망"이 이성에 의해 통제되어야 할 필요성을 강조하기보다는, 그러한 '자연적 성향'을 추구하는 것이 곧 신의 의지를 따르는 것이라는 점을 강조한다는 점에서 차이가 있기는 하다. 그러나 이 구절은 원래, 인간은 생명 보전의 수단으로 신이 허락해 준 이 세상 및 그 속에 있는 만물을 이용할 권리가 있다는 것을 강조하는 맥락에서 나온 것이라는 점을 고려할 필요가 있다. 어쨌든 여기서도 로크는 분명히 욕망의 '행동 원리'를 '신의 목소리'로서의 이성과 구별하고 있다.

따라서 '행동 원리'로서의 이 "생명과 존재를 보전하려는 욕망"이 래슬리트가 이해한 것과 같이 로크의 자기 보전의 자연법을 의미한 것이 아니라, 『인간 오성론』의 '욕망', 즉 자연법의 통제와 인도를 받아야 할 대상으로서의 욕망과 같은 것이라고 말할 수 있다. 이러한 주장을 하기에 이것

23) *Human Understanding*, Bk. Ⅰ, ch. 3, sec. 13.

으로는 아직 미진하다면, 이를 뒷받침해 줄 수 있을 방증 하나를 래슬리트가 거론한 바로 그『제1론』86절에서 찾아 낼 수 있다.

이 86절의 첫 부분에서 로크는 "신은 인간을 창조하고, 그에게 다른 모든 동물에게와 마찬가지로 강력한 자기 보전의 욕망을 심어 주었으며…"라고 말하고 있다. 여기에서 우리는 로크가 말하는 '자기 보전의 욕망'이 결코 인간에게만 고유한 자질이거나 특성이 아니라 "다른 모든 동물들"과 함께 나누어 갖는 것으로서, 흔히 본능이라고 부르는 것에 해당하는 것임을 확인할 수 있다. 그러나 자연법은 인간을 지배하는 도덕법이며, 그것은 모든 피조물 가운데 유독 인간에게만 주어진 능력, 즉 이성을 통해서만 인식할 수 있는 것이다. 이러한 구별을 분명히 해 두는 것은 매우 중요하다. 왜냐하면 그것은 바로 다음 절에서 다루려고 하는 문제와도 무관하지 않기 때문이다.

이상의 논의를 요약하면, 자기 보전의 욕망에 내재한 '행동 원리'는 자연법과는 다른 것이며, 따라서 로크는『정부론』에서 자연법을 생득관념으로 말하지 않았다는 것, 그리고 적어도 이 점에 관한 한『정부론』은『인간 오성론』과 상충하지 않는다는 것 등이다. 이런 관점에서 보면,『제2론』11절의 "모든 인류의 가슴에 씌어 있었다"와 같은 표현은 적절하지 못한 수사 정도로 이해하고, 그런 구절에 너무 큰 의미를 둘 필요는 없을 것이다. 로크는『자연법논고』에서도, 그 세 번째 논고에서는 자연법이 결코 생득적으로 인간의 마음에 새겨진 것이 아니라고 언명하는데, 그러면서도 첫 번째 논고에서는 그것이 "우리들의 가슴에 심어져 있는" 것이라고 말하기도 한다.[24] 로크는 이 문제와 관련하여 분명히 혼란을 불러일으킬 만한 표현을 했으며, 그런 만큼의 비판을 받아 마땅하다. 그렇지만 자연

..

24) *Law of Nature*, p. 111.

법에 관해서 로크가 상충된 견해를 갖고 있었다고 볼 수는 없을 것이다.

로크는 언제나 자신이 자명한 진리와 원리를 믿고 있다는 사실을 인정할 준비가 되어 있었다. 그러나 자명하다는 것이 곧 생득적이라는 말은 아니다. 로크의 자연법은 도덕적 표준이고, 그에게 "도덕은 수학과 마찬가지로 논증이 가능한 것"이었다.[25] 그러나 수학의 진리가 생득적인 것이 아니듯이 도덕률 또한 마찬가지이다. 로크에게 생득적이라는 말은, 그것이 인간에게 저절로 인식되고 따라서 모두가 똑같이 인식할 수 있다는 것을 의미했다. 그는 생득적 실천 원리는 없다는 것을 주장하면서 "만일 생득적이라면 마땅히 아무런 회의나 의심 없이 보편적으로 받아들여져야 할 것인바, 그러한 실천적 진리가 어디에 있는가?" 하고 묻는다.[26] 그러면서 그는 생득적 인식에 대한 자신의 이러한 논박이 자연법에 대한 공격으로 해석될 수도 있다는 것을 의식하고 있었다. 그러나 그는 그런 해석을 명백히 경계하였다. 그에 의하면 "생득적인 법과 자연법 사이에는 엄청난 차이가 있다. 그것은 근원적으로 애초에 우리의 마음에 새겨져 있는 그 무엇과, 우리가 몰랐던 것이지만 우리의 천성적 재능들을 사용하고 적절히 응용함으로써 그 인식을 얻을 수 있는 그 무엇 사이의 차이이다."[27]

자연법이 우리의 마음속에 씌어 있어서, 누구나 마음의 눈으로 읽기만 하면 저절로 알게 되는 그런 것이 아니라면, 그것의 인식은 어떻게 해서 가능한가? 우리는 그것을 어떻게 알 수 있는가? 로크는 인간에게 자연법을 깨우쳐 주는 것을 '자연의 빛'이라고 부른다. 이 자연의 빛이야말로 이승의 삶을 비춰 주는 "우리들의 유일한 안내자"이다.[28] 그러면 로크가 '자

<hr />

25) *Human Understanding*, Bk. III, ch. 11, sec. 16.
26) 같은 책, Bk. I, ch. 3, sec. 2.
27) 같은 책, sec. 13.
28) *Law of Nature*, p. 147.

연의 빛'으로 의미하려고 했던 것은 무엇인가? 그것은 자연법에 관한 인식을 얻어 내기 위해 사람들이 사용하고 응용할 '천성적 재능들'을 일컫는 말인데, 하나가 아니라 복수의 것으로서 이성과 감각이 그것이다. 로크가 말하는 '자연의 빛'이란 바로 이 이성과 감각의 복합을 의미한다.[29]

로크의 인식론에서 이 두 재능은 상호 의존적이다. 그 어느 것도 단독으로는 효율적인 기능을 수행할 수 없으며, 따라서 '자연의 빛'이 될 수 없다. 이성은 작용할 재료가 먼저 주어지지 않으면, 그 자체로서는 아무것도 할 수가 없다. 그런 이성에게 일할 재료를 공급해 주는 것이 감각이 할 일이다. 감각은 이성에게 특정 대상에 관한 관념(idea)들을 제공하고, 이성은 이것들을 결합하여 새로운 관념을 형성해 낸다. 여기서 이성이란 "마음의 추론의 재능"을 의미하는 것으로서, 어떤 도덕 원리를 의미하는 것이 아니다. 도덕 원리는 이성의 인식 대상일 뿐이다.[30]

이성은 언제나 기지의 사실로부터 미지의 사실로, 감각-지각으로 안 사실로부터 새로운 사실로 나아간다. 감각-지각은 삼라만상의 오묘한 조화와 질서를 알려 주고, 이성은 이러한 오묘한 현상의 기원을 탐구한다. 그리하여 이 피조세계를 창조한 전지전능한 창조자, 신의 존재를 추론해 낸다. 그리고 만유의 기원인 신의 존재가 확인되면, 다시 이 사실에서 신은 일정한 목적의식을 가지고 이 세상을 창조했다는 것, 인간이 자신에게 부여된 자질을 사용하여 무언가 행하기를 원한다는 것, 그리고

----

29) 자연의 빛에 의한 자연법의 인식에 관해서는 같은 책, IV 「이성은 감각-경험을 통해 자연법의 인식에 이를 수 있는가? 그렇다(Can Reason Attain to the Knowledge of Natural Law through Sense-Experience? Yes)」를 참조하라.

30) 같은 책, p. 149. 『정부론』의 여러 곳에서 로크는 자연법을 또한 이성의 법이라고도 부르는데, 그러나 이러한 표현을 이성이 제정한 법이라는 뜻으로 이해할 것이 아니라, 단지 이성을 통해 인식되는 법이라는 정도의 제한된 의미로 이해해야 할 것이다.

그 목적에 부합되게 살기를 요구한다는 것 등의 사실이 추론된다. 이렇게 감각과 이성은 서로 협조하여 신과 신의 의지의 선언인 자연법에 대한 인식에 도달할 수 있게 되는 것이다.

로크는 자연법의 인식은 결코 자동적으로 이루어지지 않는다는 점을 강조한다. 자연의 빛은 '자연적으로' 인간을 자연법에 대한 인식으로 데려다 주지는 않는다. 그것은 '우리들의 유일한 안내자'이기는 하지만, 그러나 "한편으로는 악덕이라는 거친 길을, 다른 한편으로는 오류라는 옆길을 피함으로써… 우리를 저 덕과 지복(至福)의 절정으로 인도한다."[31] 모든 사람은 다 그들의 감각과 이성을 행사할 수 있으므로, 그들은 천성적으로는 모두가 신의 존재와 자연법을 스스로의 힘으로 인식할 준비가 갖추어져 있다. 그러나 모두가 다 실제로 그러한 인식에 도달하게 되지는 않는다. 자신에게 주어진 자연적 재능들을 올바르게 사용하여 '거친 길'과 '옆길'을 잘 피해야 제대로 목적지에 도달할 수 있다. 그러므로 자연법에 대한 견해는 언제 어디서나 모든 사람이 일치하는 것은 아니다.[32] 자연의 빛이 자연법의 인식으로 인도한다면, 왜 많은 사람들이 그것에 대해 알지 못하고, 또 그에 대한 견해가 구구한가 하는 반론에 대해 로크는 이렇게 대답하였다.

----

31) Law of Nature, p. 147.
32) 로크는 자연법이 인식 가능하다고 주장하면서도, 그 자신이 인식했을지 모를 자연법의 구체적 내용을 제시하지는 않았다. 로크가 자연법의 내용을 논증하는 작업을 몇 차례 시도한 것으로 보이기는 하지만, 그런 과제를 완성하지는 못했다. 티렐(James Tyrrell)이나 몰리뉴(William Molyneux) 같은 막역지우들이 그 작업을 완수해서 출판해 보라고 권유했지만, 로크는 퉁명스럽게 거절했다. 그런 논증이 사실상 불가능했거나, 혹은 널리 받아들여질 만한 결과를 산출해 내는 것이 어렵다고 판단했기 때문이 아닌지 모르겠다. John Dunn, *The Political Thought of John Locke* (Cambridge University Press, 1982), p. 187 참조.

나는 모든 사람이 다 이성을 타고났다는 것을 인정하고, 또 자연법은 이성을 통해 알 수 있다고 말한다. 그러나 이것으로부터 그것이 어느 누구에게나 알려진다고 하는 사실이 반드시 따라 나오는 것은 아니다. 왜냐하면 이성의 빛을 사용하지 않고 어두움을 더 좋아하는 사람들이 더러 있기 때문이다.[33]

자연법이 인간을 지배하는 법이 되기 위해서는 인간에게 그것이 알려져야 한다. 왜냐하면 어느 누구도 자신에게 공포되지 않은 법에 복종할 의무는 없기 때문이다.(sec. 57)[34] 로크의 생각으로는, 신이 모든 인간들로 하여금 그 법을 지키도록 의도했다면, 또한 그것을 알 수 있는 수단 역시 부여하지 않았을 리가 만무했다. 그 수단이 바로 '자연의 빛'인 것이다. 이것은 모든 인간에게 부여되어 있다. 그렇기 때문에 자연법은 누구에게나 "국가의 실정법만큼이나 인식 가능하고 명료하며, 아니 아마도 그것보다 더 명료하다."(sec. 12) 그러나 사람들은 더러는 게으름으로, 더러는 편견이나 이기심으로 자연의 빛을 제대로 사용하지 못함으로써, 그것에 대해 무지하거나 올바른 이해를 하지 못하기도 하는 것이다.(sec. 124)[35]

2. 자연법의 기초

자연법에 대한 로크의 관심은 주로 두 가지 주제에 집중되었다. 그 하

··

33) *Law of Nature*, p. 115.
34) 그래서 로크는 자연의 빛인 이성을 온전하게 갖추는 연령에 도달하지 못한 미성년자(sec. 57), 타고난 결함으로 인해 이성의 빛을 발휘할 수 없는 백치나 정신이상자(sec. 60) 등은 자연법의 준수 의무에서 제외된다고 생각하였다.
35) 그 외에 125절과 *Human Understanding*, Bk. IV, ch. 20, sec. 17도 참조하라.

나가 앞에서 살펴본바, 자연법의 인식은 어떻게 이루어지는가, 그것은 우리에게 어떻게 알려지는가 하는 것이다. 다른 하나는 자연법의 기초는 무엇인가, 혹은 그것은 어떻게 구속력을 가지는가 하는 것이다. 그런데 그는 저술 곳곳에서 쾌락주의적 윤리관으로 비칠 수 있는 언급을 자주 함으로써, 자연법 이론을 쾌락과 공리에 기초했다는 비판을 받고 있다. 그는 『인간 오성론』에서 다음과 같이 선과 악을 쾌락과 고통이라는 맥락에서 설명하고 있다.

사물은 오직 쾌락이나 고통과의 관련에서만 선하거나 악하거나 한 것이다. 우리는 우리들 안에서 쾌락을 가져오거나 증진하는 경향이 있는, 혹은 고통을 감축하는 경향이 있는 것을 선이라고 부른다. 또는 우리에게 어떤 다른 선의 소유나 악의 부재를 마련하거나 보전해 주는 것을 선이라 부른다. 그리고 반대로 우리들 안에서 어떤 고통을 일으키거나 증진하는 경향이 있는, 혹은 쾌락을 감축하는 경향이 있는 것을 악이라고 이름 붙인다. 또는 우리에게 어떤 악을 마련해 주거나, 어떤 선을 박탈하는 것을 악이라 이름 붙인다.[36]

또한 로크는, "최대한의 행복은 우리가 얻을 수 있는 최고의 쾌락이며, 불행은 최고의 고통이다"라고 하면서,[37] 인간은 모두 이러한 행복에 대한 욕망과 불행에 대한 혐오를 타고났으며, 이러한 것은 생득적 실천 원리라고 말한다.[38]

로크의 도덕론에 담겨 있는 이러한 요소들 때문에 어떤 비평가는, "로

36) *Human Understanding*, Bk. II, ch. 20, sec. 2.
37) 같은 책, Bk. II, ch. 21, sec. 42.
38) 같은 책, Bk. I, ch. 3, sec. 3.

크의 공리주의는 명백하며 이론의 여지가 없다. 벤섬(Bentham)조차 그보다 더 명확하게 표현할 수는 없을 것이다" 하고 단언하였다.[39] 그러나 로크의 사상의 바탕이 공리주의라는 것이 이론의 여지가 없을 만큼 명백한 것은 아니다. 그는 선과 악을 쾌락 및 고통과의 관련에서 정의하면서, 동시에 그것을 신이 부여한 법에 대한 준수 여부로 규정한다. 즉 우리의 자발적 행동이 그 법과 합치하면 선이요, 그렇지 않으면 악인 것이다. 이 법이 곧 선악의 기준이 되며, 항구적이고 보편적인 것으로서, 쾌락 및 고통과는 별도로 존재한다. 로크에 따르면 선과 악, 쾌락과 고통은 이 법의 준수나 위반에 대한 상이나 벌로 따라오는 것이다.[40]

이렇듯 신은 최고의 입법자로서 옳은 행위에 대해서는 상으로 쾌락을, 나쁜 행위에 대해서는 그 벌로 고통을 결합했다. 사람들은 나쁜 행위를 함으로써 초래될 고통을 피하고, 쾌락을 얻을 기대로 옳은 일을 하게 된다. 쾌락과 고통에 대한 전망은 이리하여 사람들이 도덕법에 합치하려는 동기를 부여한다. 그러나 그것이 도덕법의 기초가 되는 것은 결코 아니다. 쾌락과 고통은 로크에게는 어떤 도덕적 행위의 결과일 뿐, 그것 자체가 도덕적 행위의 본질을 구성하는 것은 아니다. 그의 사상에서 도덕적 행위나 자연법 준수에 대한 쾌락주의적 동기 부여의 요소는 분명히 있다. 그렇지만 핸시(Hancey)도 지적했듯이, 로크의 쾌락주의는 이와 같이 엄격하게 제한된 의미를 갖고 있으며, 따라서 그것은 자연법의 객관적 지위를 위협하지 않는다.[41] 이 점을 분명하게 인식하지 못하면 로크에 대해 크

••

39) C. H. Driver, "John Locke," F. J. C. Hearnshaw ed., *The Social & Political Ideas of some English Thinkers of the Augustan Age: A.D. 1650~1750* (New York, 1928), p. 81.

40) *Human Understanding*, Bk. II, ch. 28, sec. 5.

41) J. O. Hancey, "John Locke and the Law of Nature," *Political Theory*, vol. 4, no. 4 (1976), p. 447.

나쁜 오해를 낳을 수 있는데, 그 대표적인 예를 스트라우스에게서 볼 수 있다.

스트라우스는 로크의 사상에서 쾌락주의 혹은 공리주의의 요소를 지나치게 중요시함으로써, 그를 완전한 홉스주의자로 만들어 버렸다. 그에 의하면, 로크의 인간은 전적으로 이기주의와 자기 보전의 충동에 따라 움직이며, 다른 아무런 규범적인 자연법의 규제도 받지 않는 존재이다. 그는 로크의 다음과 같은 진술, 즉 "자연은 ⋯ 인간에게 행복에 대한 욕망과 불행에 대한 혐오를 심어주었다. 이것은 참으로 생득적인 실천 원리들이다"[42]와 같은 진술의 의미를 지나치게 확대 해석하였다. 스트라우스는 이 구절을 근거로, "행복에 대한 욕망과 행복의 추구는 하나의 절대적 권리, 자연권의 성격을 지닌다"고 하면서, 이 권리는 모든 의무에 선행하는 권리라고 파악하였다. 즉 "생득적인 자연적 의무는 없는 반면, 생득적 자연권은 있다"는 것이다. 그리하여 그는 로크의 사상에서 자연권을 자연법의 기초가 되는 것으로 보았다. 그는 "자연권은 생득적인 데에 반하여 자연법은 그렇지 않기 때문에, 자연권이 자연법보다 더 근본적인 것이며 또한 자연법의 기초이다"라고 주장한다.

스트라우스의 견해를 계속 따라가자면, 그런데 행복은 생명을 전제로 하는 것이기 때문에, 생명에 대한 욕망이 행복에 대한 욕망보다 우선한다. 사실 "신이 인간에게 심어 놓고, 바로 그들 본성의 원리 속에 수놓은 제일의 그리고 가장 강력한 욕망은 자기 보전의 욕망이다."(I, sec. 88) 그러므로 모든 권리 가운데 가장 근본적인 것은 자기 보전의 권리이다. 따라서 이 자기 보전의 권리야말로 모든 자연법의 기초이며, 자연법은 궁극적으로 이 권리에서 파생되어 나오는 것이므로 그 권리를 제약할 수

42) *Human Understanding*, Bk. I, ch. 3, sec. 3.

없다. 이리하여 스트라우스는 자연법은 단지 자기 자신의 이익과 권리를 지키기 위해 인간이 요구하는 그런 법일 뿐이며, 인간은 적어도 자기 보전을 위해서라면 무엇이든지 마음대로 할 수 있는 자유를 갖고 있다고 주장하였다.[43]

스트라우스가 제시하는 이러한 설명은 이미 앞 절에서 살펴본 로크의 입장과는 현격한 차이가 있다는 것을 금방 알 수 있을 것이다. 우리는 로크가 자기 보전 및 행복 등에 대한 욕망을 자연법과 구별하고, 그것이 자연법이나 도덕적 표준에 의해 통제되어야 할 단순한 '자연적 성향'에 불과한 것이라고 말한 것을 확인한 바 있다. 자기 보전과 행복에 대한 욕망이 결코 모든 의무에 우선하는 절대적 권리가 아니며, 또한 자연법의 기초도 아닌 것이다. 로크의 권리는 전혀 의무에 선행하지 않으며, 단지 자연법 안에서 의무와 표리 관계를 이루고 있을 뿐이다. 스트라우스가 자신의 해석을 위해 『인간 오성론』에서 따온 앞의 "자연은 … 인간에게 행복에 대한 욕망과 불행에 대한 혐오를 심어주었다. 이것은 참으로 생득적인 실천 원리들이다"라는 인용문 또한 이러한 각도에서 이해해야 한다. 사실 그가 무시하고 있지만, 이 인용문에 이어지는 글은 그의 해석을 뒷받침해 주지 않는다. 왜냐하면 이 인용문에 뒤이어 로크는 행복에 대한 욕망과 불행에 대한 혐오는 선에 대한 욕구의 성향으로서, 이러한 자연적 욕구나 경향은 생득적 도덕 원리와는 전혀 별개라고 말하고 있기 때

..

43) 위의 두 문단의 스트라우스의 견해는 Strauss, *Natural Right and History*, pp. 226-227에 의한 것이다. Hancey, "John Locke and the Law of Nature," pp. 439-440은 로크의 자연법 이론은 기본적으로 고전에서 시작하여 중세 스콜라철학을 거쳐 종교개혁을 통해 계속 이어져 온 자연법의 전통적 개념의 연속이라고 파악한다. 그러면서 핸시는 로크의 자연법 이론에 대한 기여는 스트라우스의 주장처럼 자연법을 이기적 공리주의의 형태로 변조한 데 있는 것이 아니라, 오히려 자연법의 보편적 인식 가능성과 그에 대한 의무를 밝힌 데 있다고 주장한다.

문이다.[44] 로크에게는 자기 보전의 욕망도, 행복에의 욕망도 자연법의 울타리를 벗어나 있는 것이 아니다. 이들 욕망이 자연법보다 더 근본적이거나 혹은 그 기초인 것은 더욱 아니다.

로크는 『자연법논고』에서 각자의 자기 보전의 원리가 모든 자연법의 기초라는 견해를 보다 단호하게 거부하였다. 그의 생각으로는 만일 이 법의 원천과 기원이 개인의 자기 보전이나 자신의 이익에 대한 배려에 있다고 한다면, 우리에게 유용한 것 이외에는 아무것도 선이 아닐 것이며, 또 이 법의 준수는 우리가 이행해야 할 의무이기보다는 오히려 특권과 이득이 될 것이다. 그리고 권리를 주장하고 자연적 성향을 추종하는 것이 쾌락을 가져올 때는 언제나, 아무런 비난을 받지 않고도 이 법을 무시하거나 어길 수 있게 될 터이다.[45]

이것은 결국 우리에게 해도 좋은 일을 명령하고 해서는 안 될 일을 금지하는 규범적인 자연법을 부정하는 짓이며, 모든 것을 인간의 자의에 맡기는 것이 될 터이다. 인간이 공리와 쾌락만을 좇아, 그것이 부추기는 것 이외의 다른 어떤 것에도 구속받지 않는다면, 거기에는 옳고 그름의 구별도 없어질 것이며, 의로움이나 덕성 등과 같은 용어는 한갓 무의미한 빈말이 되어 버릴 것이다. 로크는 무엇보다 이러한 점을 우려하였다.[46] 그가 보기에는, 인간이 "다른 동물들과 마찬가지로 자기 자신의 이익을 추구하려는 생득적 충동에 의해 움직인다"고 하는 이러한 주장은 도덕의 무정부 상태를 초래할 "아주 해로운 견해"였다.[47]

..
44) J. W. Yolton, "Locke on the Law of Nature," *Philosophical Review*, vol. 10 (1958), p. 490도 이 점을 지적하고 있다.
45) *Law of Nature*, p. 181.
46) 같은 책, p. 121.
47) 같은 책, p. 205.

로크의 이러한 주장은 분명 쾌락주의에 대한 공격이며, 따라서 『인간 오성론』에서 표명한 쾌락주의적 견해와는 배치되는 것처럼 보인다. 라이덴(W. von Leyden)은 자신이 편집한 『자연법논고』의 해설문에서, 로크의 쾌락주의는 『인간 오성론』을 비롯한 후기 저술에서 분명하게 나타나게 되는데, 그것은 그의 자연법 이론, 특히 그가 아직 전통적 교의를 보다 많이 받아들이고 있던 초기 저술인 『자연법논고』의 자연법 교의와는 직접적으로 상충된다고 주장하였다. 로크는 이 양자를 조화시키려고 노력했지만 이 난점은 제대로 해결되지 않은 상태로 남아 있다는 것이다.[48] 그는 이렇게 말하고 있다.

그렇지만 로크의 윤리 사상의 이 두 가닥은 서로 쉽게 융합하지 못한다. 궁극적인 도덕법 즉 자연법에 대한 신념을 견지하는 것과, '선과 악은 상대적인 용어로서, 사물의 본성 안에 있는 어떤 것을 지시하는 것이 아니라 단지 쾌락이나 고통을 낳게 하는 성향과 경향의 면에서 그 사물이 다른 사물에 대해 갖는 관계를 지시하는 것일 뿐'이라고 주장하는 것은 두 개의 교의, 즉 전적으로 양립 불가능한 것은 아니라 할지라도 그것들을 주장하는 사람의 마음속에 혼란과 모호함을 야기할 수밖에 없는 그런 두 교의를 표현하는 것이 된다.[49]

그러나 로크의 자연법 이론과 쾌락주의적 윤리학이 조화를 이루지 못할 만큼 상충한다고 생각할 필요는 없다.[50] 그의 쾌락주의는 이미 보았듯

∙∙
48) 같은 책, Leyden, "Introduction," pp. 70-73.
49) 같은 책, pp. 71-72.
50) H. Aarsleff, "The State of Nature and the Nature of Man in Locke," J. W. Yolton ed., *John Locke: Problems and Perspectives* (Cambridge University Press, 1969), p. 121은 쾌락주의가 자연법과 상충하기는커녕, 오히려 그것은 자연법에 부합하는 도덕률로 나아가는

이 상당히 완화되고 제한된 성격의 것이며, 또한 그의 자연법은 공리와 쾌락의 원리를 완전히 배제하지 않는다. 그는 각자의 개인적 이익이 자연법의 기초가 아니라는 말이 곧 이 양자가 서로 대립되는 것이라고 하는 말로 오해되지나 않을까 저어하였다. 로크가 보기에 양자는 대립하기는 커녕, 오히려 "각자의 사유 재산에 대한 가장 든든한 보호자가 자연법이며, 이 법의 준수 없이는 어느 누구도 자기 재산의 주인이 되거나 자신의 이득을 추구하는 일이 불가능하다." 로크가 부정하려는 것은 자기 보전과 행복에 대한 욕망이 인간 행동에 동기를 부여한다는 사실이 아니라, "각 사람 자신의 이익이 곧 무엇이 옳고 정당한가라는 것에 대한 표준"이라는 생각이다.[51]

로크는 공리가 자연법의 기초가 아님을 분명히 밝혔다. 신은 "떼려야 뗄 수 없는 고리로 덕과 공공의 행복을 결합했으며, 덕의 실천을 사회의 보전에 필요 불가결한 것으로, 그리고 모두에게 뚜렷이 혜택이 되는 것으로 만들었다"고 로크는 믿었다.[52] 그렇기 때문에 법의 준수는 "평화, 조화로운 관계, 우의, 처벌로부터의 자유, 안전, 우리의 재산의 소유, 그리고 ─이 모든 것을 한 마디로 뭉뚱그려─행복"을 가져다준다. 요컨대 "공리는 법의 기초나 의무의 근거가 아니라, 그것을 준수한 결과이다."[53] 쾌락이나 공리는 사람들이 어떤 행동을 취할 때 그 동기를 부여하기는 하지만, 그들에게 그렇게 하도록 의무를 지우지는 못한다.[54]

데에 길잡이가 되는 수단이라고 주장한다. 다만 『자연법논고』는 이 점을 제대로 밝혀 주지는 못하고 있다는 것이다.

51) *Law of Nature*, p. 207.
52) *Human Understanding*, Bk. Ⅰ, ch. 3, sec. 6.
53) *Law of Nature*, p. 215.
54) Yolton, "Locke on the Law of Nature," pp. 491~492는 로크의 쾌락주의와 자연법의 관계를 올바로 이해하기 위해서는 의무와 동기를 명확하게 구별할 필요가 있다는 점을 강조한다.

그러면 우리는 왜 어떤 일은 해야 하고 어떤 일은 해서는 안 되는가? 명령하거나 금지하는 자연법이 지니는 구속력은 어디에서 나오는가? 그 궁극적인 기초는 무엇인가? 이러한 질문에 대해 로크는 "궁극적으로 모든 의무는 신에게 귀결된다"고 대답한다.[55] 로크는 물론 기독교도였고, 기독교의 신은 그의 사상 전반에서 의문의 여지가 없는 궁극적인 전제였다. 사실 이성이라는 재능이 작용하는 것도 그의 기독교 신앙의 테두리 내에서의 일이며, 그의 쾌락주의 자체도 이 신앙과 부합하도록 짜 맞추어진 것이다.[56]

로크에 따르면 자연법이 구속력을 갖게 되는 것은 그것이 바로 신의 의지의 표현이기 때문이다. 어느 누구도 우리보다 우월한 권리와 권력을 갖고 있지 않으면 우리에게 어떤 의무를 지우거나 우리를 구속하지 못한다. 그러한 권리와 권력을 가진 존재가 바로 신이며, 오로지 신만이 그러하다. 그가 우리에게 그러한 권한을 갖는 것은 우리의 창조주라는 자격에서이다. 로크는 "우리는 우리의 몸과 영혼 그리고 생명—우리의 현재의 모든 것, 우리가 가진 모든 것, 그리고 심지어 우리가 장차 갖

··

55) *Law of Nature*, p. 183.

56) Gough, *Locke's Political Philosophy*, p. 10. 특히 Dunn, *Political Thought of John Locke* 및 R. Ashcraft, "Faith and Knowledge in Locke's Philosophy," Yolton ed., *John Locke* 는 로크의 전 사상 체계의 기초를 이루고 있는 것은 그의 기독교, 특히 개신교 신앙이라는 관점에서 로크를 파악하고 있다. 그러나 Ashcraft, "Faith and Knowledge," p. 223의 다음과 같은 주장, 즉 『인간 오성론』은 로크의 신앙을 확증하는 것이라는 맥락에서 읽어야 하며, 기독교도로서의 로크의 인식론적 견해와 철학자로서의 로크의 그것이 만족스럽게 조화되지 못할 때, 이를테면 신앙과 이성이 상충할 때 우선권을 가지는 것은 전자 쪽이라고 하는 주장이 과연 타당한가 하는 데에는 의문의 여지가 있다고 할 것이다. 오히려 기독교의 가르침은 그의 이성에 부합하는 한도 안에서 그의 사상에 수용되고 있는 것이 아닐까 하는 느낌이 강하게 든다. 사실 『정부론』을 위시한 그의 여러 저술에서 인용되고 있는 많은 성경 구절들은, 원래의 문맥상의 의미와는 전혀 관계없이 따로 떼어 내어져서 그의 사상을 합리화하는 데 이바지하는 방식으로 인용되게 마련이었다.

게 될 바의 모든 것조차—을 그에게, 오직 그에게만 은혜 입고 있기 때문에, 우리가 그의 의지의 계율에 따라 살아야 하는 것은 지당한 일이다"라고 믿었다.[57]

자연법을 신의 의지로 보는 동시에, 로크는 또한 우리가 자연법을 지켜야 하는 것은 그것이 원래 그 자체로서 옳기 때문이라고 믿었다. 신의 의지의 포고로서 자연법은 부당한 규정을 포함할 수 없다. 창조주의 속성상 그의 작품은 질서를 가지며, 그 질서는 이성과 합치한다. 신의 의지는 자의적일 수 없다. 로크는 "우리는 신 자신은 선하지 않은 것을 선택할 수 없다고 말해도 좋을 것이다. 전능자의 자유는 그가 최선의 것에 따라 결정하는 것을 막지는 않는다"라고 말한다.[58] 그의 생각으로는, 신의 전능은 부당한 일도 자행할 자유를 포괄하지 않으며, 선한 의지만을 가져야 한다는 것이 신의 자유나 전능성을 훼손하는 것도 아니다. 우리는 이러한 데에서 로크의 합리주의적 입장이 강하게 드러나는 것을 볼 수 있다. 이러한 신은 그의 법을 시행할 장치로서 이승에서의 쾌락과 고통을, 그리고 저승에서의 영원한 상벌을 수립해 놓았다. 특히 "저승에서의 상벌은 … 이승의 삶이 보여 줄 수 있는 어떠한 쾌락이나 고통과도 대립되는 선택을 결정하기에 충분할 정도로 무게 있는 것이다…"[59] 그러나 인간에게 그 법에 복종할 의무를 지우는 것은 "처벌에 대한 공포가 아니라 무엇이 옳은가에 대한 합리적인 이해이다."[60]

∵

57) *Law of Nature*, p. 187.
58) *Human Understanding*, Bk. II, ch. 21, sec. 49.
59) 같은 책, sec. 70. 그리고 같은 책, ch. 28, sec. 8에서 로크는 "신은 우리의 행동을 최선의 것으로 향하도록 할 자애(Goodness)와 지혜를 가지고 있다. 그리고 그는 무한히 무겁고 무한히 지속되는 저승의 삶에서의 상벌로 그것을 시행할 힘을 가지고 있다"고 말하기도 한다.
60) *Law of Nature*, p. 185.

3. 자연상태

로크의 정치사상은 기본적으로 자연법과 자연상태라는 두 개의 이론적 장치에 기초를 두고 있다.[61] 이 두 개의 장치는 서로 떼어놓고 생각할 수 없을 정도로 긴밀하게 결합하여 그의 이론의 양대 초석을 이루고 있는 것이다. 그러나 양자의 결합은, 한 쪽이 다른 한 쪽에 반드시 필요하다는 의미에서 필연적인 것은 아니다. 자연법은 고대 그리스까지 거슬러 올라가는 오랜 역사를 지닌 용어인 데 비해, 자연상태는 로크의 시대 무렵에 와서야 비로소 논의되기 시작한 개념이기 때문이다.

자연상태는 17세기에 들어와서, 특히 홉스에 이르러서야 비로소 정치철학의 본질적 주제가 되었다.[62] 홉스는 아직 이 용어를 쓰는 것에 대해 변호를 해야 했으며, 자연법의 철학적 교의가 본질적으로 자연상태의 교의로 된 것은 오직 홉스 이후의 일이다. 홉스 이전에도 자연상태라는 용어가 쓰이기는 했지만, 그것은 정치철학에서보다는 기독교 신학에서 주로 쓰였다. 말하자면 그것은 은총의 상태와 구별되어, 순수 자연의 상태와 타락된 자연의 상태로 구분되었던 것이다. 홉스는 이 자연상태의 구분을 없애 버리는 한편, 그 대칭되는 개념으로 은총의 상태 대신에 시민사회[63]의 상태를 상정하였다.

근대 자연법학자들은 이 자연상태라는 개념을 도입하고 발전시킴으

..

61) Yolton, "Locke on the Law of Nature," p. 477.
62) 자연상태에 관한 이 문단과 다음 문단의 서술은 주로 Strauss, *Natural Right and History*, pp. 183-184에 따른 것이다.
63) 오늘날 시민사회는 흔히 국가의 통제와 간섭에서 벗어나 시민이 자율적으로 활동할 수 있는 영역을 가리키는 용어로 쓰인다. 그러나 로크의 시대에 그것은 자연상태에 대칭되는 개념으로서, 정치사회 혹은 국가를 가리키는 용어로 사용되었다. 로크는 종종 시민사회와 정치사회의 두 용어를 같은 뜻으로 서로 섞어 사용하였다.

로써, 그들의 자연법 이론을 이전의 것과는 판이하게 다른 것으로 재구성할 수 있었다. 그들 이전의 전통 속에서는, 시민사회는 개인에 앞서며, 따라서 인간은 시민사회를 통하거나 그 안에서가 아니고는 자신의 자연 즉 본성(nature)의 완성에 도달할 수 없다고 생각되었다. 도덕 문제에서 일차적인 것은 권리가 아니라 의무라고 하는 견해로 이끈 것은 이와 같은 가정이었다. 그렇기 때문에 만일 인간의 의무보다 권리를 주장하려고 한다면, 무엇보다 우선 이러한 가정에서 벗어나는 일이, 아니 그것을 뒤집는 일이 필요했다. 말하자면 개인이 오히려 시민사회에 앞서며, 시민사회나 주권자의 모든 권리는 원래 개인에게 속해 있던 권리로부터 파생되어 나온 것이라고 주장하는 일이었다. 그러한 존재로서의 개인은 시민사회와는 무관하게 독자적으로 존재하며, 본질적으로 그 자체가 하나의 완전한 존재로 인식되어야 했다. 이러한 필요에 부응하기 위해 고안된 개념이 시민사회에 선행하는 것으로서의 자연상태였다. 대체로 의무의 교의였던 자연법사상은 이러한 자연상태라는 개념 장치와 결합함으로써 권리의 교의로 탈바꿈하게 되었다.

로크 역시 다른 자연법학자들과 마찬가지로 자연상태 관념을 받아들여, 그것을『정부론』에서 정치권력이나 시민정부의 성격을 분석하는 데에 핵심 개념으로 사용하였다. 그는 "정부의 발생, 정치권력의 기원 및 그것을 장악하는 사람들을 선정하고 알아내는 방법 등에 관해서, 써 로버트 필머(Sir Robert Filmer)가 우리에게 가르쳐 주었던 것과는 다른 것을 찾아" 내려고 했다.(sec. 1) 그래서 그는 "정치권력을 올바로 이해하고 그것의 기원을 밝혀내기 위해서, 우리는 모든 사람들이 자연적으로는 과연 어떤 상황에 놓여 있는가를 고찰해 보지 않으면 안 된다"고 생각했다(sec. 4). 그렇기 때문에 그는 다른 무엇보다 이 자연상태에 관한 고찰을, "시민정부의 진정한 기원, 범위 및 목적"을 밝히고자 하는『제2론』의 출발점으로 삼았다.[64]

그러나 로크의 초기 저술인『자연법논고』에서는 아직 자연상태라는 용어가 전혀 나타나지 않으며, 그리고 이 저술은 권리의 교의와는 거의 직접적인 관련이 없는 것처럼 보인다. 그것은 후기 저술에 비해 전통적인 자연법 교의를 보다 많이 따르고 있다. 초기의 옥스퍼드 시절의 로크는 정치나 종교 문제에서 후기에 비해 상대적으로 전통주의적이고 권위주의적이었다. 그가 좀 더 자유주의적인 사상가로 성장하게 되는 것은 샤프츠베리(Shaftesbury) 백작을 만난 이후의 일이다.[65] 그 이후 그의 사상은 보다 급진적 형태로, 그리고 권리의 교의로 발전해 나갔다. 그가 "모든 근대 자연권 교사들 가운데 가장 저명하고 또 가장 영향력 있는"[66] 인물이 된 것은 바로『정부론』을 통해서이다.

그러면 "모든 사람들이 자연적으로는 과연 어떤 상태에 놓여 있는" 것인가?[67] 로크는 무엇보다 그것을 자유와 평등의 상태로 규정하였다. 자연상태의 인간은 모두 자유롭고 평등하다. 그들은 누구든지 "다른 사람의 허가를 구하거나 또는 다른 사람의 의지에 의존하는 일이 없이, 자연법의 테두리 안에서 자기가 적절하다고 생각하는 데 따라" 행동하고 삶을 영위할 자유를 누린다. 그리고 그들은 또한 그러한 자유를 누구든 똑

•••

64)『제2론』의 온전한 제목은『시민정부의 진정한 기원, 범위 및 목적에 관한 논고』이다.

65) Laslett, "Introdunction," II, chs. 1-2 참조. 로크의 사상이 발전하는 과정에서 초기와 후기 사이의 차이, 이를테면 초기의 상대적으로 권위주의적이고 전통주의적인 입장에서 후기의 좀 더 급진적이고 자유주의적인 입장으로의 변모가 어느 정도인가에 대해서는 논자에 따라 다소의 차이가 있는데, 래슬리트는 그 차이를 지나치게 강조하는 것처럼 보인다. 어쨌든 그것은 질적인 차이이기보다는 정도의 차이에 불과한 것으로 보는 것이 온당할 것이다.

66) Strauss, *Natural Right and History*, p. 165.

67) E. S. de Beer, "Locke and English Liberalism: the *Second Treatise of Government* in its Contemporary Setting," Yolton ed., *John Locke*, pp. 36-37은 로크는 당시의 각종 아메리카 대륙의 여행기에 친숙해 있었는데, 그의 자연상태에 관한 관념은 부분적으로 아메리카 혹은 원시사회에 관한 여행가들의 설명에서 형성된 것이라고 지적한다.

같이 공평하게 누린다. 자연상태에서는 "모든 권력과 사법권은 상호적이어서, 어느 누구도 다른 사람보다 더 많이 가지고 있지 않다." 거기에서는 다른 사람을 지배할 수 있는 자연적 권한을 가지고 있는 사람은 아무도 없다. 왜냐하면 "같은 종류와 등급의 피조물은 자연의 혜택을 똑같이 누리고, 또한 똑같은 재능을 사용하도록 태어났으며, 따라서 서로 간에 종속하거나 복종함이 없이 평등해야 한다"는 사실은 너무나 명백하기 때문이다.(sec. 4)

그러나 로크가 말하는 평등은 삶의 모든 측면에서의 평등을 의미하는 것이 아니라 사법권(jurisdiction)과 지배권(dominion)상의 평등, 이를테면 법적 혹은 정치적 평등에 한정된다. 인간은 본래 평등하다는 말이 온갖 종류의 평등을 의미하는 것으로 이해되어서는 안 된다는 점을 그는 분명히 해 두었다. 연령이나 덕성이 사람들에게 정당한 우월성을 부여할 수도 있고, 어떤 사람은 빼어난 재능으로 보통 사람보다 높은 자리를 차지할 수도 있는 등, 자연상태에서는 다양한 종류의 사회적 불평등이 있을 수 있다는 것이다. 그렇지만 그런 것은 "모든 사람이 사법권이나 지배권의 측면에서 상호간에 놓여 있는 평등," 이를테면 "다른 어떤 사람의 의지나 권위에도 종속됨이 없이 사람들이 각자 자신의 자연적 자유에 대해 가지고 있는 평등한 권리"와 전혀 상충하지 않는다고 로크는 강조한다.(sec. 54)[68]

로크는 인간이 자유롭고 평등하다는 것은 근원적으로 인간이 신의 작품이라는 지위에서 얻어지는 것이라고 생각했다. 인간은 창조주인 신이

[68] 오늘날의 관점에서 보자면 로크의 평등 개념은 매우 협소하다고 느낄 수도 있다. 그러나 Driver, "John Locke," p. 90은 이런 법적 평등의 개념이 너무나 완전하게 우리의 사고 속에 흡수되었기 때문에, 그것이 그 당시에 얼마나 도전적인 주장이었는가를 잊기 쉽다는 점을 환기시킨다.

빚은 작품이며, 따라서 신과의 관계에서 인간은 그의 종이며 재산이다. 신은 인간에 대해 절대적 주권을 갖고 있으며, 인간은 결코 그 주권으로부터 자유로울 수 없다. 인간은 신의 재산이기 때문에 자신의 생명이든 타인의 생명이든 자유롭게 처분할 수 없다. 말하자면 인간에게는 살인도 자살도 감행할 자유가 없는 것이다(sec. 6). 그런 의미에서 로크에게 자기보전은 권리이면서 동시에 의무이기도 하다. 이와 같이 "인간은 그 자신의 생명에 대한 권력을 갖고 있지 않기 때문에, 계약이나 혹은 그 자신의 동의로 스스로를 다른 사람의 노예가 되게 할 수 없으며, 또한 스스로를 다른 사람의 절대적이고 자의적인 권력 아래 내맡길 수 없다."(sec. 23)

로크는 인간이 자기의 인신과 소유물을 처분할 무제한의 자유를 가진 것처럼 말하기도 하지만, 그러면서도 항상 신이 가진 보다 상급의 권리를 언급함으로써 이 자유를 제한한다. 그러나 신과 인간의 이러한 관계가 인간의 참된 자유를 저해하는 것은 아니다. 오히려 인간을 신의 절대적 주권에 종속시킴으로써, 로크는 그들 상호간의 관계에서 어떠한 상급의 권위나 지배권도 부정할 수 있었다.[69] 인간은 상호간에 자유롭고 또한 상호간에 평등한 것이다.

로크보다 반세기쯤 전의 인물인 흐로티위스(H. Grotius)만 하더라도, 그는 인간은 전적으로 자유롭고, 그 자유를 가지고 무엇이든 할 수 있다고 생각했다. 이를테면 자유조차도 포기할 자유가 있다는 것이다. 그래

..

69) Laslett, "Introduction," p. 114는 사람은 각자 자기 자신의 인신(person) 안에 재산을 가지며, 따라서 그의 노동 역시 그의 재산이라는 27절의 구절은, 인간은 신의 것이요 신에게 속해 있다는 로크의 '제1의 원리'와 상충한다고 주장한다. 그렇지만 인간은 신의 것이라는 로크의 언급은 신에 대한 인간의 종속을 주장하기 위한 것이라기보다는, 인간은 어느 누구도 타인에게 종속되지 않는다는 것을 논증하기 위한 방편이 아니었을까? 로크는 모든 인간을 신에게 종속시킴으로써 인간 상호간에는 아무런 종속 관계가 없으며, 서로 평등하고 독립적임을 주장하려 했다고 보는 것이 좀 더 온당할 것이다.

서 그는 사람이 자발적으로 보다 우월한 자에게 자신을 양도함으로써 노예가 되는 것을 자연법으로 옹호했으며, 국민이 스스로를 지배자의 수중에 넘길 권리가 있다는 논리를 근거로 정치적 절대주의를 정당화했다.[70] 그러나 로크에게 자유는 결코 양도할 수 없는 것이었다. 그의 자연법은 인간이 스스로 생명과 자유를 포기하고 다른 사람의 노예가 되는 것을 허용하지 않는다. 자유의 관념과 관련하여 이전의 자연권 전통과 근본적으로 결별한 급진 이론이 나타나게 되는 것은 로크에 와서의 일이다.[71]

로크는 자신이 말하는 자유가 필머가 비난하는 것과 같이 모든 사람이 각자 "그가 욕구하는 대로 행하고, 좋아하는 대로 살며, 그리고 어떠한 법에도 얽매이지 않는" 그런 자유가 아님을 분명히 하였다. "인간의 자연적 자유란 지상의 어떠한 상급의 권력으로부터도 벗어나 있는 것"을 말하지만, 그러나 그것은 자연법을 자신의 규율로 삼고 있는 상태이다. 사회 안에서의 자유도 마찬가지다. "사회 안에서 인간의 자유는 다른 어떠한 입법권도 아닌, 오직 동의로 수립된 입법권 아래에 있는 것이다."(sec. 22)

로크에게 진정한 자유는 결코 변덕스러운 기분에 따르는 행위나 혹은 방종과 동일시될 수 있는 것이 아니다. 그는 자유와 방종을 엄격하게 구별하였다. 자연상태는 "자유의 상태이지만, 방종의 상태는 아니다"는 것이다.(sec. 6) 진정한 자유는 일체의 제약의 부재가 아니라, 단지 불필요한 제약의 부재에 있다. 절대적 자유란 아무런 의미가 없기 때문에, 그것은 어떤 방식으로든 규정되지 않으면 안 된다. 자유는 타인의 자의적 의지에 예속되지 않고 오직 자신의 의지를 따르는 데 있지만, 그러나 또한 자유는 "그를 지배하고 있는 법이 허용하는 한계 안에" 존재한다.(sec. 57) 자

∵

70) Sigmund, *Natural Law*, p. 64.
71) Tuck, *Natural Rights Theories*, p. 155.

연상태에서의 자유는 자연법에 의해, 그리고 시민사회 안에서의 자유는 시민법에 의해 규정되는 것이다.

로크는 자유를 규정한다는 것은 곧 그것에 울타리를 둘러치는 일인데, 이는 자유를 제약하는 것이 아니라 보호하는 것이라고 생각하였다. "법의 목적은 자유를 폐지하거나 억압하는 것이 아니라 보전하고 신장하는 것"이며, 그렇기 때문에 "법 없는 곳에는 자유 또한 없는 것이다."(sec. 57)[72] 로크의 견해에 의하면, 자연법에 충실하게 따라서 사는 사람이 아니라면, 아무도 자연상태에서 자유롭다고 말할 수 없는 것이었다. 이를테면 인간은 전쟁상태에서는 결코 자유롭지 못하다. 왜냐하면 전쟁상태는 법이 아니라 힘이 지배하는 상태로서, 누구든지 법 대신에 힘을 자기의 기준으로 삼는 자는 "신이 그들 상호간의 안전을 위해 인간의 행동에 대해 설정해 둔" 규칙과는 다른 또 하나의 규칙에 의거하여 살겠다고 선언하는 것이기 때문이다.(sec. 8)

이리하여 로크는 홉스가 인간이 자유롭다고 말하는 것과는 전혀 다른 방식으로 자유를 정의하였다. 홉스의 자유는 다른 사람의 동일한 자유를 존중할 의무를 수반하지 않는 절대적 자유이며, 따라서 그에게 전쟁상태는 인간의 자유의 피할 수 없는 결과였다. 그러나 로크에게는 전쟁상태가 자연법을 유린하고 폭력에 의존한, 바꾸어 말하자면 자유를 파괴한 결과였다. 홉스에게 법과 자유는 양립이 불가능한, 서로 상반되는 개념이다.[73] 이것이 홉스가 파악한 양자의 관계이며, 이는 또한 필머가 자유

----

72) Laslett, "Introduction," p. 125는 이런 측면에서 로크는 루소(J. J. Rousseau)의 입장, 즉 인간은 자신의 동의로 세운 입법부의 법에 의해 자유롭도록 강제될 수 있다는 입장에 근접한다고 보고 있다. M. Seliger, *The Liberal Politics of John Locke* (New York, 1969), p. 235는 로크는 루소를 앞섰을 뿐 아니라, 영국의 법을 자유의 보루로 간주하는 보통법 (Common Law) 전통을 견지하고 있었다고 주장한다.

를 비판한 관점이기도 하다. 즉 필머는 자유를 마음 내키는 대로 행할 권리라는 의미로 파악함으로써, 그것을 질서의 파괴라고 비난한 것이다.

그러나 로크는 이 점에서 자유의 개념을 근본적으로 달리 파악하고 있다. 법과 자유는 양립할 수 있을 뿐 아니라, 더 나아가 법은 자유를 지키는 울타리이다. 진정한 자유는 법의 테두리 안에서의 자유이다. 따라서 로크의 입장에서는 자연상태의 인간이 자유를 지키기 위해 법의 지배 아래로, 시민정부 속으로 들어간다는 것이 전혀 모순된 일이 아니며, 어떤 의미에서는 아주 자연스러운 과정이기도 한 일이었다.

그러면 인간을 자유롭게 만드는 것은 무엇인가? 우리가 자유롭다는 것은 무엇에 연유하는가? 로크에 따르면, 인간이 "자기 자신의 의지에 따라 행동하는 자유는 그가 이성을 가지고 있다는 사실에 근거한다." 이성은 인간에게 자기가 좇아야 할 법이 무엇인가를, 그리고 어느 정도까지 자유가 허용되고 있는가를 가르쳐 준다.(sec. 63) 이성은 사람 속에 자리하고 있는 '신의 목소리'로서,(I, sec. 86) 신이 우리에게 자연법을 공표하는 통로이다. 자연적 자유를 규정하고, 그렇게 해서 그것을 의미 있는 것으로 만드는 것은 자연법이다. 그리고 그 자연법을 우리에게 알려주는 것이 바로 이성인 것이다. 그래서 자유와 이성은 로크의 사상 속에서 언제나 함께 따라 다닌다. 로크의 생각으로는 "우리들은 이성적으로 태어난 것처럼, 또한 자유롭게 태어났다."(sec. 61) 따라서 "자유가 없다면 오성은 아무런 목적 없는 것이 될 터이요, 오성이 없으면 자유는 아무런 의미 없는 것이 될 터이다."[74]

로크에게 이성은 인간 이외의 다른 어떤 피조물도 갖지 못한, 인간 특

73) *Leviathan*, p. 189.
74) *Human Understanding*, Bk. II, ch. 21, sec. 67.

유의 자질이었다. 『인간 오성론』은 이런 말로 시작한다: "인간을 지각력 있는 나머지 존재보다 우위에 올려놓고, 또한 그가 그들에 대해 가지는 모든 우월성과 지배권을 그에게 부여해 주는 것은 오성이다."[75] 로크의 도덕 및 정치 이론의 밑바탕에는 이와 같이 이성을 지닌 존재로서의 인간 이라는 개념이 깔려 있다. 인간은 이성을 사용함으로써 선택을 할 수 있 는 능력을 갖추고 있으며, 따라서 자신의 행동에 대해 책임을 질 줄 아는 존재이다. 신은 만물 가운데 유독 인간에게만 이성의 능력을 부여해 주 었는데, 더욱이 그것은 인간이 신과 함께 나누어 갖는 재능이다. 인간이 만물의 영장이 되거나, 혹은 로크가 종종 표현하는 바, '거친 야수들'보 다 우월하게 되는 것은 바로 신이 부여한 이 재능을 올바로 사용함으로 써이다.[76]

로크의 인간은 본성적으로 이성적 존재이자 또한 사회적 존재이기도 하다. 로크의 인간은 흔히 원자화된 개인으로, 혹은 사회적 관계에서 단 절된 자족적인 존재로 제시되기도 한다. 에어런(Aaron)의 표현을 빌리자 면, 로크의 "개인은 인위적이다. 그는 아무런 가족적 유대도 없다. 그가 다른 사람들과 사회적 관계에 들어갈 때조차, 그는 어느 정도 고립된 존 재로 생각되는 경향이 있다"는 것이다.[77] 그러나 많은 연구자들은 이러 한 설명에 이의를 제기한다. 이들은 로크의 자연인이 본질적으로 사회적 이며, 자연상태는 그 자체가 일종의 '사회' 상태라는 점을 지적하고 있다. 이를테면 드라이버(Driver)는 "로크에게 인간은 상호 반발하는 원자가 아 니다. 그들은 반(反)사회적이 아니다. 그 반대로—화학적 은유를 계속한

75) 같은 책, Bk. I, ch. 1, sec. 1.
76) G. Parry, *John Locke* (London, 1978), pp. 17, 23 참조..
77) R. I. Aaron, *John Locke* (Oxford, 1937, 2nd ed., 1965), p. 284.

다면—비록 그가 인간을 원자로 생각하기는 하지만, 인간은 아주 명확한 원자가(原子價)를 가진, 말하자면 결합하고 융합하는 고유의 경향성을 가진 원자이다"라고 주장한다.[78]

사실 로크는 자주 인간의 사회적 본성을 강조한다. 그는 때때로 자연상태의 인간들이 마치 서로 격리된 개인들인 것처럼 말하기도 한다. 그렇지만 로크의 개인들을 면밀히 검토해 보면, 그들은 언제나 고도로 사회화된 개인들이라는 사실이 드러난다.[79] 로크에 따르면 인간은 생활상의 긴박한 필요 때문에 다른 사람들과 어울리는 사회생활을 하지 않을 수 없을 뿐만 아니라, 또한 "어떤 자연의 성향에 의해 사회 속으로 들어가도록 강요되는" 것이다.[80] 바꾸어 말하자면 "신은 인간을 사교적인 존재로 만들 생각이었기 때문에, 그에게 다른 동류의 인간들과 친교를 맺고자 하는 성향을 갖게 하였고 또한 그럴 필요성을 느끼도록 했을 뿐만 아니라," 사회를 결속하고 유지할 수단이 되는 언어 역시 제공해 주었던 것이다.[81]

로크는 자연상태의 개인들을 고립되고 자족적인 삶을 꾸려 가는 자기 충족적인 존재로 묘사한 적이 없다. 그들은 현실적인 삶의 필요 때문이든, 아니면 내면의 심리적 요구 때문이든 간에 다른 사람들과 끊임없이 교제하고 관계를 맺는다. 그들은 자기 충족적인 존재가 아니라, 언제나 다른 사람들과 함께 어울려 다양한 형태의 사회적 삶을 영위해 나간다.

∵

78) Driver, "John Locke," p. 89.

79) W. Kendall, *John Locke and the Doctrine of Majority-Rule* (Urbana, 1965), p. 66은 이 점을 강조한다.

80) *Law of Nature*, p. 157.

81) *Human Understanding*, Bk. III, ch. 1, sec. 1. 『제2론』 77절도 이와 거의 비슷한 진술을 담고 있다. 여기서도 로크는 인간은 실제 삶의 필요에서뿐 아니라 본성적으로 타고난 내적 성향에 의해서도 사회생활을 하지 않을 수 없는 존재이며, 뿐만 아니라 사회생활을 가능하게 하는 수단 역시 갖고 있는데, 그 가장 중요한 수단이 이성과 언어라고 말하고 있다.

사회는 남편과 아내로 구성되는 '최초의 사회'(sec. 77)로부터 가족이나 혹은 좀 더 복잡한 형태의 사회, 그리고 더 나아가 정치사회에 이르기까지 다양한 수준의 사회가 있다. 로크는 '정치사회' 혹은 '시민사회'라는 용어를 오늘날 우리가 보통 정치적 단위로서 국가라고 부르는 사회 형태를 가리키는 것으로 사용한다. 그리고 그는 나머지 모든 형태의 사회를 통틀어 이것과 구별하여 '자연상태'라는 이름으로 부른다.

　그러니까 로크가 정의한 기준에 따르자면, 구성원 간의 분쟁을 해결하고 침해 행위를 시정할 권한을 가진 위정자를 세움으로써 사람들은 자연상태를 벗어나 정치사회로 들어가는데, "일정한 수의 사람들이, 어떻게 결합한다 하더라도, 그들이 호소할 그러한 판결 권력이 없다면, 그곳에서 그들은 여전히 자연상태에 있다."(sec. 89) 자연상태에서 사람들은 비록 다양한 형태의 사회를 구성하지만, 이 사회는 사람들이 그들 사이에서 일어나는 분쟁을 "재판할 권한을 지닌 이승에서의 공동의 상급자"가 없다는 점에서 시민사회와 구별된다. 그곳에서 사람들은 오직 "이성을 좇아서 함께 살아가는" 것이다.(sec. 19)[82]

　로크는 '사회'라는 말로 시민사회를 지칭하기도 하지만, 때때로 그 둘을 서로 구별하여 사용하기도 하는데, 그의 자연상태에 대한 오해의 일부는 이러한 용어상의 혼동에도 기인한다. 로크의 경우, 사회 조직은 여러 방법으로, 자연스럽고 불가피한 과정으로 일어난다. 그 가운데에서 시민사회는 사회 조직의 매우 특수한 한 형태에 불과한 것이다.[83]

··
82) 87, 90절 및 94절과 기타 여러 곳에서도 자연상태를 분쟁의 해결을 호소할 이승에서의 공동의 재판관이 없는 상태로 정의하고 있다.

83) Strauss, *Natural Right and History*, p. 225 는 '사회'와 '시민사회'가 동의어라고 주장한다. 따라서 그에 의하면 자연상태는 '사회'가 아니며, 그렇기에 거기에서 통용되는 자연법도 효력을 가진 진정한 법이 아니다. 그러나 Yolton, "Locke on the Law of Nature," pp.

로크가 자연법을 진정한 의미의 법으로, 구속력을 가진 도덕법으로 믿었던 것도 이러한 자연상태의 관념과 일치한다. 도덕이란 원래 인간 상호 간의 관계를 전제로 하며, 도덕법의 지배를 받는 인간은 이미 타자와 일정한 관계 속에 있는 존재이다. 문자 그대로 고립된 개인들의 단순한 집합에서는 도덕법이란 불필요할 뿐만 아니라, 존재 자체가 불가능하다. 도덕법은 어떠한 수준의 사회이든 간에 하나의 사회 안에서 존재하고 기능하는 것이다. 로크의 자연법은 진정한 의미의 법이었기 때문에, 그것이 지배하는 자연상태 역시 일종의 사회이다. 또한 역으로 말하면 로크의 자연상태는 하나의 사회이기 때문에, 그것을 지배하는 자연법은 진정한 의미의 법인 것이다.

요컨대 로크는 자연상태를, 이성을 가진 합리적 존재로서의 인간이 실제적인 구속력을 지닌 자연법의 지배 아래에서 일종의 사회를 이루면서 자유롭고 평등하게 살아가고 있는 상태로 보았다. 거기에서 살고 있는 사람들은 그들에게 부여된 이성을 올바로 사용함으로써 무엇이 허용되고 무엇이 금지되는가를, 그들의 권리가 무엇이고 의무가 무엇인지를 알 수 있다. 그들은 자신이 향유하는 것과 똑같은 자유와 권리를 다른 사람도 누릴 수 있도록 존중할 의무를 지고 있다.

로크는 이와 같은 자연상태를 전쟁상태와 혼동하는 것을 비판하면서, 양자를 명확하게 구별하였다. 전쟁상태란 곧 "적대·악의·폭력 및 상호 파괴의 상태"인 데 반해, 자연상태는 "평화·선의·상부상조 및 보전의 상태"로서, 양자는 판이하게 다른 것이었다.(sec. 19) 그러나 문제는 그렇게 간단하지 않다. 왜냐하면 로크는 양자를 이렇게 명시적으로 구별하면

∙∙

492~493 및 G. J. Schochet, "The Family and the Origins of the State in Locke's Political Philosophy," Yolton ed., *John Locke*, p. 88도 양자를 구별해야 한다고 강조한다.

서도, 논의의 맥락에 따라 그 자신이 양자를 혼동하는 듯한 진술을 여러 곳에서 개진하고 있기 때문이다. 즉 그는 시민사회의 수립 이전의 상태를 묘사하면서, 그것을 마치 그가 전쟁상태의 특징으로 규정한 "적대·악의·폭력 및 상호 파괴"가 지배하는 상태인 것처럼 말하고 있는 것이다. 사정이 그러하기 때문에, 로크의 자연상태의 개념이 과연 어떤 것인가에 대해 많은 논쟁이 야기되고 다양한 해석이 제시되어 왔다. 그래서 혹자는 "자연상태는 분명히 로크의 정치철학에서 중심 위치를 차지하고 있기 때문에 그 철학에 대한 우리의 이해 전체가 걸려 있는" 문제이지만, 불행하게도 그에 관한 논쟁은 어떤 합의점을 찾아 나아가기보다 오히려 더욱 복잡하고 혼란스러운 양상을 보이고 있다고 토로하기도 한다.[84]

스트라우스는 로크가 단지 가면을 쓴 홉스에 지나지 않으며, 로크의 자연상태는 결국 홉스와 마찬가지로 전쟁상태에 불과할 따름이라고 주장한다. 그가 보기에 로크가 말하는 자연상태의 인간들은 아무런 사회적 유대도 갖고 있지 않으며, 자연법은 전혀 구속력을 지닌 법이 아니다. 그리고 자기 보전을 절대적 권리로, 최고의 행동 원리로 삼고 살아가는 인간들은 불가피하게 서로 간에 전쟁상태를 일으키지 않을 수 없다.[85]

스트라우스의 이러한 견해는 콕스(Cox)에 의해 충실히 수용되고 발전되었다. 콕스에 의하면, 로크는 『제2론』의 전반부에서는 자연상태를 주로 긍정적으로 묘사하지만 후반부에서는 논조를 바꾸어 부정적 묘사로 대체했는데, 이 부정적 묘사가 바로 로크의 진정한 입장이다. 그리고 그 분기점이 되는 것이 전체 분량의 중간에 해당하는 제9장의 첫 절, 즉 123절

••

84) Aarsleff, "The State of Nature," p. 99.

85) 스트라우스의 견해 가운데, 특히 로크의 자연상태를 전쟁상태라고 주장하는 것과 관련해서는 Strauss, *Natural Right and History*, pp. 224-225 를 참조하라.

이라는 것이다.[86] 그러면 123절 이하에서는 자연상태가 어떻게 묘사되고 있다는 것인가? 콕스가 재구성하여 제시한 자연상태는 어떤 모습인지 한 번 살펴보기로 하자.

콕스의 설명에 따르면, 123절 이하에서 자연상태를 묘사할 때 로크는 원칙상의 권리 소유와 그 실제적인 향유를 엄격하게 구별하고 있다. 비록 인간은 자연상태에서 권리를 소유하고 있기는 하지만, "그것의 향유는 매우 불확실하며, 끊임없이 다른 사람들의 침해 앞에 노출되어 있다." 왜냐하면 인류의 "보다 큰 부분은 형평과 정의의 엄격한 준수자가 아니기 때문"이다. 사실 자연상태에서 인간의 재산, 즉 생명과 자유와 자산은 "대단히 불안전하고 대단히 불확실하다." 그리고 그의 상황은 비록 "자유롭기는 하지만 공포와 끊임없는 위험으로 가득 찬", 바로 그러한 상황이다 (sec. 123).[87]

자연상태가 이렇게 되는 것은 거기에 세 가지 중요한 것이 결여되어 있기 때문이다. 첫째로, 거기에는 "옳고 그른 것의 표준, 그리고 그들 간의 모든 분쟁을 판정해 줄 공통의 척도"가 될 "확립되고, 정착되고, 알려진 법"이 없다.(sec. 124) 둘째로, 그러한 법에 따라 분쟁을 판정할 "알려지고, 공명정대한 재판관"이 없다.(sec. 125) 그리고 마지막으로, 정당한 판결을 뒷받침하고 집행할 권력이 없다.(sec. 126) 사람들은 사실 "그들의 이해관계로 인하여 편견에 치우치고,"(sec. 124) "자기 자신을 편애하고," 또한 "열정과 복수심"에 사로잡히기 쉬운 존재다.(sec. 125) 따라서 그들은 이 모든 요소들이 결여된 여건 속에서, 할 수만 있다면 언제나 힘을 사용하여 타인에 대한 침해를 감행하려 할 것이다.(sec. 126) 그리하여 단

••

86) R. H. Cox, *Locke on War and Peace* (Oxford University Press, 1960), p. 77.
87) 이 문단과 다음 문단은 같은 책, pp. 77-78에 따른 것이다.

순히 소수의 불행한 사람들만이 아니라, 인류 전체가 자연상태에 머물러 있는 한은 오로지 "악조건 속에" 놓여 있게 마련이다.(sec. 127)

콕스의 설명을 뭉뚱그리자면, 로크는 결국 근본적으로 인간의 원래 상태가 순수 무정부상태이며, 자연상태는 평화와 조화 및 풍요 등의 상태와는 거리가 멀고, 실제로는 전쟁과 적의 및 비참 등의 상태라고 생각했다는 것이다. 그리고 거기에서 자연법은 아무런 효력도 발휘하지 못할 뿐 아니라 대부분의 사람들에게 알려지지도 않았으며, 따라서 그곳의 인간은 숲속의 짐승과 거의 구별이 되지 않았다는 것이다.[88]

그렇다면 로크는 왜 자신의 견해를 명확하게 개진하지 않고, 모순되고 혼란스러운 표현을 하여 갖가지 오해와 논란을 불러일으켰는가? 그는 그렇게도 조심성이 없고 명석하지 못한 사상가인가? 그러나 콕스는 그것이 부주의 탓이 아니라, 세심한 주의, 아니 엄밀한 계산에서 나온 고의의 결과라고 주장한다. 우리가 『정부론』을 처음 읽을 때 느끼는 모호함과 혼란스러움은 저자가 엄밀성이나 일관성을 결여한 탓이 아니라, 그것 자체가 그의 계획 및 방법의 일부라는 것이 콕스의 견해이다. 즉 로크는 지나칠 정도로 주도면밀한 저술가로서, 자신의 홉스주의적 견해에 가해질 세간의 비난이나 혹은 예상되는 정치적 탄압을 회피하기 위해 앞뒤가 어긋나고 모호한 표현으로 논의를 전개함으로써 고의적으로 자신의 진의를 은폐했다는 것이다.[89]

그러나 이와 같은 이른바 '은폐 가설'은 흥미는 있지만 충분한 설득력을 가지기는 어렵다. 왜냐하면 에어슬레프(H. Aarsleff)도 지적하고 있듯이, 그러한 은폐 기도는 그 의도가 애초부터 성공할 수 없기 때문이다.

••

88) 같은 책, pp. 72, 104.
89) 같은 책, ch. 1을 참조하라.

어떤 글이 은폐의 목적을 달성하려면 어느 누구도 진의를 간파할 수 없을 만큼 충분한 은폐가 필요한 한편, 그럼에도 또한 아무도 그 진의를 깨닫지 못할 정도는 아니어야 할 것이다. 자기가 진정 말하고 싶은 것을 아무도 이해하지 못하고, 오로지 모두가 곡해하도록 할 목적으로 글을 쓰는 사람이 어디 있겠는가? 그러니까 적어도 소수는, 말하자면 알 만한 사람은 알 것이며, 그럴 경우에 오히려 그 누구보다 로크 자신이 조심하고 피하려 하는 바로 그 잠재적인 적들이 알게 될 것이다. 그렇다면 결국 탄압이나 논박을 회피하고자 하는 로크의 의도는 그런 방법으로는 이루어질 수 없는 것이다.[90] 그러나 사실 그것은 결코 로크가 한 일도, 하려고 한 일도 아니다.

그렇다면 자연상태에 관한 로크의 진술은 과연 해결이 불가능할 정도로 혼란스러운 것인가? 합의점을 찾지 못하는 구구한 해석들의 책임은 전적으로 로크가 져야 하는가? 반드시 그런 것 같지는 않다. 물론 그에게도 많은 책임이 있는 것이 사실이지만, 또한 그 상당한 부분은 해석자들 자신에게 있다. 많은 경우 그것은 해석자의 부주의나 혹은 무리수, 이를테면 로크가 말하지 않은 것을 말했을 것으로 추정하여 읽으려 하는 시도의 결과이다. 사실 우리가 누군가를 이해하려고 할 때, 그 사람이 실제 말하고 행한 것에 입각하여 논의하는 것이, 그가 하려고 했으나 하지 않았다고 생각되는 것의 이유에 관한 우리의 추정에 입각하여 논의하는 것보다 훨씬 더 안전하고 유익하다.[91]

자연상태 문제는 본질적으로 인간의 자연 즉 본성(nature)과 그 능력에

90) H. Aarsleff, "Some Observations on Recent Locke Scholarship," Yolton ed., *John Locke*, p. 265.
91) 같은 논문, p. 264.

관한 문제이다. 그런데 로크에게 인간은 본성적으로 이성적 존재이다. 따라서 인간은 이성을 적절하게 사용함으로써 삶의 지침이 될 도덕률, 즉 자연법을 깨달을 수 있다는 것이 로크의 전체 철학 체계의 밑바탕에 깔려 있는 기본 신념이다. 당연한 것임에도 불구하고 새삼 분명히 해 두어야 할 것은, 인간은 천성적으로 이성적 존재라는 말이 곧 그 이성의 완전한 행사를, 따라서 자연법에 대한 완전한 인식을 자동적으로 보장한다는 것을 의미하지는 않는다는 사실이다. 이성은 그 주인이 적절하게 사용해야만 제 구실을 다할 수 있는 그러한 재능이다.

로크는 모든 사람이 이성을 가지고 있지만, 모두가 다 그 재능을 제대로 발휘하지는 못한다는 사실을 충분히 알고 있었다. 사람은 누구든 자연법을 인식하는 데서 잘못을 저지를 수 있으며, 뿐만 아니라 "대부분의 사람들은 많은 면에서 열정과 이해관계로 인해 그럴 유혹 아래 놓여 있다"는 현실을 로크는 인정하였다.[92] 콕스가 지적했듯이 인간은 "그들의 이해관계 때문에 편견에 치우치고", "자기 자신을 편애하며", "열정과 복수심"에 사로잡혀, 자연법을 잘못 해석하거나 혹은 그것을 시행하는 데 있어서 자신의 힘을 잘못 사용할 수 있다. 그러나 비록 그렇다고 하더라도 "로크가 궁극적으로 염두에 두고 있는 자연상태는 사실상, 그리고 불가피하게 궁핍과 약탈과 폭력의 상태로서, 거기에서 인간은 숲속의 짐승들과 거의 구별이 되지 않는다"[93]고 하는 결론을 끌어낼 수 있는 것은 아니다. 콕스가 지적한 그 모든 것에도 불구하고, 로크의 인간은 기본적으로 이성적 존재라는 사실은 변함이 없다.

스트라우스나 콕스의 잘못은 궁극적으로 로크의 인간 본성에 대한

∴

92) *Human Understanding*, Bk. IV, ch. 20, sec. 17.

93) Cox, *Locke on War and Peace*, p. 104.

관념을 그릇 파악한 데서 비롯한 것으로서, 그 전형적인 예를 골드윈 (Goldwin)에게서도 볼 수 있다. 골드윈은 로크에게 있어서 인간을 자기 해방으로 내모는 주된 추진력은 자기 보전의 욕구, 즉 열정(passion)이라고 이해했다. 그의 주장에 의하면, 고대의 정치철학자들은 열정을 자의적이며 전제적이라고 생각하였고, 이성이 열정을 지배하고 복종시키는 정도만큼 인간은 자유로워진다고 가르쳤다. 그런데 로크는 오히려 열정이야말로 인간 본성 가운데 가장 힘 센 것으로 생각했으며, 이성은 단지 가장 강력한 욕구에 봉사하고 그것이 실현되도록 인도하는 일밖에 할 수 없는 것으로 믿었다는 것이다.[94] 그러나 이것은 전혀 로크의 견해가 아니다. 이 문제에 국한해서 말하자면, 로크는 고대 철학자들과 크게 다르지 않다. 지금까지 살펴보았듯이, 그는 전혀 이성이 열정에 봉사하거나 종속되어야 한다고 생각하지 않았다. 열정은 자주 이성의 원활한 활동을 방해하기는 하지만, 그러나 그것은 어디까지나 이성이 통제하고 제어해야 할 성질의 것이었다.

이성적이고 도덕적인 존재로서의 인간에 관한 로크의 진술은 그 역량과 가능성을 언급한 것이다. 로크의 말을 직접 인용하자면, "우리들은 이성적으로 태어난 것처럼, 또한 자유롭게 태어났다. 그러나 그 어느 것도 실제로 실행하고 있다는 것은 아니다."(sec. 61) 개인의 노력 여하에 따라 그것이 충분히 발현될 수도, 그렇지 않을 수도 있다. 인간은 이성이라는 자질을 갖추고 있지만, 그러나 결코 완전하지도 이상적이지도 않다. 마찬가지로 자연상태 역시 완전한 평화의 이상향이 아니다. 만일 그것이 완전한 평화의 상태라면, 그의 이론에는 자연상태로부터 정치사회로의

··

94) R. A. Goldwin, "John Locke," L. Strauss & J. Cropsey eds., *History of Polical Philosophy* (Chicago, 1981), p. 485.

이행에 대한 아무런 동기도 찾을 수 없을 것이다. 그렇지만 사실 그의 자연상태에서는 사람들이 "편견에 치우치고", 열정에 사로잡혀 행동함으로써, "적대·악의·폭력 및 상호 파괴"의 양상이 나타나기도 한다. 그러나 이런 것은 자연상태 전반을 특징짓는 양상은 아니다. 그것은 상대적으로 평화로운 상태 안에서 이따금 나타나는 하나의 일탈 현상일 뿐이다.

로크는 『제2론』 212절에서 시민사회를 평화의 상태라고 말하고 있다. 그러나 이 말이 시민사회에서는 질서의 파괴나 범법 행위가 전혀 없다는 의미는 아닐 것이다. 그가 자연상태를 평화의 상태로 규정한 것도 같은 맥락에서 보아야 한다. 두 경우 모두 질서의 파괴와 평화의 교란은 마찬가지로 일어나고, 그럴 가능성을 똑같이 안고 있다. 왜냐하면 인간의 본성은 그 어느 경우나 똑같기 때문이다. 양자의 차이는 다만 그러한 문제를 처리하고 해결할 '공동의 재판관'의 유무에 있다. 자연상태이든 시민사회이든 그것을 평화로운 상태로 규정하는 것은 평화가 온전히 구현된다는 의미가 아니다. 그 평화는 흐트러질 가능성을 안고 있으며, 이따금 그 가능성이 현실화하기도 하는 그런 정도의 평화인 것이다.

로크의 인간은 때로 이성보다는 열정과 욕구에 좌우될 수도 있는 존재이기 때문에 자연상태는 그만큼 불안정하고 불확실한 것이며, 따라서 인간은 거기에서 벗어나 시민사회를 수립하려고 한다. 그리고 그는 또한 이성적 존재이기 때문에, 충분히 합의를 통해 시민사회를 수립할 수 있다. 로크의 인간은 질서와 평화를 좀 더 실질적으로 향유하기 위해서는 시민사회가 필요할 만큼 불완전하고, 또한 그것을 수립할 수 있을 만큼 이성적이다. 인간 본성 및 자연상태에 관한 로크의 관념은 흔히 비판받는 것만큼 혼란스럽고 모순된 것이기보다는, 시민사회 수립의 동기에 대한 보다 적절한 설명을 제공하는 데에 훌륭하게 이바지하는 것으로 보아야 할 것이다.

제5장
재산

1. 전유화(專有化)와 노동 이론

일반적으로 로크의 재산에 관한 논의는 그의 전체 정치사상 가운데에서 중심적인 위치를 차지하고 있다는 평가를 받아 왔다.[1] 로크 이전에는 거의 아무도 재산을 정치사회 수립의 문제와 관련해서 심각하게 고려하지 않았는데, 이 점에서 그는 앞선 모든 사상가들과 결별하였다. 그는 정치사회에 관해 논하면서 자신의 정치 이론에 재산 개념을 도입함으로써

----

1) Leo Strauss, *Natural Right and History* (Chicago, 1971), p. 234는 로크의 재산 논의에 대해, "그야말로 로크의 정치적 가르침의 중심 부분이라 할 그의 재산 교의는 확실히 그 가장 특징적인 부분이다. 그것은 그의 정치적 가르침을 홉스(Hobbes)의 것뿐 아니라 전통적인 가르침과도 아주 분명하게 구별한다"라고 그 의의를 자리매김했다. 일찍이 19세기에 로크의 전기작가 부언은 "로크의 『정부론』에서 가장 독창적이고 철학적인 부분은 재산에 대해 다룬 부분이다" 하고 평가기도 했다. H. R. Fox Bourne, *The Life of John Locke*, 2 vols. (London, 1876), vol. 2, p. 171.

『정부론』, 특히『제2론』에 독특한 특성과 탁월한 지위를 부여할 수 있었던 것이다.[2] 로크는 스스로도 자신의 재산 논의를 상당히 자랑스러워했던 것 같다. 그는 삶을 마감하기 한 해 전 1703년에, 그때까지도 저자가 익명으로 되어 있던『정부론』을 재산에 관해 논한 것으로는 가장 훌륭한 저작이라면서 친지에게 추천하였다.[3]

그러나 로크의 재산 이론에 대한 해석은 그의 전체 정치사상에 대한 평가와 마찬가지로 학자들 사이에 의견의 일치를 보지 못하고 있을 뿐만 아니라, 서로 상반된 해석이 대립하기도 한다. 그것은 한편으로는 "개인주의적 국가 이론의 주된 보루의 하나"로 이해되는가 하면,[4] 다른 한편으로는 개인보다 집단을 앞세우며 집단 앞에서 개인의 권리보다 의무를 더 강조하는 집단주의(collectivism)의 교의로 파악되기도 하는 것이다[5].

••

2) Peter Laslett, "Introduction," Lasllet ed., *Two Treatises of Government* (Cambridge University Press, a Mentor Book, 1965), p. 114. 그러나 로크가 '재산'을 핵심적인 정치 쟁점으로 삼은 것의 혁신성이 지나치게 강조되어 왔다는 지적도 있다. J. Richards, L. Mulligan, & J. K. Graham, "'Property' and 'People': Political Usages in Locke and Some Contemporaries," *Journal of the History of Ideas*, vol. 42, no. 1 (1981), pp. 33-34는 '왕위계승배제 논쟁'에서도 재산이 자주 운위되었고, 로크의 지인인 티렐(J. Tyrell)만 하더라도 재산을 정치사회의 등장과 관련시켰다는 점을 지적한다. 티렐은 재산 축적을 사람들이 정치사회 수립을 결정한 지배적 요인으로 봤을 뿐 아니라, 정치적 발언권 보유에 필요한 속성을 정의하는 데도 재산을 끌어들였다는 것이다.

3) 정부의 본질과 나라의 진정한 이익에 대한 통찰을 얻고 싶어 하는 한 젊은 친지에게 보낸 1703년 8월 25일자 편지에서 로크는『정부론』을 권하면서, "나는『정부론』이라는 제명을 가진 책보다 더 명확하게 재산을 설명한 곳을 어디에서도 본 적이 없다" 하고 말했다. Laslett, "Introduction," p. 15에서 재인용.

4) C. E. Vaughan, *Studies in the History of Political Philosophy before and after Rousseau* (Manchester University Press, 1925), vol. 1, p. 175. J. W. Gough, *John Locke's Political Philosophy* (Oxford University Press, 1956), p. 73은 "로크는 본질적으로 그리고 일차적으로 개인주의자라고 하는 널리 받아들여진 견해에 대해 주된 책임이 있는 것은 …… 그의 재산 이론이라는 데에는 거의 아무런 의심도 있을 수 없다"고 말한다.

5) W. Kendall, *John Locke and the Doctrine of Majority-Rule* (Urbana, 1965).

그런가 하면 로크를 자본주의의 대변인으로 보려는 시각도 있다. 전통적인 로크의 모습에 크나큰 수정을 가하려 했던 스트라우스(L. Strauss)는, 로크의 재산론은 "자본주의 정신의 고전적 교의"로 받아들일 때에야 올바른 이해가 가능하다고 주장한다.[6] 스트라우스와 같은 입장을 취하면서 먹퍼슨(C. B. MacPherson)은 한 걸음 더 나아가 로크의 전체 정치사상을 재산론을 중심으로 재해석하여, 이것을 자본주의 이데올로기로 강력하게 부각하였다. 그에 따르면 로크는 단순히 사유재산을 옹호했을 뿐만 아니라 무제한의 재산 축적을 자연권으로 정당화함으로써, 그때까지 자본주의적 재산 획득을 방해해왔던 전통적 도덕, 이를테면 부의 무제한 축적이나 탐욕을 도덕적 악으로 생각하는 관념을 불식하여 자본주의 사회의 도덕적 기초를 마련해 주었다는 것이다.[7]

우리는 이와 같은 여러 해석들을 염두에 두고 로크의 재산 논의를 살펴보고자 한다. 그리고 그에 앞서 재산의 개념에 대해 간단히 언급해 둘 필요가 있겠다. 왜냐하면 로크는 재산(property)이라는 말로 두 가지 의미를 혼동하여 사용하고 있기 때문이다. 재산은 물론 오늘날 우리가 일상적으로 사용하고 있는 것과 같이 물질적인 재화를 의미하는 것으로서, 로크는 이를 때로는 '소유물'(possessions), '자산'(estates), '부'(fortunes), 혹은 '재화'(goods) 등으로도 표현하고 있다.[8] 그러나 로크는 재산을 이런 좁은 의미뿐 아니라, 이것에 생명과 자유를 포함하는 보다 넓은 의미로도 사용하고 있다. 이를테면, "그의 재산, 즉 그의 생명과 자유와 자산"과 같은 표현은 그가 즐겨 사용하는 어법이다.[9]

∴

6) Strauss, *Natural Right and History*, p. 246.
7) C. B. MacPherson, *The Political Theory of Possessive Individualism* (Oxford, 1975).
8) 차례대로 각각 secs. 57, 135, 171; secs. 59, 85, 123, 222; secs. 137, 221; sec. 173 등의 구절을 참조하라.

재산을 이렇게 넓은 의미로 사용하는 어법은 로크만의 독창적인 것이 아니라 당시의 일반적인 관행이었으며, 홉스나 백스터(R. Baxter)같은 인물들에게서도 볼 수 있는 것이었다. 홉스는 "재산으로 간직하고 있는 것 중에 사람에게 가장 귀한 것은 그 자신의 생명과 사지이고, 그 다음으로 는 (대부분의 사람들에게는) 부부애와 관련되는 것, 그리고 그것들 뒤에 부와 생계수단이다"라는 식으로 말한다.[10] 그리고 백스터는 "모든 사람은 자신의 지체에 재산을 가지고 태어난다. …… 그리고 사람의 생명과 자유는 그들의 재산 중 주된 부분이다" 하고 주장하였다.[11]

재산(property)은 그 어원으로 보자면 어떤 사람에게 고유하게(proper) 속해 있는 것을 의미한다.[12] 그런데 그런 것으로 로크는 무엇보다 먼저 생명이나 인신 혹은 자유 등을 꼽았다. 따라서 오늘날 우리에게는 조금 어색해 보이는 표현, 이를테면 "모든 사람은 그 자신의 인신에 재산을 가지고 있다"(Every Man has a Property in his own Person)(sec. 27)와 같은 말

:

9) 87절의 "사람은 … 본래 다른 사람의 침해와 공격으로부터 그의 재산, 즉 그의 생명과 자유와 자산을 보전할 권력을 가지고 있을 뿐만 아니라"라는 구절과 그 외에도 123, 173절 등의 여러 구절을 참조하라.

10) Thomas Hobbes, *Leviathan*, C. B. Macpherson ed. (Pelican Books, 1978), ch. 30, pp. 382-383.

11) R. Baxter, "The Second Part of the Nonconformists' Plea for Peace," (1690) Richards et al., "'Property' and 'People'," p. 35에서 재인용.

12) 재산의 개념에 관한 논의를 위해서는 Laslett, "Introduction," pp. 114-117; K. Olivecrona, "Appropriation in the State of Nature: Locke on the Origin of Property," *Journal of the History of Ideas*, vol. 35, no. 2 (1974), pp. 218-219 및 F. Neilson, "Locke's Essays on Property and Natural Law," *The American Journal of Economics and Sociology*, vol. 10 (Apr., 1951), p. 276 등을 참조하라. 이들의 논의에 의하면 'property'는 17세기에 일반적으로 쓰인 용어였던 것 같다. 이것은 흐로티위스(Grotius)가 'suum'이라 부르는 것에 해당하는 것으로서, 그 일차적인 의미는 어떤 사람에게 고유하게 속해 있는 것을 뜻한다. 로크는 처음에는 주로 'propriety'라고 표기하다가 나중에는 'property'로 바꾸었으나 의미상의 차이는 없다.

도 당시에는 아주 자연스러운 표현이었다. 사람들이 자연상태를 버리고 정치사회로 들어가는 유일한 목적이며, 따라서 그 정치사회가 수행해야 할 가장 중요한 임무가 재산의 보전이라고 로크가 말할 때,[13] 이때의 재산은 물론 생명과 자유를 포함하는 넓은 의미로 이해되어야 한다.[14] 그러나 이 장에서 다루고자 하는 것은 그런 넓은 의미가 아니라 물질적 재화만을 뜻하는 좁은 의미의 재산이다. 이 재산에 관한 논의를 로크는 『제2론』의 제5장 「재산에 관하여」에서 주로 개진하고 있는데, 우리는 이 제5장을 중심으로 로크의 재산론을 살펴볼 것이다.

먼저 지적해 두고자 하는 것은 로크의 재산 이론은 다른 많은 논의와 마찬가지로 무엇보다 필머(Filmer)의 왕토사상에 대한 논박이었다는 점이다. 필머는 영국의 최초의 왕들은 왕국의 모든 사람을 신민으로, 그리고 모든 땅을 영지로 가지고 있었다고 주장하였다. 그의 생각으로는, 인류의 첫 군주인 아담과 그의 현 계승자들이 지상의 모든 피조물과 재산에 대해 근원적 지배권을 갖고 있음을 부정하는 것은 곧 모든 사람이 원래 평등하고 신이 세상을 모두에게 공유 재산으로 주었다고 주장하는 격이 된다. 그리고 만일 그렇다면 모든 권위가 불법적이게 될 뿐 아니라, 현재의 모든 사유재산은 불법적인 것이 되고 신이 애초에 인류에게 공유 재산으로 부여한 선물을 훔친 장물이 된다는 것이었다.[15] 로크는 "신은 이

<hr />

13) Secs. 3, 94, 124, 131 및 222 등.

14) J. Viner, "'Possessive Individualism' as Original Sin," *Canadian Journal of Economics and Political Science*, vol. 29, no. 4 (1963), pp. 554-557; A. Ryan, "Locke and the Dictatorship of Bourgeoisie," *Political Studies*, vol. 13, no. 2 (1965), pp. 225-227 및 Laslett, "Introduction," pp. 115-116 등을 참고하라

15) D. McNally, "Locke, Levellers and Liberty: Property and Democracy in the Thought of the First Whigs," *History of Political Thought*, vol. 10, issue 1 (1989), p. 27. 필머의 이와 같은 생각은 "온 하늘 아래 왕의 땅 아닌 곳이 없고, 온 나라에 왕의 신하 아닌 사람이

세상을 아담과 (그의 나머지 모든 후손은 배제하고) 그를 계승하는 상속자들에게 주었다"는 필머의 주장을 거부하는 것으로 논의를 시작했다. 그의 생각으로는, 필머의 이런 가정 아래에서는 "한 사람의 전인류적 군주를 제외하고는 어떤 사람도 어떠한 재산이라도 갖는다는 것이 불가능한 일"이기 때문이었다.(sec. 25)

그래서 로크가 재산에 관한 논의를 이끌어내는 출발점으로 삼은 것은 당시 여러 자연법학자들이 일반적으로 가지고 있던 공유 사상이었다. 근대 자연법학자들은 이 세계는 원래 인류에게 공유의 것으로 주어졌다고 생각하였다. 원시 소유공동체의 관념은 중세 이래의 것으로서, 그들은 이러한 앞 시대의 전통적 관념을 물려받고 있었다. 그러나 그것이 지닌 의미는 시대가 바뀜에 따라 변하게 마련이다. 중세인들이 말한 공동체는 적극적 공동체인데 비해, 근대 자연법학자들의 그것은 소극적 공동체였다. 이들 후자에게 모든 것이 공유라는 말은 적극적인 의미의 소유권을 뜻하기보다는, 오히려 마치 오늘날 우리가 바다나 공기에 대해 가지는 관계처럼 특정 소유권의 부재를 의미했다. 즉 그들은 이 세계의 어느 것도 특정인에게 배타적으로 속해 있다고 생각하지 않았던 것이다.[16]

그런데 이 세계가 인류에게 공유의 것으로 주어졌다면, 어떻게 해서 이 재화의 공동체에서 사유재산이 생겨날 수 있는가? 비록 신이 "이 세계를

없다"(普天之下 莫非王土, 率土之濱 莫非王臣)고 하는 동양의 왕토사상과 매한가지라 할 것이다. 그런데 W. M. Spellman, *John Locke* (New York, 1997), p. 114는 실제로 1660년 이전의 영국법은 토지의 소유와 이용은 군주로부터 나온다는 봉건적 원리를 받아들이고 있었다고 지적한다.

16) 근대 자연법학파의 재산에 관한 견해는 Otto von Gierke, *Natural Law and the Theory of Society: 1500 to 1800*, trans. by E. Barker (Beacon Pr., 1956), pp. 103-105, 294-295와 J. W. Gough, *John Locke's Political Philosophy* (Oxford University Press, 1956), pp. 73-74에 의거한 것이다.

사람들에게 공유로 부여"했으며, "대지와 그리고 그 안에 있는 모든 것이 사람들에게 그들의 생존의 유지와 안락을 위해 주어진 것"(sec. 26)이라 하더라도, 그러나 이 명제로부터 곧바로 개인의 재산이 도출될 수 있는 것은 아니다. 재산이란 어떤 재화가 어느 특정인에게 독점되어 다른 사람은 아무도 그것에 대한 권리를 갖지 못하게 된 것을 말하는데, 신은 이런 의미에서 이 세계를 준 것은 아닌 것이다. 이 세계에 대해서 어느 누구도 다른 사람보다 우월한 권리를 가지고 있지 않다. 모든 사람이 동등한 권리를 가지고 있기 때문에, 만일 어떤 물건을 내가 점유했다고 하더라도 그것에 대해서는 여전히 다른 사람도 나와 같은 권리를 가지고 있다. 나의 단순한 점유 행위가 그들의 권리를 배제할 수 있는 어떤 정당성을 제공해 주는 것은 아니기 때문이다.

사정이 이러한 한 재산은 생겨날 수 없다. 내가 따 모은 사과에 대해 나의 이웃이 아직 권리를 가지고 있어서 내게로부터 정당하게 가져갈 수도 있다면 그것은 나의 재산이 될 수 없는 것이다. 그것을 나의 재산으로 만들자면 그에 대한 다른 공유자의 권리를 배제할 수 있지 않으면 안 된다. 그렇다면 어떻게 그 일이 가능할 것인가? 이 문제의 해결을 공유자의 동의에서 구하려 했던 학자가 흐로티위스(Grotius)나 푸펜도르프(Pufendorf) 들이었다.[17] 이들은 공동의 것으로 주어진 어떤 물건에 대해 누군가가 다른 사람보다 우월한 권리를 얻기 위해서는 그 사람들의 동의가 필요하다고 생각하였다. 한 짐승이 먹이를 모아 놓았다고 해서 그것으로 다른 짐승에 대한 배타적인 권리를 갖는 게 아니다. 푸펜도르프는

17) 흐로티위스와 푸펜도르프의 견해에 관한 좀 더 자세한 논의를 위해서는 Olivecrona, "Appropriation in the State of Nature," pp. 212–217과 M. Seliger, *The Liberal Politics of John Locke* (New York, 1969), pp. 180–187 및 pp.188–202의 이곳저곳을 참조하라.

신이 인간에게 세상을 부여한 것은 이런 짐승의 상태와 동일하다고 생각하였다. 그래서 그는 사유재산 제도의 근거를, 맨 처음의 점유자가 그 점유물에 대한 소유권을 가지기로 한다는 암묵적인 계약에서 찾았다. 즉 공유의 상태에서 최초의 재산이 생기기 위해서는, 그전에 먼저 개별적 사용을 목적으로 누군가가 차지한 물건은 아무도 그에게서 빼앗아 갈 수 없게 하는 효력을 지닌 '태초의 협약'(Primaeval Convention)이 있어야 한다는 것이다.

그러나 로크는 이러한 해결 방법을 거부하였다. 그의 생각으로는 그와 같은 동의란 있을 수 없으며, 또한 있을 필요도 없었다. 왜냐하면 "만일 그와 같은 동의가 필요했다고 한다면, 신이 그에게 주신 풍성함에도 불구하고 인간은 굶어 죽었을 것"이기 때문이다(sec. 28). 이제 로크가 해야 할 과제는 "사람들이 어떻게 신이 인류에게 공유로 준 것의 몇몇 부분들에 대해 재산을 가지게 되었는가를, 그것도 모든 공유자들의 아무런 명시적인 계약도 없이 가지게 되었는가"를 밝히는 일이었다.(sec. 25)[18] 그는 그 일을 노동에 의한 전유화(appropriation)라는 관념을 도입함으로써 해결하려고 했다.

로크에 의하면, 사람은 누구나 자신을 보전할 권리를 가지고 있으므로, 이 대지가 산출하는 과일이나 짐승을 이용할 권리를 공동으로 가지고 있다.(sec. 25) 그러나 이것들이 자신에게 소용이 되기 위해서는 먼저 이것들을 전유하지 않으면 안 된다. 즉 다른 어느 누구의 권리 주장도 배

18) 래슬리트는 이 구절에 대한 각주에서, 이 구절이 이 단락뿐 아니라 재산을 논하는 제5장 전체가 필머의 저작을 염두에 두고 그것에 대한 직접적인 논박으로 쓴 것임을 확인해 주는 것이라고 해설한다. 왜냐하면 원시 공산주의가 인류의 보편적 동의 없이 사유재산으로 넘어갈 수 없다는 비판을 제기한 사람이 필머이며, 흐로티위스와 푸펜도르프는 이 난제를 필머처럼 논의하지는 않았기 때문이라는 것이다.

제하고 오직 자기만의 것으로 만들어야 하는 것이다. "야생의 인디언이 먹고 살아가는 과일이나 사슴고기는 그것이 그의 생명을 지탱하는 데 어떤 유용한 것이 되기 전에 먼저 그의 것이 되어야 하고, 그리고 그렇게 그의 것, 즉 그의 일부가 되어 다른 사람이 그것에 대해서는 더 이상 어떠한 권리도 가질 수 없어야 한다."(sec. 26)

원래는 그의 것이 아니었던 것을 어떻게 "그의 것, 즉 그의 일부"가 되게 할 수 있을까? 로크는 그 전유화의 유일한 방법은 원래 그 자신의 것이었던 어떤 것을 그 대상물에 혼입하는 길뿐이라고 주장했다. 원래 자기 자신의 것으로는 인신(person)이 있다. 이 땅과 모든 하급의 피조물은 모든 사람의 공유물이지만, 그의 인신만은 자기의 것이다. 전유화에 대한 로크의 설명을 직접 들어보기로 하자.

> …모든 사람은 그 자신의 인신에 재산을 가지고 있다. 이것에 대해서는 그 자신 이외에는 어느 누구도 아무런 권리를 갖고 있지 않다. 그의 육체의 노동, 그리고 그의 손의 작업은 전적으로 그의 것이라고 말할 수 있다. 그래서 자연이 마련해 둔 그대로의 상태에서 이끌어 낸 것은 무엇이든 그것에다 그의 노동을 섞은 것이 되고, 또 그것에 무엇인가 그 자신의 것을 첨가한 것이 되며, 그로 인해서 그것을 자기의 재산으로 만들게 되는 것이다. 그것에는 … 이 노동에 의해 다른 사람들의 공동의 권리를 배제해 버리는 무엇인가가 첨가된 것이다. 왜냐하면 이 노동은 의심할 바 없이 그 노동자의 재산이므로 그 이외의 아무도 … 일단 노동이 가해진 것에 대해서는 권리를 갖지 못하는 것이다.(sec. 27)[19]

19) 공유물에서의 재산의 발생을 원래 그 자신의 것, 즉 인신의 노동과 결부하려는 시도는 로크만의 독창적인 것이 아니었다. 그의 친구였던 티렐이나 백스터한테서도 아주 유사한 언급을 볼 수 있다. 래슬리트의 27절에 대한 각주를 참조하라.

여기에서 로크는 전유화가 어떻게 이루어지는가를 별다른 설명이 필요 없을 만큼 분명하게 보여주고 있다. '주워 모은 도토리'나 '따 모은 사과' 는 줍거나 따 모은 사람의 재산이 된다.(sec. 28). '샘에 흐르는 물'은 모든 사람의 것이지만 '주전자의 물'은 그 물을 떠낸 사람만의 것이 된다.(sec. 29) 열매를 따거나 물을 긷는 행위는 곧 공유를 사유로 바꾸는 분기점이 되는 것이다. 사람의 노동은 그 자신의 것으로서, 자연이 놓아둔 사물에 그의 노동을 가하는 것은 곧 그 자신의 것인 그의 인신을 그 사물에 덧붙 이는 일이 된다. 이를테면 자신의 인신을 외적 물체에게 확장해서 그것을 자기의 인성(personality) 안으로 포용하는 의미를 지닌다고 할 수 있는 것 이다.[20] 그렇게 함으로써 그것은 그의 일부가 된다. 이렇게 '그의 일부'가 됨으로써 그것에 대해서는 그 이외의 누구도 아무런 권리를 가질 수 없게 된다고 로크는 주장한다. 이제 이 노동이 가해진 물건을 누가 그로부터 빼앗는다면, 그것은 그의 인신에 대한 침해나 마찬가지이며 자연법에 대 한 명백한 위반 행위가 되는 것이다.

그런데 이런 방법에 의한 전유화는 과일이나 짐승과 같은, 자연이 인 간에게 곧바로 이용할 수 있도록 제공해 주는 자연산물에 그치는 것이 아니다. 로크의 주된 관심은 토지에 대한 재산권이 어떻게 생기느냐 하는 점이며, 자연산물의 전유화에 관한 그의 설명은 실은 이를 위한 준비 단 계에 지나지 않는다. 그에게는 "이제 재산의 주된 대상은 대지의 과일이 나 거기에서 살고 있는 짐승들이 아니라 대지 그 자체"이다. 그런데 로크 는 대지 그 자체에 대한 재산 역시 동일한 방법으로 생긴다고 주장한다. 누군가가 토지에다 울타리를 치고 경작을 하면 이는 그의 재산인 어떤 것, 즉 그의 노동을 그 토지에 투입한 것이 되며, 따라서 그 토지는 그의

20) Olivecrona, "Appropriation in the State of Nature," p. 223.

것이 된다. 이렇게 전유된 토지에 대해서는 이제 다른 공유자들이 아무런 권리도 주장할 수 없게 되며, 만일 그로부터 이것을 빼앗으려 한다면 이는 그의 권리에 대한 침해 행위가 된다는 것이다.(sec. 32)[21]

로크에 따르면 자연산물이든 토지이든 간에 그것을 전유하여 그 소유에 대한 정당한 자격을 얻는 방법은 자기의 노동에 의존하는 길뿐이다. 이러한 노동에 의한 전유화 이론은 모든 가치의 원천을 노동에서 구하는 노동가치설로 이어진다. 로크는 "모든 것에 가치의 차이를 낳게 하는 것은 참으로 노동"뿐이고,(sec. 40) "토지에 그 가치의 가장 큰 부분을 제공해 주는 것도 노동이며, 이것 없이는 토지는 거의 아무런 가치도 없을 것"이라고 주장한다.(sec. 43). 그래서 똑같은 토질의 1에이커의 토지라도 경작지와 황무지 사이에는, 혹은 전유된 영국의 토지와 아직 자연이 놓아둔 그대로의 아메리카 황무지 사이에는 100대 1, 아니 1000대 1도 넘는 가치의 차이가 있다는 것이다.(secs. 40-43).

그렇지만 로크의 이와 같은 노동가치설은 초기 사회주의자들, 이른바 리카도파 사회주의자들(Ricardian Socialists)이 개진한 것과는 엄격하게 구별되는 것이다. 이들 사회주의자는 진정한 생산자는 임금노동자뿐이라고 하면서, 자본가는 단순히 생산수단을 빌려 주는 비생산자로 취급해 노동하는 사람에서 제외했다. 하지만 로크에게 '노동'은 그런 좁은 의

---

21) 같은 논문, p. 226은 토지의 경우, 전유화는 인클로저와 동의어로 쓰이고 있음을 지적하고 있다. 35절의 " … no one can inclose or appropriate any part … "의 구절을 참조하라. 자연상태에서 토지의 전유화 과정을 인클로저 현상과 동일시하는 로크의 이런 태도는 물론 영국에서 15세기 말 이래 진행되었던 인클로저 운동을 그의 자연상태에 투영한 것이다. Gough, *Locke's Political Philosophy*, p. 82는 로크가 토지의 소출을 가질 권리와 토지 그 자체를 소유할 권리를 구별하지 않은 점을 지적하고 있다. 노동이 제공해 주는 권리가 토지의 산출물뿐만 아니라 토지(생산수단) 그 자체에까지도 미칠 수 있는가 하는 점을 로크는 별로 문제시하지 않았다.

미가 아니다. 그는 노동을 단순히 생산이나 재화의 창출이라는 맥락 안에서만 파악하지 않았다. 그는 그것을 어느 한 계급의 경제적 활동으로서가 아니라, 인간 일반의 가치 창조 행위라는 관점에서 이해한 것이다.[22] 자연산물이나 토지의 전유화와 관련한 로크의 노동 개념은 당시 다른 자연법학자들이 주로 사용하던 '점유 행위'를 포괄하는 개념으로서, 경우에 따라서는 양자 사이에 아무런 실질적인 차이가 없었다. 그러나 로크는 점유라는 용어를 피하고 대신 노동이라는 용어를 사용함으로써, 전유화에 인성의 확장이라는 의미를 부여하여 그 도덕적 정당성을 마련하려 했던 것이다. 이러한 노동 개념의 도입이야말로 그의 재산론에 혁신적 의의를 부여해 주는 것이었다.

그런데 로크는 토지의 전유화를 자연산물의 전유화와 동일시함으로써, 노동으로 산출되는 생산물에 대한 소유권과 그 산물의 생산수단인 토지에 대한 소유권을 전혀 구별하지 않는다. 그리하여 그의 노동가치설은 재화의 균등분배 이론으로 발전하기보다는 생산수단의 사유화를 인정함으로써 불평등한 재산 소유를 정당화하는 이론으로 기능할 소지를 안고 있고, 실제 그의 재산론은 그런 목적에 이바지하였다.

이렇게 로크는 노동 이론을 끌어들임으로써 어떻게 공유에서 재산이 생기게 되었는가를 설명하였다. 그는 두 개의 서로 다른 명제, 즉 사람은 누구나 자기 보전의 권리를 갖고 있다는 명제와 누구나 자기의 인신에 재산을 갖고 있다는 명제를 하나로 결합함으로써 재산권을 자연권의 하나로 확립할 수 있었다. 여기에는 다른 어떤 인간의 동의나 계약도, 혹은

22) Gough, *Locke's Political Philosophy*, pp. 82-83. 특히 로크의 노동의 의미를 17세기 및 그 이후의 노동 이론과 관련해서 논한 것으로는 E. J. Hundert, "The Making of Homo Faber: John Locke between Ideology and History," *Journal of the History of Ideas*, vol. 33, no. 1 (1972)이 있다.

사회적 권위도 개입할 여지가 없다. 재산을 창출하는 것은 사회가 아니라 개인, 사회의 일원으로서가 아니라 자연인으로서의 개인이었다. 로크는 "비록 자연의 사물들은 공유로 주어졌지만, 그러나 인간은 (그 자신의 주인으로서, 그리고 자기의 인신과 그 인신의 행동이나 노동의 소유주로서) 여전히 그 자신 안에 재산에 대한 중대한 기초를 가지고 있다는 것"은 분명한 사실이라고 주장한다.(sec. 44)

이러한 주장에서 우리는 재산권의 기초를 사회와 무관한 개인에서 찾는 로크의 분명한 태도를 볼 수 있다. 사유재산 제도는 정치사회에 근거하는 것이 아니라 그에 선행하며, 따라서 그와는 독립하여 존재한다. 정치사회란 재산의 창조자가 아니라 다만 그것을 보전하기 위해 만들어진 것일 뿐이다.[23] 많은 연구자들이 로크의 정치사상에서 두드러진 개인주의적 특성을 보는 것이 바로 이런 면에서이다. 전유화에 정당성을 부여해 주고 그래서 재산을 만들어 내는 것이 개인의 노동이라면, 또 이 과정에서 사회가 아무런 역할을 맡지 못한다면, 사회는 개인의 재산에 대해 하등 간섭할 권리를 갖지 못할 것이다. 재산은 그리하여 모든 사회적인 요구의 짐으로부터 완전히 벗어나게 된 것처럼 보인다. 그러나 사실은 그렇지 않다. 로크는 결코 먹퍼슨이 주장하듯이, "재산과 노동은 사회적 기능이며 재산의 소유는 사회적 의무를 내포하고 있다고 하는 전통적인 견해를 붕괴시켜" 버렸다거나[24] 혹은 스트라우스의 주장처럼 전유화 행위가

∴

23) 이런 면에서 로크는 홉스와 뚜렷하게 대비된다. 홉스에게는 국가 바깥에서의 재산이란 불가능했다. 홉스 역시 누구나 다른 사람의 권리를 배제하는 재산권을 갖고 있음을 인정하지만, 그 권리는 오직 주권자의 보호에서부터 나오는 것이었다. 그는 "모든 사사로운 개인은 그의 재화에 대해 주권자의 권리를 배제하는 절대적인 재산권을 갖는다"고 하는 주장을 국가의 해체를 초래할 위험한 교의의 하나로 꼽았다. Hobbes, *Leviathan*, ch. 29, pp. 367-368.

24) MacPherson, *Possessive Individualism*, p. 221.

개인의 이기적 행동만으로 이루어지는 것[25]이라고 보지는 않았다.

물론 로크가 개인의 재산권을 옹호하고 그 불가침성을 강조한 것은 분명한 사실이다. 개인의 재산은 누구도 빼앗을 수 없다. 그는 "재산을 규정하는 법률을 만드는 권력"도 "신민의 재산의 전부 또는 어느 일부를 그들의 동의 없이 가져갈 수 있는 권력"은 아니라고 주장한다.(sec. 139). 그러나 로크의 개인주의적 측면이 지나치게 과장되어서는 안 된다. 오히려 『정부론』전체에 걸쳐 로크가 반복하여 강조하는 것은 공동사회 전체의 이익, 혹은 공공의 복지이다.[26] 소유물을 처분하는 개인의 자유도 "자연법의 테두리 안"에서의 자유이다.(sec. 4) 그리고 무엇보다 "제일의 근본적인 자연법은 사회의 보전이며, 그리고 (공공선과 일치하는 한에서) 그 안에 있는 각개 인간의 보전"인 것이다.(sec. 134)[27] 이처럼 로크는 개인의 재산권이 어디까지나 사회의 보전과 공공선이라는 테두리 안에 있다는 사실을 분명히 하고 있다.

로크에게는 노동을 가하여 이 세계의 일부를 전유하는 것이 분명 권리이기는 하지만, 그것은 단순히 이기적 동기에서 연유하는 것만은 아니다. 노동은 권리이자 또한 의무이기도 하다. "신은 세계를 모든 인류에게 공

··

25) Strauss, *Natural Right and History*, p. 236.

26) Secs. 131, 134, 158, 159–168, 200, 229 등. 특히 158절에서는 키케로(Cicero)의 "인민의 복지가 최고의 법"이라는 언급을 기본적인 법칙이라고 하면서 인용하고 있다. 그리고 로크는, 사전에 공포된 법에 의한 통치를 강조하면서도 제14장 「대권에 관하여」에서는 공공의 복지에 부합한다면 법률 그 자체도 넘어서서 집행할 수 있는 대권을 군주에게 인정해 주고 있다.

27) 이것과 거의 유사한 언급을 *Some Considerations of the Consequences of the Lowering of Interest and Raising the Value of Money, The Works of John Locke*, A New Edition, Corrected, 10 vols. (London, 1823), vol. 5, p. 12에서도 볼 수 있다. 여기에서 로크는 "각 개인들의 이익은 명백한 공공의 편익이 아니고서는 무시되거나 희생되어서는 안 된다"라고 밝히고 있다. 이하에서 이 저술은 *Some Considerations*로 약기함.

유로 주었을 때, 그는 또한 인간에게 노동할 것도 명하였다."(sec. 32) 그리고 인간 생활은 궁핍하고 부족한 것이 많았기 때문에 이 대지를 개량하여 생활에 도움이 되도록 만드는 것은 이성의 명령이기도 했다.(sec. 35) 로크가 재산권을 옹호한 것은 재산을 부당하고 자의적인 권력의 침해로부터 지키려는 것일 뿐, 재산의 사회적 혹은 도덕적 의무를 부정하려는 것은 아니었다. 우리는 앞으로 사회로부터 독립된 자연권으로 시작된 재산권이 어떻게 차츰 사회적 규제 안으로 들어가게 되는가를 살펴볼 것이다.

우리는 재산이 어떻게 생기게 되었는가에 대한 로크의 설명을 살펴보았다. 그는 인성의 확장으로서의 노동이란 개념을 도입함으로써 공유물의 전유화를 정당화하였다. 그러나 그의 노동 이론은 일관되지 못한 면이 있어서 많은 논란을 야기하고 있다. 특히 노동에 대한 소유권 문제가 그러하다. 로크는 노동은 가치 창조의 유일한 원천으로서, 노동만이 재산에 대한 정당한 자격을 부여해 준다고 주장한다. 바꾸어 말하면 노동과 그 소유권은 일치한다는 것이다. 로크는 "어디에서나 그가 노동을 투입한 토지는 아무도 그로부터 빼앗아 갈 수 없는 그의 재산이었다. 그러므로 땅을 정복하거나 경작하는 것과 그 지배권(dominion)을 갖는 것이 하나로 결합되는 것을 우리는 알 수 있다. 전자는 후자에 자격을 부여하는 것이다"라고 말하고 있다.(sec. 35)

그러나 다른 한편으로 노동은 반드시 그 노동자에게 노동의 결과에 대한 소유권을 확보해 주지는 않는다. 로크는 때로는 이 양자의 분리, 즉 노동은 부를 만들어 내는 근원이기는 하지만 그 부에 대한 소유권을 보장해 주지는 못한다는 점을 인정하고 있는 것이다. 로크는 "이리하여 나도 다른 사람과 함께 공동으로 그것에 대해 권리를 가지고 있는 곳에서는 어디에서든지, 나의 말이 뜯어 먹는 풀, 나의 하인(servant)이 잘라 온

뗏장, 그리고 내가 캐낸 광석은 어느 누구의 양도나 동의 없이도 나의 재산이 된다"고 말하고 있기 때문이다.(sec. 28) 많은 연구자들이 로크의 재산론에서 노동과 그 소유권의 분리, 혹은 임금노동자의 존재를 보게 되는 것은 이 구절에서이다. 로크의 이 언급에 따르면, 나의 재산을 만들어 주는 노동은 직접적인 나의 노동뿐 아니라 나의 하인의 노동이기도 하다. 나의 하인의 노동은 그의 것이 아니라 나의 것이다. 노동은 생명과는 달리 남에게 양도할 수 있는 것이다. 상품을 만들어 내는 노동은 그 자체도 하나의 상품이 되어 남에게 팔아 버릴 수 있다. 로크는 자유인이 일정 기간 임금을 받는 대가로 자신의 노동을 팔고 타인의 하인, 혹은 피고용인이 되는 것을 인정하고 있다.[28]

이러한 임금노동의 용인이 사람들이 로크의 정치사상에서 자본주의 이데올로기를 발견하게 되는 중요한 근거의 하나이다. 그러나 이 노동의 양도를 곧바로 자본주의적 노동 착취와 연결해서는 안 될 것이다.[29] 로크의 노동시장은 자유로운 자본주의적 노동시장과는 구별되어야 한다. 로크의 경우, 노동은 매매할 수 있는 것이기는 하지만, 그것은 냉혹한 시장원칙의 지배를 받는 단순한 상품만은 아니었다. 그의 노동관계는 임금과 노동의 교환만으로 이루어지는 자본주의적 시장 관계이기보다는, 훨씬 더 복잡한 전통적 인간관계를 포함하고 있다. 노동을 판 사람은 노동의

---

28) 로크는 85절에서 "'주인'과 '하인'은 역사만큼이나 오래된 명칭이지만, 그것은 아주 다른 상황의 사람들에게 주어진 명칭이다. 왜냐하면 자유인은 그가 받게 될 임금과 교환하여 자신이 행하는 서비스를 일정 기간 동안 다른 사람에게 팜으로써 그의 하인이 되기 때문이다"하고 언명했다.

29) 노동과 소유권의 관계에 대한 양면성 때문에 로크의 이론은 이후 노동 착취를 공격하는 무기로도, 혹은 그 착취를 합리화하는 구실로도 이용될 수 있었다. 호지스킨(Thomas Hodgskin)을 비롯한 초기 사회주의자들이 전자의 경우이고, 애덤 스미스(Adam Smith) 등이 후자의 경우이다. 이것과 관련해서는 Hundert, "Making of Homo Faber," p. 16을 참조하라.

제공만으로 고용주와의 관계가 끝나는 것이 아니다. 그는 주인의 가족의 일원이 되며, 그 가족의 일상적 규율에 얽매이게 된다.(secs. 85, 86) 그는 결코 산업사회의 임금노동자와 같은 존재가 아닌 것이다. 로크는 임금노동자라는 말을 쓰지 않고, 다만 노예와 비교하는 문맥에서 'servant'라는 용어를 사용할 뿐이다.(sec. 85)

헌더트(Hundert)가 지적하듯이, "로크의 시대와 그 이후 50년도 더 지나서까지 노동자는 아직 그들의 고용주와 현금거래 관계(cash-nexus)의 고리만으로 연결된 산업 프롤레타리아가 아니었다. 그들은 여러 가지 면에서 명백히 18세기말 19세기의 프롤레타리아와는 구별되었다."[30] 로크가 비록 그의 저술에 당시의 임금노동 관계를 투영했다 하더라도, 그것은 엄격히 자본주의적 관계에서가 아닌 것이다. 그리고 또한 앞에서 인용한 28절의 구절은 전통적 장원의 공유지를 사유화해 가는 인클로저 현상을 염두에 두고 나온 글임을 감안한다면 더욱 그러하다. 그러므로 로크의 'servant'에서 장래 도래할, 임금노동의 착취에 의존하는 자본주의 질서를 보기보다는 오히려 중세적 사회 질서의 잔존을 보는 것이 훨씬 더 온당한 태도일 것이다.[31]

로크의 전유화에 관한 논의에는 또 하나 짚고 넘어갈 문제가 있다. 로크는 전유화 과정에서 공유자의 동의가 전혀 필요 없다고 했는데, 과연 노동 개념의 도입만으로 전유화에 대한 충분한 정당성이 마련되었다고 할 수 있는가 하는 문제가 그것이다. 만일 공유물을 어느 누가 전유해 버린다면, 그것은 나머지 공유자들에게는 그만큼 전유할 기회가 없어진다

30) 같은 논문, p. 17.
31) I, secs. 41-42와 II, sec. 202, 그리고 *Some Considerations*, p. 11 등에서는 경제적 무능력자에 대한 자선과 정의를 강조하는 구절을 볼 수 있는데, 이런 언급들도 중세적 관념의 잔재라 할 것이다.

는 것을 의미하게 될 것이다. 그러므로 비록 노동이 가치 창조의 원천으로서 그 산물에 대한 정당한 자격을 부여해 준다는 사실을 인정하더라도, 그러나 먼저 그 노동을 투입하는 행위 자체는 공유자의 동의를 얻어야 하지 않겠는가 하는 문제가 제기될 수 있는 것이다. 바꾸어 말하자면, 노동이 가치를 창조함으로써 그 산물에 대한 소유권을 정당화해 준다는 사실이 곧 그 노동을 투입할 기회 자체를 정당화해 주는 것은 아니지 않느냐 하는 것이다.

로크는 이 문제에 대해 만족스러운 대답을 직접적으로 해 주지 않고 있다. 자연의 산물인 도토리나 사과를 줍거나 따 모은 사람은 "모든 인류의 동의를 얻지 않았기 때문에, 그렇게 전유한 도토리나 사과에 대해 아무런 권리도 갖지 못했다"고 말할 수 있는가, 그리고 "모두에게 공동으로 속해 있던 것을 그렇게 그의 것으로 차지한 것은 강탈이었나" 하고 자문하고 나서, 로크는 이에 대해 가볍게 공리주의적인 말로 대답을 대신한다. "만일 그와 같은 동의가 필요했다고 한다면, 신이 그에게 주신 풍성함에도 불구하고 인간은 굶어 죽었을 것이다"라고.(sec. 28)[32] 이를테면 동의를 얻는 것이 너무 오랜 시간이 걸리거나 혹은 불가능하기 때문에 불필요하다는 것이다. 그러나 동의를 얻는 일이 가능하냐 아니냐 하는 것은 기술적 문제일 뿐, 그것이 도덕적 정당성을 좌우하는 문제는 아닐 터이다. 그렇다면 로크에게 더 이상의 대답을 기대할 수는 없는 것일까? 그렇지는 않다. 로크는 단지 그것을 간접적으로 제시했을 뿐이다. 그 간접적인 대답은 나중에 들어 보기로 하자.

．．

32) '재산의 주된 대상'인 토지의 전유화를 논하는 32절에서는 토지의 전유화 역시 인류의 동의가 필요 없다고 주장하면서, 로크는 "신은 세계를 모든 인류에게 공유로 주었을 때, 그는 또한 인간에게 노동할 것도 명령한 것이다"라는 언급으로 그 이유를 대신하였다.

2. 전유화의 한계와 그 전제 조건

로크에 따르면, 재산은 공유의 것을 전유화함으로써 생긴다. 말하자면 자연상태에서 모든 사람이 공동으로 권리를 갖고 있던 어떤 재화에 대해 자신의 노동을 투입함으로써, 그것에 대한 다른 사람의 권리가 배제되고 노동을 투입한 사람의 배타적 소유물이 된다는 것이다. 여기에는 다른 공유자의 어떠한 동의도 필요하지 않다. 그렇다면 누구든지 자연이 마련해 준 재화를 자기가 원하는 대로 마음껏 독차지해도 좋다는 말인가? 로크의 대답은 그렇지 않다는 것이다. 그는 자연법이 그 적절한 한계를 정해 주고 있다고 말한다. 그러면 그가 말하는 한계는 과연 어떤 것인가? 로크가 제시한 전유화의 한계라고 일반적으로 지적되는 것은 두 가지이다.

첫째는 전유화 뒤에도 남에게 충분하게 그리고 똑같이 좋은 것을 남겨 두어야 한다는 것으로, 이른바 '충분 한계'(sufficiency limitation)라고 불리는 것이다. 둘째는 누구든지 그 재화가 손상되어 못쓰게 되기 전에 생활에 소용이 되도록 모두 사용할 수 있을 만큼만을 전유해야 한다는 것인데, 이른바 '손상 한계'(spoilage limitation)라고 하는 것이 그것이다. 그런데 먹퍼슨은 이 두 가지 한계 이외에 '노동 한계'(labor limitation)라는 것을 하나 더 들고 있다. 즉 자기가 노동할 수 있는 만큼만을 가져야 하며, 자기의 노동 능력이 미치지 못하는 부분은 자기의 정당한 재산의 한계를 넘는 것이라는 것이다. 그러면서 그는 처음의 두 가지는 로크가 명시적으로 제시하는 것이지만, 마지막 것은 단지 그의 재산권 정당화의 논리가 필연적으로 내포하고 있는 한계라고 말한다.[33]

::

33) MacPherson, *Possessive Individualism*, p. 201. 한편 스트라우스는 이른바 '충분 한계'를 나타내는 것으로 거론되는 구절의 제한적 성격을 자주 언급하면서도, 로크가 제시한 명백

그러면 이러한 논의와 관련한 로크의 글을 직접 검토해 보기로 하자. 그의 전유화에 관한 설명을 자세히 살펴보면 그가 전유화의 한계를 명시적으로 언급한 기회가 두 번 있었음을 쉽게 찾아낼 수 있다. 앞에서 이미 보았듯이 로크는 전유화를 과일이나 짐승 등의 자연산물의 경우(secs. 27-30)와 토지의 경우(secs. 32-35)로 나누어서 설명하고 있는데, 우리가 당연히 기대할 수 있는 바, 전유화의 한계를 언급한 두 번이란 이 각각의 설명에 뒤따르는 절에서이다. 그러니까 하나는 주로 자연산물의 전유화의 한계를, 다른 하나는 토지의 전유화의 한계를 다루는 대목이다.[34]

앞의 절에서 로크는 다음과 같이 말하고 있다.

이러한 방법으로 우리에게 재산을 부여해 주는 그 동일한 자연법은 또한 그 재산의 한계 역시 정해 준다. "신은 우리에게 모든 것을 풍성하게 주셨도다"(디모데 전서 6:17)라는 구절은 영감으로 확인된 이성의 목소리이다. 그러나 그는 우리에게 그것을 어느 정도까지 주셨는가? 향유하는 데까지. 누구든지 그것이 상해 버리기 전에 생활에 조금이라도 유익하게 되도록 사용할 수 있는 한, 그만큼은 자기의 노동을 통해 재산으로 확정할 수 있다.(sec. 31)

로크는 누구든지 자기가 향유할 수 있는 한까지 전유할 수 있으며, 또한 그 이상의 것에 대해서는 아무런 권리도 갖지 못한다고 주장한다. 삶을 위해 "사용할 수 있는 한"의 것만 그의 재산이 될 수 있으니까, 이것이 곧

∷

한 제한 규정으로는 '손상 한계' 하나만을 들고 있는 듯하다. 그리고 셀리거(M. Seliger)는 먹퍼슨과 똑같이 세 가지를 다 거론하면서 그 성격에 따라 그것을 다시 두 종류로, 그러니까 '충분 한계'와 '손상 한계'는 타자관련 제한(other-regarding restriction), '노동 한계'는 자기관련 제한(self-regarding restriction)으로 구분한다.

34) 이 두 번 이외에도 37절과 38절 등에서 로크는 그에 대해 보완 설명을 하고 있다.

로크가 말하는 전유화의 한계라고 할 수 있다.[35] 그러므로 이 한계는 '사용 한계'라고 불러도 좋을 것이다. 그럴 때 어떤 재화가 적절하게 사용되었는가 아닌가를 가리는 실제적 기준이 되는 것이 손상의 여부이다. 만일 어떤 사람의 수중에서 재화가 사용되기 전에 손상되어 버린다면 그것은 그의 '사용 한계'를 넘어선 것이며, 따라서 그 부분은 그의 것이 아니라 다른 사람의 몫에 해당하는 것일 터이다. 그러므로 이 한계를 '손상 한계'라고 불러도 무방할 것이다.

그 다음 재산의 한계를 언급한 또 하나의 구절인 36절을 보자. 여기에서 로크는 "자연은 재산의 한도(measure)를, 인간의 노동의 정도와 생활의 편익에 따라 잘 설정해 놓았다. 즉 어떤 사람의 노동도 모든 것을 정복하거나 전유할 수는 없었을 뿐 아니라, 또한 그의 향유는 적은 부분을 소비하는 데 불과했다"고 말하고 있다.[36] 이 구절에는 두 가지의 재산 한계가 동시에 언급되고 있다. "생활의 편익"이라는 말로 표현된 '사용 한계'와 "노동의 정도"라는 말로 표현된 먹퍼슨의 이른바 '노동 한계'가 그것이다. 누구든지 노동을 투입하면 한 만큼, 모두 자기의 재산이 된다. 그러나 아주 적은 부분밖에 소비하지 못하는 향유 능력과 마찬가지로, 노동의 능력도 "모든 것을 정복하거나 전유할 수 없는" 그 자체의 한계가 있다. 이것이 바로 전유화에 가해진 한계라는 것이다.

이 두 가지, '사용 한계' 혹은 '손상 한계'와 '노동 한계'가 로크가 제시한 재산의 한계이다. 그런데 이 두 가지가, 그리고 이 두 가지만이 재산의 한계일 수밖에 없음은 논리적인 측면에서 볼 때 너무나 당연한 일이다.

∵

35) 37절에서 로크는 "그는 그의 사용이 요구하는 것 이상으로는, 그리고 그것들이 그에게 생활의 편익을 제공하는 데 이바지할 수 있는 것 이상에 대해서는 아무런 권리도 없다"는 점을 다시 한 번 강조하고 있다.

36) 32, 38, 46절 등에서도 비슷한 언급을 찾아볼 수 있다.

왜냐하면 이들은 로크의 전유화 이론이 안고 있는 내재적 속성에 불과하기 때문이다. 우리는 앞에서 로크가 인간이 가진 두 개의 권리, 즉 자기 보전을 위해 이 세계를 이용할 수 있는 권리와, 자기의 인신과 노동에 대해 배타적으로 갖는 권리를 결합함으로써 재산권을 확립한 사실을 주목한 적이 있다. 그런데 자기 보전이 권리라면 보전하기에 충분한 만큼의 재산이 허용되어야 할 것이며, 또한 그것은 자기 보전에 필요한 만큼에 한정되어야 할 것이다. 그리고 노동이 재산을 얻는 정당하고 유일한 수단이라면 노동이 낳은 모든 산물에 대한 소유권은 마땅히 허용되어야 할 것이며, 또한 당연히 그 이외의 것에는 소유권이 미치지 못할 것이다. 한 마디로 말하자면 재산을 얻을 수 있는 권리와 그 권리의 한계는 마치 하나의 동전의 양면과 같은 관계라 할 수 있다. 즉 '사용 한계'와 '노동 한계'는 각각 자기 보전의 권리와 인신에 대한 권리에 대응하여 그것과 표리의 관계를 이루고 있는 것이다.

그렇기 때문에 로크가 말하는 재산의 한계에는 사실 어떤 절대적이고 객관적인 기준이 있을 수 없다. 자기 보전을 위한 필요와 사용 능력이 확대된다면, 그리고 노동의 능력이 향상된다면, 그에 따라 재산 역시 얼마든지 증대할 수 있을 것이다. 더욱이 로크는 자기 보전을 위한 '필요'나 그 '사용'이라는 용어 및 '노동'의 개념을 매우 신축성 있게 사용함으로써, '사용 한계'도 '노동 한계'도 실제로는 재산의 규모를 제한하는 도덕률의 역할을 전혀 하지 못하는 규정이 되어 버렸다. 우리는 이미 로크가 노동의 양도를 인정함으로써, 나의 재산을 만들어 주는 노동은 직접적인 나의 노동뿐만 아니라 내가 고용한 사람의 노동도 포함된다는 사실을 알고 있다. 그렇게 되어 '노동 한계'의 폭은 단순한 나의 노동의 범위를 넘어 얼마든지 넓게 확대될 수 있는 것이다.

'사용 한계' 혹은 '손상 한계'의 경우도 역시 마찬가지다. 인간은 생활의 편익을 위해 필요한 것 이상에 대해서는 물론 아무런 권리도 없다. 로크는 "만일 그가 소비하기 전에 과일이 썩거나 사슴고기가 곪았다면, 그는 공통의 자연법을 위반한 것이며, 처벌을 받아야 했을 것이다. 그는 이웃의 몫을 침해한 것이다. 왜냐하면 그는 … 그것들이 그에게 생활의 편익을 제공하는 데 이바지할 수 있는 것 이상에 대해서는 아무런 권리도 없기 때문이다"(sec. 37) 하고 언명하고 있다.

그러나 '생활의 편익을 위해 필요한 것' 자체가 그리 엄격한 한계가 있는 것이 아니다. 왜냐하면 사람들은 단순한 자기 보전뿐 아니라 '안락한 보전'을 위한 권리를 갖고 있으며(I. sec. 87), 이 세계는 또한 '생활의 최대의 편익'을 도모하도록 주어진 것이기 때문이다.(sec. 34) 이러한 '안락한 보전'을 위해 '생활의 최대의 편익'을 마련해 줄 재산의 한계는 자꾸만 늘어날 수밖에 없을 것이다. 뿐만 아니라 이러한 사실은 '사용하다'(make use of)의 모호한 용법을 보면 더욱 그렇다. 로크는 재화의 사용을 단순히 소유자가 자기의 생활에 직접 도움이 되도록 소비하는 것에만 한정하지 않고, 양도나 교환도 사용의 범위에 포함하고 있다. "만일 그가 (재산의) 일부를 아무에게나 주어 버렸다면, 그래서 그것이 그의 수중에서 헛되이 썩어 버리지 않았다면, 그는 역시 그것을 사용한 것이다. 그리고 만일 그가 한 주일이면 상해 버릴 오얏을 식용으로 한 해는 넉넉히 갈 호두와 맞바꾸었다면, 이것 역시 그는 남에게 아무런 해를 끼치지 않은 것이다"(sec. 46)와 같은 구절은 이러한 사정을 잘 말해 주고 있다.

이렇게 '사용'의 의미가 양도와 교환을 포함하는 만큼 확장될 때, 쉬 손상될 재화는 더 오래 견디는 것과 교환함으로써 더 많은 재산을 정당하게 간직할 수 있게 된다. 단지 손상되지 않도록 주의하기만 하면 되는 것이다. 로크는 정당한 재산의 한계를 넘었느냐의 여부는 오직 "그의 소유물의 크기가 아니라, 어떤 것이든 헛되이 썩어 버렸느냐에 놓여 있다"고 말한다. 결국 손상의 여부만이 문제가 됨으로써 재산의 소유에는 사실상 아무런 한계가 없어지는 셈이 된다. 왜냐하면 사람들은 모든 재화를 내구성의 재화로 교환하면 손상의 염려 없이 얼마든지 소유해도 괜찮기 때문이다. 그래서 호두를 금속과, 양을 조개껍질과, 혹은 양털을 수정이나 다이아몬드와 교환하여 "이들 내구성 물품을 그가 원하는 만큼 축적해도 좋았다." '손상 한계'를 언급하는 로크에게는 오직 재화를 손상시킴으로써 "(인류) 공동의 자산을 낭비"하는 것만이 문제인 것처럼 보인다.(sec. 46)

지금까지 로크가 재산의 한계로 제시한 것이 무엇인지에 대해, 그리고 그것이 실제로는 전혀 재산의 한계를 규정하는 도덕률로 기능하지 못한다는 사실에 대해 살펴보았다. 그러면 앞에서 언급한 바, 일반적으로 운위되는 또 하나의 한계, 소위 '충분 한계'라는 것은 어떻게 된 것인가? 이제 이 문제를 고찰해 보기로 하자.

이른바 '충분 한계'가 진술되어 있는 것으로 먹퍼슨이 들고 있는 것은 27절이다.[37] 여기에서 로크는 "이 노동은 의심할 바 없이 그 노동자의 재산이므로 그 이외의 아무도—적어도 다른 사람을 위해 충분하게, 그리고 똑같이 좋은 것이 공유로 남아 있는 곳에서는—일단 노동이 가해진 것에 대해서는 권리를 갖지 못한다"라고 말하고 있다. 이 구절이 무엇을 뜻하는가는 너무도 분명하여 왜 그토록 그 진정한 의미가 제대로 파악되지 못했는가 하는 점이 도리어 의아스러울 정도이다. 한마디로 말하자면 "충분하게 … 공유로 남아 있는 곳에서는"의 구절은 전유화의 규모나 한계를 규정하는 것이 아니라, 그것이 이루어질 수 있는 조건을 가리키는 것이다. 즉 노동에 의한 전유화가 정당하게 이루어지기 위해서는, 그러한 전유화 이후에도 여전히 공동의 자산이 충분하게 남아 있어서 그 이전에

••
37) MacPherson, *Possessive Individualism*, p. 201.

비해 조금도 다른 공유자의 몫이 줄어든다거나, 그들에게 어떤 침해가 된다거나 할 염려가 없다고 하는 조건이 먼저 충족되어야 한다는 것이다.[38]

다음 구절을 보면 그 의미가 한층 더 분명해질 것이다.

> 또한 토지를 개량함으로써 그 어느 일부를 전유하는 것은 다른 어떤 사람에게도 아무런 침해가 되지 않았다. 왜냐하면 아직도 충분하게, 그리고 똑같이 좋은 것이, 아직도 얻지 못한 사람들이 전부 다 사용할 수 있는 것 이상으로 많이 남아 있었기 때문이다. 그래서 실제로는, 자기의 인클로저로 인해서 남에게 더 적게 남아 있게 되는 일은 있을 수가 없었다. 왜냐하면, 다른 사람이 이용하기에 충분할 만큼을 남겨 두는 사람은 전혀 아무것도 가지지 않는 것과 같은 셈이 되기 때문이다.(sec. 33)

이 구절은 '충분하게…' 운운의 구절이 전유화의 한계와는 아무런 관계가 없다는 점을 분명하게 보여 준다. 그것이 한계가 될 수 없음은 논리적으로 따지더라도 자명한 일이다. '충분'의 여부는 개인의 전유화의 의지나 혹은 그의 재산의 크기에 의해 좌우될 수 있는 것이 아니기 때문이다. '충분'은 객관적 상황이지 개인이 지켜야 할 규범은 아니다. 전유화가 진행되는 어느 한 시점을 기준으로 그 이전엔 '충분'의 상황이다가 그때를 지나면 그렇지 못하게 될 뿐이다. 이러한 사실은 이를 언급한 모든 구절들이 단순히 상태나 조건을 서술하고 있을 뿐, 어떤 규범적 행위를 요구하는 어법으로 되어 있지 않은 점에서도 충분히 시사를 받을 수 있을 것이다.[39]

••

38) 27절은 전유화를 설명하는 논의의 첫 부분임을 생각하더라도, 그것이 '한계'가 아니라 '전제조건'임은 당연하다고 할 것이다. 재산이 어떤 조건에서 어떻게 생기는가를 설명도 하기 전에 그것의 한계부터 논할 수는 없는 일일 터이니까.

전유화의 한계와 전제 조건은 전혀 별개의 것이다. 한계는 전유화가 이루어지되 어느 정도까지 허용되는가 하는 문제이다. '충분'을 재산의 한계가 아니라 전제 조건으로 파악하는 것은 그런 의미에서 무척 중요하다. 이의 혼동이 로크의 재산 이론에 대한 오해를 낳는 매우 큰 요인이라고 생각되기 때문이다. 로크가 사람들이 각자 최대한 사용할 수 있는 한도까지 노동으로 재산을 얻을 수 있는 권리를 자연권으로 인정한 것은, 공유물이 여전히 충분히 남아 있기 때문에 전유화가 "다른 어떤 사람에 대해서도 아무런 침해가 되지 않았으며"(sec. 33), 따라서 "재산 자격을 둘러싼 분쟁의 여지도, 다른 사람의 권리에 대한 침해의 여지도 전혀 남겨 놓지 않는"(sec. 51) 그런 상태를 전제로 한 것이었다.

먹퍼슨의 잘못은 한계와 전제 조건을 혼동한 데서 비롯되었다. 그래서 그는 이른바 '충분 한계'를 논하면서, 로크가 한편으로 큰 규모의 재산 소유를 정당화하는 것과 다른 한편으로 전유화의 권리는 다른 사람에게 충분하게 남겨 놓을 만큼으로 한정된다고 말하는 것은 서로 상충한다고 생각했다. "로크가 그 한계를 언명하는 것은 오직 여전히 풍부한 토지가 존재한다는 맥락에서이다"라고 하면서, 먹퍼슨은 결국 토지가 풍부한 상황에서는 로크가 엄격한 한계를 설정하고, 더 이상 풍부하지 않게 된 때에는 그 제한을 해제해 버렸다는 황당한 주장을 하게 되었다.[40] 그의 이런 무리한 논리 전개는 '충분'이 전유화의 전제 조건인데도, 제한 규정으로 잘못 파악한 데서 온 당연한 결과이다.

재산에 대한 자연권은 로크가 제시한 가장 중요한 자연권의 하나이거니와, 이에 관한 그의 설명은 자연권 일반에 대한 설명과 완전히 일

39) 27, 31, 33, 34, 36, 37, 39, 51절 등을 참조하라.
40) MacPherson, *Possessive Individualism*, pp. 213-214.

치한다. 로크의 인간은 누구나 자연상태에서 남의 간섭이나 제약을 받지 않고 자신의 보전을 위해 무엇이든 마음대로 할 수 있는 자유가 있다. 그러나 그 자유는 다른 사람의 똑같은 자유와 권리를 침해하지 않는다는 엄격한 전제 아래에서 허용되는 것이다. 재산권 역시 마찬가지이다. 인간은 자신의 노동으로 능력껏 재산을 얻을 권리가 있지만, 그러나 그 권리는 다른 사람의 동일한 권리를 저해하지 않는다는 전제 아래에서 그런 것이다. 일반론적으로 말하자면 로크의 권리는 의무와 표리 관계에 있고, 재산의 권리 역시 그러하다.

이제 우리는 앞 절의 전유화를 논하는 말미에서 제기한 바 있는 문제, 곧 공유자의 동의를 배제하고 노동 개념의 도입만으로 전유화가 정당화될 수 있겠는가라는 의문에 대한 대답을 듣게 되었다. 나의 전유화가 남에게 전혀 아무런 영향도 미치지 못하는 그런 상황에서는 남의 동의란 도대체 필요가 없는 것이다. 동의가 요청되는 것은 나와 남 사이에 서로 영향을 미치는 어떤 관계가 이루어지는 때이다. 모든 사람은 자연상태에서 평등하며 "모든 권력과 지배권은 상호적이기"(sec. 4) 때문에, 다른 사람과 관계를 맺게 되는 문제에서는 그의 동의 없이 나 혼자 일방적으로 행동할 수는 없는 일이다. 로크가 전유화의 전제로 설정한 상황은 그런 것이 아니다. 나의 전유화 이전이나 이후나 다른 사람에게 똑같은 만큼의 공유물이 그대로 남아 있는 곳에서는, 더욱이 "경작할 남은 땅의 부족 때문에 궁핍에 처할 위험보다는 동료로부터 떨어져서 대지의 광대한 황야를 길 잃고 헤매게 될 위험이 더 큰 세계의 최초의 시대에서는"(sec. 36) 토지의 전유화를 위해 다른 사람의 동의를 얻어야 할 필요성이 제기될 여지가 없는 것이다.

다른 사람의 동의가 필요하지 않다는 말은 곧 나의 전유화 과정에서 다른 사람을 고려하거나 염려하지 않아도 된다는 뜻으로 이해해도 좋을 것이다. 그러나 이 말이 자기 보전을 위해서는 타인의 권리를 무시해도 좋다는 뜻이 아님은 물론이다. 스트라우스는 자연의 '충분' 상태를 지적하면서, 이것이 다른 사람들에 대한 무관심을 정당화해 준다고 말한다. 그는 여기에서 멈추어야 했다. 그러나 그는 한 걸음 더 나아가 로크의 자연상태가 풍족(plenty)의 상태인가 아니면 궁핍(penury)의 상태인가 하는 문제에 골몰함으로써, 이 문제에 대한 괜한 혼란을 자초하고 말았다. 그는 자연상태에서 풍족은 단지 잠재적 풍족이며, 실질적으로는 궁핍이라고 주장한다. 이러한 궁핍 상태에서는 누구에게나 생존의 유지에 절대 필요한 것 이상을 전유하는 것은 매우 어려운 일이며, 바로 이 이유 때문에 모든 사람은 타인을 전혀 배려함이 없이 오직 자신의 보전만을 위해 전유화를 하도록 강요되지 않을 수 없다. 왜냐하면 타인의 보전에 관심을 기울일 의무를 지는 것은 오직 자신의 보전이 남들과 경쟁 상태에 있지 않을 경우라는 것이다.[41]

자연상태가 실질적으로는 궁핍한 상태라는 데에 이의를 제기하려는 것은 아니다. 로크는 "자연과 대지는 그 자체로는 거의 아무런 가치도 없는 것들만을 공급해 줄 뿐"이며(sec. 43), "인간 조건의 궁핍함이 그에게 노동을 요청하였다"(sec. 32)라고 말하고 있기 때문이다. 그러나 자연상태가 궁핍한 상태라는 것이 전유할 대상이 부족하다는 것을 뜻하는 것은 아니다. 로크가 특히 전유화의 권리를 증명하기 위해 노력하는 "재산의 주된 대상이 대지의 과일이나 거기에서 살고 있는 짐승들이 아니라 대지 그 자체"인데(sec. 32), 이 대지는 아주 충분하게 널려 있어서 토지의 전유화는 "인류 공동의 재산을 감축하는 것이 아니라, 오히려 증대해 준다."

••
41) 스트라우스의 견해를 진술한 부분은 Strauss, *Natural Right and History*, pp. 236-239에 따른 것이다.

(sec. 37) 왜냐하면 "그 자체로는 거의 아무런 가치도 없는" 토지에 노동을 투입하여 그것을 전유하는 것은 곧 자연상태의 궁핍을 풍족으로 바꾸어 줄 것이기 때문이다. 따라서 로크가 말하는 자연상태의 궁핍은 전유화를 제한하는 것이 아니라 오히려 장려할 뿐이다.

자연상태가 풍족의 상태이냐 아니면 궁핍의 상태이냐 하는 것은 전유할 대상이 충분한가 아니면 부족한가 하는 것과는 별개의 문제이다. 스트라우스의 잘못은 이 점을 착각한 데 있다. "그의 노동으로 사물을 전유함에 있어서, 인간은 오로지 낭비의 방지만을 주의하면 된다. 그는 다른 인류를 배려할 필요는 없다"라는 스트라우스의 지적은 옳다.[42] 그러나 그것은 그가 의미하려는 것처럼, 인간에게는 자기 보전이 최고의 권리이기 때문에 타인의 그것과 상충될 때에는 타인의 이익을 무시해도 좋다는 이기적 동기에서 그런 것이 아니다. 그것은 다만 자기 보전을 위한 전유화가 전혀 타인의 이익을 해치지 않는다는 의미에서 그런 것이다. 로크의 자연상태는 스트라우스가 이해하고 있는 만큼 전쟁상태가 아니며, 이런 면에서 로크는 결코 홉스주의자가 아니다. 로크의 전유화는 한정된 재화를 타인에 대한 배려 없이 서로 차지하려는 상황에서 이루어지는 것이 아니다. 타인에 대한 무관심을 허용하는 것은 '궁핍'이 아니라 '충분'이다. 그리고 이 '충분'의 상태 아래에서라야 전유화의 권리가 허용되는 것이다.

그러나 당연한 일이지만, 이 '충분'의 상태는 전유화가 진행됨에 따라 차츰 변하게 마련이다. 이제는 로크가 재산권 성립의 전제로 마련했던 '충분'이라는 조건이 어떻게 소멸하는가를, 그리고 그에 따라 그 전제 위에 세워졌던 재산권이 어떻게 변하게 되는가를 살필 차례가 되었다. 그 전환의 중요한 계기가 바로 화폐의 발명이다.

••
42) 같은 책, p. 237.

3. 화폐의 발명과 재산권의 확립

화폐 논의의 도입이 로크의 재산론 전개 과정에서 결정적인 전환점으로 이해되고 있는 것은, 그것이 제한된 정도에 그쳤던 재산의 규모를 크게 확대할 수 있는 계기를 마련했다는 점에서이다. 화폐는 그 영속성으로 인해 재화의 장기 보관을 가능하게 하고, 따라서 생활에 곧바로 사용할 수 있는 한도 이상으로 재화를 축적할 수 있게 함으로써, 마침내는 부의 불평등을 초래했다는 것이다.(sec. 50) 로크에 의하면, 금이나 은은 그 자체로는 일상생활에 별로 유용하지 못한 것이지만, 그 영속성과 희소성 때문에 사람들의 암묵적인 합의에 따라 상상적인 가치를 부여받는다.[43] 그래서 사람들이 상호간의 동의를 통해 "참으로 유용한, 그러나 상해 버리기 쉬운 생활용품"을 이들 영속성 있는 금속들과 교환함으로써 화폐가 쓰이게 되었다.(sec. 47) 그런데 이 화폐는 손상의 염려 없이 안전하게 오래도록 보관할 수 있기 때문에, 생활에 실제 소용되는 것 이상으로 얼마든지 재산을 증식할 수 있게 해 주었다.

한 사람의 정당한 재산의 한계가 소유물의 크기가 아니라 그것의 손상 여부에 달려 있는 것이라면, 그래서 오직 사용하기 전에 그것이 상하느냐 상하지 않느냐 하는 것만 주의를 기울이면 되는 것이라면, 화폐의 축적에는 아무런 제한도 없게 된다. 이것은 '원하는 만큼'을 '평생 동안' 간직해도 괜찮은 것이다.(sec. 46) 로크의 재산론이 무제한의 재산 축적을 정당화하는 이론으로 이해되는 것은 결정적으로 이런 측면에서이다. 그래서 스트라우스는 "시민사회에서 전유화의 권리는 여태까지 로크의 근원

---

43) 36, 46, 50, 184절. *Some Considerations*, p. 22에서도 화폐에 관한 비슷한 언급을 볼 수 있다.

적인 자연법 아래에서 그것을 옭아매었던 굴레로부터 완전히 해방된다"
하고 단언한다.[44] 먹퍼슨 역시 "로크의 놀라운 업적은 재산권의 근거를 자
연권과 자연법에 놓고, 그런 다음 재산권으로부터 모든 자연법상의 제한
을 제거한 것이었다"고 주장한다.[45]

그러나 결론부터 먼저 말하자면, 화폐의 발명은 결코 스트라우스가 말
하는 '해방'도, 먹퍼슨이 말하는 '제거'도 가져오지 않았다. 사실 재산권에
는 그것을 실제로 옭아맨 굴레라는 것이 처음부터 없었기 때문이다. 아
예 '해방'이나 '제거'라는 말 자체가 부적절한 표현인 것이다. 우리는 앞에
서 로크가 말한 권리의 한계란 사실 권리 그 자체와 표리를 이루는 것으
로서 단지 그 권리의 소극적인 표현에 불과하다는 사실을, 그래서 어떤
절대적인 재산의 규모를 제시해주는 것이 아니라 고무풍선처럼 늘어날
수 있는 성질의 것임을 주목한 바 있다. 물론 화폐가 쓰이기 이전에는 정
당하게 소유할 수 있는 재산의 크기가 극히 한정되었던 것이 사실이다.
그러나 그것은 자연법의 규범적인 금지 때문이라기보다, 오히려 많은 재
산을 축적할 수 있는 기술적 수단의 결여 때문이라고 해야 옳을 것이다.
그러므로 화폐의 발명은 전유화에 대한 자연법의 제한을 제거하거나 재
산 취득의 권리를 확대한 것이 아니라, 바로 이 기술적 수단을 마련해 준
것일 뿐이다.

우리는 여기에서 재산 취득의 능력과 재산의 권리를 구분할 필요가 있
다. 재산 취득이 확대되거나 축소되는 것은 재산의 권리가 확대되거나

---

44) Strauss, *Natural Right and History*, pp. 240-241. 스트라우스의 이러한 말은 그가 화폐제
도를 시민사회에서 생긴 것으로 이해하고 있는 것처럼 보이게 하는데, 사실은 재산과 마찬
가지로 화폐도 자연상태에서 나타난 제도이다.
45) MacPherson, *Possessive Individualism*, p. 199. 먹퍼슨은 또한 p. 221에서는 "로크는 여태
까지 무제한의 자본주의적 전유화를 방해해 왔던 도덕적 장애를 지워 버렸다"고 말한다.

축소되는 것과는 관계가 없다. 보다 큰 규모의 재산을 소유할 수 있게 되는 것은 재산을 취득할 권리가 확대되기 때문이 아니라, 오로지 재산을 취득할 수단이나 방법이 발전한 덕분이다. 로크는 "그들은 잉여생산물 대신에 금과 은을 받음으로써, 사람이 그 자신이 사용할 수 있는 것보다 더 많은 생산물을 산출할 토지를 어떻게 하면 정당하게 소유할 수 있는가 하는 방법을 묵시적이고 자발적인 동의를 통해 찾아냄으로써 … "라고 분명하게 말하고 있다. 사람들은 화폐를 발명함으로써 그들의 '안락한 보전'과 '생활의 최대의 편익'에 필요한 재산의 규모를 확장할 수 있게 되었다. 토지의 소출 중에서 실제로 사용하고 남은 잉여분을 금이나 은과 교환함으로써 재화를 손상케 할 염려가 없어지게 되었고, 따라서 얼마든지 많은 토지를 정당하게 전유할 수 있게 된 것이다.(sec. 50)

그런데 바로 여기에서 한 가지 중대한 문제가 야기된다. 전유된 토지의 면적이 확대됨에 따라 그 당연한 결과로 공유지는 점점 줄어들게 되는 것이다. 그래서 마침내 화폐가 도입되어 사용되는 지역에서는 전유화 이후에도 "다른 사람을 위해 충분하게, 그리고 똑같이 좋은 것이 공유로 남아" 있을 수 없게 된다. 다시 말하면 전유화의 전제였던 '충분'이라는 조건이 무너지게 되는 것이다. '충분' 조건이 무너진다는 것은 곧 전유화의 권리, 이를테면 자기의 노동으로 사용할 수 있는 한도만큼의 재산을 얻을 수 있는 권리가 그대로 허용될 수는 없게 된다는 것을 의미한다.

화폐의 발명 이전에는 이와 같은 권리가 허용되었다. 왜냐하면 그렇게 하더라도 사람이 실제 가질 수 있는 재산은 재산 축적의 기술적 수단의 결여 때문에 공유지의 일부분에 불과했고, 그것은 "아주 적절한 정도"로 한정되었기 때문이다.(sec. 36) 그리고 아무도 사용할 수 있는 한도 이상의 것을 얻기 위해 노동할 유혹을 느끼지 않았다. 그렇게 하는 것은 옳지 않은 일일 뿐만 아니라 또한 어리석고 쓸모없는 일이기도 했기 때문이다.(secs. 46, 51) 화폐는 이러한 사정을 바꾸어 놓았다. 화폐는 인간의 토지 소유 능력을 확대했고, 그에 따른 토지의 상대적인 부족 현상은 더 이상 전유화의 권리가 통용되지 못하도록 만들었다. 다음의 구절은 이러한 맥락에서 파악되어야 한다.

> 내가 대담하게 감히 확언하고자 하는 것은, 그와 동일한 재산권의 규칙, 즉 모든 사람이 자기가 사용할 수 있는 만큼을 가져야 한다는 규칙이, 만일 화폐의 발명과 그것에 가치를 부여하는 사람들의 암묵적인 합의가 (동의를 통해) 더 큰 규모의 소유물과 그에 대한 권리를 도입하지만 않았더라면, 어느 누구도 궁핍하게 함이 없이 아직까지 세상에서 통용되고 있을 것이라는 점이다. 왜냐하면 이 세계에는 주민의 두 배를 만족시키기에도 충분한 토지가 있기 때문이다.(sec. 36)

이 인용문은 로크가 무제한의 재산 소유를 옹호하려 했다는 자신의 주장을 뒷받침해 주는 것이라고 먹퍼슨이 제시한 구절이다. 그는 '재산권의 규칙'을 전유화에 가해진 엄격한 제한 규정으로 이해함으로써, 화폐의 발명 이후에 통용되지 못하게 된 것은 바로 이 제한 규정이라고 해석한 것이다. 그래서 그는 이제 재산의 획득에는 아무런 제한도 없어지고, 무제한한 소유가 가능해졌다고 주장한다. 그의 말을 직접 들어 보자면, "동의에 의한 화폐의 도입은 이전의 정당한 전유화에 대한 자연의 제한들을 제거하고, 그렇게 함으로써 모든 사람은 자신이 사용할 수 있는 만큼만을 가져야 한다는 자연의 규정을 무효화했다"는 것이다.[46]

..
46) 같은 책, pp. 203-204. 그러면서도 먹퍼슨은 한편으로 '손상 한계'와 달리 '충분 한계'가 화폐의 도입으로 제거되었음을 증명하기에는 무언가 석연치 않다는 것을 느낀 듯하다. 그는

그러나 '재산권의 규칙'은 재산권에 가해진 엄격한 제한만을 뜻하는 것이 아니라, 오히려 노동을 통한 전유화의 권리 그 자체를 가리키는 말로 이해해야 할 것이다. 이 권리는 화폐에 의해 새삼스럽게 해방되어야 할 굴레를 갖고 있는 것이 아님은 이미 지적한 대로이다. "사용할 수 있는 만큼"(as much as he could make use of)이라는 표현은 될 수 있는 한 적게 가지도록 제한하는 의미보다, 오히려 되도록 많이 가지게 적극적으로 권장하는 뉘앙스를 가진 어법이다.[47] 재산권을 이와 같이 규정한 자연법이 통용되지 못하게 되었다는 말이 어떻게 반대로 무제한의 재산권을 가질 수 있게 되었다는 뜻으로 해석될 수 있겠는가? 그러므로 가정법으로 진술된 위의 인용문을, 그 의미를 좀 더 명확하게 하기 위해 다음과 같이 직설법으로 풀어서 쓰더라도 원래 의미가 조금도 왜곡되지 않을 것이다.

화폐의 발명으로 더 커지기 이전의 적절한 정도의 재산 규모를 기준으로 한다면 이 세계에는 아직도 현재 주민의 두 배를 만족시키기에도 충분한 토지가 남아 있다. 그러나 이제는 화폐가 사용됨으로써, 이전처럼 사용할 수 있는 한도까지는 얼마든지 소유할 수 있는 재산권의 규칙이 통용되지 못하게 되었다. 왜냐하면 화폐의 발명과 그것에 가치를 부여하는 사람들의 암묵적인 합의가 보다 큰 규모의 재산을 갖는 것을 가능하게 만들었고, 그래서 이전과 같은 권리가 그대로 허용된다면 사람들 중에서 누군가는 궁핍에 처하게 될 것이기 때문이다.[48]

"이 한계는 동의에 의한 화폐의 도입을 거론하는 것으로는 덜 분명하게 극복된다"라고 실토하고 있으니 말이다. 그것이 전유화의 한계가 아니라 전제 조건이니까 그럴 수밖에 없는 것이다. 그러나 그는 이 말 뒤에 "그렇지만 로크가 그것이 극복되었다고 생각한 것은 의문의 여지가 없다"는 말을 덧붙였다. 같은 책, p. 211.

47) 31절의 "누구든지 그것이 상해 버리기 전에 생활에 조금이라도 유익하게 되도록 사용할 수 있는 한, 그만큼은 자기의 노동을 통해 재산으로 확정할 수 있는 것이다"라는 표현도 마찬가지이다.

화폐 제도 아래에서는 '재산권의 규칙'이 그대로 통용되지 못하게 되었다면, 그러면 이제 재산은 어떻게 얻게 되는 것일까? 화폐 제도 아래에서의 재산 관계에 관해서 로크는 별로 많은 언급을 하지 않았다. 그의 주된 관심은 "이전에는 공유였던 것에서 재산의 시작에 관한 근원적인 자연법"을 밝히는 일이었다.(sec. 30) 그것이 곧 "사람들이 어떻게 신이 인류에게 공유로 준 것의 몇몇 부분들에 대해 재산을 가지게 되었는가를, 그것도 모든 공유자들의 아무런 명시적인 계약도 없이 가지게 되었는가"(sec. 25)를 설명한 전유화 이론이다. 그러나 화폐 제도 아래에서의 재산 관계가 그의 주된 관심이 아니었다 하더라도, 만일 '충분' 조건이 사라진 뒤에는 사람들이 재산을 어떻게 갖게 되는가를 밝히지 않는다면 그의 재산론은 필머를 논박했다는 것 외에는 별다른 의미가 없을 것이다. 어쨌거나 언젠가는 '충분' 조건이 사라질 테니까, 재산에 대해 무언가 의미 있는 설명을 하려 한다면, 오히려 중요한 것은 그 이후에 재산이 어떻게 되는가 하는 문제일 것이다.

그런데 그에 대한 로크의 설명이 무엇인가를 아는 것은 그리 어려운 일이 아니다. 앞에서 본 인용문의 바로 앞의 절에서 로크는 다음과 같이 말하고 있기 때문이다.

영국이나 다른 어느 나라든지, 화폐를 사용하고 상업을 행하는 많은 사람이 정부 아래 살고 있는 곳에서는, 공유인 토지는 어느 누구도 모든 동료 공

---

48) 30절의 내용도 이러한 해석에 부합할 것이다. 여기에서 로크는, 재산을 규정하는 수많은 실정법을 갖고 있는 문명사회에서도, 아직 공유물로 남아 있는 거대한 대양의 경우에는 노동으로 공유물을 전유할 수 있다는 '근원적인 자연법'이 그대로 적용되고 있다고 말한다. 물론 오늘날처럼 영해권에 대해 논의가 활발하고 국제해양법이 발달한 상황에서라면 그 진술이 달라졌을 것이다.

유자들의 동의 없이는 한 조각도 울타리치거나 전유할 수 없다는 것은 사실이다. 왜냐하면 … 그러한 인클로저 이후에 남은 토지는 나머지 공유자들에게는 그들이 전부를 이용할 수 있을 때의 전부만큼 좋지는 못할 것이기 때문이다. (sec. 35).

이 구절을 보면 로크가 전유화의 전제인 '충분' 조건, 그러니까 충분한 토지가 있어서 전유화가 다른 공유자에게 아무런 해가 되지 않고, 따라서 재산권을 둘러싸고 아무런 분쟁도 일어날 여지가 없다고 하는 조건이 충족되지 못하는 곳에서는, 노동에 의한 전유화의 권리가 그대로 통용되지 못한다고 생각했다는 사실을 분명히 알 수 있다. 그럴 경우에는 한 조각의 땅이라도 전유하기 위해서는 동료 공유자들의 '동의'가 있어야 한다는 사실을 로크는 적시하고 있다.

이 글의 앞머리 부분에서 우리는 로크가 재산 발생의 정당성을 공유자들의 동의에서 구하려 했던 17세기 자연법론자들의 해결책을 거부하고, 그 대신 노동에 의한 전유화 논리를 전개한 사실을 살펴 본 바 있다. 그리고 그 전유화를 도덕적으로 정당화할 수 있는 근거를 '충분' 조건에서 구했음도 알고 있다. 그런데 이제 그 전제 조건이 무너진 이상 그것을 대신할 어떤 조치가 마련되지 않으면 안 될 것인바, 그 대안 조치는 동의 절차의 도입이 될 수밖에 없을 것이다. 로크가 동의를 거부한 소이가 '충분' 조건 때문이었는데, 이 조건이 사라진 곳에는 '동의'가 다시 재산의 획득을 정당화하는 데에 필요하게 될 것임은 당연하다고 할 수 있을 것이다.

그러나 혹자는 위의 예문이 적절하지 못하다고 이의를 제기할지 모른다. 왜냐하면 예문의 공유지는 태초에 자연이 인류에게 준 것이 아니라, "계약에 의해서, 즉 위반해서는 안 되는 그 나라 법률에 의해 공유로 남아 있는" 것이기 때문이다.(sec. 35) 그러면 로크가 「창세기」 기사를 통해 논의를 전개한 다른 구절을 하나 더 살펴보기로 하자.

　　그러나 동일한 장소에서 그들의 가축을 함께 사육하기에 충분한 여지가 없
　게 되었을 때, 그들은 동의에 의해, 아브라함과 롯이 그렇게 한 것처럼(창세기
　13: 5) 서로 갈라져서 가장 마음에 드는 곳에서 자신의 목장을 넓혀 나갔다. 그
　리고 똑같은 이유로 에서는 아버지와 형제로부터 떠나가 세일산에서 정착했
　다(창세기 36: 6).(sec. 38)

로크가 보기에, 「창세기」의 사람들은 충분한 땅이 남아 있을 때에는 상
호간에 아무런 제약을 가함이 없이 자유롭게 그들의 목장을 차지할 수
있었지만, 각자의 재산이 증대하여 한 곳에서는 그들 사이에 충돌을 피
할 수 없게 되었을 때는 서로 합의하여 재산에 대해 규제를 하게 되었던
것이다. 모두가 평등한 자연권을 가진 이상, 모두에게 충분한 만큼의 땅
이 남아 있지 않게 되는 시점에 이르러서 공유지를 전유하기 위해서는 서
로가 동의를 통해 타인의 권리를 인정해 주고, 그 부분에 대한 자기의 권
리를 포기하지 않으면 안 되기 때문이다.

이렇게 해서, 로크가 공유의 상태에서 처음에 재산이 생겨나는 과정에
서는 필요하지 않다고 명백하게 거부했던 동의의 절차가 '충분'의 조건이
이루어지지 않게 된 상황에서는 다시 필요하게 되는 것이다. 그러나 이
동의는 그가 거부했던 푸펜도르프의 동의와는 전혀 다른 것이다. 후자는
아무런 재산도 없던 태초의 공유 상태에서 최초로 재산이 발생하도록 하
는, 전체 인류 사이에 맺어지는 원초적인 계약이다. 그러나 로크의 동의
는 그런 보편적인 것이 아니라, 일정 지역에서 이해관계의 충돌을 조정하
기 위해 이해 당사자 간에 맺어지는 동의이다.

이렇게 재산의 생성 과정에 동의 절차가 도입됨으로 해서, 타인의 의사

나 사회적 규제와는 완전히 독립하여 생긴 자연권으로서의 재산이 차츰 계약의 질서 혹은 '사회적' 질서 안으로 들어오게 된다. 이때 '사회적' 질서라는 말로 로크의 시민사회를 의미하려는 것은 아니다. 화폐는 분명 시민사회 이전에, 자연상태에서 생긴 제도이다.[49] 그런데 자연상태 안에 사회적 질서가 있다는 말은 얼핏 들으면 혹 이상하게 생각될지도 모른다.[50] 그러나 로크에게 이것은 하등 이상한 일이 아니다. 정치사회 안에서도 자연법의 질서가 그대로 통용될 수 있듯이, 자연상태 안에도 '사회적' 질서가 얼마든지 있을 수 있다.

정치사회에서도 실정법으로 직접 규정되지 않는 영역이 많이 있다. 이런 영역에서는 자연법이 직접 통용되는 것이다.(secs. 22, 30) 뿐만 아니라

49) Seliger, *Liberal Politics of Locke*, p. 159는 정부가 화폐제도 이전 시대에 이미 존재했으며, 화폐 사용에 대한 동의는 정치사회의 존재를 전제한다고 주장한다. 그렇지만 먹퍼슨은 화폐와 상업이 자연상태에서 이루어졌다는 것이 믿기지 않는다면, 로크의 자연상태가 시민사회에서 추론한 논리적 추상과 역사적 상상의 기묘한 혼합이라는 점을 상기할 필요가 있다고 지적한다. 그러면서 그는 "역사적으로 보자면, 시민사회 없는 상업경제는 참으로 있을 법하지 않다. 그러나 하나의 추상으로서, 그것은 충분히 생각할 수 있는 것이다"라고 말한다. 자연상태에서의 인간이 자연법을 준수하면서 스스로 다스리는 자율적이고 합리적인 인간임을 상기한다면, 인간이 화폐를 만들고 상업경제를 수립한다는 것은 충분히 이해할 수 있는 일이라고 그는 강조한다. MacPherson, *Possessive Individualism*, p. 209. 그러면서 먹퍼슨은 화폐 사용이 자연상태에서 일어난 것임을 강조하여 화폐 사용의 결과 나타나는 불평등한 재산 소유, 그의 말대로 하자면 '무제한의' 재산 소유를 로크가 자연권으로 합리화하려 했다고 주장한다. 그러나 재산권은 자연권이지만, 로크가 50절에서 분명하게 말하고 있듯이 불균등한 재산 소유는 사람들의 동의의 결과이다. 먹퍼슨은 자연상태 안에 있으면 모든 것이 다 자연권인 것으로 착각하고 있는 듯하다. 이하의 진술은 그렇지 않음을 논증하려는 것이다.

50) John Plamenatz, *Man and Society: A Critical Examination of Some Important Social and Political Theories from Machiavelli to Marx*, 2 vols. (London, 1963, 1980), vol. 1, p. 220은 로크의 자연상태에 대해 "그의 자연상태는 일종의 사회이다"라고 단정적으로 말한다. 로크의 자연상태가 상당히 '사회적'이라는 점에 대해서는 이미 앞의 장, 「자연법과 자연상태」에서 살펴보았다.

비록 제정된 법률이 있다 하더라도 그에 호소할 시간적 여유가 없을 때, 나는 자연법에 호소할 수 있다. 예컨대 공로상에서 만난 강도를 나는 자위권을 행사하여 정당하게 살해할 수 있는 것이다.(sec. 207) 마찬가지로 자연상태 안에서 일어나는 모든 일이 자연법의 직접적인 지배를 받는 것은 아니다. 자연상태에서도 사람들이 여러 가지 약속이나 계약을 맺을 수 있으며, 그로 인해 생긴 권리-의무는 그 당사자들을 구속한다. '사회적' 질서라고 말하는 것은 바로 이러한 계약으로 발생한 권리-의무 관계를 가리키는 것이다. 이 계약이 지니는 구속력은 물론 자연법에 의존하는 것이다. 계약을 지키는 것은 사회의 성원으로서가 아니라, 하나의 자연적 존재로서의 인간이 지닌 의무이기 때문이다.(sec. 14)

그렇지만 계약으로 인해 발생한 권리-의무와 자연법 자체가 부과한 권리-의무는 구별해야 한다. 자연법은 인간의 의사나 합의와는 아무런 관계없이 그것과 독립하여 존재하며, 보편적인 구속력을 갖는다. 그에 비해 계약이 가져온 권리-의무는 그 계약의 해소와 함께 끝나며, 그 구속력이 미치는 범위도 계약 당사자에 국한된다. 정치사회의 수립을 위한 계약이든, 화폐의 그것이든, 혹은 어느 개인들 사이의 약속이든 사람들 사이의 권리와 의무가 당사자들의 의사나 동의에 의해 발생한다는 면에서는 본질적으로 동일하다.[51] 단지 그 동의 혹은 계약이 얼마나 보편적인가에 따라 적용 범위가 다르며, 또한 그 내용에 따라 인간 행위의 어느 측면을 구속하는가가 문제일 뿐이다. 그리고 그것이 구속력을 갖기 위해서는 자연법에 위배되지 않아야 함은 더 말할 나위도 없다. 이를테면 모든

---

51) 정치사회를 수립하는 사회계약이 과연 법적 타당성과 구속력을 가질 수 있는가 하는 것이 바로 법실증주의의 측면에서 계약론을 비판하는 주된 논거이다. 이 점에서 홉스와 로크는 명백한 차이를 드러낸다.

인간은 자유롭고 평등함에도 불구하고 계약이 어느 일방에 의해 강제된 것이라면, 아무도 그것을 이행할 의무는 없는 것이다.

이렇게 로크의 경우, 정치사회 이전의 자연상태에서도 일정한 '사회적' 질서가 있다. 그런데 개인들 사이의 단순한 약속과는 달리, 화폐 사용에 대한 동의나 혹은 일정 지역에서 재산의 조정을 위해 맺은 계약은 훨씬 더 보편적이다. 이러한 계약을 통해 이루어진 일련의 질서체계를 '경제적 사회'라고 부르기로 한다면,[52] 재산은 이 '경제적 사회'에서 그 안에 있는 사람들의 동의에 의한 일정한 제약을 받게 마련이다. 물론 그곳에는 아직 그 질서의 유지를 위해 "재산을 조정하고 보전하기 위하여 사형 및 그 이하의 모든 형벌을 부과하는 법률을 제정하는 권리이자, 또한 그러한 법률을 집행하고 외적의 침해로부터 국가를 방위하는 데 공동체의 힘을 사용하는 권리"가 있는 것은 아니다.(sec. 3) 이것은 오직 정치사회에만 있는 정치권력이기 때문이다. 그리고 로크가 자연상태의 일정한 단계에 이와 같은 경제적 사회를 설정했다는 말도 아니다. 다만 이 '경제적 사회'란 하나의 논리적 추상으로서, 이러한 단계의 상정은 자연상태에서 정치사회로의 이행과 관련한 로크의 설명을 이해하는 데 도움이 될 수 있을 것이다.

우리는 공유자의 동의가 필요 없이 가능하던 전유화가, '충분' 조건의 소멸과 함께 형성된 '경제적 사회'에서는 공유자들이 상호간에 맺은 계약의 제약을 받게 되는 것을 살펴보았다. 이렇게 해서 로크는 사회로부터 독립된 자연권으로 확립한 재산권을 다시 사회적 제약 속으로 자연스럽게 끌어들였다. 그렇다고 해서 이 계약이 재산권을 폐기할 수 있는 것이

---

52) 이때의 '경제적'이라는 말은 '정치' 사회와 대비하기 위해 편의상 사용한 표현에 불과한 것이다.

234

아님은 더 말할 나위가 없다. 그것은 서로 간의 재산을 조정하고 규제하는 것이지, 자연권인 사유재산을 부정하거나 폐지할 수 있는 것은 아닌 것이다. 다음의 구절은 이와 같은 논의를 확실하게 뒷받침해 줄 수 있을 것이라 믿는다.

> 그리하여 태초에는 어디에서나 … 노동이 재산의 권리를 부여해 주었다 … 그 후 세계의 일부 지역, 즉 사람과 가축이 증가한 데에다 화폐도 사용된 결과 토지가 부족해지고, 따라서 토지가 어느 정도 가치를 지니게 된 지역에서는 몇몇 공동체가 그들 각자의 영토의 경계를 확정하고, 또 그들 자체 내에서도 법으로 그들 사회의 각 개인들의 재산을 조정했으며, 그렇게 해서 노동과 근면에서 비롯한 재산을 계약과 합의로 확정했던 것이다.(sec. 45)

이 인용문 가운데 특히 마지막 부분을 주목할 필요가 있다. 그것은 처음에 노동에서 비롯한 재산을 '확정'한 것은 다름 아닌 계약과 합의라고 말하고 있는 것이다.[53] 사실 자연상태의 재산은 엄밀한 의미에서 확정된 재산은 아니었다고 할 수 있다. 내가 따 모은 과일과 내가 울타리 친 토지는 나의 정당한 재산일 수도 있고 아닐 수도 있다. 만일 내가 그것을 손상되기 전에 다 사용하지 못한다면, 그만큼은 나의 것이 아니라 원래 남의 몫이 되어야 할 것을 부당하게 전유한 셈이 된다. 로크는 "만일 그가 울타리 친 곳의 목초가 땅바닥에서 썩거나, 그가 심은 나무 열매가 따

---

53) 38절에서도 비슷한 언급을 볼 수 있다. 로크는 여기에서 "그렇지만 그들이 서로 통합하고, 함께 모여 정착하고, 도시를 건설했을 때까지는, 그리고 그런 다음에 조만간 동의를 통해 그들 각자의 영토의 경계를 구분 지으면서 또한 그들과 이웃 간의 구역에도 합의하고, 그리고 그들 자체 내에서 법으로 동일 사회 구성원의 재산을 확정했을 때까지는, 아직은 대체로 그들이 사용한 토지에 대해 아무런 확정된 재산이 없었다"고 진술하고 있다.

서 저장하지 못한 채 상해 버린다면, 이 부분의 대지는 그가 울타리를 쳤음에도 불구하고 여전히 버려진 땅으로 간주되어야 하고, 다른 누군가의 소유가 될 수도 있다"(sec. 38)라고 분명하게 말하고 있는 것이다.[54] 이렇게 본다면 정당한 재산인가 아닌가의 최종적인 확정은 그것이 사용된 이후에야 내려진다는 말이 된다. 그렇다면 재산은 엄격한 의미에서 실제 소비되는 것만을 가리키게 될 것이다. 그리고 내가 소유하고 있는 재화는 단지 내가 앞으로 소비할 것을 전제로 한 잠재적 가능성으로서의 재산이라고 할 수 있을 뿐일 것이다.

이러한 성격의 재산은 '경제적 사회'의 규제 속으로 들어옴으로써, 그 사회 구성원들이 동의를 통해 서로의 재산을 인정해 줌으로써, 비로소 확정된 재산이 된다. 그리고 더 나아가 정치사회에 들어오면서 자연적 재산은 시민적-법적 재산이 되는 것이다. "정부 안에서는 법률이 재산권을 규정하고 토지의 소유는 실정법에 의해 결정되기 때문이다."(sec. 50) 그렇다고 시민적 혹은 법적 재산이라는 말이 재산은 사회의 창조물임을 의미한다는 것은 아니다. 재산은 어디까지나 개인 노동의 산물이다. 사회는 단지 노동의 조건을 마련하고, 그리고 노동이 낳은 재산을 확정해 줄 뿐이다. 이러한 맥락에서야 비로소 로크의 재산 논의에서 자연적 재산권과 시민적 재산권의 관계를 올바로 이해할 수 있을 것이다.[55]

•.

54) 노동의 투입이 인신의 확장이라는 의미를 지님으로써 정당한 재산을 창출한다는 자연법과, 전유화를 제한하는 자연법, 즉 재화가 손상되기 전에 사용 할 수 있는 이상의 것은 이미 노동을 투입했음에도 불구하고 정당한 재산을 낳지 못한다는 자연법은 사실 논리적으로 상충한다고 할 것이다.

55) 로크가 한편으로는 재산권을 자연권이라 주장하면서 다른 한편으로는 시민사회가 재산에 대해 부과하는 각종 규제를 용인하는 것은 서로 상충된다는 점을 여러 학자들이 자주 지적하고 있다. Vaughan, *History of Political Philosophy*, p. 182; Strauss, *Natural Right and History*, p. 235; Olivecrona, "Appropriation in the State of Nature," p. 227 및 H.

로크는 사유재산권을 지나치게 옹호함으로써 부의 극단적 편재가 가져올 역기능이나 사회적 모순을 정부가 시정할 권한을 용인하지 않았다고 비판을 받기도 한다. 그는 분명 개인의 재산권을 옹호하여, 비록 국가 권력일지라도 개인으로부터 그의 동의 없이는 재산의 일부라도 빼앗을 수 없음을 강조하였다.(secs. 138-139) 그러나 다른 한편으로 주목해야 할 것은 그가 동의에 의한 과세를 주장했을 뿐, 결코 납세의 의무를 부정하지 않았다는 사실이다. 그는 또 아들이 아버지의 재산을 물려받을 상속권을 자연권이라고 말하면서도,[56] 그와 동시에 국가에 대한 복종의 의무를 상속의 조건으로 내세우는 등, 여러 모로 재산에 대한 국가의 개입 혹은 통제권을 인정하고 있다.[57]

이렇게 로크는 정치사회의 기능을 단순히 재산의 보전에만 국한하지 않고, 그것을 규제 내지 조정하는 역할까지 맡기고 있다. 로크는 태초에 처음 재산이 발생할 때는 필요 없다고 거부했던 동의 관념을 다시 그의

Moulds, "Private Property in John Locke's State of Nature," *The American Journal of Economics and Sociology*, vol. 23 (1964), p. 184 등을 참조하라. 그러나 이러한 비판은 양자 간의 관계를 제대로 이해하지 못한 데서 오는 오해에 지나지 않는다.

56) 상속권을 자연권으로 언급한 것으로는 『제1론』 87, 88, 89, 93, 97절 및 『제2론』 72, 190절 등을 보라.

57) 117, 120 및 159절을 참조하라. W. von Leyden, *Hobbes and Locke: The Politics of Freedom and Obligation* (New York, 1982), pp. 106-107은 로크가 재산에 대해 규제하고 제한하고 결정하는 국가 기능을 인정하고 있음을 강조한다. 그러면서 가격을 정하고 제조 과정을 규제하는 일을 정부의 의무로 생각하던 17세기의 중상주의적 견해와 로크의 견해가 다르다고 생각할 하등의 이유가 없다고 주장한다. Maurice Cranston, "John Locke and the Case for Toleration," J. Horton & S. Mendus ed., *John Locke: A Letter Concerning Toleration in Focus* (London, 1991), p. 94 역시 로크를 '최소 국가'나 '야경국가'의 옹호자로 생각하는 사람들을 비판하면서, 로크를 명백한 중상주의자로 규정한다. 로크는 분명히 경제의 영역에서 국가 활동의 확장을 제안하는 데 주저하지 않았으며, 애덤 스미스나 하이에크(Hayek) 같은 자유방임적 자유주의자와는 아주 거리가 멀었다는 것이다. 그러나 로크를 중상주의자로 규정하는 주장은 좀 너무 나간 것이 아닌가 싶다.

이론에 도입함으로써, 자연스럽게 재산을 사회적 제약 아래에 가져다 놓았다. 그럼으로써 사회로부터 독립된 자연적 재산권과 재산에 대한 국가의 규제는 로크의 재산 이론 속에서 서로 모순 없이 결합할 수 있었다. 그리고 그렇게 함으로써 로크는 정치사회가 사회적 정의와 형평을 위해 부의 분배에 개입하는 일을 정당화할 여지를 남겨 놓은 것이다.

우리는 로크가 어떻게 "아주 적절한 정도"(sec. 36)의 재산을 자연상태에서 동의가 필요 없는 자연권으로 확립했는가를, 그리고 그 재산이 화폐의 발명과 함께 원래의 적절한 규모를 벗어나 크게 확대되어 타인의 동일한 권리를 침해할 수 있는 상황에 이르게 되었을 때 어떻게 재산을 동의에 의한 '사회적' 질서 속으로 편입했는가를 살펴보았다. 로크는 화폐를 논의에 끌어들임으로써 애초의 제한된 재산권에서 벗어나 무제한의 재산권을 옹호하려고 시도한 일이 없다. 그의 자유주의는 개인의 이익을 배타적으로 극대화하는 것을 정당화하는 이데올로기가 아니다. 그가 이해하는 자연법은 인간이 평등하게 가지고 있는 권리를 합의를 통한 정당한 조정 없이 어느 일부만이 극단적으로 행사할 수 있도록 허용해 주지 않는다. 그에게 권리는 언제나 의무와 표리 관계에 있다.[58] 그가 허용하는 재산은 항상 그 재산으로 인해 타인의 권리가 침해되지 않는다는 도덕적 정당성을 지니는 한계 내의 것이다.

그러나 로크가 무한정한 부의 자본주의적 축적을 옹호하지 않았다는 말이 곧 그가 재산의 평등을 주장했다거나, 혹은 불평등 재산의 재분배를 의도했다는 말로 들려서는 안 된다. 부의 무제한 축적을 옹호하지 않은 것과 마찬가지로, 그는 재산의 절대적 평등을 주장한 적도 없다. "근면의 정도가 다름에 따라 사람들은 서로 다른 비율로 소유물을 가지게

58) 특히 6절과 57절을 참조하라.

마련"이며(sec. 48), 금이나 은과 같은 화폐를 사용하게 된 이후 "사람들은 대지의 불균등하고 불평등한 소유에 합의하였다"(sec. 50)는 것이다. 그는 모든 사람이 재산을 가질 권리가 있음을 주장했을 뿐, 모두가 똑같은 재산을 가져야 한다고 말하지는 않았다. 한 연구자의 적절한 표현을 빌리자면, "평등한 재산권이라는 자연권은 없다 … 평등의 기회는 있지만, 평등의 필연성은 없다"는 것이다.[59] 로크의 재산론은 재산의 자본주의적 축적을 정당화하는 이데올로기도 아니요, 그렇다고 평등 재산의 교의도 아니다.[60] 그는 단지 재산, 자기 보전과 자유의 향유를 위한 수단으로서의 재산에 대한 권리를 옹호했을 뿐, 그 이상도 그 이하도 아니다.

로크가 재산권을 변호했을 때, 그나 혹은 많은 동시대인들이 재산에 대한 위협으로 떠올렸던 것이 무엇이었는가를 상기할 필요가 있다. 그것은 밑으로부터가 아니라 위로부터 오는 것, 두말할 필요도 없이 정부의 자의적 권력이었다. 스튜어트(Stuart) 왕조 전기의 영국에서는 정부가 비합법적 방법으로 과세하려는 시도에 대해 여론이 매우 예민해 있었다. 그 시기에 일어난 일련의 정치적 분쟁은 정부의 재정 문제와 관련한 것이었으며, 이런 분쟁은 사유재산을 국왕 대권의 위협으로부터 철저하게 보호되어야 할 신성한 권리이자 하나의 정치적 공리로 여기게 하는 데 이바지했다. 왕정복고 후에도 이와 같은 태도는 그대로 존속되었다. 『정부론』이 저술된 1680년대에도 영국의 재산 소유자를 따라다니며 괴롭혔던 유령

59) Moulds, "Private Property," pp. 183-184.
60) Laslett, "Introduction," pp. 118-119는 로크의 재산권 논의에는 완전한 공산주의는 아니더라도 분명히 재분배적 과세나 국유화 정책 등을 정당화할 수 있는 측면이 있는 반면, 다른 한편으로 논의의 전반적 취지는 잃을 것이 상당히 많은 사람에게 우호적이라고 말한다. 그러면서 래슬리트가 내린 판단은 "로크는 '사회주의자'도 '자본주의자'도 아니었다. 비록 그의 재산 교의에서 우리에게 있는 이 양쪽 태도 모두의 요소를 발견하는 것이 매혹적이기는 하지만 말이다"라는 것이다.

은 의회를 거치지 않은 자의적 과세의 위협과 자유보유지의 몰수였다. 이러한 상황이 로크가 왜 재산의 소유에 따른 의무보다는 그 권리에 더 큰 관심을 기울였나 하는 데 대한 이유를 말해 주기도 한다.[61]

재산은 자유를 향유하기 위한 중요한 수단이다. 로크의 목적은 이러한 재산을 자연권으로 확립함으로써 절대적이고 자의적인 권력으로부터 자유를 지키는 데 있을 뿐, 결코 재산의 전횡을 두둔하는 데 있지 않다.[62] 무엇보다 그의 재산 이론이 필머의 왕토사상을 논박하기 위한 것이었음을 상기할 필요가 있다. 라이언(A. Ryan)의 지적처럼『정부론』의 공격 대상은 평화적이고 온순한 프롤레타리아가 아니라, 군주는 신민에 대해 절대적이고 자의적인 권력을 갖고 있다는 절대주의 교의이다.[63] 그리고 거기에서 대립하고 있는 것은 먹퍼슨의 이른바 '유산자 대 무산자'도, 혹은 '근면하고 이성적인 자 대 나태하고 비이성적인 자'도 아니다.[64] 그것은 오직 절대권력 대 시민이다. 로크는 하나의 해방, 이를테면 전제권력으로부터 시민의 해방을 주장하면서 동시에 또 하나의 질곡, 말하자면 유산자가 무산자에게 채우는 질곡을 마련하려 했던 것은 결코 아니다.

로크가 옹호하려던 권리를 실제로 향유할 수 있었던 사람은 당시 영국에서 그렇게 많지 않았을지 모른다. 그러나 비록 그렇다 하더라도 그는 결코 그 사람들만을 위해서, 더욱이 그 사람들만이 그 권리를 향유해야

• •

61) Gough, *Locke's Political Philosophy*, pp. 75, 83-84 및 John Dunn, *The Political Thought of John Locke* (Cambridge, paperback ed., 1982), p. 216.

62) 『제1론』 41, 42절 및 『제2론』 202절을 참조하라.

63) Ryan, "Dictatorship of Bourgeoisie," pp. 228-229.

64) Sir Isaiah Berlin, "Hobbes, Locke and Professor MacPherson," *The Political Quarterl*, vol. 35, no. 4 (1964), p. 468의 다음과 같은 비평은 산뜻하다. "먹퍼슨은 로크가 문명사회의 특성들을 자연상태에 투영하는 것을 비난한다. 그러나 아마 19세기의 갈등을 17세기에 투영하고 있는 것은 먹퍼슨 교수일 것이다."

한다고 주장하지는 않았다. 비록 그가 모든 사람이 골고루 그것을 향유할 수 있는 구체적인 방법을 모색하는 일에 무관심했다 할지라도, 그의 사상을 앞으로 올 자본주의 사회를 위한 적극적 주창으로 확대 해석해서는 안 될 것이다. 이러한 측면에 한정해서 말하자면, 로크는 앞 시대로부터 넘겨받은 사상에 자신의 새 사상을 덧보태고 더욱 발전시키기는 했지만, 그러나 그는 미래의 전령이기보다는 과거의 성숙한 완성이라고 하는 람프레히트(S. P. Lamprecht)의 평은 일면 일리가 있다고 할 것이다.[65]

65) S. P. Lamprecht, *The Moral and Political Philosophy of John Locke* (New York, 1918), p. 6.

제6장
시민정부

1. 시민사회와 자연상태

로크는 『제2론』에서 시민정부(Civil Government)에 대해 본격적인 논의를 전개하기에 앞서, 먼저 정치권력에 대한 정의부터 내려두었다. 그 첫머리 부분에서 그는 그것을 다음과 같이 정의하고 있다.

그런데 나는 정치권력을 다음과 같은 것이라고 생각한다. 즉 그것은 재산을 조정하고 보전하기 위하여 사형 및 그 이하의 모든 형벌을 부과하는 법률을 제정하는 권리이자, 또한 그러한 법률을 집행하고 외적의 침해로부터 국가를 방위하는 데에 공동체의 힘을 사용하는 권리이며, 그리고 이 모든 것을 오로지 공공선만을 위하여 행사하는 권리이다.(sec. 3)

이러한 권력은 시민정부의 지배자가 행사하는 권력이며, 따라서 그것은 자식에 대한 아버지의 권력이나 노예에 대한 주인의 권력과는 본질적으로 다른 것이다.(sec. 2) 로크는 이 세 가지 권력을 엄격하게 구별해야 한다고 보았다. 왜냐하면 그는 무엇보다 "써 로버트 필머(Sir Robert Filmer)가 우리에게 가르쳐 준 것과는 다른 정부의 발생, 다른 정치권력의 기원, 그리고 그것을 가지는 인물을 기획하고 식별하는 다른 방법"을 찾아내고자 했으며, 그러기 위해서는 필머 같은 사람들의 관점에서는 "모든 권력의 원천이라고 생각되는 것, 즉 아담의 사적인 지배권과 아버지의 권한"은 정치권력과는 전혀 별개라는 사실을 먼저 분명히 해 둘 필요가 있었기 때문이다.(sec. 1)

로크는 권력을 그 본질적 성격에 입각하여 세 가지 유형으로 분류하였다. 즉 부권과 정치권력 그리고 전제권력(Despotical Power)이 그것이다. 로크의 생각으로는, 당시에 정치적 문제를 둘러싸고 일어나는 중대한 사태들도 실은 서로 다른 이 세 가지 권력을 혼동한 데서 야기된 것이었다.(sec. 169) 다시 말하자면 당시의 정치적 혹은 입헌적 투쟁은 이를테면 정부가 가부장이나 노예 소유주의 권력을 가진다고 주장하는 세력과 정부의 권력을 '시민적' 혹은 '정치적' 권력에 한정하려는 세력 사이에 일어난 사태였던 것이다.

부권은 아버지가 그 자식들에 대하여 갖는 권력인데, 그것은 그에게 부과된 의무, 말하자면 자녀들이 아직 미성숙한 상태에 있는 동안 그들을 돌봐 주어야 할 의무에서 생기는 것이라고 로크는 보았다.(sec. 58) 부권은 언제나 자녀에 대한 양육 및 교육의 의무와 함께하며, 양자는 서로 뗄 수 없을 만큼 긴밀하게 결부되어 있다. 그러니까 부권은 오로지 자식을 낳았다는 자연적 사실만으로 아버지에게 귀속되는 권리는 아닌 것이다. 아버지는 단지 자녀들의 보호자이기 때문에 그와 같은 권력을 가지는 데 불과하며, 따라서 만일 그가 자녀를 돌보는 일을 내팽개친다면 그들에 대한 권력도 함께 상실하게 된다.(sec. 65) 그리고 사실 자녀에 대한 이러한 권력은 아버지에게만 속하는 것이 아니라 어머니에게도 똑같이 속하기 때문에, 로크에게는 부권이라는 말 자체가 잘못된 용어였다. 그가 보기에 그것은 오히려 친권이라고 부르는 것이 좀 더 적절한 표현이었다.(sec. 52)

이러한 부모의 권력은 어디까지나 "자손들의 부조(扶助), 훈육 및 보전만을 위해서" 있으며, 그 권력은 결코 "자녀들에 대해서 언제까지나, 그 외의 다른 사람에 대한 것 이상의 생살여탈권에까지 미치는 것으로 생각될 이유는 전혀 없다." 즉 친권이란 자녀들이 부모의 보호가 필요한 미성년일 때에만 통용될 뿐 그 이후에는 자동 소멸되며, 또한 그것은 사형까지도 포함한 각종 처벌권을 가진 정치적 권력에는 미치지 못하는 것이다.(sec. 170) 그렇기 때문에 로크의 관점에서는 누가 만일, 이를테면 필머처럼, 정부를 이러한 권력에서 비롯한 것으로 생각한다면 그것은 명백한 잘못이었다. 필머뿐 아니라 많은 동시대인, 특히 앨저넌 시드니(Algernon Sidney)와 로크의 오랜 지인인 티렐(James Tyrrell)에게도 정치사회가 가족 모델에 따라 구성되었다는 것은 자명한 사실이었다. 그러나 로크는 그런 가족 모델과 완전히 단절하였다.[1]

필머의 가부장 이론에서는 정치적 의무는 아버지에 대한 자식의 의무에서, 따라서 태어난다는 사실 자체에서 나온다. 그래서 사람은 누구든 정치적 의무를 지니지 않고 존재할 수 없다. 로크는 『제1론』에서 "써 로버트 필머의 원대한 입장은 '인간은 자연적으로 자유롭지 않다'는 것이다.

---

1) J. Richards, L. Mulligan, & J. K. Graham, "'Property' and 'People': Political Usages in Locke and Some Contemporaries," *Journal of the History of Ideas*, vol. 42, no. 1 (1981), p. 49.

이것이 그의 절대군주정이 서 있는 기반이다" 하고 비아냥거리듯 말한다. 그러면서 그는 "필머가 이러한 자신의 원대한 입장을 입증하기 위해 우리에게 '인간은 그들의 부모에게 종속하여 태어나며,' 그러므로 자유로울 수 없다고 말한다"고 하면서 필머를 비판한다.(I, sec. 6)

부권과 달리 로크가 생각하는 "전제권력은 한 사람이 다른 사람에 대해 가지는 절대적이고 자의적인 권력으로서, 마음만 내키면 언제라도 그의 생명을 빼앗을 수 있는 권력이다." 이러한 권력은 곧 아무런 권리도 갖지 못한 존재, 즉 노예에 대해 그 주인이 행사하는 권력이며, 따라서 그 목적은 오로지 권력자의 이익을 도모하는 데 있을 뿐이다. 인간은 모두 자유롭고 평등하게 태어났기 때문에, 전제권력은 자연이 인간에게 부여한 권력은 아니다. 또한 그것은 계약으로 양도할 수 있는 권력도 아니다. 왜냐하면 인간은 원래 자기 자신의 생명에 대해서도 그와 같은 자의적인 권력을 갖고 있지 않으며, 더욱이 자신이 갖고 있지 않은 것을 남에게 넘길 수는 없기 때문이다. 사람이 자신의 인신과 생명에 대해 갖고 있는 자연권은 자신을 노예로 팔아넘길 자유까지 그에게 허용하는 것은 아니다. 그리고 전제권력은 또한 이성의 법에 따라 살기를 거부하고 폭력의 원리를 좇음으로써 인간이기를 그친, 그리하여 인간으로서의 모든 권리를 상실한 자에게 행사되는 권력이기도 하다. 로크는 부당한 목적을 달성하기 위해 다른 사람에게 전쟁이라는 폭력을 사용했다가 "전쟁에서 사로잡힌 포로들"을 이러한 부류의 인간으로 규정하고, "오직 그런 자들만이 전제권력에 예속되는 것"이라고 주장한다.(sec. 172)

이상의 두 권력에 비해, 정치권력은 계약과 합의를 통해 생겨난 권력으로서, 결코 다른 방법으로 생겨날 수는 없다. 원래 인간은 자연적으로 평등하기 때문에 정치권력은 아무런 자연적 기초를 갖고 있지 못하며, 따라서 오직 평등한 사람들 상호간의 합의에서 생겨난 인위적 산물일 뿐이다.[2] 그것은 원래 사람들이 각자 자연상태에서 가지고 있던 권력을 정치사회의 수중에 넘겨준 것이며, 그 유일한 목적은 그 사회 구성원의 생명과 자유와 자산, 한마디로 말하자면 '재산'—로크는 곧잘 이 세 가지 모두를 뭉뚱그려 재산이라는 하나의 단어로 표현한다—을 보전하는 데 있다.(sec. 171) 또한 정치권력은 인간의 권리를 소유한 자유인, 스스로 자유롭게 처분할 수 있는 재산을 가진 사람에게 행사되는 권력이다. 이것에 비하면 부권은 재산을 처분할 능력이 없는 미성년자에게, 그리고 전제권력은 전혀 아무런 재산도 갖지 못한 사람에게 행사되는 권력인 것이다.(sec. 174)

로크는 이와 같이 '정치적' 혹은 '시민적'이라는 용어를 특수하고 한정된 의미로 사용한다. 그는 가부장적 권력이나 전제적 권력이 정치적 권력이라는 주장을 거부한다. 그는 정치적 권력이라는 용어를 오직 시민정부의 지배자가 시민의 재산을 보호하기 위해 행사하는 권력만을 지칭하는 것으로 사용한다. 시민의 권리의 보호를 보장하지 않는 정부는 '시민'정부라는 이름에 값할 수 없다. 그는 결국 이러한 용어에 단순한 서술적 의미뿐만 아니라 규범적 혹은 가치 평가적 의미를 부여하였다.[3] 시민정부는

∴

2) 로크의 동년배인 대륙의 푸펜도르프(S. Pufendorf)는 동의와 계약의 개념을 로크보다 훨씬 더 포괄적인 의미로 사용했다. 그는 인간의 모든 권위를 계약의 효과로 설명하려 했다. 이를테면 노예에 대해 갖는 주인의 권위도, 생계를 위해 빈자가 행한 것이든 혹은 생명을 구하기 위해 전쟁 포로가 행한 것이든, 그 노예가 동의한 것이라고 푸펜도르프는 주장하였다. 그에게는 부권 역시 자식들의 동의에 의한 것이었다. John Plamenatz, *Man and Society: A Critical Examination of Some Important Social and Political Theories from Machiavelli to Marx*, 2 vols. (London, 1963, 1980), vol. 1, p. 213 참조.

3) T. Waldman, "A Note on John Locke's Concept of Consent," *Ethics*, vol. 68, no. 1 (Oct., 1957), p. 46 및 G. Parry, *John Locke* (London, 1978), p. 66. 패리는 아리스토텔레스가 그리스의 폴리스(Polis)를 거대한 제국이나 소규모의 가족(Household) 정부와 구별하여 '정치적'이라고 하거나, 근대 저술가가 전체주의 체제에서는 '정치'가 있을 수 없다고 단언할 때, 그것은 로크와 비슷한 용어 사용 태도라 할 수 있다고 말한다.

특정 형태의 정부, 즉 '정치' 권력을 행사하는 정부이며, 따라서 모든 정부가 다 '시민' 정부인 것은 아니다. 그런 면에서 전제정(Tyranny)은 로크의 시민정부가 아니었다. 그리스어에서 유래한 전제정이라는 용어는 전통적으로 특수한 의미로 쓰여 왔다. 그것은 주인이 노예에 대해 갖는 절대적 권력을 일컫는 것으로 쓰여 온 것이다. 그 지배 아래에 있는 신민은 전제군주에 대해서는 아무런 권리도 없다. 로크가 보기에 당대의 절대군주정(Absolute Monarchy)이 바로 그런 전제정이었다.[4] 그는 "절대군주정은 어떤 사람들에게는 이 세상에서 유일한 정부로 생각되기도 하지만, 참으로 시민사회와는 일치하지 않는 것이며, 그래서 전혀 시민정부의 한 형태일 수 없다"고 주장한다.(sec. 90)

로크의 이와 같은 언명에도 불구하고, 셀리거(Seliger)는 로크가 국왕의 대권(Prerogative)을 정당화했다는 점, 일인 지배 즉 입법권과 집행권[5]이 한 사람의 수중에 독점되는 것을 인정했다는 점, 그리고 절대적 권력과 자의적 권력을 간혹 구별했다는 점 등을 들어, 로크의 정치사상에서 절대군주정 자체가 부정되는 것은 아니라고 파악한다. 그에 의하면 절대적 권력은 그것이 악정에 쏠릴 우려 때문에 위험한 것이며, 절대정부는 다른 모든 정부와 마찬가지로 오직 악정에 의해서만 자의적 지배가 될 뿐이라

∴

4) 로크가 절대군주정 개념을 당대의 유럽 군주정에 적용하려 했는지는 알 수 없지만, 91절에서는 러시아의 차르(Czar) 체제와 오스만 투르크의 술탄(Sultan) 체제를 그런 예로 들고 있다.
5) 로크는 정부 권력을 그 기능에 따라 입법권과 집행권으로 구분하는데, 사법권을 이들 권력과 구별되는 독립된 권력으로 이해하지는 않는다. 그리고 그는 외교권에 해당하는 권력을 연합권(Federative Power)이라 하여 제3의 권력으로 구분하기는 하지만, 이는 집행권과 불가분의 관계에 있다고 보아서 집행권에 포함시킨다. 그런데 그 두 권력은 대등한 관계가 아니라, 입법권은 한 나라의 최고 권력이고 집행권은 그보다 하위 권력이다. 또한 양 권력은 동일한 인물이나 기구에 의해 행사될 수 있는 가능성을 배제하지 않는다. 국민의 자유와 권리를 보장하기 위해 이들 권력을 별개의 수중에 두어야 한다는 관념이 없고, 그 양자가 상호 견제와 균형의 관계에 있지 않다는 면에서 로크의 그러한 구분은 권력 분립 이론과는 거리가 있다.

는 것이다. 그래서 그는 로크가 부정하고, 또한 혁명이 정당화되는 것으로 생각한 체제는 다만 자의적이고 타락한 절대주의일 뿐, "확정되고 공포된 법률을 통해서 공공선을 위하여 다스리는 절대군주의 정통성"은 결코 부정된 적이 없다고 주장한다.[6]

로크는 139절에서 비록 절대적 권력일지라도 단순히 절대적이기 때문에 자의적인 것은 아니라고 하면서 절대적인 권력과 자의적인 권력을 구별한다. 그러나 로크가 '절대적 권력'으로 절대군주정을 의미하려 했던 것은 아니다. 절대적 권력과 전제권력은 서로 다른 것이며, 시민정부의 권력도 그 목적 달성을 위해 필요하다면 절대적일 수 있다는 것이다. 그리고 로크가 절대적 권력의 예로 드는 것이 절대군주정과는 전혀 상관없는, 군대에서 절대 복종을 요하는 상관의 권력이다. 이를테면 군대에서 지휘관은 거의 죽음에 이를 수도 있는 전투를 명할 절대적 권력과, 명령 불복종을 이유로 사병을 처형할 수도 있는 절대적 권력을 가졌다는 것이다. 셀리거의 주장은 서술적 의미와 규범적 의미를 결합하는 로크의 용어법을 제대로 파악하지 못한 데서 초래된 오해이다. 로크에게 절대군주정이란 그 자체가 이미 자의적이다. "확정되고 공포된 법률을 통해서 공공선을 위하여 다스리는" 정부는 로크에게는 이미 절대군주정이 아니다. 그런 정부는 곧 시민정부인 것이다. 셀리거는 결국 서로 상반되는 두 말을 한데 결합해 놓은 셈이다.

로크는 절대군주정에서도 그 신민들이 그들 사이에서 일어나는 분쟁을 해결하거나 혹은 폭력 행위를 막기 위하여 법률에 호소할 수도 있으며, 때로 절대군주가 그들을 보호하고 돌봐 주기도 한다는 사실을 인정한다. 그러나 그가 보기에 그것은 마치 주인이 자기의 가축들을 돌보는

6) M. Seliger, *The Liberal Politics of John Locke* (New York, 1969), pp. 244-250.

것과 마찬가지다. 주인이 가축을 보호해 주는 것은 그것들을 사랑해서가 아니라 바로 자기 자신을 위해서이며, 그것들이 그에게 이익을 가져다주기 때문이다.(sec. 93) 정부가 신민을 돌보고 보호해 준다고 해서 모두가 다 정당한 정부인 것은 아니다. 신민의 권리, 자신의 생명과 자유와 자산에 대한 신민의 권리를 인정하고 그것을 보호해 주느냐 그렇지 않으냐 하는 점이 중요한 것이지, 노예 주인이 노예를 자기의 재산으로 소중하게 다루고 보호하듯이, 그와 같이 신민을 취급하는 절대군주정은 시민정부의 한 형태일 수 없다. 절대군주정과 시민사회는 노예 상태와 재산 소유가 양립하지 않는 것과 마찬가지로 양립이 불가능한 관계이다.(sec. 174)

로크는 국가의 형태에 관해 논의하면서, 국가의 최고 권력인 법률 제정권이 누구의 수중에 놓여 있느냐에 따라 정부 형태를 분류하였다. 그러면서 그가 입법권이 어느 한 사람에게 위임되는 군주정을 과두정이나 민주정과 마찬가지로 정통성 있는 정체로 인정한 것은 사실이다.(sec. 132) 로크는『정부론』어디에서도 입법권이 선출된 의회에 속해야 한다는 점을 동의에 의한 정부의 조건으로 삼지 않았다. 그가 절대군주정이 시민정부임을 부정할 때, 그는 단지 군주가 법 위에 있고 신민은 군주에게 무조건적인 복종의 의무를 질 뿐이라고 하는 교의를 공격할 따름이다. 그는 입법권이 다수의 수중에, 그러니까 선출 의회에 있지 않으면 '시민정부'가 아니라고는 말하지 않는다. 세 형태의 정부는 그 어느 것이든 간에 참된 정부, 이른바 시민정부가 될 수 있다. 로크에게 정부의 정통성 여부는 권력이 어디에 놓여 있는가, 이를테면 일인의 수중에 있는가, 아니면 소수, 혹은 국민 전체에 있는가 하는 데에 달린 문제가 아니다. 그것은 그 정부가 갖고 있는 권력의 성격이 어떤 것인가 하는 데에 달려 있는 것이다.[7]

로크가 인정한 정통성 있는 정부란 '정치적' 권력을 행사하는 정부이며, 이 정치권력은 오직 그 정부의 지배를 받아들이는 것에 동의하는 구성원들의 계약에 의해서만 창출될 수 있는 권력이다. 그리고 동의에 의해 창출되는 권력은 결코 절대적일 수 없다. 어느 누구든 자기 자신에 대해 마음대로 할 수 있는 절대적 권력을 가지고 있지 않으며, 자신이 가지고 있지 않은 권력을 남에게 넘길 수는 더더욱 없기 때문이다.(sec. 172) 사람들이 사회계약을 통해 시민사회를 수립하고 난 다음, 그들의 동의 아래 그 권력을 다수자에게든 특정 소수에게든, 아니면 어느 한 사람에게든, 어느 누구에게나 맡길 수 있는 것이다. 로크는 군주정 자체를 부정하지는 않았다. 그것은 분명 시민정부의 한 형태이다. 그렇지만 절대군주정은 그렇지 않다. 모든 군주정이 다 절대군주정은 아닌 것이다.

로크는 『제2론』의 첫머리 부분에서 정치권력의 의미를 정의하고는 곧바로 "정치권력을 올바로 이해하고 그것을 그 기원으로부터 도출해 내기 위해 우리는 모든 사람이 자연적으로 어떠한 상태에 있는가를 고찰해야 한다"면서 논의를 이어가고 있다.(sec. 4) 그렇게 정치권력 혹은 시민사회와 자연상태는 로크의 정치 이론에서 서로 긴밀하게 연관되어 있다. 그렇기 때문에 로크가 시민사회를 단순히 서술적 의미뿐 아니라 규범적 혹은 가치 평가적 의미로 사용했다는 사실에서 우리는 그에 선행하는 상태를 나타내는 자연상태 역시 의당 그런 의미로 쓰였으리라고 짐작할 수 있다. 말하자면 로크의 자연상태는 무엇보다 시민사회와 대칭을 이루는 추상적 혹은 분석적 개념이다.

로크는 87절에서 자연상태를 시민사회와 대비하면서 "결합하여 하나

---

7) R. I. Aaron, *John Locke* (Oxford, 1937; 2nd ed., 1965), p. 280은 로크가 세 종류의 정체 중 어느 것도 완전히 만족스러운 것으로 생각하지 않은 가운데, 혼합정체 이를테면 당시 휘그당이 수립하고 있던 입헌군주정이나 제한군주정을 선호했다고 주장한다.

의 조직체를 이루고, 호소할 공통의 확립된 법과 재판관, 즉 그들 간의 분쟁을 판결하고 범죄자를 처벌할 권한이 있는 법과 재판관을 가진 사람들은 대체로 시민사회 안에 있다. 그러나 이 지상에서는 그런 공통의 호소 대상이 없는 사람들은 여전히 자연상태에 있는 것이다"라고 자연상태의 개념을 규정하고 있다. 이렇게 자연상태는 일정 형태의 인간 관계, "사람들이 그들 사이에서 재판할 권한을 지닌 이승에서의 공동의 상급자 없이 이성을 좇아 함께 살아가는" 관계를 가리킨다.(sec. 19) 그러므로 그 것은 인간의 정치적 경험의 정도와 상관없이 인류 역사의 어느 시기에서든 존재할 수 있다. "일정한 수의 사람들이 어떻게 결합한다 하더라도, 그들이 호소할 그러한 판결 권력이 없다면, 그곳에서 그들은 여전히 자연상태에 있다."(sec. 89)[8]

자연상태의 실재 여부와 관련하여, 인간이 언제 어디에서 자연상태에 처해 있었거나 혹은 처해 있는가라는 반론에 대해, 로크는 세상의 독립된 정부의 군주와 지배자는 모두 다 상호 관계에서 자연상태에 있다는 말로 대답한다. 그리고 무인도에 기착한 사람들, 혹은 아메리카 삼림 속의 스위스인과 인디언 역시 서로 자연상태에 놓여 있다는 것이다.(sec. 14) 한마디로 말하자면 '정치' 권력이 없는, 시민사회가 아닌 상태는 모두 자연상태이다. 그러므로 시민정부와는 다른 원리 위에 조직된 정치 조직체는 모두 다 자연상태에 속하며, 매우 복잡한 통치 구조를 가진 절대군주정도 마찬가지이다. 절대군주정에서는 군주가 입법권과 집행권을 혼자서 다 차지하고 있기 때문에, "치우침 없이 공정하게 권한을 가지고 판정할 재판관, 그리고 그의 판정을 통해 군주나 그의 명령 때문에 입을 수 있는

··

8) R. A. Goldwin, "John Locke," L. Strauss & J. Cropsey eds., *History of Polical Philosophy* (Chicago, 1981), pp. 453-454 참조.

침해나 폐해에 대한 구제와 배상을 기대할 수 있는 그런 재판관을 찾을 수 없으며, 그에게 호소할 길이 누구에게도 열려 있지 않다." 그렇기 때문에 그 칭호가 어떻든 간에, 절대군주는 "나머지 모든 인류와 자연상태에 있는 것과 똑같이 그의 지배 아래 있는 모든 사람과도 그러하다." (sec. 91)

이상과 같은 로크의 진술을 토대로 일부 학자들은 자연상태의 개념을 추상적이고 규범적인 의미에 한정하고, 그것이 실제 역사의 어떤 초기 상황을 의미하기도 한다는 점을 부정하기도 한다. 예를 들자면 셀리거는 그것을 정치조직에서 분리된 인간의 근본적인 특징과 권리를 보여 주기 위해 고안된 하나의 가설이나 해석적 장치로만 보려고 한다. 그는 로크가 자연상태를 설명하는 첫머리에서 사람이 한때 처해 있었던 상태가 아니라, "모든 사람이 자연적으로 어떠한 상태에 있는가"(sec. 4)를 고찰하려 했다는 점을, 다시 말하면 로크가 과거형이 아니라 현재형 문장을 썼다는 점을 주목하면서, 자연상태는 모든 역사적 상황의 바탕에 있으면서 그것과 공존하는 상태를 의미할 뿐이라고 주장한다. 그러면서 그는 인간은 어떤 정부 아래 태어났다 하더라도 최초의 인류와 마찬가지로 자유롭고, 스스로 정부를 선택하거나 새로 정부를 구성할 자유를 가지고 있다는 로크의 진술(secs. 113-116)을 들어, 자연상태가 정치사회에 선행하는 실제 역사 단계가 아니라 하나의 가설에 불과함을 논증하려 한다.[9]

그러나 셀리거가 의존한 구절들은 정치사회가 생기기 전에 인간이 처해 살던 자연상태의 단계가 있었음을 부정하는 주장을 위한 충분한 논거가 되지는 못한다. 자연상태가 오늘날의 정부 속에서도 존재할 수 있지만, 그렇다고 그러한 사실이 시민정부가 생겨나기 전의 역사의 초기에 그

---

9) Seliger, *Liberal Politics*, pp. 83-85.

런 상태가 있었다는 사실과 양립 불가능한 것은 아니다.

로크의 자연상태가 논리적 추상인가 아니면 역사적 실재인가 하는 문제에 대해서는 연구자들 사이에서 많은 논쟁이 있어 왔다.[10] 그러나 그것이 양자택일의 문제는 아니다. 많은 연구자들은 대체로 "자연상태에는 두 가지 개념이 있다고 말하는 것이 좀 더 정확할 것이다"라는 데 동의한다.[11] 로크는 『정부론』의 도처에서 시민사회에 선행하는 자연상태를 역사 초기의 상황으로 묘사했다. 그리고 우리가 이미 알고 있다시피 로크는 사회와 정치사회를 구별하며, 그의 자연상태는 가족 제도를 포함하여 다양한 사회적 제도가 발전해 있는, 상당한 정도의 사회이다. 이런 구별은 여러 수준의 사회적 제도를 가진 상태와 역사적인 자연상태를 완전히 양립가능하게 한다.[12] 그런 면에서 "의심할 바 없이 로크의 애초의 원래 상태는 홉스(Hobbes)의 것이 그런 것과 마찬가지로 부분적으로는 논리적 구성물이다. 그렇지만 홉스가 자연상태를 역사적 사실로 변호하려고 하지 않았던 반면, 로크는 그것을 단순한 논리적 허구만이 아니라 역사적 실재라고도 생각했던 것으로 보인다"[13]는 견해는 충분히 설득력이 있다고 할 것이다.

로크의 정치사회가 규범적이고 분석적인 개념인 동시에 실재하는 합

10) 이 논쟁과 관련한 여러 연구자들의 견해에 대해서는 G. J. Schochet, "The Family and the Origins of the State in Locke's Political Philosophy," J. W. Yolton ed., *John Locke: Problems and Perspectives* (Cambridge, 1969), p. 88과 Seliger, *Liberal Politics*, p. 83을 참조하라.

11) J. W. Yolton, "Locke on the Law of Nature," *Philosophical Review*, vol. 10 (1958), p. 493.

12) Schochet, "The Family and the Origins of the State," p. 88 역시 이런 견해를 보여 준다.

13) W. G. Batz, "The Historical Anthropology of John Locke," *Journal of the History of Ideas*, vol. 35, no. 4 (1974), p. 663.

법적 정부를 지칭하는 용어이기도 하듯이, 자연상태 역시 인간 상호간의 관계를 규정하는 규범적이고 무시간적 혹은 초역사적인 개념인 동시에 인류의 초기 단계의 실제 역사적 상황을 가리키는 용어이기도 하다. 결국 자연상태는 인류의 시원적 상태에 대한 역사적 묘사에서 출발하여 현실 정치 체제를 비판하는 규범적 개념 장치로 바뀌었다고 볼 수 있을 것이다.[14] 물론 두 개념 가운데 로크의 정치 이론에서 시민사회와 대응하면서 훨씬 더 중요한 구실을 하는 것은 규범적이고 분석적인 개념인 것은 두말할 필요가 없다.

2. 시민사회의 수립과 사회계약

로크에게 시민사회는 자연상태에서 살고 있던 사람들이 언젠가는 도달할 수밖에 없는, 어떤 의미에서는 필연적인 귀착점이다. 왜냐하면 "정부는 함께 모여 사는 사람들 가운데서는 거의 피할 수 없는 것"이기 때문이다.(sec. 105) 그리고 『정부론』의 인간들이 자신의 인성을 개발하고 신과

∴

14) *Two Treatises of Government*, Peter Laslett ed. (New York, a Mentor Book, 1965), "Introduction," p. 111. 한편 에어슬레프는 로크가 자연상태를 인간 집단의 추상적 상태와 실제 역사적 상태를 모두 가리키는 용어로 사용하고, 또 아무런 모순이나 상충 없이 그럴 수 있었는데, 왜냐하면 그 둘은 서로 다른 국면에서 기능하는 것이기 때문이라고 한다. 그러면서 그는 로크의 논의는 자연상태가 전에 실제로 존재했다는 논증이나 증명에 의존하지 않는다는 것을 이해하는 것이 중요하다고 말한다. 그런 증명이나 논증은 불가능하다는 것이다. 다만 인간 본성에 대한, 그리고 시민사회 이전의 어느 한 시기에 함께 모여 산 인간에 대한 로크의 개념에 따라 그것이 존재했을 수도 있다는 것을 인정하는 것으로 충분하고, 오직 이런 제한된 의미에서 그것은 역사적이라고 불릴 수 있다고 에어슬레프는 주장한다. Hans Aarsleff, "The State of Nature and the Nature of Man in Locke," Yolton ed., *John Locke: Problems and Perspectives*, pp. 102-103.

자연이 부여해 준 혜택을 온전하게 그리고 항구적으로 향유할 수 있는 것은 바로 사회 속으로 결합하여 정부를 수립함으로써 비로소 가능한 일인 것이다. 그렇기 때문에 시민사회는 어느 면에서는 단순히 인공적인 고안물이라기보다는, 본질적으로 사회적 존재인 인간들이 자연상태의 많은 '불편들'에 대처하는 자연스러운 치유책이다. 그와 동시에 다른 한편으로 그것은 저절로 이루어지는 자연적인 생성물이 아니라, 사람들의 의식적인 선택 행위와 노력으로 형성되는 인위적인 산물이기도 하다.

그러면 자연상태에서 시민사회로의 전환은 어떻게 이루어지는가? 로크는 그것을 각자의 자발적인 동의에 따른 계약으로 설명한다. 그의 견해에 의하면, "사람들 사이의 자연상태에 종지부를 찍는 것은 온갖 계약이 아니라 오직 하나의 공동체로 들어가서 하나의 정치체(Body Politick)를 만들 것을 상호간에 합의하는 그런 계약뿐이다."(sec. 14) 사람들은 정치사회를 결성할 계약을 맺음으로써 자연상태를 벗어나고, 그들이 자연상태에서 갖고 있던 자유와 평등을 스스로 포기하고 정치권력의 지배 아래 예속하게 된다. 로크는 "인간은 원래 모두 자유롭고 평등하며 독립적이기 때문에, 어느 누구도 자기 자신의 동의 없이는 이러한 상태에서 벗어나 다른 사람의 정치권력에 예속될 수 없다. 누구든 자기의 자연적 자유를 버리고 시민사회의 구속을 받게 되는 유일한 길은 … 다른 사람들과 결합하여 하나의 공동체 속으로 통합해 들어갈 것을 합의하는 것이다" 하고 언명한다.(sec. 95)

필머는 인류 전체가 만장일치로 동의하는 것이 불가능하다는 점을 들어 동의 이론을 비판했는데, 이를 의식하여 로크는 이러한 시민사회의 수립은 인류 전원의 일치된 동의를 요구하지 않는다고 덧붙인다. 그는 정치공동체 결성을 위한 합의는 사람 수의 많고 적음과는 관계없이 어떠한 수의 사람들에 의해서도 가능하다고 주장한다. 왜냐하면 그러한 합의는 그 외의 다른 인류의 자유에 아무런 해도 끼치지 않으며, 그들은 그 이전과 마찬가지로 자연상태의 자유를 그대로 누리기 때문이라는 것이다. 이러한 논의는 사유 재산의 발생에 관한 논의와 그 괘를 같이한다. 로크는 재산 역시 다른 사람의 동일한 권리를 침해하지 않는다는 전제조건 아래에서 "모든 공유자들의 아무런 명시적인 계약도 없이" 생겨날 수 있다고 주장했던 것이다.(sec. 25)

그렇다면 왜 사람들은 자연이 그들에게 부여해 준 자유와 평등을 스스로 포기하고, 자진해서 시민사회에 예속되는 길을 택하였는가? 로크는 스스로 제기한 이 질문에 대해, "비록 사람이 자연상태 속에서 그러한 권리를 가지고 있기는 하지만, 그것의 향유는 매우 불확실하며 또한 끊임없이 다른 사람의 침해 앞에 노출되어 있기 때문이다"라고 대답한다.(sec. 123) 한마디로 말하자면, 그것은 자연상태의 불완전함 때문이라는 것이다. 자연상태에서 사람들은 자연법의 지배를 받기는 하지만, 그것을 집행하고 그 위반자들을 처벌하는 권한이 각자의 수중에 맡겨져 있다.(sec. 7) 그렇기 때문에 자연상태에는 그들 사이에 분쟁이 일어났을 때 그것을 해결해 줄 아무런 수단도 없는 것이다.

로크에 따르면, 분쟁을 해결하기 위해서는 무엇보다 먼저 모두가 승인하는 공통의 척도, 옳고 그른 것을 가릴 수 있는 "확립되고 정착되고 알려진 법"이 있어야 한다. 그러나 자연법은 "이성적인 피조물 누구에게나 명료하고도 인식 가능한 것"임에도 불구하고, 사람들이 이성을 제대로 사용하지 않거나, 혹은 "이해관계로 인하여 편견에 치우치게 됨으로써" 그러한 공통의 법으로서의 기능을 충분히 발휘하지 못하는 것이다.(sec. 124) 그리고 다음으로 그와 같은 확립된 법에 따라 시시비비를 판정할 권위를 가진, "알려지고 공명정대한 재판관"이 있어야 한다. 그러나 자연상태 안에서는 "자기 자신을 편애하고" "격정과 복수심"에 사로잡히기 쉬운 사람들이 각자 "자연법의 재판관이자 집행관"이기 때문에, 불편부당한 재판관이 존재하지 않는다.(sec. 125) 끝으로 판결을 집행할 권력이 있어야 하는데, 자연상태에서는 그렇지 못하다. 불법을 저지르는 자들은 으레 처벌에 대해서도 힘으로 저항하게 마련인데, 만일 판결을 집행할 강제력이 없다면, 판결은 아무 소용이 없게 될 것이다.(sec. 126)

그러므로 사람들은 자연상태가 안고 있는 이 모든 '불편들'을 극복하고, 그들의 '생명과 자유와 자산'을 더욱 안전하게 지키고 향유하기 위해 시민사회의 수립을 모색하게 되는 것이다. 그러자면 무엇보다 그들이 이전에 각자 행사하던 자연적인 권력, 즉 자연법을 시행하고 자신의 재산을 수호하며 자연법을 위반한 범법자를 처벌할 각자의 권력을 포기하고, 그것을 공동체의 수중에 넘기는 일이 필요하다. "어떠한 정치사회도 그 자체 안에 재산을 보전할 권력과, 그리고 그러기 위하여 그 사회의 모든 사람의 범죄를 처벌할 권력을 갖지 못한다면 존재할 수도, 존속할 수도 없기 때문에, 구성원 각자가 모두 이 자연적 권력을 포기하고 그것을 … 공동체의 수중에 양도하는 곳에, 그리고 오직 그곳에서만 정치사회는 존재하는 것이다."(sec. 87) 그러므로 정치사회의 최고 권력인 입법권은 "입법자인 인물이나 의회에 넘긴, 그 사회의 모든 구성원의 합동 권력일 뿐"이다.(sec. 135)[15]

그런데 권력의 양도는 시민사회가 그 역할을 수행하기에 충분할 만큼이어야 하는 한편, 또한 그것은 그 이상이어서는 안 된다고 로크는 생각

∴

15) 로크와 달리 홉스는 국가의 권력을 구성원이 양도한 것으로 보지 않는다. 그는 신민들이 그들의 권리를 모아 주권자에게 부여한 것이 아니라 단지 그들의 것을 전적으로 포기했을 뿐이며, 그런 반면에 주권자는, 그리고 주권자만이 자연상태에서의 권력을 그대로 보유하고 있는데, 이것이 바로 그가 행사하는 국가 권력의 근거라고 주장한다. Thomas Hobbes, *Leviathan*, C. B. MacPherson ed. (Penguin Books, 1978), ch. 28, p. 354.

했다. 로크의 자연법은 그 이상의 양도를 금지하고 있다. 시민사회가 갖는 정당한 권력의 한계는 그것을 수립하는 계약의 목적과 관련되게 마련이다. 사람들이 자연상태에서 누렸던 "평등, 자유 및 집행권"을 포기하고 시민사회로 들어가는 것은 "오로지 모든 사람이 각자 자기의 자유와 재산을 좀 더 잘 보전하려는 의도"에서이다. 이성적인 존재라면 어찌 자기의 처지를 더욱 악화시킬 의도로 상황을 변경할 것인가! 그러므로 시민사회의 권력은 "결코 공동선을 위한 것 이상으로 확대되리라고는 생각할 수 없다"는 것이다.(sec. 131)[16]

로크의 인간은 자연상태에서 두 가지 권력[17]을 가지고 있는데, 그들이 시민사회를 수립하면서 이 자연적 권력을 포기 및 양도하는 방식은 서로 다르다.[18] 첫째 것은 "자연법이 허용하는 범위 안에서 자기 자신과 다른 사람의 보전을 위해서 그가 적절하다고 생각하는 일은 무엇이든지 행할 수 있는" 권력으로서(sec. 128), 이 권력은 "자기 자신과 그 사회의 나머지 사람들의 보전이 요구하는 만큼까지 그 사회가 제정한 법의 규제를 받도록" 하는 방식으로 양도된다.(sec. 129) 말하자면 그것은 완전히 양도되는 것이 아니라, 단지 시민법의 제약 아래 들어가게 되는 것이다. 시민사회에서 사람들은 이 자연적 권력을 행사하는 데 여러 모로 제한을 당하게 되지만, 그러나 여전히 자신의 판단에 따라 적절하다고 생각되는 것을 행할 상당한 자유를 보유하고 있다. 그것은 단지 공공의 안전과 복지

••
16) 그 이외에 90, 135, 137, 149절 및 164절 등의 구절을 참조하라.
17) 로크는 권력(power)으로 자연적인 능력(capacities)이나 힘(might)을 의미할 뿐만 아니라, 권리나 권위와 동의어로 쓰기도 한다. 이를테면 그는 정치권력을 법률을 제정하는 권리로 정의하기도 하고(sec. 3), 혹은 부부 사회에 대해 말하면서 남편과 아내의 '권리 혹은 권력'이라고 표현함으로써(sec. 83) 그 두 용어가 호환이 가능하다는 투로 말하기도 한다. Seliger, *Liberal Politics*, pp. 131-132 참조.
18) 두 개의 권력을 명시적으로 거론한 것은 128절이다. 그 외에 87절과 171절도 참조하라.

를 위해 필요한 정도만큼만 제한될 뿐이다.

인간이 자연상태에서 가지고 있는 또 하나의 권력은 자연법을 위반한 범죄를 처벌하는 권력이다. 자연상태에서는 자연법의 집행이 각자의 수중에 맡겨져 있기 때문에(sec. 7), 사람은 누구든 다른 사람이 자연법을 위반하였을 경우에는, 그를 재판하여 그 위반에 상응하는 처벌을 하고, 심지어 사형에 처할 수 있는 권력까지도 가지고 있다.(sec. 87) 이와 같은 처벌권은 첫째의 것과는 달리, 사람들이 계약을 통해 시민사회에 들어가면서 완전히 포기하고 공동체의 수중에 전적으로 양도한다. 일단 시민사회의 일원이 되면, 어느 누구도 사적으로 범법자를 처벌할 수는 없다. 각자의 이와 같은 자연적 권력은 다만 법이 요청하는 데 따라 그 사회의 집행권을 지원하는 데 쓰이게 될 뿐이다.(sec. 130)[19]

계약의 관념은 이와 같이 자연상태와 시민사회를 연결하는 고리 구실을 함으로써 로크의 자연법사상과 긴밀하게 결합하였다. 로크는 의심할 여지없는 계약론자였다. 그러나 그의 계약 개념은 당시 대부분의 휘그파

··

19) W. von Leyden, *Hobbes and Locke: The Politics of Freedom and Obligation* (New York, 1982), pp. 125-126은 인간의 두 가지 자연적 권력을 각각 정부의 두 권력인 입법권과 집행권에 대응시키고 있다. 즉 그는 첫째의 자연적 권력을 정부의 입법권의 기원으로, 그리고 둘째의 것을 집행권의 기원으로 파악하고 있는 것이다. 그러면서 그는 사법권은 양 권력 모두에서 기원하는 것으로 설명한다. 그러나 두 개의 자연적 권력과 두 개의 정부 권력을 각각 이와 같이 상호 대응시키는 것은 전혀 터무니없는 해석이다. 물론 시민사회의 입법권과 집행권은 그 시민들이 양도한 자연적 권력에서 나오는 것이지만, 로크는 어디에서도 양자를 그런 식으로 서로 관련지어 말한 적이 없다. 그리고 각각 짝지어진 양 권력은 그 성격상 아무런 유사성도 없다. 게다가 두 개의 자연적 권력은 어떤 우열 관계가 있는 것이 아닌데, 만일 그것이 각각 정부의 입법권과 집행권의 기원이 되는 것이라면, 이 후자의 두 권력 또한 대등한 관계여야 할 것이다. 그러나 로크가 누누이 강조하듯이, 입법권은 국가의 최고 권력이며, 집행권은 연합권과 더불어 입법권에 종속된 권력에 불과하다. 두 개의 자연적 권력은 이를테면 함께 뭉쳐져서 입법권을 최고 권력으로 하는 정부에 양도되는 것이지, 각각 입법부와 집행부에 따로 양도되는 것이 아니다.

가 생각하고 있던 계약과는 명백히 다른 것이었다. 이들이 생각하고 있던 것은 대체로 통치자와 신민이 맺는 지배-예속의 계약, 이른바 '통치계약'이었다. 명예혁명이 일어난 다음 1689년 초에 소집된 공회의회에서도 "국왕과 국민의 원초계약"을 운위하였고, 제임스(James) 2세는 이 계약을 깨뜨렸다고 비난받고 폐위되었던 것이다. 국왕과 국민 간의 통치계약이라는 관념은 휘그파에게는 하나의 기본 원리였다. 흔히 로크의 계약론이 휘그 정객들이 품고 있던 일반적 통념을 훌륭하게 체계화한 것으로 생각되기도 했지만, 그것은 잘못된 생각이다. 로크의 계약은 엄밀하게 말하자면 통치계약이 아니다. 그는 정부와 피치자의 관계를 계약 관계로 파악하지 않았다. 그가 말하는 '원초계약'은 "각자가 다른 사람들과 함께 하나의 사회 속으로 결합해 들어가는" 계약이며(sec. 97), 그것은 이른바 '사회계약'인 것이다.

당시의 계약사상은 실제 긴밀하게 연관되지만, 그러나 서로 구별되는 두 개의 관념, 이른바 통치계약과 사회계약으로 구성되어 있다.[20] 통치계약론은 국가는 지배자와 신민들이 맺은 계약에 근거한다는 이론이다. 물론 많은 사상가들이 여기에서 멈추었고 또 그렇게 하는 것이 가능하기도 하다. 그러나 한 걸음 더 나아가 생각한다면, 이것은 논리상으로 사회계약을 그 선행 조건으로 가정하게 마련이다. 왜냐하면 통치계약이 이루어지기 위해서는, 계약의 당사자로서 공동의 사회적 의지로 결합된 잠재적인 신민 집단과 통치의 과업을 수임하는 지배자가 먼저 존재해야 하기 때문이다. 따라서 통치계약은 그에 선행하는 과정으로서 공동체를 구성하려는 사람들 상호간에 맺어지는 계약, 즉 사회계약을 상정하게 되는 것

---

[20] 이 문단은 대체로 E. Barker, ed., *Social Contract: Eassays by Locke, Hume, and Rousseau* (Oxford University Press, 1971), "Introduction," pp. XII-XIII에 의거한 것이다.

이다. 알투지우스(J. Althusius), 수아레스(F. de Suarez) 및 푸펜도르프 등이 이러한 두 단계의 계약을 주장하였다. 그러나 중세의 스콜라철학자들과 16세기 후반기 및 17세기 초의 대부분의 가톨릭교 및 칼뱅교 이론가들은 전적으로 통치계약을 강조했으며, 그에 비해 로크는 홉스나 후대의 루소(J. J. Rousseau)와 마찬가지로 사회계약을 강조하였다. 이들에게는 오직 하나의 계약, 사회계약만 있을 뿐이었다.[21]

로크는 공동체를 결성하는 과정과 정부를 수립하는 과정을 분리한다. 비록 이 두 과정이 실제로는 거의 동시에 일어난다 할지라도, 그것은 성격상 서로 명백하게 구별되는 별개의 과정이었다. 그가 보기에 엄밀한 의미의 계약이 이루어지는 것은 앞의 과정에서이며, 뒤의 과정에서는 계약이 발생하지 않는다. 그는 국민이 그들의 지배자와 계약 관계에 들어간다고 생각하지 않았다. 그는 통치계약의 관념을 거부하고, 그것을 신탁(trust) 관념으로 대치하였다. 즉 사회계약을 통해 형성된 공동체는 개개 구성원이 그 공동체에 양도한 자연적 권력을 다시 그들의 통치자들에게 신탁한다는 것이다. 로크의 말을 직접 들어보자면, "정치권력은 모든 사람이 자연상태에서 가지고 있다가 사회의 수중에 넘겨준 권력이며, 그리고 그곳에서는 그것이 그들의 복지와 재산의 보전을 위해 사용되어야 한다는 명시적이거나 묵시적인 신탁과 더불어 사회가 그 자신 위에 세운 통치자들에게 넘겨준 권력이다."(sec. 171)

..
21) 로크는 원초계약(Original Compact)이라는 용어를 사용하기는 했지만, 그 자신이 직접 사회계약(Social Contract)이라는 표현을 사용한 적은 없다. 그리고 그는 시민사회 수립이나 정치권력 창출과 관련하여 계약을 언급할 때에는 'Contract'보다는 'Compact'를 주로 썼다. 그런데 J. W. Gough, *The Social Contract: A Critical Study of its Development* (Oxford University Press, 1936), p. 5에 따르면, Compact는 Consent보다 협의의 용어로서 "의도의 상호 표현이자 기대의 상호 표현"을 의미하며, Contract는 Compact보다도 더 좁은 의미를 나타내는 용어로서 말하자면 법률적으로 강제할 수 있는 Compact를 가리킨다는 것이다.

이렇듯 로크는 정부 권력에 대해서 말할 때는 으레 계약이 아니라 신탁이라는 개념으로 설명하고, 그러면서 그것을 신탁된 권력으로 규정한다. 이를테면 한 국가의 최고 권력인 입법권은 "오로지 어떤 목적을 위해 행동할 신탁된 권력에 불과"하며(sec. 149), "공동체는 이 입법의 권력을 그 성원들이 적합하다고 생각하는 수중에 위임하되, 그들이 공표된 법률의 지배를 받겠다고 하는 신탁 아래 위임하는 것이다."(sec. 136) 그리고 입법부뿐만 아니라 그것을 소집하거나 해산하는 집행부의 권력 역시 "국민의 안전을 위하여 그것에 놓인 하나의 신탁물"에 지나지 않는다. (sec. 156)

이러한 정치적 신탁의 개념은 물론 로크에서 비롯된 그의 독창적인 창안은 아니다. 그것은 기원과 발달의 측면에서 볼 때 영국 특유의 관념이다. 대륙의 법제도는 로마법에 크게 영향을 받은 데 비해, 영국의 신탁은 그 기원의 면에서 로마의 제도와는 거의 무관한 것이었다. 그 결과 대륙의 사상가들이 종종 계약의 관념으로 파악하려던 것을 영국의 사상가들은 흔히 신탁의 관념으로 이해하고자 하였다. 로크의 시대 이전부터 영국에서 신탁은 이미 널리 통용되던 정치적 상투어였다.[22] 많은 하원의원들은 그들의 권력을 신탁물로 생각했을 뿐만 아니라, 왕권 자체도 신탁된 권력으로 생각하였다. 신탁의 개념이 국왕의 지위에 처음으로 터놓고 적용되었던 것은 장기의회의 집회에서였다.[23]

이와 같이 의회가 왕권을 신탁과의 관련에서 논의한 것 가운데 가장 괄목할 만한 예는 1642년 5월 20일 양원에서 통과된 3개의 결의안 가운

22) J. W. Gough, *John Locke's Political Philosophy* (Oxford University Press, 1956), p. 138 과 p. 169를 참조하라.
23) 같은 책, p. 158.

데 하나에서 찾아볼 수 있다.[24] 이 결의안은 "언제이든 간에 국왕이 의회와 전쟁을 한다면, 그것은 국민이 그에게 위임한 신탁의 위반이며, 그의 선서에 배치되고 그의 정부의 해체를 초래하는 것이다" 하고 주장하고 있다. 이와 같은 태도는 국왕 찰스 1세의 재판에도 이어져, 신탁 관념이 그 진행 과정에서 중요한 역할을 하였다. 찰스 1세에 대한 탄핵 사유는 국왕인 그에게는 "국법에 의거하여 그에 따라 통치할 제한된 권력이 신탁되었다"는 것, 그리고 "그의 신탁, 선서 및 직책에 의해서" 그는 "자신에게 위탁된 권력을 국민의 복지와 이익을 위하여 사용할 의무가 지워져 있다"는 것, 그럼에도 불구하고 그는 그에게 이와 같은 신탁을 한 바로 그 국민의 "공공 이익, 공동의 권리, 자유, 정의 및 평화에 어긋나게 … 무제한의 전제권력을 그 자신 안에 구축하고 유지하려는 사악한 의도"를 갖고 있었다는 것 등이었다.

이런 논고에 대해 찰스 1세는 그 법정이 자신을 재판할 권한을 갖고 있다는 것을 인정하지 않았다. 그는 자신이 질 책임이 의회나 국민에게 있는 것이 아니라 오직 신에게만 있다고 주장하였다. 그러면서 그 자신도 신탁의 관념을 인정하였다. 단지 국왕이 신탁을 받은 것은 국민이 아니라 신으로부터라는 것이었다. 입법권에 적용된 것이든 집행권에 적용된 것이든, 신탁 개념은 이미 로크 때에 와서는 아주 잘 발전된 형태에 도달했는데, 그는 그것을 자신의 사상 체계에 편입하여 적절하게 활용하였다.

신탁은 원래 영국의 법률 용어로서 계약과는 사뭇 다른 개념이었다. 계약은 양자간의 권리-의무 관계를 규정하지만, 신탁은 세 당사자의 관

24) 1642년의 의회 결의안과 찰스 1세에 대한 탄핵을 포함한 이 문단과 다음 문단의 내용은 같은 책, pp. 148-149에 의한 것이며, 모든 인용문도 여기서 재인용한 것이다.

계를 규정하는 것이다. 위탁자와 수탁자 그리고 수혜자가 그들이다. 그런데 수탁자는 위탁자나 수혜자 그 누구와도 계약 관계에 들어가지 않는다. 쌍무적인 계약과는 달리 수탁자는 수혜자에 대하여 일방적인 의무만질 뿐, 그 반대급부로서의 권리는 아무것도 없다. 이러한 개념이 정치적 관계에 적용될 때, 국민은 위탁자로서 수탁자인 정부를 수립하는 것이다. 그리고 국민은 위탁자이자 동시에 그 신탁의 일방적인 수혜자가 되는데, 그 어느 경우이든 수탁자와 계약 관계에 놓이지는 않는다. 그렇기 때문에 이러한 정치적 신탁 개념은 어떠한 형태의 통치계약과도—비록 때때로 비슷한 관념을 표현하는 방법이 된다 할지라도—구별되는 것이었다.[25]

신탁의 관념은 절대군주정을 비판하고 지배 권력의 범위에 엄격한 제한을 가하려는 로크의 의도에서 보자면, 통치계약의 관념보다 훨씬 더 요긴하게 쓰일 수 있는 것이었다. 당사자들의 상호 합의 없이 어느 한 쪽이 일방적으로 파기할 수 없는 계약과는 달리, 신탁 관계에서는 수탁자인 정부는 일방적인 의무만 지는 반면, 위탁자인 국민은 수탁자가 그 의무를 제대로 이행하지 않았을 경우 일방적으로 그 신탁을 철회할 수 있다.[26] 로크에 의하면 입법권은 한 나라의 최고 권력일 뿐만 아니라, "공동체가 일단 그것을 맡겨 놓은 사람의 수중에서는 신성하고 변경이 불가능하다."(sec. 134) 그렇기는 하지만 그것은 어디까지나

어떤 목적을 위해 행동할 단지 신탁된 권력에 불과한 것으로서, 만일 국민이 입법부가 자신에게 위임된 신탁에 위배되게 행동한다는 것을 알게 될 때에

••
25) Barker, "Introduction", pp. XXIII-XXIV와 Gough, *Social Contract*, p. 134 그리고 Leyden, *Hobbes and Locke*, pp. 131-132 등을 참조하라.
26) Leyden, *Hobbes and Locke*, p. 131.

는, 그 입법부를 제거하거나 변경할 수 있는 최고의 권력은 여전히 국민에게 남아 있다. 왜냐하면 어떤 목적을 달성하기 위하여 신탁으로 부여된 모든 권력은 바로 그 목적에 의해 제한되는 것으로서, 그 목적이 명백하게 방기되거나 저해된다면 언제라도 그 신탁은 반드시 몰수되어야 하며, 그 권력은 그것을 부여했던 사람들의 수중으로 되돌아갈 수밖에 없기 때문이다. 그렇게 되면 그들은 그 권력을 자신의 안전과 보호를 위해 최선이라고 생각되는 곳에 다시 맡길 수 있다.(sec. 149)

수탁자가 신탁을 위반했는지, 위반했다면 언제 어떻게 위반했는지를 판단하고 결정하는 것은 위탁자이기 때문에, 이러한 정치적 신탁의 이론은 폐정을 저지르는 통치자를 갈아치우고 정부를 재구성할 권리를 국민에게 확보해 준다. 로크의 생각으로는 대륙에서 널리 운위되는 통치계약은 상대적으로 정부측에 유리한 것이었다. 그는 그것 대신에 영국 특유의 신탁 관념을 받아들여 그의 사상 속에 체계화함으로써, 입헌적 변혁과 나아가 혁명까지도 좀 더 효율적으로 정당화할 논거를 마련할 수 있었다.

그런데 시민사회의 기원을 계약과 관련하여 설명하면서, 로크는 다른 계약론자들과 마찬가지로 몇몇 중대한 난점에 부딪히지 않을 수 없었다. 그 가운데 하나는 사회계약의 역사적 실재성에 관한 문제였다. 즉 "상호 간에 독립되고 평등한 일단의 사람들이 함께 모여 이런 방법으로 정부를 시작하고 수립했던 실례는 역사상 어디에서도 발견되지 않는다"고 하는 반론이 제기될 수 있는 것이다.(sec. 100) 로크는 예상되는 이런 반론에 대하여, "정부는 어느 곳에서든 기록보다 앞선다"는 말로 대답한다. 사람들은 자연상태의 불편함과 사회에 대한 애착심 때문에, 어느 정도의 수가 한데 모이게 되자마자 곧바로 서로 결합하여 공동체를 형성하였는데, 그에 비해 문자는 시민사회가 상당히 오랫동안 지속되고 난 다음에야 비로소 사용되기 시작했다는 것이다. 그러므로 그들의 기원에 관한 기록이 역사 속에 거의 남아 있지 않은 것이 로크에게는 조금도 이상한 일이 아니었다.(sec. 101)[27]

사실 국가의 기원에 관한 로크의 '역사적' 설명은 외형상 필머의 견해와 크게 다르지 않아 보인다.[28] 왜냐하면 로크는 정부가 최초에는 가정에서부터 시작되었다는 점(sec. 110), 그리고 최초의 지배자가 가부장적 군주였다는 점(sec. 105) 등을 인정하기 때문이다. 그러나 양자의 유사성은 이러한 피상적인 면에 그친다. 필머는 그의 가부장주의의 정치적 정당성을 발생론적 접근법에서 구했다. 말하자면 그는 정부의 성격과 본질이 무엇이어야 하는가를 이해하기 위해서는 단순히 정치권력이 어떻게 발생했는가를 밝히기만 하면 된다고 생각했던 것이다. 그래서 필머는 최초의 군주가 가족의 아버지였다는 사실로부터 군주의 권력은 부권에서 유래한다는 결론을, 최초에 가족이 아버지-군주의 지배 아래에 있었다는 사실로부터 "인간은 자유롭게 태어나지 않았으며, 그러므로 지배자도 정부 형태도 선택할 자유를 결코 가질 수 없었다. ……아담은 절대군주였고, 그 이래 모든 군주가 그러하다"(I. sec. 5)는 결론을 끌어내었다.

··

27) 시민사회가 문자의 발명 훨씬 이전에, 어느 정도의 사람들이 한데 모이게 되자 곧바로 수립되었다는 이런 설명은 『제2론』 제5장의 재산에 관한 논의를 읽을 때 받을 수 있는 느낌과는 상당히 거리가 있다. 제5장에서 로크는 자연상태가 상당히 오랜 기간 지속되는 것으로, 그리고 정태적이기보다는 그 자체가 발전적 과정을 거치는 것으로 묘사하고 있다. 그는 일정 지역에서 토지 부족 현상이 일어날 정도로 인구가 증가하고, 화폐가 도입되어 상당한 수준으로 경제가 발전하는 등, 상당한 수준의 문명화 현상이 자연상태 안에서 일어나는 것처럼 서술하고 있는 것이다.

28) 이 문단과 다음 문단은 대체로 Schochet, "The Family and the Origins of the State," p. 91에 따른 것이다.

이렇게 필머는 자신이 생각한 국가의 기원과 그의 가부장주의 교의 사이의 논리적 간극을 의식하지 못하고, 후자를 역사적 사실로부터 따라 나오는 정당한 결론이라고 믿었다. 그러나 로크는 이러한 추론을 거부하였다. 로크는 정부가 가정에서 시작되었다는 역사적 기원과 가부장이 절대적 권력을 가져야 한다는 당위 사이에는 아무런 관계도 없다고 생각하였다. "지금까지 그러해 왔던 것에서 의당 그렇게 되어야 하는 것으로 나아가는 논법은 큰 힘을 갖지 못한다"는 것이다.(sec. 103)

로크가 자연상태나 원초계약의 역사적 실재성을 믿고 있었다고 생각할 만한 근거는 많이 있다. 그러나 그는 자신의 이론이 역사적으로 그럴 법한가 아닌가 하는 것이 결정적으로 중요하다고 생각하지는 않았다. 그는 사실 홉스와 마찬가지로, 역사적 기원에 대해 일차적 관심이 있었던 것은 아니다.[29] 그렇다고 해서 로크가 과거를 전혀 고려하지 않고 정치의 본질을 설명하려고 했다는 말은 물론 아니다. 만일 그가 역사적 기원의 문제를 무시했다고 한다면, 자연상태나 인간의 자연권에 관한 그의 설명은 필요 없는 것이 되었을 것이다. 그는 필머의 발생론적 접근법을 비판했지만, 그것은 실은 17세기 영국에서 정치 이론의 일반적 특징이었으며 로크 자신도 그와 같은 태도에서 크게 벗어나 있지 않았다.[30]

로크는 결국 국가의 형성과 관련해서는 대체로 가부장주의의 역사적 설명을 받아들임으로써 엄격해 보이던 그의 계약 이론은 훨씬 완화되었다. 그는 "가족의 자연적인 아버지가 눈에 띄지 않는 변화를 거쳐서 또한 그들의 정치적 군주가 되었다"는 사실을 인정하였다.(sec. 76) 로크가 부정한 것은 단지 군주가 그 자격을 갖게 되는 것이 부권에 의한 것이라

••
29) Gough, *Social Contract*, p. 129.
30) Schochet, "The Family and the Origins of the State," pp. 91-92.

는 점이다. 부권과 정치적 권력은 전혀 별개의 권력이며, 따라서 아버지가 군주로 변신하는 것은 오직 "자식들의 명시적이거나 묵시적인 동의"를 통해서만 가능한 일일 뿐이다.(sec. 74) 그리고 자식들은 어릴 때부터 아버지의 권위에 복종하는 것에 익숙해 있기 때문에, 그들이 "묵시적이고 또 거의 피할 수 없는 동의로 아버지의 권위와 통치에 길을 열어 주는 일은 손쉽고 또한 거의 자연스러운 일이었다."(sec. 75)[31]

로크는 이렇게 어느 정도 가부장주의에 양보함으로써 계약 이론이 함축하고 있는 어떤 인위적이고 작위적인 성격을 거의 희석해 버렸다. 그는 한편으로 국가를 자연상태에 있던 일단의 사람들이 어느 일정 시기에 사회계약이라는 단일 행동을 통해 일시에 수립하는 것인 양 말한다. 그러면서 그와 동시에 그는 사회계약의 역사적 실재성에 대해 제기될 반론을 의식해서 국가의 수립을 하나의 가족에서 가부장적 군주정으로의 점진적 변형 과정으로 설명하고 있다. 이러한 변형은 "눈에 띄지 않는 변화를 거쳐서" 이루어지는 "거의 자연스러운 일"이라는 것이다. 그러나 그는 역사의 초기에 정부가 아버지인 군주 한 사람의 수중에 있었다는 사실이 자

----

31) 애시크래프트(R. Ashcraft)는 아버지가 자연스러운 과정을 거쳐 가족의 정치적 군주가 된다는 74-76절의 진술에 대해 설명하면서, 그 현상을 실제적인 시민정부의 수립으로 보지 않고 단순한 부권 행사의 연장으로 해석한다. 그러면서 그는 또한 아버지에 의해 수립된 군주정은 정부이기는 하지만 정통성은 결여한, 이를테면 절대군주정과 같은 성격의 것이라고 주장한다. 그래서 로크는 그러한 군주정이 사실상의 정부(de facto government)이기는 하지만 합법적(de jure) 정부는 아니며, 따라서 그런 정부 아래에 있는 신민은 여전히 자연상태에 머물고 있는 것으로 생각했다는 것이다. R. Ashcraft, *Locke's Two Treatises of Government* (London, 1987), pp. 153, 156 참조. 그러나 이는 부권과 정치권력을 엄격하게 구분하는 로크의 논리를 무시하는 해석에 불과하다. 애시크래프트 자신도 인정했듯이 아버지-군주의 수중에 놓인 것이 '정치적' 권위라면 그것은 바로 시민정부의 권위이며, 아버지가 정치적 군주가 되는 과정을 로크는 분명히 자녀들의 동의 과정으로 설명했다. 부권은 동의와는 전혀 관계가 없으며, 동의를 통해 형성된 권력은 명백히 시민정부의 정치권력이다.

신의 주장, 즉 정치사회의 기원은 하나의 공동체를 수립하여 거기에 가입하려는 각 개인들의 동의에 의존한다는 주장을 훼손하는 것은 아니라고 강변한다.(sec. 106)[32]

　시민사회의 기원에 관한 자신의 이론을 역사적 설명의 형태로 표현하려고 할 때, 로크가 마주친 좀더 곤란한 문제는 최초에 계약으로 국가를 설립한 사람들의 후손들의 지위를 어떻게 설명할 것인가 하는 문제였다. 왜냐하면 사람들이 역사의 시초에는 자유롭고 평등한 자연상태에서 사회계약을 맺어 자발적으로 정부의 지배 아래 들어갔다는 사실을 인정한다 하더라도, 다음과 같은 반론 역시 제기될 수 있기 때문이다. 이를테면 일단 그와 같은 원초계약이 이루어지고 난 다음에는, 그 후손들은 모두 다 "이런 저런 정부 아래 태어남으로써 그들 가운데 어느 누구도 결코 자유롭지 못하며, 또한 자유로이 함께 결합하여 새로운 정부를 시작한다든가 합법적 정부를 수립할 수 있다든가 하는 것이 전혀 불가능한 일"이며 (sec. 113), 그들 각자는 오로지 "그의 아버지 즉 그의 군주의 신민으로 태어나고, 그리하여 복종과 충성이라는 영원한 결박 아래 놓여 있다"는 반론이 그것이다.(sec. 114)

　이러한 면에서 계약 이론은 사실 심각한 딜레마에 처해 있다고 할 것이다. 한편으로 만일 그것이 시민사회의 기원을 설명하기 위한 순수한 역사적 이론으로 간주된다면, 뒤 세대의 권리-의무에 대해서는 전혀 아무런 의미도 갖지 못하게 되고, 따라서 그 구성원의 정치적 권리-의무에 관한 설명으로는 무용지물이 되어 버릴 것이다. 다른 한편으로 그것을 일

⁚⁚

32) 그러나 이와 관련하여 Seliger, *Liberal Politics*, pp. 224-225는 로크에게 사회계약의 관념은 "하나의 설명 장치, 한 사회의 구성원들이 마치 상호 계약을 맺은 것처럼 행동하지 않고서는 그 사회가 존재할 수 없다고 말하려는 하나의 방식"이었다고 주장한다.

차적으로 구성원 각자의 정치적 권리-의무의 분석 장치로 취급한다면, 그것에서 도출되는 이론적 개인주의, 즉 어느 누구든 스스로 복종할 것을 동의한 정부가 아니고는 복종할 의무가 없다고 하는 그런 개인주의는 정부 그 자체와 양립하기 어렵게 될 것이다.[33] 로크는 자신의 계약 이론을 의미 있는 것으로 만들기 위해서는 이러한 딜레마를 극복하지 않으면 안 되었다.

중세 시대에는 사회가 단순히 개인들의 집합이 아니라 유기적인 공동체로 인식되었고, 동의의 개념은 일반적으로 공동체의 유기적 연속이라는 관념과 결부되었다. 그래서 과거의 어느 한 시기에 행해진 동의는 당대인들뿐만 아니라 동일 사회의 같은 구성원으로서 그 후속 세대들도 구속하는 것으로 인식되었다. 그리하여 로크가 『정부론』에서 자신의 전거로 자주 인용하고 있는 후커(R. Hooker)도 그의 잘 알려진 한 구절에서

> 우리들이 그 일부를 이루고 있는 사회가 이전의 어느 때이든 … 동의를 했다면, 우리들은 … 동의한 것이다. 그런 이유로 어떤 사람의 과거 행위가 그 자신이 존속하는 한 유효한 것이듯이, 사람들의 공공 사회가 500년 전에 행한 행동은 그 동일한 사회를 현재 구성하고 있는 사람들의 행동이기도 하다. 왜냐하면 공동체(Corporations)란 불멸의 것으로서, 우리들은 그때 우리의 선조 속에서 살고 있었고 또한 그들은 그들의 후손 속에서 아직도 살고 있기 때문이다

하고 주장했던 것이다. 그러나 로크는 이러한 유기적 연속의 관념을 거부하였다. 그는 『제2론』 134절에서 입법권의 성격에 관해 논하면서 본

---

33) Gough, *Social Contract*, p. 130.

문의 각주로 후커의 저술에서 이 구절의 앞과 뒤의 문장을 인용했는데, 그러면서 그가 구태여 이 구절을 빠뜨린 것 자체가 의미심장하다 할 것이다.[34]

로크는 "인간이 법체계를 확립하고 정부 형태를 수립한, 그런 조직되고(constituted) 오래된 정치체(Polities) 아래 태어나는 것이 삼림 속에서 태어난 것보다, 삼림을 마음대로 뛰어다니는 자유로운 주민들 가운데서 태어난 것보다, 그들의 자유에 대해 조금도 더 큰 장애가 되지 않는다"고 생각하였다. 왜냐하면 사람은 어떠한 약정이나 약속이든지 간에 스스로 맺은 것에 대해서는 반드시 지킬 의무가 있지만, 그러나 "어떠한 계약으로도 자식이나 후손을 구속할 수는 없다."(sec. 116) 따라서 자식들은 아버지나 혹은 조상들과 마찬가지로 자유로운 존재로서, "그들이 그런 자유로운 상태에 있는 동안은 그들이 어떤 사회에 가입할 것인가, 어떤 국가의 지배 아래 들어갈 것인가를 스스로 선택할 수 있기 때문이다"는 것이다.(sec. 73) 이와 같이 로크의 견해에 의하면, 오늘날 사람들은 비록 어떤 국가 안에서 태어나기는 하지만, 출생 그 자체만으로는 결코 어느 국가의 시민도 되지 않는다.[35] 그들은 자유로운 존재이며, 자유로운 인간인

:·

34) 이 문단은 대체로 Gough, *Locke's Political Philosophy*, pp. 50-51에 의한 것이며 후커의 저술, *Of the Lawes of Ecclesiasticall Politie* (1632), I, x, 8의 인용문도 여기에서 재인용한 것이다.

35) 로크는 118절에서 "어린이는 한 나라나 정부의 신민으로 태어나는 게 아니다"고 주장하면서, 새로 태어나는 어린이가 어느 국가의 국민도 아닌 자유로운 존재임을 증명하기 위하여, 프랑스에 거주하고 있는 영국인 부부에게서 태어난 어린이를 실례로 들어 설명하려고 한다. 이러한 경우에 그 어린이는 영국과 프랑스, 그 어느 나라의 국민도 아니며, 만일 사정이 그러하다면 다른 모든 어린이도 매한가지라는 것이다. 래슬리트는 자신이 편집한 『정부론』의 이 구절에 대한 각주에서, 당시의 영국법에 따르면 이 어린이는 영국인이라고 주석하고 있다. 만일 이러한 주석이 옳다면, 당시 영국법이 국적에 대해 속인주의 원칙을 채택하고 있었는데도 로크가 그 사실을 제대로 몰랐다고 볼 수 있을 것이다. 그러나 그 사실 여부를 떠나서 이 구절은 속인주의나 속지주의 원칙과 관련한 명확한 국적법이 확립되지 않은 시대

그들을 한 국가의 구성원으로 만드는 것은 오로지 그들의 자발적인 동의 뿐이다.(sec. 117)[36]

3. 시민사회에의 가입과 동의

그러면 정치사회 안에서 태어난 자유로운 사람이 그 나라의 구성원이 되는 동의는 언제 어떻게 이루어지는가? 이 문제를 설명하기 위하여 로크는 동의를 명시적 동의와 묵시적 동의로 구분하는 당시의 통상적인 구분법을 자신의 이론 속으로 끌어들였다. 그 가운데 명시적 동의는 그의 생각으로는 별다른 설명이 필요 없는 것이었다. 왜냐하면 어느 누가 어떤 사회에 가입하려 한다면, 그는 그렇게 하겠다는 명시적 동의를 표현함으로써 "그 사회의 완전한 성원, 그 정부의 신민"이 된다는 사실은 어느 누구도 의심할 수 없는 일이기 때문이다. 문제는 그가 그러한 "동의의 표현을 전혀 하지 않았을 경우에 무엇을 묵시적 동의로 간주하여야 하는

••

적 상황을 반영하는 것으로 봐야 할 것이다. 한편 I. W. Hampsher-Monk, "Tacit Concept of Consent in Locke's *Two Treatises of Government*: A Note on Citizens, Travellers, & Patriarchalism," *Journal of the History of Ideas*, vol. 40, no, 1 (1979), p. 138은 어린이가 신민으로 태어나는 게 아니라는 주장은 로크가 필머를 다루는 논의 가운데 가장 설득력이 없는 부분이며, 또한 당시의 관행과 가장 부합하지 않는 부분이라고 비판한다.

36) Plamenatz, *Man and Society*, vol. 1, p. 223에 따르면, 로크를 포함하여 수아레스, 흐로티위스(Grotius), 푸펜도르프 등과 같은 근대 계약사상가들은 동의를 개인적이고 자유롭고 의도적인 그 어떤 것으로 생각했으며, 바로 이 점에서 중세 정치철학자들과 다르다. 중세 철학자들에게는 동의가 의도적이거나 자발적인 것이 아닌 반면에, 17세기 자연법학자에게 동의의 본질은 선택의 행위이며 그로 인해 의무가 부과되는 것이었다. 그런데 P. E. Sigmund, *Natural Law in Political Thought* (Cambridge, Massachusetts, 1971), p. 84를 따르면, 수아레스는 아직 동의가 개인 행위가 아니라 과거 어느 시점에서 있었던 공동체의 단체 행위였다고 주장한다.

가, 그리고 그것은 얼마만큼 구속하는가" 하는 점이었다.(sec. 119) 로크는 바로 이 문제를 고심하였다. 그러다가 그는 결국 묵시적 동의의 개념을 극도로 확장하여 그것을 사실상 거의 무의미한 용어로 만드는 지경에까지 이르렀다.

로크는 "누구든지 어떤 정부의 영토를 어느 일부라도 소유하거나 향유하는 사람은 누구나 그것으로써 묵시적 동의를 해 준 것이며, 그리고 그렇게 향유하고 있는 동안은 그 정부 아래에 있는 다른 어떤 사람들과도 똑같은 정도로 그 정부의 법률에 복종할 의무가 있다"고 말하였다. 그러면서 그는 이어서 한 정부의 법률에 복종할 의무를 부과하는 묵시적 동의로서의 영토의 소유나 향유는, 자손에게 상속되는 영구적인 소유이든, 단지 한 주일의 체류이든, 또는 단지 공로를 자유롭게 여행하고 다니는 것에 지나지 않든 상관이 없다고 했다. 그는 심지어 "어느 누군가가 그 정부의 영토 안에 있다고 하는 바로 그 사실" 자체도 묵시적 동의라고 주장하는 데까지 나아갔다.(sec. 119)

만일 단순히 어떤 영토 안에 있다는 사실만으로 그 정부에 복종할 것을 묵시적으로 동의한 것으로 간주된다면, 그것은 로크가 『정부론』에서 내세우려는 핵심적인 주장, 즉 정부는 자유로운 개인들의 자발적인 동의에 기초해야 한다는 주장을 어느 정도 무의미하게 만드는 것처럼 보인다. 그는 사람은 누구든 단순히 출생으로 인해 그 정부에 복종할 의무를 진다는 것을 부인하였는데, 사실 한 국가의 모든 주민은 그들이 주민이란 사실로 인해서 그 법에 복종할 의무를 진다는 주장과, 어느 한 국가 안에 존재하고 있다는 사실 자체가 그 법에 복종할 것을 묵시적으로 동의했음을 의미하는 것이라는 주장 사이에는 아무런 실질적 차이도 있는 것 같지 않기 때문이다.[37] 묵시적 동의의 외연을 이와 같이 확대해 버리면, 동의 이론은 결국 정부의 권력을 국민의 동의라는 조건으로 제한하고자 한 로크의 의도와는 달리, 오히려 모든 정부를 동의에 기초한 정부인 것으로 정당화해 주는 기능을 하게 될 수도 있는 것이다. 로크의 동의 이론은 이러한 측면에서 보자면 매우 큰 결함을 안고 있다고 할 수 있다.

그런데 로크는 묵시적 동의의 외연을 극단적으로 확대한 반면에, 그것이 지닌 효력은 아주 제한된 것이라고 주장하였다. 그에 의하면, 묵시적 동의란 영토의 일부를 소유하거나 향유하는 것으로 표명되는 것이기 때문에, "누구든 그와 같은 향유로 인해 지게 되는 정부에 복종할 의무는 그 향유와 더불어 시작하고 또한 끝난다." 그렇기 때문에 묵시적 동의만 한 사람은 그가 향유하는 토지를 "증여나 매각 혹은 다른 방법으로" 처분만 해 버리면, 언제든지 그 의무에서 벗어나 자유롭게 된다. 그러면 그는 어느 다른 나라에 가입하여 그 일원이 될 수도, 혹은 다른 사람들과 더불어 미답의 곳을 찾아가서 새로운 국가를 세울 수도 있는 것이다.(sec. 121)

그렇기 때문에 묵시적 동의는 사람을 한 나라의 항구적인 국민, 완전한 시민으로 만들어 주지는 않는다. 로크의 생각으로는, 그것은 마치 어떤 사람이 다른 사람의 집에 잠시 머물러 있다고 해서—물론 그 집에 머물러 있는 동안에는 그 집안의 법에 따라야 할 의무가 있지만—그 집의 식구가 되지는 않는 것과 매한가지이다. 그렇기 때문에 로크는 결론적으로, 원래 어느 국가에도 속하지 않았던 사람이 한 나라의 "신민이나 성원"이 되는 길은 오직 "실제적인 약정과 명시적인 약속 및 계약"을 통해 그 나라에 가입하는 길뿐, 그 이외의 다른 방법은 전혀 없다고 단언하

---

37) Waldman, "Locke's Concept of Consent," p. 45를 참조하라. 그러나 월드먼이 국내에 있는 모든 사람, 심지어 혁명가와 같이 동의를 큰소리로 부인하는 사람도 결국은 묵시적 동의를 한 것이 되는 셈이라고 지적한 것은 적절한 지적은 아닌 듯하다. 아무리 동의의 개념을 확대하더라도, 어쨌든 명백한 반대의 표명은 결코 동의의 범주 안에 들어갈 수 없는 일이다.

였다.(sec. 122) 즉 명시적 동의만이 사람을 한 나라의 시민으로 만들 수 있다는 것이다. 그리고 로크에 따르면, 이것은 묵시적 동의와는 달리 그를 그 나라에 항구적으로 결박한다. 명시적 동의를 함으로써 일단 한 나라의 일원이 된 사람은 영원히 그 나라의 일원으로 남아 있어야만 하는 것이다. 그에게는 이민과 같은 방법을 통해 다른 나라에 가입할 자유가 없다. 그러한 자유는 자연상태의 인간만이 누릴 수 있는 권리인데, 그는 정부가 그를 공식적으로 추방하든가, 아니면 정부 자체가 해체되어 버리든가 하기 전에는 결코 자연상태로 되돌아갈 수 없다.(sec. 121)[38]

이렇게 해서 로크는 원초계약자의 후손들 즉 이미 수립되어 있는 시민정부 안에서 태어나는 사람들의 지위 문제를 논의하면서 느닷없이, 통상적으로 그 표현 형식에 따라 막연하게 구별되어 오던 명시적-묵시적 동의를, 마치 서로 전혀 다른 기능과 성격을 가진 별개의 동의인 것처럼 구별해 놓았다. 로크의 이와 같은 돌연한 양분법은 자신의 전체 동의 이론을 지극히 혼란스러운 것으로 만들어 버렸으며, 또한 대부분의 연구자들로 하여금 이 문제에 관하여 오해를 자아내게 하였다. 이제 이러한 오해와 또 로크의 논의 자체가 안고 있는 부적절성에 대하여 검토해 보기로 하자.

많은 로크 연구자들이 동의 논의와 관련하여 곤혹스러워 하는 것은,

..
38) Seliger, *Liberal Politics*, pp. 279-280은 정치사회 구성원에 대한 이민권의 부정은 로크 사상의 기본 입장과 배치되는 것이며, 따라서 이 121절의 이민 갈 자연권을 부정하는 구절은 로크의 분별없이 과장된 언급 중 하나라고 비판한다. John Dunn, "Consent in the Political Theory of John Locke," *The Historical Journal*, vol. 10, no. 2 (1967), p. 169는 이 구절에 대해 언급하면서, 사람이 시민사회의 구성원이 되는 시점에서 그가 이전에 향유하던 권리, 즉 마음 내키는 데 따라 떠날 수 있는 권리를 상실한다고 주장하면서도 로크는 그에 대해 아무런 이유도 제시하지 않는데, 어쨌든 그것은 그의 이론 구조 안에서 아무런 기능도 하지 않는다고 지적한다. 그런데 이것은 로크가 정치사회를 임의적인 선택과 자발적인 동의에 토대를 두게 한 대신에, 무정부주의라는 비난을 피하고 사회의 안정성을 확보하기 위해 마련한 장치로 볼 수도 있지 않을까?

정작 로크 자신은 너무나 명백하기 때문에 별다른 설명이 전혀 필요 없다고 생각했던 명시적 동의에 대해서이다. 이를테면 명시적 동의란 무엇이며, 언제 그리고 어떻게 표명되는가 하는 문제이다. 그들은 "로크 연구에서 그토록 곤란한 문제를 제기해 온 것은 … 명시적 동의가 무엇인가를 밝히는 일이다" 하고 지적하거나,[39] "도대체 어떤 종류의 행위가 '명시적' 혹은 '명백한' 동의인가?" 하고 의문을 제기하면서, 이 질문에 대한 명확한 대답이 없다는 것이 로크의 이론에서 결함이 되는 공백이라고 비판하였다.[40]

그러면서 그들이 얻어 낸 결론은 재산의 소유나 상속이 바로 로크가 말한 명시적 동의의 한 실례라는 것이다. 패리(Parry)는

로크는 묵시적 동의의 성격을 설명하는 데에 아주 큰 어려움이 있다고 말한다. 그렇지만 현대의 독자에게 보다 더 어려운 수수께끼처럼 보이는 것은 명시적 동의의 정황이다. 명시적 동의는 어떻게 표명되는 것인지가 분명하지 않다. 로크는 명시적 동의의 예를 하나 제시하고 있는데, 그것은 재산의 소유 및 상속과 결부된 것이다[41]

하고 주장한다. 패리와 더불어 여러 연구자들이 재산의 소유와 상속을 명시적 동의의 한 실례로 파악한 이유는 이런 것이다. 즉 로크는 사람들

39) Hampsher-Monk, "Tacit Concept of Consent," p. 136.
40) Dunn, "Consent in the Political Theory," p. 166. Paul Russell, "Locke on Express and Tacit Consent: Misinterpretations and Inconsistencies," *Political Theory*, vol. 14, no. 2 (May, 1986), p. 292 역시 명시적 및 묵시적 동의에 관한 로크의 견해를 올바로 이해하는 데 가장 심각한 장애는 로크가 자신의 논의를 전개할 때 보인 빈약한 논리라고 불평한다.
41) Parry, *John Locke*, p. 104.

이 어떤 시민사회의 일원이 되는 유일한 길은 명시적 동의에 의한 것뿐이라고 단언했는데, 그러면서 그는 사람들이 아버지의 토지 재산을 상속하는 현상을 그 아버지가 속해 있는 국가에 가입하는 동의 과정으로 설명했기 때문이라는 것이다. 그리고 로크는 이것 이외에는 기존의 시민사회 안에서 태어난 사람이 거기에 가입하는 다른 어떠한 사례도 보여 주지 않았다고 그들은 주장한다.

그러면 여기에서 잠깐 '재산 상속에 의한 명시적 동의'라는 문제와 관련하여 로크가 개진한 논의를 살펴보기로 하자. 그에 의하면, 사람들이 처음에 원초계약을 맺어 시민사회의 일원이 되기로 동의하였을 때, 그들은 그렇게 함으로써 그들 자신뿐만 아니라 그들의 재산도 그 사회에 결박하게 된다. 왜냐하면 토지 재산의 소유자인 그 자신은 정부의 신민이면서 그의 토지는 그 정부의 지배권에서 벗어나 있다고 생각하는 것은 사리에 어긋나는 일이기 때문이다. 그러므로 누구나 이전에는 자유로웠던 자기의 인신을 국가에 결합하면, 그것으로 자동적으로 이전에는 자유로웠던 그의 소유물도 그 국가에 결합하게 되며, "이들 즉 인신과 소유물 양자는 모두 그 국가가 존속하는 동안은 그 국가의 통치와 지배에 예속하게 된다."(sec. 120)

이러한 주장은 얼핏 보기에는 재산을 자연적 권리로 확립한 로크의 재산 이론과 배치되는 것처럼 보이지만, 사실은 그렇지 않다. 우리는 이미 앞장에서 재산에 관한 그의 견해를 검토한 바 있다. 인간이 자연상태에서 누리던 자연권은 그가 시민사회에 들어감으로써 시민법의 규제와 보호를 받게 되는데, 재산의 자연권 역시 매한가지인 것이다. 따라서 120절과 관련한 논의는 재산이 공동체에 양도되었다는 의미가 아니라, 그 사회의 법률적 규제 아래 놓였다는 의미이다. 토지는 사회가 '소유'하는 것이 아니라 개인 소유자가 소유한다. 그렇지만 사회는 그 소유권에 일정한 조건을 부여할 권한이 있으며, 그 조건 가운데 하나가 토지는 그 사회의 지배권을 벗어날 수 없다는 것이다. 앞에서 본 것처럼 로크에 따르면, 사람이 일단 시민사회에 가입하면 항구적으로 그 사회의 일원으로 남아 있어야 하며 결코 거기에서 벗어날 수 없듯이(sec. 121), 그와 함께 그 사회의 지배권 아래 들어가게 된 토지 또한 그 사회에 항구적으로 결박되는 것이다. 이러한 논거에서, 국가는 그 영토의 어느 한 부분이라도 결코 분할되도록 허용하지 않는다고 로크는 확언하였다. 그러므로 그것은 그 사회의 성원 이외에는 아무도 소유할 수 없으며, 따라서 자식이 아버지의 재산을 상속하자면 그도 아버지와 마찬가지의 자격을 갖추는 일, 즉 그 사회의 성원이 되는 것이 전제 조건으로 요청되게 마련이며, 그래서 그가 상속을 받는다는 것은 곧 그 조건에 동의를 하는 셈이 된다는 것이다. (sec. 117)

이와 같은 로크의 논의를 근거로 해서, 여러 학자들은 "그러므로 토지의 상속은 사람을 정치 공동체의 일원으로 만들어 주는 명시적 동의 행위라는 것이 분명하다"고 단정한다.[42] 먹퍼슨(MacPherson)은 한 걸음 더 나아가, 토지 상속이야말로 명시적 동의를 하는 유일한 방법이라고 주장하기까지 한다. 먹퍼슨의 이러한 주장은 로크의 정치사상 전체의 이해와도 관련되는 중대한 문제이다. 그는 토지의 상속이나 소유를 명시적 동의의 유일한 방법이라고 봄으로써, 토지 소유자만이 한 나라의 완전한 시민이며 토지가 없는 무산자는 그 나라에 거주하되 온전한 시민권은 갖

---

42) 같은 책, p. 106. 그 이외에 Seliger, *Liberal Politics*, pp. 270-271과 Dunn, "Consent in the Political Theory," p. 167도 참조하라. 이들에 비해 Hampsher-Monk, "Tacit Concept of Consent," p. 136은 로크가 명시적 동의를 상속의 전제조건이라고 했을 뿐, 상속 자체를 명시적 동의라고 하지는 않았으며, 상속자만이 명시적 동의자로 간주되어야 한다고 말한 것은 더더욱 아니라고 지적한다.

지 못한 존재라고 주장하였던 것이다. 그는 결국 명시적-묵시적 동의 논의를, 로크가 한 나라의 주민을 시민과 비시민, 즉 정치적 권리를 향유하는 토지 소유자와 정치적 권리는 없이 복종의 의무만 지고 있는 무산 노동자의 두 계급으로 구분하기 위해 도입한 이론 장치로 파악하였다.[43] 먹퍼슨의 이와 같은 해석은 로크의 재산론에 관한 자신의 해석을 동의 이론에 연결한 자연스러운 결과이기는 하지만, 그것은 재산론의 해석과 마찬가지로 로크의 사상을 크게 왜곡한 것이다. 먹퍼슨의 이러한 시민-비시민의 계급 구별에 관한 견해는 저항권을 살펴보는 장에서 검토하게 될 것이다.[44]

동의 논의와 관련하여 여기에서 우선 문제 삼으려는 것은 재산의 상속을 '명시적' 동의라고 규정한 점이다. 그 말의 일상적인 의미에서 볼 때, 토지를 상속하는 행위가 그 토지를 영토로 가진 국가에 가입할 것을 '명시적으로' 동의한 것이라고 생각할 수는 없기 때문이다. 그런 행위는 기껏해야 가입하기를 동의한 것으로 단지 '간주'할 수 있을 뿐이다. 왜냐하면 로크에 따르면, 토지의 상속은 그 국가에 가입할 것이 전제 조건으로 요구되는 일이기 때문이다. 그런데 그렇게 '간주'할 수 있다는 것은 바로 그 말의 의미상 '명시적'인 것이 아니라 '묵시적'인 것이다.

로크는 상속을 통해 자식이 아버지의 나라에 가입할 것을 동의하는 것은 각자가 성인의 나이에 이름에 따라 개별적으로 표명되는 것이고, 그래

43) C. B. MacPherson, *The Political Theory of Possessive Individualism* (Oxford, 1975), pp. 249-250. 완전한 시민은 반드시 토지 소유자여야 한다면 아직 부모의 토지를 상속받지 못한 성년이 된 자식의 법적 지위는 무엇인가 하는 문제가 제기될 수도 있다. 상속은 통상 자식의 성년 때가 아니라 아버지의 사망 때에 이루어지기 때문이다. 맥퍼슨의 주장대로 재산 상속이 완전한 시민권을 가져다주는 유일한 명시적 동의라면, 상속받기 전의 성인은 아직 완전한 시민이 아니라고 봐야 할 것인가?
44) 제8장 제2절 참조.

서 "사람들은 그것을 전혀 알아차리지 못하고는, 그런 동의가 전혀 행해지지도 않았다든가 또는 필요하지도 않았다고 생각하여, 그들이 어른이 됨에 따라 자연히 신민으로 되는 것이라고 단정한다"고 말한다.(sec. 117) 그런데 아무도 그것이 행해졌는지 어쨌는지를 알아차리지 못하는 동의를 어떻게 명시적 동의라고 부를 수 있겠는가? 이 구절에 대해 패리는 "대부분의 사람들이 그것의 정치적 의미를 인식하지 못하고, 또한 참으로 그것을 거의 알아차리지도 못한다는 사실을 로크는 인정하면서도, 완전히 다행스럽게도 그는 이 상속의 행위를 명시적 동의로 해석한다"[45]고 언급하고 있는데, 이는 참으로 요령부득의 주장이라 할 것이다. "상속의 행위를 명시적 동의로 해석"하는 것은 로크가 아니라 패리 자신일 뿐이다.

아마도 이러한 사정을 모를 리 없는 일부 연구자들은 상속 행위를 명시적 동의라고 말하기 위해서, 결국 명시적 동의와 묵시적 동의의 구별을 모호하게 하거나 혹은 로크가 이 양자를 동일시해 버렸다고 얼버무렸다. 셀리거는 사람이 시민사회 구성원의 지위를 받아들이는 의사를 간접적인 방식으로 표명하는 행위에 로크가 '명시적'이라는 형용사를 적용하는 데는 아무런 모순도 없다고 하면서, 이어서 "그가 명시적 동의라는 말을 했을 때, 그것은 명시적 반대가 표명되지 않았다는 사실에 의거하여 묵시적 동의를 명시적 동의에 상응하는 것으로 받아들이면서 그렇게 말한 것이다"라고 주장한다.[46] 요컨대 묵시적 동의란 곧 아무런 반대도 없다는 사실로 표명되는 것이며, 또한 "계약의 명시적 동의는 로크에 의해 … 묵시적 동의와 동일시되었다"는 것인데[47], 이 역시 요령부득이기는 마찬가지이다.

∵

45) Parry, *John Locke*, p. 105.
46) Seliger, *Liberal Politics*, p. 275.
47) 같은 책, p. 261.

던(Dunn) 역시 똑같은 견해를 가지고 있는데, 그는 '의향'(disposition)이라는 아주 모호한 용어를 끌어들여 명시적 동의를 이해하려 한다. 그는 명시적 동의의 명료성에 대한 로크의 온갖 역설에도 불구하고, 중요한 것은 어떤 행위에 의해 드러나게 되는 의향이라고 하면서, "사람들은 스스로를 그러한 존재와 동일시하려는 그들의 확고한 의향에 의해서 그들의 국적, 특정 사회의 구성원의 지위에 대해 명시적으로 동의한 것으로 간주되어야 한다"고 주장한다.[48]

이들은 가장 단순한 형식 논리를 무시한다. 그 표명 방식의 차이 때문에 로크가 서로 다른 것으로 구별한 명시적-묵시적 동의를 이들은 결국 동일하다고 주장하는 것이다. 그러나 서로 다른 것은 다른 것이지, 결코 같은 것일 수 없다. 로크는 이 두 가지 형태의 동의를 분명히 구별하였고, 또한 그 구별은 그 자신의 독특한 창안이 아니라 당시의 통상적인 관행을 그대로 받아들인 데 지나지 않는다. 그러므로 로크는 그 용어를 아주 일상적이고 상식적인 의미로 사용했다고 봐야 할 것이다. 그렇게 생각할 때, 명시적 동의란 그가 흔히 "실제적 합의와 명시적 선언"(sec. 121), 혹은 "실제적 약정과 명시적 약속 및 계약"(sec. 122) 등과 같은 말로 표현한 것에서도 짐작할 수 있듯이, 그야말로 문자 그대로의 의미이다. 그것은 곧 말이나 문자에 의한 직접적인 의사 표시를 가리키는 것이다. 그에 비해 '묵시적'이란 어떤 행위 혹은 부작위에서 그 의미가 추정되는 간접적인 의사 표시 방법을 지칭하는 것이다.

'명시적' 혹은 '묵시적'이라는 용어가 그 당시에 쓰였던 의미에 대한 실제적인 설명을 우리는 홉스에게서 들을 수 있다. 그는 『리바이어선(Leviathan)』에서 "계약의 표시는 명시적인 것이거나 혹은 추정에 의한 것

48) Dunn, "Consent in the Political Theory," p. 168.

이 있다. 명시적인 것은 그것이 무엇을 의미하는지를 이해할 수 있는 언어로 말해진 것이다 ··· 추정에 의한 표시는 때로는 언어에서, 때로는 침묵에서, 때로는 행동에서, 때로는 행동의 삼감에서 도출되는 결론이다"라고 적고 있다.[49] 그리고 또한 '명시적' 및 '묵시적'이라는 용어를 당시에 일반적으로 어떻게 사용했는가를 보여 주는 좋은 예문을 로크 자신이 인용하고 있는 제임스 1세의 1609년도 의회 연설에서 찾아볼 수 있다. 로크가 『제2론』 200절에서 인용한 연설문에서 제임스는 "국왕은 이중의 서약으로 자신의 왕국의 기본법을 준수할 의무를 스스로 지게 된다. 묵시적으로는 국왕이라는 사실로 말미암은 것으로서, 그의 왕국의 법과 더불어 국민을 보호해 줄 의무를 진다. 그리고 명시적으로는, 그의 대관식에서의 서약에 의해서이다"라고 말하고 있다. 똑같은 경우의 예를 들면, 가족을 부양할 책임이 주로 남성에게 부여된 사회에서 어느 남자가 결혼한다면, 그는 그 결혼 행위로써 부양의 책임을 떠맡을 것에 동의했다고 추정할 수 있다. 즉 그는 묵시적 동의를 한 것이다. 그 외에 만일 그가 혼인 서약 등을 통해 그것을 직접적으로 표명했다면, 그것이 비로소 명시적 동의가 되는 것이다. 로크가 이들 용어를 이와 같은 의미로 사용하지 않았다고 생각할, 그리고 그 양자를 혼동하거나 동일시했다고 생각할 하등의 이유도 없다.

셀리거는 로크가 명시적-묵시적 동의를 구별한 119절의 구절에 대해 언급하면서, 로크가 이 양자의 차이를 설명하려는 듯하다가 명시적 동의에 대해서는 아무런 설명 없이 그냥 묵시적 동의에 대한 설명으로 넘어가 버렸다고 불평했다.[50] 로크가 명시적 동의에 대해 아주 중요한 성격을

··

49) Hobbes, *Leviathan*, p. 193.
50) Seliger, *Liberal Politics*, pp. 268-269.

부여해 놓고도 그것이 표명되는 구체적 실례를 보여 주지 않음으로써 오늘날 우리가 그것을 이해하는 데 어려움과 혼란을 겪고 있는 것은 사실이지만, 그러나 그 책임을 로크에게 물을 일은 아니다. 로크도 말했듯이, 그것은 말 그대로 명시적이고 명백한 것이기 때문에 아무런 설명도 필요없었으며, 동시대인이 그 말을 이해하는 데는 전혀 아무런 어려움도 없었다. 만일 사정이 그렇지 않았다면, 오늘날 로크 연구자들이 벌이고 있는 것과 같은 논란이 그 때 조금이라도 일었다면, 아마 개정판을 통해서 그에 대해 보완 설명을 할 기회를 가질 수도 있었을 것이다.

그러면 로크가, 그리고 동시대인들이 한 사람을 국가의 완전한 시민이 되게 하는 명시적 동의가 이루어졌다고 믿었을 구체적인 경우나 상황은 어떤 것이었을까? 로크는 아메리카 식민 정책에도 관여하여 『캐롤라이나 정부의 헌법(The Fundamental Constitutions for the Government of Carolina)』의 작성에 참여했는데, 그 제117조는 식민지의 관할 행정 구역의 등기 담당자 앞에서 서명하는 것으로써 그 정부의 헌법의 내용을 받아들인 것으로 하도록 규정하고 있다. 그리고 누구든, 어떤 상황에 어떤 지위의 사람이든, 17세 이상으로서 그 서명을 하지 않으면 아무런 재산도 소유할 수 없고 또한 법의 보호도 누릴 수 없다고 규정하고 있다. 아마도 이러한 규정이 로크가 염두에 두었던 명시적 동의의 한 실례일 수 있을 것이다.[51]

그리고 로크는 62절에서 사람이 자유인으로 행동하기 시작할 나이에 이를 때까지는 국가가 미성년자에게 "그들 나라의 정부에 대한 충성 서약이나 순종, 혹은 다른 공적인 인정이나 복종을 요구하지 않는다"고 하

51) 같은 책, p. 276 참조. 래슬리트는 그가 편집한 『정부론』의 119절에 대한 각주에서 이 규정을 명시적 선언의 한 사례라고 주석했으나, 셸리거는 그대로 받아들이지 않았다.

면서 당시의 서약 관행에 대해 언급하고 있다. 사실 던은 17세기 영국에서 이른바 "실제적인 약정과 명시적인 약속 및 계약"(sec. 122)에 해당하는 것으로 생각할 수 있는 여러 다양한 관행이 행해지고 있었음을 밝히고 있다. 그러한 것들 가운데 가장 두드러진 것이 충성 서약이라는 것으로서, 이것은 주로 공직자들에게 요구되었던 것이지만 원칙상으로는 어느 누구에게든, 이를테면 충성심이 의심스럽다거나 할 경우에 요구될 수 있었다는 것이다.[52]

지금까지의 논의를 간단히 요약하자면, 로크의 동의 논의에서 명시적 동의와 묵시적 동의는 엄격하게 구별되어야 하며, 명시적 동의는 문자 그대로의 의미로 이해되어야 한다는 것이다.[53] 이러한 관점에서 보면, 토지의 상속을 명시적 동의로 규정하는 해석은 거부되어야 마땅하다. 더욱이 그것을 명시적 동의의 유일한 경우로 볼 수는 더더욱 없는 일이다. 로크가 애당초 토지의 소유나 향유를 동의 이론과 결부한 논의의 맥락 자체가 이러한 사실을 증명해 주고 있다. 말하자면 그는 묵시적 동의가 어

..

52) Dunn, "Consent in the Political Theory," pp. 167-168 및 J. Dunn, *The Political Thought of John Locke* (Cambridge University Press, 1982), pp. 138-139.

53) 명시적 동의에 대해서 이와 같은 견해를 가진 것으로는 Waldman, "Locke's Concept of Consent," pp. 45-47 및 Russell, "Locke on Express and Tacit Consent," pp. 292-296가 있다. 월드먼은 그것을 "말이나 글자로 된 선언"이라고 단정하는데, 그러면서 로크의 동의 논의는 전혀 분명하지 않으며 많은 난점을 로크가 해결하지 않은 채 방치했다고 말한다. 러슬은 로크가 명시적 동의의 개념을 당시 사람들이 쉽게 이해할 수 있는 정통적 방식으로 사용했다고 결론짓는 것이 합리적이라고 하면서, 그것은 말로든 글로든 간에 언어를 통해 선언하는 동의를 의미했다고 주장한다. 그러면서 그 역시 로크의 동의에 관한 설명은 불분명하고 모호한 점이 많아 부적절하다고 덧붙인다. 그리고 러슬은 명시적 동의에 대한 그의 해석이 옳든 그르든 다른 어느 주석가도 제시하지 못한 것이라고 자부하지만, 사실 월드먼의 비슷한 주장은 이미 그보다 거의 30년 전에 나왔다. 그런데 이들은 모두 말이나 글에 의한 의사 표시만을 말하지만, 고갯짓 같은 몸짓으로 하는 표명 방법이 구태여 명시적 동의의 범주에서 제외될 필요는 없을 것이다.

떤 것인가를 설명하기 위해서 토지의 소유나 향유라는 논의를 끌어들였던 것이다. 이 문제를 논의한 119-122절의 진술에는, 토지 소유와 명시적 동의 혹은 완전한 시민권 사이에 어떤 중요하고도 직접적인 관련이 있다고 해석할 아무런 단서도 없다.[54] 오히려 토지 소유야말로 로크가 예시한 가장 전형적인 묵시적 동의이다.

먹퍼슨은 명시적인 계약으로 국가에 가입하여 완전한 시민의 지위를 얻었다고 간주할 수 있는 유일한 사람은 토지를 소유하거나 혹은 그럴 기대를 가진 사람이라고 하면서, 그런 해석을 뒷받침하기 위해 120절의 구절을 인용하였다.[55] 그것은 누구든 국가에 가입하는 자는 자신이 소유한 토지도 그 국가의 지배권 아래 두게 된다는 구절인데, 그러나 이 구절은 그의 주장을 증명하기 위한 논거로는 부적절한 것이다. 왜냐하면 그 구절은 토지가 국가의 지배권 아래 놓이게 되는 것은 그 소유자가 국가에 가입한 데서 오는 결과라는 것이지, 거꾸로 토지의 소유가 그 소유자의 가입 및 시민권을 보증하는 요인이라는 말은 아니기 때문이다. 먹퍼슨은 모든 토지 소유자가 반드시 완전한 시민인 것은 아니라는 점을 인정한다. 그 가운데에서도 외국인과 또 본토박이이면서도 실제로 가입하지 않은 사람을 그는 시민권자에서 제외하였다. 그러나 완전한 시민은 모두가 반드시 토지 소유자라는 것이다. 그리하여 먹퍼슨의 해석에 따르면 토지가 없는, 혹은 그것을 가질 기대감도 없는 본토박이는 묵시적 동의자로 분류되고, 따라서 완전한 시민의 지위를 박탈당한다.[56]

..
54) Russell, "Locke on Express and Tacit Consent," p. 297 역시 이 점을 강조한다.
55) MacPherson, *Possessive Individualism*, pp. 249-250. 맥퍼슨의 이런 논의는 우리가 지금 다루고 있는 것처럼 원초계약자의 후손의 문제에 한정된 것이 아니라, 원초계약자와 후손 모두를 포함하여 개진하는 논의이다.
56) 같은 책, p. 250.

286

그러나 먹퍼슨의 말대로 만일 토지를 소유하는 것으로 이루어지는 묵시적 동의가 곧 확장된 의미의 명시적 동의로서 완전한 시민권을 부여하는 요건이라면, 그렇게 하여 완전한 시민이 된 사람과 토지를 소유하면서도 시민이 안 된 (혹은 못된?) 외국인 및 (외국인은 또 그렇다손 치더라도 적어도) 본토박이의 차이를 나게 한 요인은 무엇인가? 먹퍼슨 자신이 "실제로 그 사회에 가입하지 않은 본토박이"라고 말하였는데, 그렇다면 토지의 소유라는 사실과는 관계없이 가입하는 어떤 다른 명시적인 동의 행위 혹은 거부 행위가 있다는 것인가? 그렇다면 그것은 자가당착이 될 것이다. 그리고 먹퍼슨은 국가에 가입했다고 생각할 수 있는 사람에 단순히 토지 소유자뿐만 아니라 앞으로 "토지를 소유할 기대감을 가진 사람들"도 포함하였는데,[57] 그렇다면 어떤 사람이 현재 토지를 갖고 있지 않다고 해서 시민의 자격이 부정되어야 할 이유가 없다. 어떠한 재산도 획득할 가능성조차 없는 사람이란 도대체 어떤 부류의 사람인가? 이 구절에 논리적으로 충실하자면 아무도 시민의 지위에서 배제할 수 없는 것이다.[58]

지금까지 우리는 로크의 동의 개념에 대한 몇몇 주석가들의 잘못을 바로잡기 위해 노력하였는데, 그러나 그것으로 문제가 해결된 것은 전혀 아니다. 지금까지 한 일은 기껏해야 불필요한 오해를 제거한 것에 지나지 않는다. 이제 참으로 해결해야 할 문제와 맞닥뜨리게 되었으며, 우리

57) 왜냐하면 먹퍼슨이 자신의 주장을 입증하기 위한 논거로 인용한 120절에서 로크는 사람이 국가에 가입함으로써 현재의 재산뿐만 아니라 "앞으로 획득할 소유물들"도 그 국가에 결합한다고 진술하였는데, 그는 이 구절을 무시하지 않고 자신의 해석 속에 이렇게 반영한 것이다.

58) Seliger, *Liberal Politics*, p. 291은 먹퍼슨을 비판하면서, 120절의 이 구절을 로크가 무산자도 국가의 완전한 시민에 포함시킨 것으로 해석할 수 있는 보다 직접적인 증거로 파악하고 있다.

는 그 출발점에 서 있는 것이다. 문제는 이러하다. 로크는 자유로운 개인이 시민사회의 일원이 되는 유일한 길은 명시적 동의의 길뿐이라고 언명하였는데, 우리는 재산 상속을 명시적 동의라고 해석하는 것을 거부하면서 로크가 염두에 두었을 명시적 동의가 당시 관행으로 행해지던 충성 서약 같은 것이 아니겠는가 하고 추정하였다. 그런데 문제는 그러한 충성 서약이란 주로 공직자 사이에 혹은 어떤 특수한 경우에 행해지는 것이라는 점이다. 그렇다면 그런 서약을 하지 않은 대부분의 사람들의 지위는 어떤 것인가? 로크가 그런 서약을 행한 소수의 사람만이 정치사회에 가입한 완전한 시민이라고 생각하지 않았으리라는 것은 당연한 일이다. 그러면 다른 대다수의 사람들은 어떻게 되는가?

앞에서 비판적으로 살펴본 주석가들은 아마 생각건대, 궁극적으로는 이 질문에 대한 해결책으로서 결국 재산의 상속을 명시적 동의로 해석하게 되었을 것이다. 그러나 우리는 이미 그런 해결책을 거부한 입장에 있다. 그러한 이상 당시 영국에 살고 있던 대부분의 사람들을 시민의 범주에서 제외하지 않으려면, 취할 수 있는 대안은 단 하나밖에 없다. 그것은 모든 로크 연구자들이 추호의 의심도 없이 받아들이는 대전제, 즉 시민사회 가입의 유일한 길은 명시적 동의뿐이라는 로크 자신의 진술의 신빙성을 의심하는, 아니 부정하는 일이다. 연구 대상 인물이 직접 언명한 말을 부정한다는 것은 상당히 위험한 일이기는 하지만, 그러나 그럴 만한 이유가 어느 정도 있는 것이다. 이제 주석가들의 잘못을 따지는 일을 그치고, 혼란의 책임을 로크 자신에게 추궁할 계제에 이르렀다. 그러면 그의 논의 자체가 안고 있는 부적절함에 대해 검토해 보기로 하자.

로크의 동의 논의에서 발생하는 오해와 혼란은 그가 명시적 동의와 묵시적 동의를 서로 성격상 본질적인 차이가 있는 것으로 규정한 데서 오는 것이다. 양자는 단지 동의의 표명 방식의 차이 때문에 구별된 것인데,

거기에 본질적인 성격의 차이를 부여할 이유가 어디에 있는가? 로크는 그 근거를 전혀 제시하지 않았다. 앞에서 명시적 및 묵시적 서약이라는 용어의 실제 용례를 로크 자신이 인용한 제임스 1세의 연설문에서 보았거니와, 국왕에게 부과되는 의무의 성격이 그 서약의 방식에 따라 차이가 나는 것은 전혀 아니다.

사실 로크 자신도 119-122절의 논의에서, 그러니까 기존의 정치사회 안에서 태어난 사람이 그 사회의 구성원으로 가입하는 동의의 문제를 논의하는 과정에서 느닷없이 명시적 동의와 묵시적 동의를 별개의 기능을 가진 것인 양 구별한 것 이외에는 『제2론』의 어디에서도 그런 성격상의 구별을 한 적이 없다. 곳곳에서 그는 "명시적 혹은 묵시적 동의"라는 식으로 양자를 함께 묶어 표현함으로써, 그 두 형식의 동의 사이에는 아무런 본질적 차이가 없다는 투로 말하고 있다. 이를테면 정치권력을 설명하면서, 로크는 그것을 "그것이 그들의 복지와 재산의 보전을 위해 사용되어야 한다는 명시적이거나 묵시적인 신탁과 더불어 사회가 그 자신 위에 세운 통치자들에게 넘겨준 권력"으로 규정하고 있는 것이다.(sec. 171)

그런 표현의 또 다른 예를 74절에서도 찾아볼 수 있다. 그는 여기에서 가족이 국가로 발전하면서 가장이 군주로 변하는 과정을 설명하고 있는데, 그는 그것을 "자식들의 명시적 혹은 묵시적 동의"에 의한 것이라고 주장한다. 더구나 그는 원초계약이라고 할 최초의 국가 수립 과정, 따라서 의문의 여지없이 그 당사자들을 그 국가의 국민으로 만들어 줄 것이 분명한 그런 과정을 명시적 동의보다는 오히려 묵시적 동의의 과정으로 이해하고 있다. 왜냐하면 그는 가족의 가장이 "눈에 띄지 않는 변화"를 통해서 그 가족의 정치적 군주가 되었다고 하며(sec. 76), 자식들이 아버지의 권위와 통치에 길을 열어 주는 일은 "묵시적이고 또 거의 피할 수 없는 동의"의 절차를 거쳐 이행되었다고 말하기 때문이다.(sec. 75)

로크는 정통성 있는 정치사회에 살고 있는 사람은 공식적으로 동의를 거부하거나 이민의 길을 택하는 경우가 아니라면 모두 다 그 사회의 성원이 되는 것에 동의한 것으로 생각한 것처럼 보인다. 어떤 정부도 자유롭게 동의하지 않은 사람들로부터 복종을 요구할 권리가 없다는 것을 강조하면서, 그는 사람들이 정부와 지배자를 선택할 완전히 자유로운 상태에 놓여 있을 때, 혹은 적어도 그들이 직접적으로나 대표를 통해 동의를 해 준 확립된 법률이 있을 때, 그리고 어느 누구도 자신의 동의 없이 빼앗아 갈 수 없는 재산을 소유할 수 있게 허용될 때, 그들은 자유로운 동의를 한 것으로 상정할 수 있다고 말하기 때문이다. 반면에 정복자의 지배를 받는 피정복민의 후손의 경우는 이러한 조건들이 충족되지 않기 때문에, 적극적으로 저항하지 않고 묵종했다고 해서 자유로운 동의를 했다고 볼 수는 없다고 로크는 생각한다. 그 구체적 예로 그는 터키의 지배 아래 있는 그리스인 기독교도를 들고 있는데, 이들은 언제든 그럴 힘만 있다면 정당하게 터키 지배의 굴레를 벗어 던질 권리를 갖고 있다는 것이다. 정복자의 지배에 대한 피정복민의 동의에 대해 논하면서, 그는 명시적이냐 혹은 묵시적이냐 하는 동의의 형식은 전혀 고려하지 않는다.(sec. 192)[59]

로크 계약사상의 전체적인 맥락에서 볼 때, 명시적 동의와 묵시적 동의를 그 기능이나 성격이 서로 구별되는 것으로 파악해야 할 아무런 근거도 없다. 따라서 묵시적 동의는 그 동의자에게 시민권과 완전한 성원의 자격을 부여해주지 못하며, 그것은 오직 명시적 동의로써만 가능하다는 로크 자신의 언급은 그의 사상의 전반적 기조와 직접적으로 상충하는 것이다. 논리적으로 따져 보더라도 그것이 부적절한 논의라는 것은 너무

59) 또한 이 192절의 논의는 어떤 사람이 한 정부의 영토 안에 있다는 사실만으로도 그 나라의 법에 복종할 것을 묵시적으로 동의한 것이라는 119절의 언급과도 상충한다고 할 것이다.

나 분명하다. 동의에서 중요한 것은 무엇에 동의했는가 하는 동의의 내용이지, 그것을 어떤 방식으로 표명했는가 하는 동의의 형식이 아니다. 불행하게도 로크는 그 내용과 형식을 일치시켜 버렸지만, 그것은 너무나 빈약한 논리가 아닐 수 없다. 로크는 외국의 방문자가 어느 나라에 체류하고 공로를 여행하는 것 그 자체를 그 나라의 국법에 따르기로 한 묵시적 동의라고 말하지만, 경우에 따라 외국 여행자들은 체류 기간 동안 그 나라 국법을 준수할 것에 동의한다는 내용의 서류에 서명할 것을 요구받을 수도 있다. 이 경우에 이 서명 행위는 분명 명시적 동의이지만, 이것으로 그가 그 나라의 국민이 되는 것은 아니다. 잠시 머무는 외국인으로서의 동의이든 그 나라 국민으로서의 동의이든, 어느 경우에나 다 같이 명시적일 수도 있고 묵시적일 수도 있다.

이러한 면에서 월드먼(Waldman)의 지적은 정당하다 할 것이다. 그는 로크가 동의의 방식의 차이가 아니라 그 내용에 대해 주목하고, 명시적–묵시적 동의를 언급하는 대신에 이를테면 성원–비성원의 동의 같은 용어를 고안하여 사용할 수 있었다면, 그의 이론이 훨씬 덜 모호할 수 있었으리라고 말한다.[60] 애시크래프트는 『정부론』의 경우 다른 어떠한 논의보다 동의 및 정치사회 수립에 관한 논의에서 로크는 더 많은 문제들을 답변하지 않은 채 남겨 두었으며, 따라서 그에 관해 연구자들 사이에 폭넓은 견해 차이가 존재한다고 토로한다.[61] 그러나 이와 관련한 로크의 진술이 어느 정도 일관성을 결여하고 혼란과 오해를 야기하는 것은 사실이지만, 혼란의 일정 부분은 그의 동의 논의의 의도를 주목하지 않은 탓이기도 하다.

∴

60) Waldman, "Locke's Concept of Consent," p. 49.
61) Ashcraft, *Locke's Two Treatises*, p. 151.

로크의 동의 논의의 진정한 의도는 필머와는 다른 정부의 기원을 구하는 데, 즉 부권이 아니라 구성원의 동의에서 구하는 데 있다. 지배자의 권력의 기원을 가부장권에서 찾고, 그리하여 그것을 절대권력으로 주장하는 필머를 로크는 비판하였다. 그러면서 그는 국가 권력의 정당성을 구성원의 동의에서 구함으로써 국가의 목적을 그 구성원의 재산—생명·자유·자산—의 보호에 한정할 수 있었고, 정부가 신탁을 위배했을 때 저항할 권리를 구성원에게 부여할 근거를 확립할 수 있었다. 로크의 동의 이론이 지닌 의의는 시민사회 구성원의 자격을 규정하거나 제한하려는 데 있는 것이 아니다. 동의의 형식에 관한 논의는 그것의 실재성에 대해 제기될 반론에 대해 답하는 과정에서 부적절하게 개진된 것이다. 만일 동의의 실재성에 대해 변호할 필요가 없었다면, 아마도 로크는 동의의 형식과 관련한 논의를 도입할 필요가 없었을 것이다.

　　로크는 동의의 형식에 관한 논의를 통해 시민사회에서 어느 일부 혹은 특정 집단을 배제하려는 의도가 전혀 없었다. 많은 학자들이 동의 형식의 문제에 골몰한 것은 로크가 시민사회의 구성원 자격의 문제에 대해 어떤 태도를 취했는지 규명하고자 한 데서 나온 결과인데, 로크는 결코 그런 문제를 다루지 않았다. 로크가 시민사회의 일원이 되는 유일한 길은 명시적 동의뿐이라고 말한 것은 단지 사람이 국가의 지배 아래 들어가게 되는 유일한 길은 그 자신의 동의밖에 없음을 강조하기 위해, 그리고 국가 권력이 구성원에게 복종을 요구할 정당한 근거는 유일하게 피치자의 동의밖에 없음을 강조하기 위해서이다.

제7장

동의와 정치적 의무

1. 개인적 동의와 정치적 의무

동의 이론은 근대 정치 이론에서 시민의 정치적 의무에 대해 다른 어떤 전통보다 더 호소력 있는 설명을 제공해 왔다. 적어도 국가 안에서 태어난 사람의 자연적 자유를 로크가 열정적으로 변호한 이래, 개인의 동의라는 교의는 우리의 정치적 의무와 속박이라는 주제에 관한 일상적 및 철학적 사고를 상당하게 지배해 왔다. 이 교의의 핵심은 어느 누구도 자신이 동의한 것이 아닌 한 어떠한 정치권력도 복종하고 따를 의무가 없다는 주장이다. 그리고 이 교의와 짝을 이루는 명제는 피치자의 동의 없이 통치하는 정부는 그 어떠한 정부이든 합법적이지(legitimate) 않다는 것이다. 로크가 『정부론』에서 고전적인 동의 교의를 개진한 이후 그것은 많은 근대 자유주의 국가의 정치사상 및 제도에 큰 영향을 끼쳤다. 그렇지만 정치적 의무 문제에 대한 동의 이론의 접근법에는 많은 난점이 내재해 있다.[1]

로크는 일반적으로 고전적인 동의 이론가로 평가되지만, 무엇이 동의를 구성하고 동의가 함의하는 것이 구체적으로 무엇인지에 대한 그의 설명은 만족스럽지 못하다. 그는 때로는 개인의 직접적인 동의의 필요성을 주장하는가 하면, 때로는 공동체나 다수의 의사 결정권을 강조하기도 하고, 그리고 때로는 동의의 취지를 무의미하게 만들어버릴 정도로 그 개념을 확장하기도 한다. 그래서 로크의 전반적인 정치적 입장에 호의적인 연구자들조차 그가 이 주제에 대해 대단히 모호할 뿐 아니라 상충하는 논의를 전개한다고 불평한다. 그의 동의 교의의 모호함 때문에 자유주의의 비판자들은 그를 공공의 이익을 희생시키는 대가로 개인의 자유와 권리를 옹호하는 개인주의자라고 비판하는가 하면, 그와는 정반대로 개인 권리의 옹호자들은 그를 집단과 전체를 강조하는 가운데 개인과 소수를 희생시키는 집단주의자라고 비난하기도 한다.

로크는 정치권력의 정당성과 그에 대한 국민의 복종의 의무를 동의 개념의 기초 위에 놓으려고 했다. 로크의 인간은 자연상태에서는 모두 자유롭고 평등하며, 다른 사람을 지배할 수 있는 자연적 권력을 가지고 있는 사람은 아무도 없다. "모든 권력과 재판권은 상호적이어서 어느 누구도 다른 사람보다 더 많이 가지고 있지 않다."(sec. 4) 그는 이처럼 "인간은 원래 모두 자유롭고 평등하며 독립적이기 때문에, 어느 누구도 자기 자신의 동의 없이는 이러한 상태에서 벗어나 다른 사람의 정치권력에 예속될 수 없다"는 점을 강조한다.(sec. 95) 피치자가 자신의 자유를 구속하는 정치권력에 복종할 의무를 지게 되는 것은 오직 그 자신의 자발적 동의를 통해서뿐이라는 것이다.

••
1) 이 문단은 A. John Simmons, "Tacit Consent and Political Obligation," *Philosophy and Public Affairs*, vol. 5, no. 3 (1976), p. 274에 따른 것이다.

로크는 동의를 말할 때 으레 위의 인용 구절에서처럼 '자기 자신의 동의(his own consent)', 혹은 '개개인 각자의 동의(the consent of every individual)'(sec. 96)와 같은 표현을 쓴다. 그리고 때에 따라 다수의 경우를 말할 때는, "모든 인간은 원래 자연상태에 있으며, 그들이 그들 자신의 동의들(their own consents)로 어떤 정치사회의 구성원이 될 때까지는 그러한 상태로 남아 있다"(sec. 15)라는 진술처럼 복수형의 표현을 쓴다. 이러한 표현에서 얼핏 느끼게 되는 것은 로크가 말하는 동의는 단순히 집단적 동의가 아니라 각 개인의 개별적이고 직접적인(personal) 동의라는 것이다. 이를테면 로크는 누구든 자기 자신이 직접 동의한 것이 아니고는 지켜야 할 의무가 없으며, 모든 권력은 피치자 각자의 개별적이고 직접적인 동의에서 나온다고 말하는 것처럼 보인다.

이처럼 정치권력에 대한 복종의 의무를 피치자의 동의와 결부하려는 동의 이론은 왕권은 신이 부여한 신성한 권력이라고 믿은 필머(Robert Filmer)와 같은 인물로부터 강력한 비판을 받고 있었다. 로크를 겨냥한 것은 아니지만, 필머는 『정부론』이 출간되기 반세기쯤 전에 정치권력의 근거를 구성원의 동의에서 구하려는 모든 이론을 비판했다. 그는 동의 이론은 지배자나 정부 권력에 대한 개인의 복종의 의무를 적절하게 설명할 수 없다고 주장했다. 그의 견해로는, 동의에 근거를 둔 개인 권리의 교의는 먼저 공동체 구성원 전체의 만장일치의 동의를 전제로 요구한다. 만장일치의 동의를 부인하는 것은 곧 모든 구성원 각자의 동의의 권리를 침해하는 것이 되기 때문이다. 그리고 구성원의 동의가 진정 의미 있는 것이 되자면, 그 동의는 어느 때든 각자의 판단에 따라 철회할 수 있다는 점 역시 전제로 요구된다. 그런데 이 두 가지 전제를 인정하게 되면 결국 국민의 정치적 의무와 국가의 정치적 안정은 사실상 유지될 수 없다는 것이다. 어떤 개인이나 집단이 언제든 사회나 정부와 관계를 끊을 권리를 가진다고 주장할 수 있을 때, 그 결과는 사회의 해체나 무정부적 혼란일 수밖에 없을 것이기 때문이다. 필머가 보기에 동의 이론은 정치 공동체의 권리를 희생시키는 대가로 개인의 권리를 지나치게 강조하는 것이었다.[2]

동의 이론은 로크의 『정부론』이 출간된 지 반세기 쯤 지난 무렵에, 이번에는 데이비드 흄(David Hume)으로부터 신랄한 비판을 받았다. 흄은 로크가 합법적 정치 권위와 시민의 정치적 의무의 기초를 개인의 동의에 두었다고 보고, 로크가 동의와 정부 사이의 연관성을 수립하는 데는 실패했다고 생각했다. 그러면서 그는 로크뿐 아니라 그와 같은 동의 사상을 가진 철학자 전체를 싸잡아 비판하였다. 그는 대다수의 국민에게 그들의 지배자의 권위에 동의한 적이 있는지, 혹은 지배자들에게 복종할 것을 약속한 적이 있는지 물어본다면 그들은 이를 매우 이상하게 여길 것이라고 하면서 동의 이론 자체를 반대하였다.[3] 그는 로크의 정치철학을 명시적이거나 묵시적인 동의라는, 불필요하고 실증되지도 않은 행동에 토대를 둔 개인주의적 정치의무론이라고 비난했는데, 이와 같은 흄의 해석은 근대적 로크 읽기를 지배해 왔다.[4] 이를테면 로크는 동의 논의와 관련하여 오랫동안 불가양의 개인 권리를 옹호한 개인주의 철학자로 이해되어 왔던 것이다.

그런 가운데 아마도 로크를 극단적인 개인주의자로 해석한 가장 대표적인 인물로는 본(C. E. Vaughan)을 들 수 있을 것이다. 그는 "로크는 단

··

2) 필머의 견해는 R. W. Grant, *John Locke's Liberalism* (Chicago, 1987), p. 4에 따른 것이다.

3) 흄의 견해는 John Zvesper, "The Utility of Consent in John Locke's Political Philosophy," *Political Studies*, vol. 32, no. 1 (March, 1984), pp. 55-56에 따른 것이다. 동의 이론에 대한 흄의 좀 더 자세한 비판에 대해서는 A. John Simmons, *On the Edge of Anarchy: Locke, Consent, and the Limits of Society* (Princeton University Press, 1993), pp. 197-202를 참조하라.

4) G. Parry, *John Locke* (London, 1978), p. 150.

순히 반전제적일 뿐 아니라, 또한 두드러지게 개인주의적이다. 근본적으로 그는 과두정이나 폭군의 주권에 대해 반대하는 것과 마찬가지로 '국민(people)의 주권'에 대해서도 반대한다"고 주장한다. 그가 보기에 로크의 사상이 동시대인들에게 가장 깊은 인상을 준 것은 반전제적인 측면이었지만, 시간이 지나면서 더욱 중요한 것으로 드러난 것은 바로 개인주의적 측면이었다.[5] 본은 순수하게 무정부적인 것을 별문제로 한다면, 개인주의 교의가 취한 모든 형식 중에서 로크의 것이 가장 일관성이 있고 약점이 적다고 평가했다.[6]

본은 로크가 제시하는 개인에 대해 "로크의 체계에서는 모든 것이 개인의 주위를 맴돈다. 즉 모든 것은 개인의 주권을 확보하기 위해 배열된다. 이미 도덕관념은 충분히 훈련되고 도덕률은 완전하게 규정된 채 시민사회에 들어감으로써, 개인은 그러한 측면에서는 국가에 아무것도 은혜 입은 게 없다"고 이해한다. 그래서 어쨌든 도덕 문제에서는 로크의 이러한 "개인은 자신의 의지를 국가에 명령할 자격이 있고, 각자의 마음에 쓰여 있으며 그만이 '해석'할 권리를 가진, 그런 신이 제정한 법전에 합치하지 않는 법이나 집행부의 행위는 어느 것이라도 그에 대한 동의를 거부할 ……그리고 복종 역시 거부할 자격이 있다"고 본은 주장한다.[7]

반면에 본에게 로크의 국가는 그 자체의 독자적이고 고유한 생명을 가진 공동체와는 거리가 멀고, 개인들의 집합, 말하자면 "어떤 특수하고 제한된 목적을 위해 함께 행동하기로 합의한, 그렇지만 그 어떤 것이든 다른 모든 문제에서는 처음의 자유를 그대로 보유한" 그런 개인들의 단순

5) C. E. Vaughan, *Studies in the History of Political Philosophy before and after Rousseau* (Manchester University Press, 1925), vol. 1, p. 134.
6) 같은 책, p. 164.
7) 같은 책, pp. 171-172.

한 집합에 불과하다. 그래서 그는 로크의 국가란 기껏해야 유한책임회사에 지나지 않으며, 실질적인 주권은 개인에게 있다고 주장한다. 로크는 일단 한번 맺으면 철회할 수 없는 '원초계약'의 구속력이라는 포괄적인 제약을 이 개인 주권에 부과하는 듯 보이기도 하지만, 이는 단지 환영에 불과할 뿐이라는 것이다. 왜냐하면 이 제약은 로크가 자신의 전체 이론의 초석이라고 누누이 강조해 마지않는 불가양의 자유인 개인의 '동의'와 전적으로 배치되기 때문이다. 이 제약이 제거되면 개인은 언제든지 국가를 떠날 수 있고, 그렇게 되면 국가는 작은 단위로 쪼개지는 것을 막을 길이 없다. 국가에는 결국 어떤 유기적 통일성은 말할 것도 없고, 아무런 진정한 결속력도 없는 것이다. 결국 로크의 국가에서 유일한 주권적 힘은 개인의 의지라고 본은 강조한다.[8]

그리하여 본에게 "『제2론』의 진정한 주권자는 개인"이고, 로크는 '개인주의자들의 왕자'가 되었다.[9] 그래서 범죄를 처벌하는 일을 예외로 한다면, 개인과 관련하여 국가에게 지워진 단 하나의 의무는 개인을 홀로 내버려 두는 일이다. 바꾸어 말하자면, "국가에 남아 있는 하나의 확실한 기능은 그 구성원의 생명과 재산을 보호하는 순전히 소극적인 기능, 즉 그들이 서로 다른 사람의 지갑을 가로채거나 목숨을 노려 달려들거나 하지 못하도록 막는 기능"밖에 없다. 본은 로크의 이러한 개인주의적 논의

••

8) 같은 책, pp. 193-194. 래스키(Laski) 교수 역시 로크의 국가를 유한책임회사와 비슷한 것으로 생각했다. 그는 "로크가 비주권적 국가(non-sovereign state)를 구성한 것은 우연의 소치가 아니다"고 하면서, "그의 국가는 유한책임회사, 즉 이사들에게 스튜어트 왕조(the Stuarts)가 그의 시대에 이르기까지 저질러 온 모든 잘못된 관행을 금하는 정관을 가진 그런 유한책임회사를 설립하는 일군의 사업가들 사이에 맺어진 계약만큼도 못한 것이다"라고 주장하였다. H. J. Laski, *The Rise of Liberalism* (New York, 1936), p. 127. Willmoore Kendall, *John Locke and the Doctrine of Majority-Rule* (Urbana, 1965), pp. 95-96에서 재인용.

9) Vaughan, *History of Political Philosophy*, pp. 185, 156.

가 가져오는 결과는 "강자에 대한 약자의, 부자에 대한 빈자의 실질적인 노예화"라고 비난한다.[10]

로크에 대한 본의 평가는 냉혹하다. 그에 의하면 정치 이론이 치러야 할 시험에는 두 가지가 있다. 첫째는 내적 일관성이고, 둘째로 좀 더 중요한 것은 그것의 실천적 결과의 전반적 경향, 이를테면 좋든 나쁘든 간에 그것을 채택한 공동체나 집단에 미치게 될 영향이다. 본은 로크의 이론이 치른 두 시험의 결과는 모두 치명적이라고 결론을 내린다. 첫째 것은 한 마디로 상호 모순되고 상충한다는 것인데, 더욱이 둘째의 그 실천적 결과는 재난에 가깝다는 것이다. 그는 로크의 이론이 국가를 내적 응집력도 지속성의 보장도 없는 개인들의 집합으로 격하하였으며, 국가에서 모든 주권을 박탈하고, 그와 함께 그 구성원에게 도덕적 및 지적 복지를 제공할 권력뿐 아니라 심지어 외적으로부터 자신을 지킬 권력마저 박탈한다고 주장한다. 그러므로 로크와 개인주의자들의 이론은 단호하게 거부해야 한다고 본은 단언한다.[11]

그렇지만 로크는 자신의 입장이 이와 같은 극단적 개인주의와는 전혀 관계없다는 점을 강조하기 위해 애썼다. 필머가 제기한 것과 같은 비판을 염두에 두고 로크는 동의의 효력에 대해 말하면서, 자연상태의 인간이 일단 동의를 통해 시민사회의 일원이 되면 이는 되돌릴 수 없으며, 그 사회가 그를 추방하거나 사회 자체가 해체되지 않는 한 그는 그 사회를 떠날 수 없고, 항구적으로 그 사회의 일원으로 남아 있게 된다는 점을 강조한다.(sec. 121) 뿐만 아니라 공동체의 일원이 되기로 한 동의는 그 개인에게 공동체의 의지에 따라 살 의무를 부과한다고 로크는 주장한다. 만일

---

10) 같은 책, pp. 164, 194.
11) 같은 책, p. 200.

그렇지 않고 각자가 이전과 마찬가지로 자유롭고 자신이 직접 동의한 것에만 의무를 진다면, 원초계약은 아무런 의미도 없게 될 것 아니냐는 것이다. 그는 "만일 그가 스스로 적절하다고 생각하고 실제로 동의한 것 이외에는 그 사회의 어떠한 법령에도 구속되지 않는다면, 무슨 새로운 계약이 있겠는가? 이는 여전히 그 자신이 그의 계약 이전에 가졌던, 혹은 자연상태에서 어느 누구나 가지고 있는 것과 꼭 같은 만큼의 자유가 될 것이다"하고 분명하게 말하고 있는 것이다.(sec. 97)

동의의 교의는 극단적인 형태에서는, 사람은 자신이 현재 동의한 것에만 구속된다는 것이 될 터인데, 이는 완전히 무정부주의적 원칙이 될 것이다. 일반적으로 동의는 현재의 동의만 의미하는 것이 아니라, 과거에 행했던 것도 포함하기 마련이다. 로크는 약속을 지키는 것을 자연법에 입각한 의무라고 생각했고(sec. 14), 동의는 한번 행하면 돌이킬 수 없는 것임을 분명히 했다. 그는 어떤 경우에도, 저항권을 변호하는 경우에조차 무정부상태를 옹호하지 않았으며, 결코 극단적인 개인주의를 고수하지 않았다. 앞에서 언급한 것과 같은 '동의는 각 개인이 직접 행한 것이어야 한다'는 투의 표현들은 사실 모두 자연상태의 인간이 정치사회를 수립하고 그 일원이 되는, 혹은 정치사회에서 태어난 사람이 처음 그 사회에 가입하는 일과 관련한 진술들이다.[12] 한 개인이 특정 정치사회의 구성원이 되는 데 필요한 동의는 그 당사자 자신의 것이어야 하며, 이는 어느 누구도 대신할 수 없다는 것은 너무나 당연한 일일 것이다.

그렇지 않은 많은 경우에 로크의 '동의' 용어는 때로 너무나 느슨하고

---

12) 이를테면 96절은 "일정한 수의 사람들이 개개인 각자의 동의를 통해 공동체를 수립했을 때 ……," 그리고 15절은 "그들이 그들 자신의 동의들로 어떤 정치사회의 구성원이 될 때까지는 ……"이라고 진술하고 있다.

막연하게 쓰여서 개인의 직접적인 동의를 의미하는 것으로 볼 수 없는 구절도 아주 많다. 예를 들어 "세계의 정부들이 …… 국민의 동의로 만들어졌다"(sec. 104)와 같은 언급처럼, 자주 쓰이는 표현으로 '국민의 동의(the consent of the people)'를 들 수 있다.[13] 또한 22절의 "사회에서의 인간의 자유는 '동의에 의해' 수립된 입법권 이외에는 어떠한 권력 아래에도 있지 않은 것"이라는 구절처럼 동의의 주체를 특정하지 않은 단순한 언급도 많다.[14]

뿐만 아니라 로크는 많은 구절에서 개인의 직접적 동의와 막연한 표현의 국민이나 다수자 혹은 대표자의 동의를 혼용해 사용함으로써, 이런 표현들 사이에 아무런 의미상의 차이가 없는 것으로 인식하고 있다는 느낌을 주기도 한다. 134절에서 그는 '사회의 동의'와 '그들 자신의 동의'를 똑같은 의미를 지니는 것처럼 쓰고 있고, 88절에서는 국가가 범죄를 처벌하는 재판권에 대해 말하면서 "국가의 재판은 그 자신에 의해 이루어지든 혹은 그의 대표에 의해 이루어지든 진정 그 자신의 재판"이라고 하면서, 한 개인의 판단과 그 대표의 판단과 국가의 판단을 동일시하고 있다. 좀 더 결정적인 표현은 140절의 과세와 관련한 언급에서 볼 수 있다. 여기에서 그는 정부의 보호를 받는 사람이 정부의 유지를 위해 필요한 세금을 내는 것은 당연하지만, "그러나 그것은 여전히 그 자신의 동의 즉 다수의 동의—다수가 동의를 그들 자신이 하든지 아니면 그들이 선택한 대표들이 하든지 간에—가 있어야 한다"고 주장하였다. 그리고 142절에서는 입법부는 "국민이 스스로 하든지 아니면 그들의 대표들이 하든지 간에 국민의 동의 없이는" 세금을 부과해서는 안 된다고 쓰고 있다.[15]

∵∴

13) 104, 112, 142, 168, 175, 198, 212, 216, 227절 등이 그런 것이다.
14) 그 외에 38, 50, 81, 102, 105절 등이 있다.

이런 많은 구절들에서 알 수 있는 것은, 로크에게는 정치사회를 수립하거나 기존의 정치사회에 가입하는 경우를 제외하면 '개인의 동의,' '국민 전체의 동의,' '국민 다수의 동의,' '국민 대표의 동의,' '대표의 다수의 동의' 등이 모두 매한가지인 것처럼 보인다는 것이다. 그렇게 됨으로써 처음에 로크가 강조하는 것처럼 보인 개인 각자의 직접적인 동의라는 표현이 지니는 의미는 크게 희석되어 버린다. 이런 측면에서 보면 로크가 국가 권력에 대한 개인의 복종의 의무를 엄격히 개인 각자의 직접적 동의에 기초를 두고, 그럼으로써 개인을 '진정한 주권자'로 여겼다고 보는 극단적으로 개인주의적인 해석은 한 면만을 지나치게 강조함으로써 빚어진 오해라고 할 것이다.

2. 다수 지배와 개인의 권리

사실 로크는 정치사회의 구성원이 정부에 대해 지는 복종의 의무를 무엇보다 강조한다. 그에 따르면 사람이 일단 정치사회의 일원이 된다는 것은 그가 자신의 뜻이 아니라 그 공동체의 의지에 따르겠다는 것을 의미한다는 것이다. 그리고 이는 또한 그 공동체의 다수의 의지에 따르는 것을 의미하는 것이다. 왜냐하면 사람들이 개별적인 동의를 통해 공동체를 만들었을 때, "그들은 그렇게 함으로써 그 공동체를 한 몸(one body)으로 행동할 권력을 지닌 한 몸으로 만들었는데, 이 몸은 오로지 다수의 의지와 결정에 따라 행동할 뿐이기 때문이다."(sec. 96) 이렇게 사람들이

:.
15) J. W, Gough, *John Locke's Political Philosophy* (Oxford University Press, 1956), pp. 68-69 참조.

공동체를 수립하는 데 동의함으로써 그들은 하나의 정치적 몸, 즉 '정치체(body politic)'가 되고, 이 정치체에서는 "다수가 나머지를 대신하여 행동하고 결정할 권리를 갖는다"고 로크는 주장했다.(sec. 95)

다수 지배(majority rule)에 대한 로크의 정당화 논리는 아주 실제적이고 기계적이다. 공동체는 공동체로서 존속하고 기능하기 위해서는 하나의 몸처럼 한 방향으로 움직여야 하는데, 그러기 위해서는 더 큰 힘이 이끄는 쪽, 그러니까 다수가 동의하는 쪽으로 움직일 수밖에 없다는 것이다.(sec. 96)[16] 만일 다수의 동의가 전체의 뜻으로 받아들여지지 않는다면, 이는 곧 모든 구성원의 일치된 동의만이 전체를 움직일 수 있다는 말이 될 것이다. 그런데 모든 구성원이 빠짐없이 의사 결정 과정에 참여하는 것이 현실적으로 불가능할 뿐 아니라, "모든 인간 집단에서 불가피하게 일어나기 마련인 의견의 다양함과 이해관계의 상충"을 감안한다면 이는 기본적으로 불가능한 일이다. 로크는 "다수가 나머지의 의사를 결정하지 못하는 곳에서는 사회는 한 몸으로 행동할 수 없으며, 따라서 즉시 다시 해체되어 버릴 것이다"는 점을 강조한다. 그가 보기에 만장일치가 요구된다면, 이는 곧 "오로지 해체하기 위해서 사회를 원하고 수립하는" 것이나 매한가지로, 이성적인 피조물이 하리라고는 생각할 수 없는 일이었다.(sec. 98)[17]

∙∙

16) 로크는 이와 비슷한 논리를 부부 관계에도 적용하고 있다. 남편과 아내는 비록 공동의 이해관계를 가지고 있지만 사리를 분별하는 능력이 서로 다르기에 때때로 서로 다른 의지를 가질 수 있으며, 그럴 때 최종적인 의사결정권 혹은 지배권이 누군가에게 있어야 하는데, "그것은 당연히 보다 유능하고 힘센 자로서 남자의 몫으로 떨어진다"는 것이다.(sec. 82) 그런데 지금의 논의와는 관련이 없는 것이지만, 이런 언급에서 엿볼 수 있는 여성의 지위에 대한 로크의 관념은 그 시대의 통념과 같다는 것이다. 그러나 이는 그가 53절에서 필머가 군주정 옹호론을 부권에 의거하려 했을 때, 그것이 자녀에 대한 어머니의 똑같은 권리를 무시하거나 간과하고 있다면서 필머를 격렬하게 비난하는 등, 여러 차례(52, 55, 58, 61, 69, 71, 72, 170절 등등에서) 남편과 아내의 공동 권위를 언급할 때의 태도와는 다소 거리가 있어 보인다.

로크는 "그렇기 때문에 누구든 자연상태에서 벗어나 하나의 공동체로 결합해 들어가는 사람은 그들이 사회로 결합해 들어간 그 목적에 필요한 모든 권력을 그 공동체의 다수에게 넘겨준 것으로 이해되어야 한다"고 하면서, 이처럼 공동체의 다수에 모든 권력을 넘기는 일은 "단지 하나의 정치사회로 결합해 들어가기로 합의하는 것만으로 이루어지며, 이것이 계약의 전부이다"라고 주장한다.(sec. 99) 그러면서 그는 다수의 행동이 곧 전체의 행동이며 다수가 전체의 권력을 갖는 것은 자연과 이성의 법에 의한 것이라고 말한다.(sec. 96)[18]

본 역시 로크의 이러한 진술을 모를 리가 없다. 그는 바로 앞에서 인용한 99절의 구절에 주목하면서, 이는 명백하게 공동체의 다수자에게 써

17) 그러나 고프(Gough)가 지적하듯이 로크는 이런 기계적 설명 이외에는, 왜 자연법이 다수자에게 그런 권리를 부여했는지에 대해 아무런 설명도 제시하지 않는다. 고프는 다수의 결정이 모든 사람을 구속한다는 것은 아주 인위적인 것이며, 물론 편리하기는 하지만 결코 자연적이거나 불가피한 것은 아니라고 비판한다. 무엇보다 다수결 원리의 도입으로, 로크는 처음에 그의 정치 이론이 입각하고 있는 것처럼 보였던 엄격한 개인 동의의 원리에서 멀리 물러서게 되었다. 고프는 로크가 그렇게 했던 주된 이유는 다수결이 영국의 의회 관행에서 아주 오랫동안 공고하게 확립되어서 그것이 아주 자연스럽게 보이고 또한 당연한 것으로 받아들여질 수 있었던 탓이라고 생각한다. 로크는 정치 이론을 진술할 때 흔히 그것이 마치 일반원리에서 끌어낸 순수하게 논리적인 추론인 것처럼 일반적인 철학적 용어로 진술하지만, 자세하게 뜯어보면 거기에서 17세기 영국 헌정의 역사적 특성을 읽어낼 수 있다는 것이다. Gough, *Locke's Political Philosophy*, pp. 61-63, 70.

18) 다수 지배의 원리에 대해 Hanna Pitkin, "Obligation and Consent-I," *American Political Science Review*, vol. 59, no. 4 (1965), p. 994는 "다수는 틀릴 수 없는 것인가? 인류의 역사에서 헌신적인 소수가 혁명을 선동하기 시작하거나 혹은 심지어 혁명을 지도하거나 일으키는 일이 옳았던 경우는 없는가?" 하고 이의를 제기한다. 이에 대해 Jacqueline Stevens, "The Reasonableness of John Locke's Majority: Property Rights, Consent, and Resistance in the *Second Treatise*," *Political Theory*, vol. 24, no. 3 (August, 1996), p. 451은 "분명히 다수는 틀릴 수 있다 …… 그렇지만 인류의 이성의 능력, 따라서 틀린 것과 구별하여 옳은 것을 이해할 능력에 대한 로크의 신뢰를 전제한다면, 다수는 옳은 판단에 이르는 가장 적절한 로크적 단위(Lockean unit)이다"고 하면서 로크의 다수 지배 논리를 변호한다.

준 백지수표에 해당하는 것이라고 말한다. 이 구절은 그가 제시한 극단적인 개인주의적 해석과는 정면으로 상충한다는 것을 알면서도, 그는 그것을 대수롭지 않은 것으로 치부해 버린다. 다만 그는 로크가 이러한 논의 장치 덕분에 다른 계약사상가들이 말려들어간 곤경, 이를테면 주권자에 대한 개인의 무조건적 복속을 주장한 홉스(T. Hobbes)나 공동체에 개인의 모든 권리와 재산의 절대적 양도를 주장한 루소(J. J. Rousseau)가 처한 곤경에서 벗어날 수 있었다고 생각할 뿐, 그것이 로크의 개인주의를 크게 훼손하는 것으로 파악하지는 않는다.[19]

이러한 본의 대척 지점에 켄덜(Willmoore Kendall)이 서 있다. 개인주의적 요소를 기본적인 것으로 취급하고, 이와 상충하는 진술은 무시해 버리거나 로크의 진정한 견해를 대변하는 것은 아니라고 보는 경향을 켄덜은 완전히 뒤집어 놓았다. 로크의 진정한 입장과 일치하지 않는 것은 오히려 개인주의적 구절들이라면서, 그는 그 반대 측면을 강조한다. 그는 로크가 개인의 절대적 권리를 내세우기는커녕, 오히려 공동체에 대한 개인의 전적인 복종을 요구한다고 말한다. 그는 심지어 '형이상학적 국가 이론'의 진정한 창시자는 루소가 아니라 로크라고 주장하기까지 한다. 물론 이런 견해는 새로운 것이 아니다. 일찍이 그린(T. H. Green)은 루소의 본질적 사상은 로크의 『정부론』에서 찾아볼 수 있다고 언급한 바 있다. 또한 많은 비평가들이 로크의 이론에서 통상적인 개인주의적 해석과 맞지 않는 측면들을 지적해 왔다.[20]

개인의 권리와 다수파의 의사결정권이라는 상충하는 두 요소가 다 로크의 이론 체계 안에 존재하고 있다는 사실을 주목하면서, 켄덜은 로크

19) Vaughan, *History of Political Philosophy*, p. 166.
20) Gough, *Locke's Political Philosophy*, pp. 24-25.

의 이론에 대한 기존의 많은 설명들이 그 두 요소 가운데 어느 것이 더 우선적인 것인가에 대해 별다른 시사점을 던져주지 않는다고 불만을 토로한다. 그러면서 그는 로크가 개인의 권리를 정의할 힘을 공동체의 다수파에게 신탁하려 했다는 점을 분명히 하려 한다.[21] 그는 로크가 결코 다수파에 대립한 개인의 권리를 옹호한 철학자로 간주될 수는 없으며, 정치 이론의 기본적 문제에 대한 로크의 방안은 '다수지배 민주주의자(majority-rule democrats)'의 해결책이라고 주장한다.[22]

켄덜은 개인보다 집단과 전체를, 그리고 개인의 권리보다 의무를 더 중시하는 것으로 로크를 해석했다. 『제2론』 95절 가운데 "일정한 수의 사람들이 하나의 공동체나 정부를 만들기로 동의했을 때, …… 다수가 나머지 대신 행동하고 결정할 권리를 갖는다"라는 부분을 인용하면서, 그는 이것이 그가 말하는 '다수-원리'와 관련한 로크의 교의가 가장 분명하게 드러난 진술이며, 또한 로크의 계약에 대한 자신의 해석에 딱 들어맞는 문구라고 말한다. 그는 로크가 말하는 계약은 무제한의 권력을 전체 공동체에 넘길 뿐 아니라, 더 나아가 수적 다수에게 그 권력과 더불어 소수를 구속하는 결정을 내릴 '권리'를 넘긴다고 주장한다. 그러므로 다수-원리는 한마디로 계약으로 수립된 공동체 생활의 논리에 내재해 있다는 것이다.[23]

켄덜에 의하면 공동체 안에서 개인은 공동체에 복종할 절대적인 의무

••

21) Kendall, *Doctrine of Majority-Rule*, p. 54.
22) 같은 책, p. 67. 그렇다고 켄덜이 로크를 현대적 의미의 민주주의자로 파악하는 것은 아닌 듯하다. 그는 오늘날의 다수지배 민주주의자나 루소와 달리 로크는 경제적 분배 원칙을 인정할 준비가 되어 있지 않았으며, 법률 제정에 있어서도 동등한 발언권을 향유하기 위해 모든 것에 대해 사람들이 평등해야 한다고 주장하지도 않았다는 점을 지적한다. 같은 책, pp. 120-121 참조.
23) 같은 책, p. 112.

를 지고 있는데, 다수가 공동체를 대신해 행동할 권리가 있기 때문에 공동체에 대한 개인의 복종의 의무는 이리하여 다수에 복종할 의무가 된다고 주장한다. 그리고 개인의 불가양의 권리는 사회의 공공선과 양립할 수 있는 권리이며, 그 공공선이라는 것은 국민의 '견해'나 '기분'이 선이라고 부르는 것에 지나지 않는다. 또한 국민의 다수는 나머지를 대신하여 결정할 권리를 갖고 있기 때문에, 개인의 불가양의 권리란 단지 국민의 다수가 아직은 박탈하는 것이 적절하지 않다고 본 권리일 뿐이다. 그리고 각 개인의 '진정한 이익'은 공동체의 신임을 얻은 입법부가 공포한 법에 복종하는 데 있지만, 다수가 공동체를 대신하여 행동할 수 있기 때문에 그것은 결국 단순히 다수의 의지에 무조건 복종하는 데 있는 것이다. 이리하여 켄덜은 로크의 다수-원리에서 '루소주의'를 확인한다.[24]

켄덜은 로크가 "궁극적으로는 홉하우스(Hobhouse)가 '형이상학적 국가론'이라고 불렀던 것으로 발전하게 되는 그런 위험한 양의적 언사를 현대 정치 이론에 도입한 책임"이 있다고 비판한다. 왜냐하면 로크가 루소이전에, 그리고 영국의 관념철학자 보전케트(Bernard Bosanquet)보다는 두 세기나 앞서 국가의 재판이나 의지는 곧 개인 자신의 재판이나 의지라고, 그것도 그가 그것에 동의하든 않든 혹은 의식적으로 동의하지 않을

••
24) 같은 책, p. 113. 그러나 로크를 루소를 예시하는 인물로 보는 연구자는 거의 없다. 로크는 결코 '모두의 의지'와 '일반의지'를, 개인들의 총합으로서의 전체와 '일반의지'의 구현체로서의 전체를 구별하지 않았다. 사회나 다른 어떤 집단이나 마찬가지로, 로크에게 인류는 언제나 그것을 구성하는 개인들의 합계를 의미했다. Martin Seliger, *The Liberal Politics of John Locke* (New York, 1969), p. 76 참조. F. Snare, "Consent and Conventional Acts in John Locke," *Journal of the History of Philosophy*, vol. 13, no. 1 (1975), p. 30 역시 로크와 루소를 결부하는 것을 비판한다. 스네어는 로크가 가끔 '사회의 의지' 혹은 '공공의 의지' 같은 문구를 사용하지만 이것은 루소류의 일반의지가 아니라면서, "우리는 로크의 다수지배 원리를 미리 존재하는(pre-existing) 공공의 의지를 발견하거나 추정하는 것이라고 생각해서는 안 된다"고 강조한다.

때조차 그것이 개인 그 자신의 재판이라고 암시하는 투로 말하고 있기 때문이라는 것이다.[25]

이렇게 로크가 공동체의 의지와 개인의 의지를 동일시하는 것처럼 보이는 구절에 주목하면서, 켄덜은 아주 단편적인 것에 불과한 몇몇 표현에서 일종의 국가유기체설을 찾아내려 한다. 로크는 "일정한 수의 사람들이 하나의 공동체나 정부를 만들기로 동의했을 때, 그들은 그렇게 함으로써 …… 하나의 정치체(body politic)를 만드는 것이다"(sec. 95)라거나, 정치권력은 형벌을 수반한 법률을 제정하는 권력인데, 이 형벌은 "너무나 부패하여 튼튼하고 건강한 부분(parts)을 위협하는 것, 바로 그런 부분만을 잘라냄으로써 전체의 보전에 이바지하는 것"(sec. 171)이라고 말한다. 그런데 켄덜은 이런 구절에서 사용된 'body(몸)'와 'parts(신체 기관)' 등의 표현을 근거로, 로크가 루소나 보전케트처럼 아무런 망설임 없이 공동체와 구성원의 관계를 유기체와 그 기관의 관계로 유비하고 있다고 주장한다. 그러면서 그는 이런 구절에서 확인할 수 있는 것은, 로크가 생명에 대한 개인의 권리조차 그것이 공동체의 선 및 그 보전과 양립하는 한도까지만 유효하다고 생각했다는 점이라고, 그리고 로크가 무엇이 공동체의 보전과 양립하느냐에 대한 판단을 내릴 권력을 분명하게 귀속시킨 것은 개인이 아니라 국민이라는 점이라고 단정한다.[26]

이리하여 켄덜은 본의 이른바 '개인주의자들의 왕자'를 개인의 목적을

25) Kendall, *Doctrine of Majority-Rule*, pp. 104-105. 『제2론』 88절에서 로크는 시민사회에 들어감으로써 어느 한 국가의 일원이 된 사람은 자연법을 어긴 범죄를 자신의 사적인 판결로 처벌할 권력을 포기한 것이라면서, 국가의 재판은 "그 자신에 의해 이루어지든 혹은 그의 대표에 의해 이루어지든 진정 그 자신의 재판이다"라고 진술하고 있다. 그러나 여기에서 로크는 개인이 의식적으로 견해를 달리한 국가의 재판조차 그 자신의 재판이라고 암시하는 투의 언급은 하지 않았다.

26) 같은 책, pp. 105-106.

공동체의 목적에 종속시키는 인물로, 본의 표현을 흉내 내자면 '집단주의자들의 왕자'로 바꾸어 놓았다. 로크는 그에 의해 루소와 일반의지의 선구자가 되었다. 본이 로크의 개인주의적 요소를 배타적으로 강조하고 논리를 극단으로 몰고 간 만큼, 켄털은 집단주의적 요소를 강조하면서 반대 방향에서 논리를 극단으로 몰고 갔다. 그러나 어떤 논리든 극단으로 끌고 가면 그것은 이미 그만큼 원래의 의미에서 멀어지는 법이다. 그런 면에서 "명백하게 상반되는 견해가 제시되는 곳에서는 각각은 진실의 일면을 표현하지만, 다른 쪽을 배제할 만큼 자신의 것을 강조할 때는 전체로서의 진실을 왜곡한다"는 고프의 충고는 참으로 지당하다 할 것이다.[27] 로크는 결코 공동체의 이익과 공동선을 희생시키는 개인 권리의 옹호자가 아니다. 그렇지만 집단 속에 개인을 함몰시키는 해석 역시 올바른 로크 읽기와는 거리가 멀다. 로크에게 개인의 권리와 존엄성은 참으로 소중한 가치이다.

　개인과 정치 공동체 간의 관계 문제에 대한 로크의 입장은 한편으로는 개인의 권리와 자유를 유지하고 보장하면서 동시에 공동체를 붕괴나 파괴의 위험으로부터 보호하는 것이다. 그래서 그는 때로는 개인의 권리와 사적 이해관계를, 때로는 사회의 요구와 공적 이해관계를 강조했는데, 그러면서 그는 원칙적으로 그 양자가 서로 양립하지 못할 이유가 없다고 믿었다. 로크는 『제2론』에서 처음에 자연상태를 설명하면서, 모든 사람은

----

27) Gough, *Locke's Political Philosophy*, p. 51. 그러면서 고프는 이와 관련해서 "우리는 로크가 제한된 의미에서 개인주의자였다고 결론지을 수 있을 것이다"라고 하면서 조심스러운 태도를 취한다. 한편 그는 로크가 동의 논의를 통해 하고자 한 것이 개인의 자유가 전적으로 주권자에 양도된 홉스류의 전제정을 옹호하려던 것도, 무정부적 자연상태의 지속을 옹호하려던 것도 아니라, 입헌정부를 옹호하려던 것이었다고 주장한다. 같은 책, pp.45, 59 참조.

"그 자신의 보전이 경쟁 상태에 들어가지 않을 때에는 마땅히 그가 할 수 있는 한 나머지 인류를 보전해야 한다"고 말함으로써(sec. 6), 개인의 보전을 다른 인류의 보전보다 우선시하는 투로 말한다. 그러나 나중에 정치사회에 관해 이야기하면서는 "제일의 근본적인 자연법은 사회의 보전이며, 그리고 (공공선과 일치하는 한에서) 그 안에 있는 각개 인간의 보전이다"라고 하면서(sec. 134), 사회의 보전을 개인의 보전에 앞세우고 있다. 그러나 로크는 이 두 구절이 지니는 의미상의 차이에는 전혀 신경을 쓰지 않는데, 그렇기 때문에 우리는 그가 그 둘을 서로 동일한 것으로 이해하고 있다는 느낌을 받게 되는 것이다. 그 뿐만 아니라 로크는 『제1론』에서는 "공공선, 즉 그 사회의 모든 개개 구성원의 복지"라고 분명하게 말함으로써(I. sec. 92) 공공의 이익과 각 개인의 이익을 동일시하고 있음을 직접적으로 언명하기도 한다.

이러한 면에서 보자면, 켄덜뿐 아니라 본도 함께 빠져 있는 잘못은 로크의 개인과 공동체를 각각 차변과 대변에 놓여 있는 것으로 생각한 데 있다고 말할 수 있을 것이다. 로크는 개인과 공동체를 이런 관계로 이해하지 않았다. 그에게 이 양자는 서로 대립하거나, 혹은 어느 한쪽이 커지면 다른 한쪽이 작아지는 그런 관계가 아니다. 개인의 이익과 공동선은 엄격하게 구별되는 것이 아니라 언제나 전자는 후자에 포함되는 것으로 가정된다. 로크는 이렇게 사적 이익과 공적 이익을 동일시하는 데에 어떤 문제가 있을 것이라고는 생각하지 않았다.[28]

..

28) S. P. Lamprecht, *The Moral and Political Philosophy of John Locke* (New York, 1918), p. 135를 참고하라. 한편 로크의 사상에서 개인주의적 요소와 집단주의적 요소의 관계에 대해 먹퍼슨(Macpherson)은 특이하고 현학적인, 그래서 참으로 납득하기 어려운 설명을 내놓는다. 로크의 시민사회에서 완전한 시민은 유산자뿐이라고 주장하면서, 그는 이 두 요소에 대해 다음과 같이 설명한다: 로크는 개인들이 그들의 모든 자연적 권리와 권력을 몽땅 시민사

그러나 사실 이 둘의 관계는 이론적으로나 실제적으로나 이율배반적일 수 있고, 따라서 이 문제와 관련한 그의 논의가 일관성을 유지하지 못한 측면은 있다.[29] 그래서 로크는 흔히 개인 혹은 소수의 권리와 다수 지배가 야기하는 딜레마를 회피했다는 비판을 받는다. 즉 다수 지배라면 소수의 권리는 절대적이지 않고, 소수의 권리가 절대적이라면 다수는 진정으로 지배하지는 못한다. 그런데 로크는 이런 형태로 문제를 제기하는 것을 회피해 버렸다는 것이다.

그러나 이런 각도에서 로크를 비판하는 것은 핵심을 벗어나는 일이다. 이런 것은 이론적 문제일 수는 있지만, 로크에게 실천적 문제는 아니었다. 로크는 개인과 사회의 관계를 규명하는 것을 자신의 과제로 삼지 않았던 것이다. 개인 대 전체, 혹은 소수 대 다수의 대립이라는 문제는 오늘날 우리의 문제이지 17세기 영국의 문제와는 별 관계가 없는 것이었다. 밀(J. S. Mill)의 시대에만 와도 이미 자유의 쟁점은 급격하게 변했다. 자유의 문제는 이제 더 이상 어떻게 하면 정부의 권력 남용으로부터 국민들을 보호하느냐 하는 것보다는, 정부에 있지 않은 다수의 권력 남용으로부터

∴

회에 넘겼음을 인정하는 데 주저하지 않았다. 개인의 권리의 전면적 양도는 재산의 보호를 위한 충분한 집단적 힘을 얻는 데 필요한 것이었다. 로크는 그런 제안을 할 수 있었다. 왜냐하면 시민사회는 유산자들의 통제 아래 있을 것이기 때문이다. 이러한 상황에서 개인주의는 국가의 집단적 최고권(collective supremacy)에 맡겨질 수 있는 것이다. 로크의 개인주의는 대두하는 자본주의 사회의 개인주의로서, 개인에 대한 국가의 최고권을 배제하는 것이 아니라 반대로 요구하는 것이다. 개인주의와 집단주의는 반비례 관계가 아니라, 개인주의가 보다 철저할수록 집단주의는 보다 완전해지는 것이다. 이것의 가장 뛰어난 예가 홉스의 이론이다. 이런 관련에서 볼 때, 더 이상 로크의 개인주의적 진술과 집단주의적 진술 사이의 절충을 모색할 필요가 없다. 그 둘은 서로 다른 한쪽을 함축한다. C. B. Macpherson, *The Political Theory of Possessive Individualism* (Oxford, 1975), pp. 256-257.

29) Gough, *Locke's Political Philosophy*, p. 70은 로크가 정치권력을 공공선의 증진이라는 관련에서 정의했지만, 이것과 개인의 이익의 관계라는 문제와 씨름하는 데는 실패했다고 생각한다.

어떻게 소수자를 보호하느냐 하는 문제가 되었다. 19세기에 선거권의 확장과 더불어 비로소 영국의 사상가들은 다수파에 의한 계급입법의 위험성에 대해 관심을 가졌다. 그렇지만 개인 대 다수의 관계는 로크의 시대의 뜨거운 현안과는 거의 아무런 관련이 없는 문제였다.

그런 점에서 우리는 애플비(Appleby)가 소개하는 클라크(J. M. Clark)의 충고를 상기할 필요가 있다. 그는 어떤 영향력 있는 사상가를 이해하고자 한다면, 무엇보다 그가 대응하려고 했던 대상이 무엇인가를 발견해야 한다고 충고한다. 로크의 경우 그 대답은 간명하다. 그가 겨냥한 것은 바로 절대적이고 자의적인 권력, 혹은 절대군주정인 것이다.[30] 로크가 자신의 문제로 떠안고자 했던 것은 어떻게 하면 절대왕정의 횡포 앞에 노출된 개인과 국민을 해방시키느냐 하는 것이었다. 던(Dunn)은 로크가 왜 소수에 대한 다수의 압제 가능성을 고려하지 않고, 따라서 그것을 비난하지 않았는가 하는 문제는 순전히 그 문제가 그의 저술의 핵심 현안과 관계없었기 때문이라고 말한다. 즉 로크가 공격하고자 한 것은 거대한 다수에 대한 아주 작은 소수의 착취라는 것이다.[31] 로크의 관점에서 보자면, 정부 혹은 정치권력의 소유자와의 관계에서 개인과 국민은 똑같은 입장에 처해 있다. 이를테면 정부를 대변에 놓았을 때, 개인과 전체로서의 국민 혹은 사회공동체는 언제나 함께 같은 차변 쪽에 있는 것이다.

어떤 면에서 보면 켄덜은 자신의 시대의 문제를 무리하게 로크에게 비추어보려는 시대착오의 잘못을 저지르고 있다. 스스로 지각하고 있듯이, 그는 "어떻게 하면 지배받는 소수와 개인들이 '전제적인' 다수로부터 보

••
30) J. O. Appleby, "Locke, Liberalism and the Natural Law of Money," *Past and Present*, no. 71 (May, 1976), p. 68.
31) John Dunn, "Consent in the Political Theory of John Locke," *The Historical Journal*, vol. 10, no. 2 (1967), p. 171.

호받을 수 있을까 하는 문제에 우리로 하여금 세심한 관심을 기울이도록 하는 일들이 지배받는 소수와 개인들에게 일어나고 있는 시대에 살고" 있었다. 그렇지만 그는 "그와 대조적으로 로크는 그의 시대에 소수자와 개인들의 손아귀에 놓인 지배받는 다수에게 일어나고 있던 일들에 대해 명확하게 잘 알고 있었으며, 관련 문제가 그의 마음에 아주 쉽게 제기된 것은 이런 형태로서였다"는 점도 인정하였다.[32] 켄덜의 시대적 과제와 로크의 문제의식은 전혀 다른 것이다. 그럼에도 불구하고 켄덜은 로크와 그 시대의 문제를 자신의 시대의 문제라는 프리즘을 통해서 봄으로써 로크의 진의를 왜곡하는 결과를 가져왔다.[33]

3. 동의와 신탁과 선거

로크는 자연상태에서 처음 정치사회가 수립되는 과정을 설명할 때는 아주 분명하게 각 개인의 직접적인 동의를 언급한다. 그러나 이후 정부의 실제 작동과 관련해서는 동의의 의미가 아주 모호하고 불분명해진다. 특히 묵시적 동의를 설명하면서 그는 동의를 사실상 거의 무의미하게 만들 정도로 그 개념을 확장하였다. 그는 어떤 정부의 영토 일부를 소유하거나 향유하는 사람은 그것으로써 그 정부에 대해 묵시적 동의를 한 셈이라고 말한다. 그는 토지의 소유뿐 아니라 단순히 어느 나라에 머무르

••
32) Kendall, *Doctrine of Majority-Rule*, p. 103.
33) 켄덜의 책이 출간된 해가 1941년, 그러니까 유럽에 혹은 세계적으로 전체주의의 광풍이 휘몰아치고 있던 시기임을 상기할 필요가 있다. 개인적 자유주의의 폐단에 대한 자각이 고조되던 시대에 본은 개인주의의 폐단에 대한 비난을, 전체주의가 세계를 위협하던 시대에 켄덜은 그 폐해에 대한 비난을 똑같이 로크에게 쏟고 있다는 것은 흥미로운 일이다.

거나 길을 다니며 여행하는 것, 심지어 어떤 사람이 한 정부의 영토 안에 존재하고 있다는 사실 자체만으로도 묵시적 동의를 행한 것이며, 따라서 그 나라 정부의 법률에 복종할 의무를 진다고도 말한다.(sec. 119) 사실 어떤 영토 안에 있다는 것 자체가 그 정부에 대한 동의를 의미한다면, 이런 동의는 의무를 설명하는 데는 아무런 구실도 하지 못할 것이다. 그래서 동의에 대한 로크의 이런 진술은 많은 로크 연구자들을 헷갈리게 하거나 동의 이론의 진의를 오해하게 하는 요인이 되고 있다.[34]

피트킨(Hanna Pitkin)은 시민의 정치적 의무의 근거를 동의에서 구하는 로크의 동의 교의를 아예 부정한다. 로크의 정치 이론에서 동의와 의무는 서로 직접적인 관련이 없다는 것이다. 그녀는 119절의 묵시적 동의에 관한 진술에 대해 언급하면서, "당신이 어느 나라에 살면서 그 대로를 이용할 때 당신은 무엇에 동의했는가"라는 질문을 한다고 하면, 불행하게도 로크는 이 질문에 분명한 대답을 하지 않는다고 말한다. 그녀는 묵시적 동의에 대한 진술과 관련한 로크의 의도는 "당신이 묵시적으로 동의하는 것은 국가의 수립자들이 행한 원초계약의 조건에 대해서이며, 그 이상도 이하도 아니다"라는 것이라고 단정한다. 말하자면 묵시적 동의는 원초계약의 '문서'에 서명한 셈이 된다는 것이다. 그래서 만일 어떤 사람이 어느 한 정부 아래에서 길을 이용하거나 재산을 보유하더라도, 그 정부가 신탁을 어기고 정당한 권력을 넘어서서 폭군처럼 행동한다면, 그는

---

34) J. G. Bennett, "A Note on Locke's Theory of Tacit Consent," *Philosophical Review*, vol. 88, no. 2 (1979), p. 224는 동의를 정부의 정당화를 위한 핵심적 요인으로 삼으려는 노력은 정치철학사를 관통하여 나타나는데, 그런 노력은 실패할 운명이라고 주장한다. 그러면서 로크가 처한 곤경이 그것과 관련한 문제점을 아주 잘 보여주고 있는데, 정부의 권력과 권위가 동의에 근거한다는 것을 보여 주기 위해 로크가 끌어들인 묵시적 동의 논의가 특히 그렇다는 것이다.

이런 것 어느 것에도 동의하지 않은 것이다. 최초의 계약 당사자가 그러했듯이, 그는 원초계약의 범위를 조금이라도 넘어서서는 복종할 의무가 없다.[35]

이런 추론을 통해 피트킨이 도달한 결론은 일반 로크 연구자들과는 사뭇 거리가 멀다. 그녀의 결론에 따르면, 로크의 개인이 한 국가에 대해 복종의 의무를 지는 진정한 이유는 그가 동의했기 때문이 아니다. 그의 동의는 실제로는 자동적인 것이다. 오히려 그가 복종의 의무를 지는 것은 정부의 어떤 성격, 이를테면 정부가 원초계약에 입각한 신탁의 범위 안에서 행동하고 있다는 이유 때문이라는 것이다. 그러므로 한 시민의 개인적 동의는 그의 복종의 의무와는 본질적으로 무관하다. 그의 복종의 의무는 정부의 성격, 즉 그것이 계약의 범위 내에서 행동하느냐에 달려 있다. 만일 그러하고 그가 그 영토 안에 있으면, 그는 복종해야 한다. 만일 그렇지 않으면, 그가 아무리 많이 동의를 해도, 아무리 명시적으로 동의하더라도 그 동의는 복종의 의무를 낳지 못한다. 그래서 폭군에게 충성의 서약을 얼마나 했든 간에, 그런 서약은 유효한 의무를 가져오지 못한다고 피트킨은 주장한다. 왜냐하면 그 서약은 자연법을 어긴 것이기 때문이다.

피트킨은 시민의 개인적 동의와 그의 정치적 의무의 관련성을 부정할 뿐 아니라, 또한 정부가 실제로 계약이라는 방법을 통해 자연상태를 떠나기로 결정한 일군의 사람들에 의해 설립되었는가 하는 점에 대해서도 의문을 제기한다. 정부의 행동이 계약에서 가설적으로 설정한 범위 안에 있는 한 시민은 복종해야 하지만, 계약 교의의 역사적 실재성은 기본적

---

35) 이 문단과 아래의 두 문단의 피트킨의 견해는 Pitkin, "Obligation and Consent-I," pp. 995-996의 것이다.

으로 아무런 문제가 되지 않는다는 것이다. 그녀가 보기에, 로크가 말하는 계약은 합리적 인간이라면 누구든 합의할 수 있는 공동체의 구성 조건을 분명하게 하기 위한 가설적 장치이자 논리적 구성물에 지나지 않으며, 동의란 단지 가설적이고 무시간적이며 추상적인 합리적 인간에게 귀속시킨 가설적 동의일 뿐이다.[36] 따라서 로크가 『정부론』에서 개진하는 정치적 의무에 관한 동의 이론은 '정부의 성격(nature)'의 교의, 혹은 '가설적 동의'의 교의라는 딱지를 붙일 수 있는 것이라고 피트킨은 말한다.[37]

로크의 동의 이론에 대한 피트킨의 이와 같은 해석에 스타인버그(Steinberg)는 전적으로 견해를 같이한다. 스타인버그 역시 로크가 정치적 의무는 시민의 동의에서 나온다고 믿었다는 것을 부정한다. 그녀는 정치적 의무와 정부의 정통성에 대한 로크의 설명은 오히려 목적론적 고려, 즉 정부의 규범적 목적은 시민의 재산, 즉 생명 자유 자산을 보전하는 데 있다는 사실에 대한 고려에 기초를 두고 있다고 주장한다. 그러므로 정부가 시민에게 복종을 요구할 권리는 동의의 유무가 아니라, 정부가 정치권력을 어떻게 행사하느냐에 달렸다는 것이다. 만일 정치권력을 사회 구성원의 '재산'을 보전하는 방식으로 행사한다면, 그 정부는 합법적 정부이며 따라서 시민은 그에 복종할 의무를 진다. 그런데 재산에 대한 개인의 권리는 사회 구성원의 동의나 합의가 아니라 자연법이 부여한 것이기 때문에, 정치적 의무와 정부의 정통성을 판단할 때 적용할 수 있

36) 켄덜 역시 로크의 자연상태를 공식적인 정치 조직이 없는 상태에서 인간의 권리와 의무가 무엇일까를 보여 주기 위해 고안된 설명 장치로, 그리고 계약 역시 합법적 국가의 구성원의 권리와 의무의 본질적 성격을 드러내기 위한 설명 장치라고 생각한다. Kendall, *Doctrine of Majority-Rule*, p. 90 참조.
37) Hanna Pitkin, "Obligation and Consent-II," *American Political Science Review*, vol. 60, no. 1 (1966), p. 39.

는 규범적인 표준을 확립하는 것은 동의의 관념이 아니라 자연법이다.[38] 그리고 스타인버그에게 로크의 동의 교의는 정부의 역사적 기원에 관해 실제 사실에 입각한 이론을 확립하기보다는, 합법적 정부의 합리적 특성들을 명료화하기 위해 의도된 하나의 유용한 분석적 가설에 지나지 않는다.[39]

피트킨이나 스타인버그의 이런 해석은 일견 논리적으로 상당히 그럴듯해 보인다. 그러나 그것이 로크의 견해는 아니다. 이는 모든 권력의 정당성의 근거를 개인의 자발적 동의에서 구하는 로크의 정치사상과 근본적으로 배치되는 주장이다. 정치적 의무에 관한 로크의 진술은 오해의 여지 없이 명확하다.[40] 그는 "인간은 원래 모두 자유롭고 평등하며 독립적이기 때문에, 어느 누구도 자기 자신의 동의 없이는 …… 다른 사람의 정치권력에 예속될 수 없다"라고 언명하고 있는 것이다.(sec. 95) 로크는 국민이 복종의 의무를 지는 것은 정부가 그들의 권리를 존중하거나 선정을 베풀기 때문이라고 말하지 않는다. 좋은 정부가 시민의 복종을 기대할 수는 있겠지만, 복종을 요구할 권리를 확보해 주지는 못한다. 플래므너츠(Plamenatz)가 지적하듯이 "로크에게 정치학 최고의 문제는 무엇이 정부

38) Jules Steinberg, *Locke, Rousseau, and the Idea of Consent* (Westport, Connecticut, 1978), pp. 61-62.

39) 같은 책, p. 72.

40) C. R. Beitz, "Tacit Consent and Property Rights," *Political Theory*, vol. 8, no. 4 (Nov., 1980), p. 489 참조. G. J. Schochet, "The Family and the Origins of the State in Locke's Political Philosophy," J. W. Yolton ed., *John Locke: Problems and Perspectives* (Cambridge University Press, 1969), p. 93은 로크의 동의 교의가 정치적 의무의 설명으로는 지극히 모호하고 쓸모가 제한적이라면서도, 그렇지만 동의에 대한 그의 태도는 논란의 여지 없이 확고한 것이라고 주장하면서 피트킨을 비판한다. 로크가 추구한 것은 정치적 권위를 자유로운 개인의 자발적인 행위에 토대를 두게 하는 방법이었다는 것이다. 그러면서 로크가 비록 그것에 성공하지 못했을지라도 그 사실은 결코 그의 의도를 손상하지 못한다고 주장한다.

를 합법적이게 만드느냐 하는 것이다. 그는 피치자의 동의 말고는 그 어떤 것도 정부를 그렇게 만들 수 없다고 생각한다." 그리고 로크는 "정부의 권위는 인간의 필요에서가 아니라 그들이 자유로이 부여한 동의에서 나온다"고 믿는다.[41]

이는 찬탈에 대한 로크의 언급에서도 확인할 수 있다. 그에 의하면, 찬탈은 "단지 정부의 인물의 변경일 뿐, 정부의 형태와 규칙의 변경은 아니다." 그럼에도 찬탈자는 아무런 정당한 권리가 없으며, 따라서 그 나라 안에 살고 있는 사람은 그에게 복종할 아무런 의무도 없다. 찬탈자가 합법적인 군주나 통치자가 갖는 정당한 권력을 넘어서까지 그의 권력을 확대하고 정부 형태를 바꾼다면 이는 찬탈에 전제까지 더해지는 것으로서, 그런 전제적 찬탈자가 국민에 대해 아무런 권리도 갖지 못한다는 것은 두말할 필요가 없다. 그러나 그렇지 않더라도, 이를테면 이전의 체제를 그대로 유지하고 이전과 다름없는 통치를 하더라도 찬탈자는 아무런 권리도 가질 수 없다는 것이다.(sec. 197)

모든 합법적 국가는 공적 권한을 담당할 인물을 임명하는 규칙과 그들에게 권리를 넘겨주는 일정한 방법을 갖추고 있다. 그런데 만일 누군가가 이와 다른 경로로 권력을 차지한다면, 비록 국가 체제는 그대로 유지된다 하더라도 그는 국민을 복종시킬 아무런 권리도 없다. 왜냐하면 그는 법이 임명한 인물이 아니며, 따라서 "국민이 동의한 인물이 아니기 때문"이라는 것이다. 그러한 찬탈자는 "그가 그때까지 찬탈한 권력을 국민이 그에게 허용하고 승인하는 것에 동의할 자유가 있는 동시에, 실제로

41) John Plamenatz, *Man and Society: A Critical Examination of Some Important Social and Political Theories from Machiavelli to Marx*, 2 vols. (Longman, Hong Kong, 1981), vol. 1, pp. 216-217.

동의할 때까지는 어떠한 권리도 갖지 못한다"고 로크는 확언하고 있다. (sec.198)

폭군에 대한 충성 서약은 아무런 복종의 의무를 낳지 못한다는 피트킨의 지적은 옳다. 그런 서약은 원천 무효이기 때문이다. 로크는 "인간은 그 자신의 생명에 대한 권력을 갖고 있지 않기 때문에, 계약이나 혹은 그 자신의 동의로 스스로를 다른 사람의 노예가 되게 할 수 없으며, 또한 스스로를 다른 사람의 절대적이고 자의적인 권력 아래 내맡길 수 없다"고 분명하게 말하고 있는 것이다.(sec. 23) 그렇지만 폭군이 아니라 좋은 정부라 할지라도 그에 대한 의무가 그 정부의 선정에서 나오는 것은 아니다. 모든 동의가 의무를 유발하는 것은 아니지만, 어쨌든 로크에게 동의는 의무의 유일한 근거이다.

이쯤에서 피트킨이 자신의 주장에 대한 주요 논거의 하나로 삼은 119절의 진술을 되돌아보자면, 이 진술은 로크의 동의와 관련한 전반적인 논의의 맥락과는 다소 어긋나는 부분이라는 점을 지적해 둘 필요가 있겠다. 묵시적 동의 논의와 관련하여 로크 연구자 가운데 아무도 주목하지 않지만, 사실 이러한 119절의 언급과 상반되는 것으로 보이는 진술이 없는 것도 아니다. 로크는 9절에서 어떤 군주나 국가도 그들의 나라에서 범죄를 저지른 외국인을 처벌할 수 없고, 그 나라 법률의 효력이 외국인에게는 미치지 않는다고 말하고 있는데, 이는 명백히 어떤 사람이 한 정부의 영토 안에 있다는 사실만으로도 그 나라의 법에 복종할 것을 묵시적으로 동의한 것이라는 언급과는 배치된다고 할 것이다.

그리고 계약과 동의를 단순한 가설적 장치로 치부하는 것도 로크를 올바로 읽는 독법은 아니다. 로크는 사회계약을 통해 정부가 수립된 실례는 역사상 어디에서도 발견되지 않는다는 비판에 대해 그것이 실제 역사적 사실임을 증명하기 위해 많은 노력을 기울였다.[42] 비록 로크가 그것의 역사적 실재성에 대해 설득력 있는 설명을 제시하는 데는 성공하지 못했을지 모르지만, 그렇더라도 로크가 그것을 단순히 가설로 제시했다고 주장하는 것은 별개의 문제이다.

한편 애시크래프트(Ashcraft) 역시 일반 연구자들과는 다른 독특한 해석을 내놓는다. 그는 로크가『제2론』에서 추구한 이데올로기적 목적이 선출된 입법의회의 역할이 제일의 중요성을 차지하는 그런 정부 형태를 위한 정치적 변호를 제공하는 데 있다고 본다. 그래서 그는 대부분 연구자들의 지배적 견해와는 달리, 로크의 동의를 선거라고 하는 구체적인 제도와 연결하여 이해하려 한다. 그는 로크가 모든 사람이 각자 선거를 통해 정부에 자신의 개인적 동의를 보낼 권리를 옹호했다고 주장한다. 로크가 말하는 보편적 동의가 실제로 특정 형태의 대의정부 속에 반영되었는가 하는 것은 경험적 문제이지만, 그는 동의 개념과 선거라는 제도적 관행 사이에 그의 정치사상 연구자들이 일반적으로 인정해 온 것보다 훨씬 더 긴밀한 경험적 연계를 수립했다고 애시크래프트는 믿는다.[43]

로크의 혁명 이론에 관한 연구자들의 논의는 대체로 추상적 차원에 머물고, 그 당시 영국의 구체적인 정치적 전망과 결부해서 이해하려고 시도하는 경우는 많지 않다. 그런 가운데 애시크래프트는 로크가『제2론』에서 개진한 혁명의 변론은 특정의 주장, 즉 국민은 그들이 자유로이 선출한 입법부를 가질 권리가 있으며, 그 권리를 부정하려는 시도는 혁명의 근거가 된다는 주장에 입각하고 있다고 생각한다. 그리고 이는 곧 로크가 정통성 있는 국가라고 생각하는 것은 제도적 관행으로 전국적 선거를 시행하는 국가임을 의미한다는 것이다. 그렇기 때문에 애시크래프트

∙∙

42) 100, 101, 106절 등을 참조하라.

43) Richard Ashcraft, *Locke's Two Treatises of Government* (London, 1987), pp. 8-9.

가 보기에『정부론』에는 일반적으로 생각되어 온 것보다 훨씬 더 통일되고 체계화된 정치적 전망이 표현되어 있는바, 거기에서 로크는 국민의 동의와 선거의 시행 그리고 자유로이 선출된 입법의회 등과 관련한 용어를 서로 긴밀하게 결합하고 있다. 그래서 로크가 동의를 말할 때는 그것으로써 어떤 형태의 선거를 의미한다고 가정하면, 모호했던 많은 구절이 좀 더 명료하게 그 의미가 드러난다는 것이다. 그러면서 애시크래프트는 선거를 통해 공동체의 다수가 선출한 정부만이 정통성 있는 정부라고 주장한다.[44]

애시크래프트에 의하면 전제정에 동의할 가능성을 갖지 못한다는 것은 국민이 투표를 통해 정치권력의 행사에 동의를 보낼 수 있는 자유선거를 갖지 못한다는 것을 의미한다. 말하자면 전제정은 어떠한 선거도 시행되는 것을 허용하지 않고, 국민으로 하여금 정당한 정치권력에 동의할 가능성이 없는 상황에 놓이게 한다는 것이다. 그는 "선거가 동의의 제도화한 형식으로서 로크의 정치 이론에서 결정적인 위치를 차지한다고 믿는다."[45] 그래서 그의 주장에 따르자면, 로크가 합법적인 정치사회에 대한 일반이론을 제시할 때 훌륭한 국가의 상으로 특정의 정부 형태를 염두에 두고 있었던 것처럼, 의회 의원의 선거라는 특정의 정치적 관행을 '국민의 동의'라는 일반적 언급과 결합했다는 것이다.[46]

그러나 애시크래프트의 이런 해석보다는 플래므너츠의 견해가 좀 더 적절해 보인다. 그에 따르면『정부론』은 특정 형태의 사회나 정부를 변호하거나 정당화하는 글이 아니다. 이 저술은 피치자의 동의를 얻어 통치하

44) 같은 책, pp. 206, 208.
45) 같은 책, p. 212.
46) 같은 책, p. 215.

지 않는 정부는 합법적이지 못하다고 주장하지만, 그 동의를 얻기 위해 정부가 어떻게 조직되어야 하는가에 관한 구체적인 언급은 거의 없이 매우 추상적 원칙만 제시할 뿐이라는 것이다.[47]

　　로크는 어디에서도 법률 제정권이 선출된 의회에 속해야 한다는 점을 동의에 의한 정부의 조건으로 삼지 않는다. 그리고 입법권이 선출 의회에 있는 곳을 제외하고는 동의에 의한 정부는 없다고도 말하지 않는다. 『제2론』의 논의는 정치권력은 오직 이른바 대의정부가 있는 곳에서만 합법적이라는 것이 아니다. 단지 정치권력이 피치자의 동의와 더불어 행사되는 곳에서만 합법적이라는 것이다. 오늘날 우리들 대부분에게는 대의정부가 곧 피치자의 동의에 의한 정부인 것처럼, 말하자면 그 둘은 동일한 것처럼 보인다. 그러나 17세기 말에는 그렇지 않았고, 로크에게도 역시 그렇지 않았다. 분명히 로크는 입법권이 의회에 부여되는 것이 가장 좋다고 생각했다. 그리고 비록 그가 그 의회가 선출되어야 한다고 말하지는 않았지만, 그것이 선출되는 곳에서는 의원들을 부패시키거나 투표자를 매수하고 협박하는 것은 집행부 쪽의 신탁의 파기라고 주장했다.(secs. 147-158) 또한 『제2론』에는 로크가 의회제도가 작동하는 당시 영국의 정부 체제를 다른 것, 이를테면 프랑스의 것보다 훨씬 더 좋아했음을 보여 주는 구절이 여럿 있다. 그러나 이 점 때문에 로크가 동의 행위를 의원 선거와 연결했을 것이라고 오해해서는 안 된다. 그는 동의의 개념을 대의정부를 정당화하는 명분으로 사용하지 않았다.[48]

．．

47) Plamenatz, *Man and Society*, p. 209.
48) 이 문단은 대체로 같은 책, p. 231에 의한 것이다.

제8장

저항의 권리

1. 저항을 위한 변론

플래므너츠(Plamenatz)는 로크의 『제2론』을 철저히 걸러낸다면 남는 것은 동의의 교의라기보다는 저항의 교의라고 말한다. 이 저술은 무엇보다 폭군으로 전락한 군주에 대한 신민의 저항권을 위한 변론서라는 것이다.[1] 『제2론』의 핵심 주장을 간략하게 요약하자면, 정부는 치자가 아니라 피치자를 위하여 존재한다는 것, 정부는 피치자의 동의에 토대를 두어야 하며 그런 만큼 정부에 대한 피치자의 복종의 의무는 조건적이라는 것, 그리고 만일 치자가 압제적일 때 피치자는 그에게 저항할 권리를 갖는다는 것이다. 지금과 마찬가지로 당시에도 대부분의 사람들은 정부가 신민

••

1) John Plamenatz, *Man and Society*, 2 vols. (Longman, Hong Kong, 1981), vol. 1, p. 234.

의 이익과 복지를 위해 존재한다는 것에 동의하였고, 그런 점에서는 절대왕정의 탁월한 대변자인 필머(R. Filmer)조차 예외가 아니었다. 그러나 그렇기 때문에 신민은 압제적인 정부를 타도할 권리를 가지고 있다는 결론을 모두가 다 받아들이지는 않았다. 필머는 국왕이 신민의 복지를 위해 통치해야 한다는 점을 충분히 인정하면서도, 국왕은 자신의 통치에 대해 신에게만 책임을 진다고 주장하였다. 왜냐하면 국왕의 권위는 신에게서 나오기 때문이라는 것이었다. 이런 주장에 맞서 전제적 군주에 대한 저항권을 확립하기 위하여, 로크는 국왕의 권위는 신민에서 나오고 그 정통성은 신민의 동의에 의존하며, 따라서 국왕은 그들에게 책임을 지지 않으면 안 된다는 반론을 제기한 것이다.[2]

로크의 이론 속에서 저항의 권리는 자연상태와도, 그리고 합법적 정치체제와도 논리적으로 대조되는 개념, 즉 전쟁상태라는 개념에서 도출되는 것이다.[3] 로크에 따르면 전쟁상태는 "아무런 권리도 없으면서 힘(force)을 사용하는" 데서 야기된다.(sec. 18) 원래 사람은 어느 누구도 다른 사람의 생명과 자유에 대해 아무런 권리도 가지고 있지 않다. 그럼에도 불구하고 "다른 사람의 생명을 노리는 … 진지하고 확고한 의도를 말이나 행동으로 선언하는 것은 그를 그러한 의도가 선언된 상대방과 전쟁상태에 놓이게 하며,"(sec. 16) 또한 아무런 동의도 얻지 않고 힘으로써 "다른 사람을 자신의 절대적 권력 밑에 두려고 기도하는 자는 그렇게 함으로써 그 사람과 전쟁상태에 들어가게 된다."(sec. 17) 그런데 전쟁상태는 부당한 힘이 실제로 행사될 때뿐만 아니라, 이와 같이 단순히 그럴 의

2) 이 문단은 대체로 같은 책, pp. 231-232에 따른 것이다.

3) John Dunn, *The Political Thought of John Locke* (Cambridge University Press, 1982), p. 165.

도를 선언함으로써도, "생명을 노리는 … 의도를 말이나 행동으로 선언하는 것"만으로도 조성된다고 로크는 말한다.

물론 권리 없는 힘의 행사가 언제나 전쟁상태를 가져오는 것은 아니다. 그것은 분쟁을 해결할 "권한을 가진 공동의 재판관"이 없는 곳, 즉 자연상태에서 그러한 것이다. 그러니까 전쟁상태는 자연상태 안에서 일어나는 하나의 특수한 상황인 것이다. 말하자면 이 전쟁상태는 "구제를 호소할 공동의 상급자가 이 세상에는 없는 곳에서, 다른 사람의 인신에 대해 힘을 행사하거나 혹은 힘의 의도를 선언한" 상태이다.(sec. 19) 그런데 폭력으로 침해를 당하고도 그에 대한 구제를 호소할 법과 공동의 재판관이 전혀 없을 때, 이러한 전쟁상태에서는 오직 하나의 구제의 길만 있을 뿐이다. 그것은 바로 하늘에 호소하는 길, 곧 자신의 힘에 의존하여 부당한 힘에 대항하는 길이다.(secs. 20, 21)

로크의 생각으로는, 힘으로 남의 생명을 해치려는 자는 그 상대와 전쟁상태를 야기함으로써 상대방과 또 그를 보호하려고 그 전쟁에 가담하는 다른 사람들에게 자신의 목숨을 빼앗길 위험 앞에 놓이게 된다. 이런 경우 마땅히 공격을 당한 쪽이 공격자를 쳐부술 권리를 가져야 한다는 것이 자연의 순리였다. 어느 누가 만일 나에게 전쟁을 걸어와 나의 생명을 위협한다면, 나는 "늑대나 사자를 죽여도 좋은 것과 똑같은 이유로" 그를 죽여도 괜찮은 것이다. "왜냐하면 그런 사람들은 공통의 법인 이성의 법의 구속 아래에 있지 않고, 힘과 폭행의 규율 이외에는 아무런 규율도 갖고 있지 않으며, 그럼으로써 맹수와 마찬가지로 취급해도 좋을 것이기 때문이다."(sec. 16) 이처럼 전쟁상태는 양 당사자가 서로 대등한 관계에 있는 것이 아니라 가해자와 피해자의 관계에 서게 된다. 그래서 가해자는 자연법의 파괴자로서 자신의 모든 권리를 상실하고 피해자의 자비에 생명이 맡겨지는 처지에 놓이게 되는 것이다.

이러한 사정은 자연상태뿐만 아니라 사회의 상태에서도 매한가지이다. "사회의 상태에서도, 그 사회 또는 국가의 성원들의 자유를 박탈하려는 사람은 그 밖의 다른 모든 것도 빼앗아 버리려는 것으로 생각될 수밖에 없으며, 따라서 전쟁상태에 있는 것으로 간주되어야 한다."(sec. 17) 비록 법에 호소할 길이 열려 있다 할지라도, 그 법이 노골적으로 왜곡되고 재판이 명백하게 악용되어 폭력과 침해 행위가 호도되거나 보호되고, 그리하여 구제의 길이 막혀 버린다면, 이 또한 전쟁상태라고 하지 않을 수 없을 것이다. 아무리 법의 이름과 형태를 갖추고 있다 하더라도 그것이 성실하게 제대로 적용되지 않는 곳에서는 피해자에 대해 전쟁이 도발된 것이며, 따라서 이 땅 위에서는 구제를 호소할 길이 전혀 없는 피해자에게는 하늘에 호소하는 길만이 남아 있을 뿐이라고 로크는 말한다. (sec. 20)

　　아무런 권한도 없는 힘의 행사는 언제나 그것을 행사하는 사람을 침략자로서 전쟁상태에 떨어지게 하며, 따라서 그는 그에 합당한 취급을 받게 되는 것이지만, 로크는 이것이 개인 관계만이 아니라 정부에 대해서도 마찬가지로 해당된다고 보았다. 국가의 물리적 강제력을 장악하고 있는 정부가 아무런 권한도 없이, 그에게 맡겨진 신탁을 위배하고 국민에 대해 힘을 행사한다면, 그것으로 정부는 더 이상 합법적 정부이기를 그치게 된다. 이를테면 시민정부의 해체 상태가 초래되는 것이다. 그렇게 되면 이제 침략자로 전락한 불법적 정부는 국민과 전쟁상태에 들어가게 된다. 이렇게 정부가 부당하게 힘을 행사함으로써 국민의 안전과 보전이 침해를 받게 되면, "국민은 힘으로써 그것을 제거할 권리를 갖고 있다. 어떠한 상황이나 조건에서든 권한 없는 힘에 대한 진정한 구제책은 그것에 힘으로 대항하는 일이다."(sec. 155) 로크는 입법부이든 행정부이든 권력을 장악하여 국민을 노예로 만들거나 파멸시키려고 기도하든가 혹은 실제 실행에 옮기려 할 때, "국민은 이러한 경우에 … 하늘에 호소하는 것 이외에는 달리 아무런 구제책도 없다"는 점을 누누이 강조한다.(sec. 168)

폭정(tyranny)에 대한 저항의 권리는 바로 이와 같이 이 땅 위에는 폭력에 대한 구제를 호소할 법이 없을 때, '하늘에 대한 호소'로서 정당화된다. 로크는 폭정을 권력의 세 가지 형태 중 하나인 '전제권력'(despotical power)을 정의할 때와 똑같이 묘사한다. 그것은 곧 자유인에게가 아니라 노예에게 행사되는 절대적이고 자의적인 권력 형태이다. 이러한 절대적이고 자의적인 권력은 "자연이 부여하는 것도 아니며 … 계약이 가져다주는 것도 아니다."(sec. 172) 결국 "폭정이란 권리를 넘어선 권력, 어느 누구도 그 권리를 가질 수 없는 권력의 행사이다."(sec. 199) 한마디로 말하자면 "폭정은 어디에서든 법이 끝나는 데서 시작된다."(sec. 202) 위정자가 법으로 부여된 것 이상으로 권력을 남용하여 신민에게 폭력을 휘두르면, 그것으로 그는 위정자이기를 그치고 폭군이 된다. 그리고 그의 행위는 아무런 권한도 없이 행한 것이 됨으로써, 그는 폭력으로 다른 사람의 권리를 침해하는 자가 받게 마련인 저항을 신민으로부터 받게 되는 것이다.

열등한 자는 우월한 자를 처벌할 수 없다는 논리로써 군주에 대한 국민의 저항권을 부정하려 하는 군주권 옹호론자들의 주장은 로크가 보기에는 사리에 닿지 않는 논리였다. 물론 그 말 자체는 맞는 말이지만, 그것이 폭군으로 전락한 군주에게는 해당되지 않는다는 것이다. "권리 없이 힘을 사용하는 자는 누구든지 … 그렇게 힘을 사용한 상대방과 전쟁상태에 빠지게 된다. 그리고 그런 상태에서는 이전의 모든 유대가 소멸하고, 다른 모든 권리가 끝나며, 그리고 모든 사람은 스스로를 지키고 공격자에게 저항할 권리를 가진다."(sec. 232) 전쟁상태에 놓인다는 것은 결국 이전의 우열 관계가 해소되고 양 당사자가 대등한 지위에 서게 된다는 것을 의미한다. 아니, 엄격하게 말하자면 그것은 대등한 관계가 아니다. 전쟁상태에서 "부당한 공격자에 대항하는 자는 그 공격자에 대해 다음과 같은 우월성, 즉 그는 … 평화의 파괴와 그에 뒤따라 일어나는 온갖 죄악에 대해 그 범죄자를 처벌하는 권리를 가진다고 하는 그러한 우월성을 가진다."(sec. 235) 로크는 국민이 폭군에 저항하는 권리를 자연상태에서 각 개인이 가지고 있는 범죄자 처벌권과 완전히 동일시했다.

로크가 보기에 저항권의 교의가 반란의 근거를 제공하여 내란을 조장하고 평화를 파괴한다는 비난도 사리에 닿지 않기는 매한가지였다. 비록 지배자를 신으로부터 권한을 부여받은 신성한 존재로 치켜세운다 할지라도, 자의적 권력에 학대받고 유린당한다면 국민은 그 짐에서 벗어나고자 하게 마련이기 때문이다.(sec. 224) 저항권 교의는 오히려 "반란에 대비한 가장 좋은 울타리이며, 그것을 방지하기 위한 가장 그럴듯한 수단이다. 왜냐하면 반란이란 인물에 대해서가 아니라 오직 정부의 조직과 법률 안에서 수립된 권위에 대한 반대인바, 누구든 힘으로 그것들을 범하고, 힘으로 그 침해를 정당화하려는 자들이야말로 진짜 바로 그 반란자들이기 때문이다."(sec. 226) 그러므로 부당한 권력에 대한 국민의 저항은 반란이 아니라 오히려 반란자에 대한 정당한 응징이다. 내란이나 혼란의 유발을 빙자하여 저항권을 허용해서는 안 된다고 말하는 것은 강도나 해적을 만났을 때 대항하면 혼란과 유혈 사태를 초래하므로 대항해서는 안 된다고 말하는 것과 같은 논리이다. 만일 그런 경우에 불행한 사태가 일어난다면 그에 대한 책임은 자신의 권리를 지키려는 자가 아니라 의당 이웃의 권리를 침해한 자에게 물어야 할 것이었다.(sec. 228)

그러나 로크는 밀턴(John Milton)만큼 과격하지는 않았다. 밀턴은 로크처럼 군주나 위정자의 권력은 국민으로부터 나온 것으로서 그들로부터 신탁된 것에 불과하다고 하면서, 그러므로 위정자가 폭군이든 아니든 국민이 마음대로 선택하거나 거부할 수 있다고 주장하였다.[4] 이에 비해 로크는 폭정에 저항할 권리를 강조한 것 못지않게, 합법적인 정부에 복종할 의무 또한 강조하였다. 정부가 그 신탁에 따라 권력을 행사하는 한 국민은 정부에 복종할 의무가 있으며, 마음대로 정부를 전복하거나 바꿀 수 없다. 사람들이 국가를 수립하는 목적은 그들의 '생명과 자유와 자산'을 보다 안전하게 보호받기 위해서인데, 만일 국가가 "그 자체 안에 재산을 보전해 줄 권력과, 또한 그렇게 하기 위하여 그 사회의 모든 사람들의 범죄를 처벌할 권력을 갖지 못한다면 존재할 수도 존속할 수도 없는" 것이다.(sec. 87)

그러므로 정부는 지배하는 데 필요한 모든 권력을 가진다. 그리고 정부가 권력을 부여받은바 그 목적에 위배되게 행동하지 않는 한, 사회의 모든 구성원은 그에 복종하지 않으면 안 된다. 공동체의 구성원이 되려는 동의는 그 공동체가 수립한 정부에 대한 복종의 의무를 창출한다. 로크의 동의 및 계약 이론은 정당한 정부에 대한 복종의 의무와 부당한 정부에 대한 저항의 권리를 동시에 설명해 준다. 이를테면 "의무와 저항은 같은 동전의 양면이다."[5] 로크는 합법적 정부가 존속하고 법에 호소하는 것이 가능한 곳에서는 권위에 저항할 어떠한 권리도 부정하였다. "힘으로 대항해야 하는 것은 다름 아닌 오직 부당하고 불법적인 힘뿐이다." (sec. 204)

로크에 의하면 공동체는 최고 권력(supreme power)을 갖고 있다. 어떠한 사회이든 그 자신의 자유와 안전을 다른 사람이나 집단의 절대적 의지와 자의적 지배에 넘겨 버릴 권리는 없다. 따라서 "공동체는 어느 누구

4) J. W. Gough, *John Locke's Political Philosophy* (Oxford University Press, 1956), pp. 131-132.
5) R. W. Grant, *John Locke's Liberalism* (Chicago, 1987), p. 109.

든, 비록 그들의 입법자들이라 할지라도 이들이 너무나 어리석거나 사악하여 신민의 자유와 재산을 해칠 음모를 꾸미고 추진하려 한다면, 언제라도 그들의 기도와 음모로부터 스스로를 지킬 최고 권력을 항구적으로 보유하고 있다." 그러나 이 말이 오늘날 의미의 국민 주권을 뜻하는 것은 아니다. 왜냐하면 그 권력은 국가가 정상적으로 운영되는 상태에서는 결코 발동하는 것이 아니기 때문이다. 확립된 국가에서는 어디까지나 입법부가 최고 권력이며, 그러므로 국민의 이러한 권력은 정부가 해체될 때까지는 결코 발생하지 않는다.(sec. 149)

"각 개인이 사회에 들어가면서 그것에 부여한 권력은 그 사회가 존속하는 한 결코 개인들에게 다시 되돌아갈 수 없고, 항상 그 공동체에 남아 있다." 이와 마찬가지로 일단 사회가 항구적인 정부 제도를 수립하고 그에 권력을 신탁하면, 최고 권력인 "입법권은 그 정부가 존속하는 동안은 국민에게 되돌아갈 수 없다. 왜냐하면 입법부에게 영원히 지속될 권력을 제공함으로써 그들은 정치권력을 입법부에 양도하였으며, 그것을 다시 되찾을 수 없기 때문이다." 그것이 국민에게 되돌아오는 것은 오직 입법부의 존속에 일정한 기한을 정하여 그 만기가 되었을 때나, 아니면 그런 권력을 위탁받은 위정자가 신탁을 위배하고 그것을 남용함으로써 그 권력을 박탈당했을 때뿐이다. 그렇게 해서 권력이 되돌아오면 국민은 최고 권력의 소유자로서 지배자를 제거하고 바꾸거나, 아니면 새로운 정부를 수립하거나 할 수 있는 것이다.(sec. 243)

로크가 옹호한 저항권은 단순히 소극적인 저항의 권리뿐 아니라, 적극적인 의미의 혁명권을 포함하는 것이었다.[6] 국민은 정통성을 상실한 지배

----

6) 로크는 '혁명'이라는 용어 자체는 거의 사용하지 않았는데, 다만 223절과 225절에서 한 차례씩 가볍게 언급했을 뿐이다.

자에 저항할 수 있을 뿐만 아니라, 그를 축출하고 입법권을 새로운 수중에 신탁하거나, 혹은 한 걸음 더 나아가 적절하다고 생각되는 새로운 형태의 정부를 수립할 권력 역시 가지고 있다. 로크는 확립된 국가 안에서는 입법권이 최고의 권력이라고 말했지만, 이 권력은 국민 또한 최고 권력을 보유한다고 말했을 때의 최고 권력과는 그 의미가 사뭇 다르다. 입법부는 스스로에 대해서는 어떠한 규정도 제정할 수 없다. 말하자면 그것은 국가의 목적을 수행하는 데 필요한 모든 법률을 제정할 수는 있지만, "그 법률 제정의 권력을 어떤 다른 사람의 수중에 양도할 수는 없다." 왜냐하면 그것은 국민으로부터 위임받은 권력에 불과한 것으로서, 위임받은 사람이 그것을 다시 남에게 위임할 권리는 없기 때문이다. '권력을 위임할 권리' 그 자체는 결코 위임되지 않는 것으로서, 그것은 국민이 항구적으로 보유하고 있다. 오직 국민만이 국가 형태를 규정할 수 있으며, 국민만이 입법부를 수립하여 누구의 손에 어떤 방식으로 입법권을 위임할 것인가를 규정할 수 있는 것이다. 그에 비해 입법권은 "오직 법을 만들 수 있을 뿐, 입법자를 만들 수 있는" 권력은 아니다.(sec. 141)[7]

종종 "로크는 사실 주권 이론을 전혀 가지고 있지 않았다"거나, 혹은 "『제2론』은 사실 『리바이어선』의 주권에 대한 공격일 뿐만 아니라, 주권

----

7) G. Parry, *John Locke* (London, 1978), p. 114는 근대적 용어를 써서 홉스(Hobbes)와 로크를 비교하자면, 홉스가 '구성적 법규' 체제(a system of constitutive rules)를 제시한 반면, 로크는 '규제적 법규' 체제(a system of regulative rules)를 제시했다고 말한다. 이에 따르면 홉스의 경우, 정부가 제정한 법규는 그 법규가 규제해야 할 행동을 구성한다. 이를테면 재산은 국가의 법규로 단순히 규제되는 것뿐 아니라, 그 법규에 의해 생겨나는 것이다. 따라서 재산은 입법의 창조물이며, 법규 없이는 존재가 불가능한 것이다. 그러나 로크의 경우에는 그런 법규는 자연법에서 찾아볼 수 있는 것으로서, 정치사회에서 재산은 단순히 법규로 규제될 뿐 그 합법성이 정치사회에 의존하지 않는다는 것이다. 패리는 홉스의 정부 모델은 창조적 입법자(creative legislator)인데 비해 로크의 그것은 분쟁을 해결하는 판관(umpire)이라고 주장한다.

관념 그 자체에 대한 공격이다. 그 창은 단순히 한 특정 형태의 주권뿐 아니라 …… 주권이 취할 수 있는 어떠한 형태이든, 가장 온건한 형태조차 겨냥하고 있다"라는 비판을 받아 왔다.[8] 물론 로크가 『제2론』에서 주권(sovereignty) 혹은 주권자(sovereign)라는 용어를 거의 사용하지 않고 회피한 것은 사실이다. 그러나 이것이 곧 로크가 주권 개념 자체를 거부하거나 공격했다는 의미는 아니다.[9] 이들 용어는 『제1론』에서는 아주 빈번하게 쓰인 말인데, 거기에서 로크는 이 말을 주로 필머가 아담 및 그 계승자들이 장악했다고 주장한 절대적이고 자의적인 지배권을 의미하는 것으로 사용했다. 정치권력의 기원이나 범위에 관한 필머의 설명을 공격하던 로크로서는 이러한 의미로서의 '주권'을 거부한 것은 당연하다 할 것이다.[10] 그래서 로크는 『제2론』에서 필머에 대한 논박이 아니라 '정치'권력에 관한 자신의 논의를 개진할 때는 주권이라는 단어 대신에, 절대적이

⋮

8) C. E. Vaughan, *Studies in the History of Political Philosophy* (1925), vol. 1, pp. 185, 134. 그리고 R. I. Aaron, *John Locke* (3rd. ed., Oxford, 1971), pp. 281-282; J. N. Figgis, *The Divine Right of Kings* (2nd. ed., Cambridge University Press, 1922), p. 242; S. P. Lamprecht, *The Moral and Political Philosophy of John Locke* (New York, 1918), p. 148 역시 비슷한 견해를 주장하였다.

9) 로크는 4, 83, 108절 및 115절 등에서 '주권'이라는 용어를 사용하기는 하였다. 그러나 이것은 모두 주권의 존재를 부정하는 문맥에서 쓰인 것이다. 말하자면 자연상태에서 어느 누구도 다른 사람에 대해, 혹은 가정에서는 가장이 아내나 자식에 대해, 아무런 '주권'도 가지고 있지 않다는 점을 말하려는 맥락에서만 쓰인 것이다. 그렇지 않고 국가의 권력 혹은 구성원의 동의를 통해 생겨난 권력을 지칭할 때에는 주권이라는 용어를 전혀 사용하지 않았다. 따라서 M. Seliger, *The Liberal Politics of John Locke* (New York, 1969), pp. 326-327의 진술 가운데 『정부론』은 주권 개념을 공격한 것이 아니며 로크의 용어법에서 '최고 권력'과 '주권'은 같은 의미라고 하는 지적은 옳지만, 로크가 '주권'이라는 용어의 사용을 회피하지 않았다는 지적은 옳지 않다.

10) Gough, *Locke's Political Philosophy*, pp. 114-115는 로크가 '주권'이라는 단어를 회피한 것은 아마도 그것이 『리바이어선』의 자의적 권력과 결부되었다는 점 때문일 것이라고 추정하였지만, 그 이유를 필머의 주권 개념과 연관 짓는 R. H. Cox, *Locke on War and Peace* (Oxford University Press, 1960), pp. 108-109의 설명이 좀더 타당할 것이다.

고 자의적이라는 함의가 배제된 좀 더 중립적인 용어로서 '최고 권력'이라는 표현을 사용하였던 것이다.

이 '최고 권력'이라는 용어는 통상적인 의미의 주권과 대체로 일치하는 것이다. 로크의 국가는 정치사회의 목적을 수행하는 데 필요한 충분한 권력을 가지고 있다. 그것은 안으로는 그 구성원이 저지른 범죄에 대해 최고 사형까지의 형벌을 가할 법을 제정하고 집행할 권력과, 밖으로는 국외자가 행한 침해 행위에 대해 처벌할 권력, 즉 개전과 강화의 권력을 가지고 있는 것이다.(sec. 88) 콕스(R. H. Cox)의 지적처럼, 로크는 정치사회의 기초에 관해 논의하는 과정에서 분명하게 국가를 '막강한 리바이어선'(sec. 98)이라고 언급하였다.[11] 그리고 로크는 국가의 최고 권력인 입법권을 설명하면서 그것을 "국가에 형태와 생명과 통일성을 부여하는 혼"이라고 묘사했는데(sec. 212), 이 구절은 분명히 홉스의 주권에 대한 정의를 연상시키는 표현이다. 홉스는 주권을 "국가에 생명과 활동을 부여하는 공적인 혼"이라고 불렀던 것이다.[12] 로크는 주권 개념 자체를 공격한 것이 아니라, 단지 주권이 한 사람에게만 속해야 한다거나 혹은 나누어 가질 수 없는 것이라는 생각을 공격하였다.[13]

사실 로크의 주권 이론은 홉스의 것과 비교하면 불명확한 것임에 틀림없다. 『리바이어선』에서는 주권자가 누구인가에 대해서는 의심의 여지가 전혀 없다. 그것은 명확하게 절대적 지배자이며, 국가의 모든 권력은 지배자 한 사람에게 놓여 있다.[14] 그러나 로크의 경우에는 국민, 공동체, 다

11) Cox, *Locke on War and Peace*, p. 108.

12) T. Hobbes, *Leviathan*, C. B. MacPherson ed. (Pelican Books, 1978), p. 375. 이러한 지적은 W. von Leyden, *Hobbes and Locke: The Politics of Freedom and Obligation* (New York, 1982), p. 233의 주 133에 의한 것이다.

13) Seliger, *The Liberal Politics*, p. 327.

수파, 입법부 혹은 입법권을 공유한 군주 등이 모두 때에 따라 주권자로 언급되어, 그는 그야말로 라이덴(W. von Leyden)의 표현대로 "부동(浮動)하는" 주권 관념을 가지고 있는 듯이 보이기도 한다.[15] 그렇지만 비록 "주권 관념의 온전한 중요성을 파악한 최초의 저술가"[16]인 홉스의 주권 이론이 로크의 것보다 더욱 명확하고 논리적이라 할지라도, 그것은 값비싼 대가를 치르고 얻은 것이었다. 말하자면 홉스는 명확한 주권 개념을 확립함으로써 절대주의를 정당화한 것이다. 그런 반면 로크의 견해는 국가에 대해 효율적인 주권을 부여하면서, 동시에 국민에게는 자의적인 절대 권력을 거부할 수 있게 하는 이점이 있다. 그는 최고 권력인 입법권은 궁극적으로 국민에게 책임을 져야 하며, 입법부를 구성할 권력은 항구적으로 국민에게 남아 있다고 믿었다. 그렇게 하여 그는 국민을 하나의 독립된 법적 실체로 확립하였다. 로크의 주권 개념에서 입법부를 법률적 주권자라고 한다면, 국민은 헌법적 주권자라 할 수 있을 것이다.[17]

로크는 '국민'(people)이라는 용어로써 의회 혹은 하원을 의미하지 않고 별개의 법적 실체로 간주되는 일반적인 정치공동체를 의미했다. 그의 저항 이론에 더욱 급진적인 성격을 부여하는 것은 바로 이러한 관념인데, 이는 명예혁명(Glorious Revolution)을 이룩한 당시 대부분의 휘그파(Whigs) 동료들도 받아들일 수 없는 것이었다. 물론 왕정복고 이후의 완

••
14) 한편 루소(J. J. Rousseau)는 주권은 일반의지의 행사에 불과하므로 결코 양도될 수 없으며, 또한 주권자는 집합적 존재에 불과하기 때문에 스스로에 의해서만 대표되며, 정부는 단지 주권자의 대리자에 지나지 않는다고 주장한다.

15) Leyden, *Hobbes and Locke*, p. 160.

16) Vaughan, *History of Political Philosophy*, p. 55.

17) Gough, *Locke's Political Philosophy*, p. 115는 입법부를 법률적 주권자, 그리고 국민을 정치적 주권자라고 불렀다. 그러나 이때의 '정치적'이라는 형용사는 국민이 가진 주권의 성격을 입법부의 그것과 대비하여 명확하게 드러내는 데는 다소 부적절한 것으로 보인다.

고한 정치 무대에서는 저항권을 주장하는 것 자체가 급진적인 것이었다. 왕정복고 이후 수많은 정치이론가 혹은 선전가들이 영국의 궁극적인 최고 권위는 군주에게 있다고 주장했다. 절대왕정의 지지자들은 국왕이 절대적이자 자의적인 권력을 가졌으며, 따라서 그의 권위는 국민이나 그 대표가 제한하거나 통제할 수 없다고 주장하였다. 필머에 따르면 영국의 법이란 단순히 국왕의 의지의 표현에 지나지 않으며, 그의 재량으로 그것을 얼마든지 개정 내지 폐기할 수 있는 것이었다. 그리고 국왕이 하는 모든 것이 합법적이고, 따라서 저항할 수 없는 것이었다. 그에게 대항하여 무기를 드는 것은 저주받을 죄악이었다. 왕은 어떤 경우이든 신민에게 처벌을 받을 수는 없으며, 그에게 가할 수 있는 유일하게 가능한 제재란 신의 응보뿐이었다. 복벽 이후의 시절에는 의회 자체도 국왕이 절대 권위를 가졌음을 선언하고, 신민이 이 권력의 행사에 저항할 권리를 가지고 있다는 것을 명시적으로 부정하였다.[18]

그러나 간혹 군주에 대한 저항권을 주장하는 경우에도 그것을 곧바로 정치적 실체로서의 국민에게 부여하는 경우는 극히 드물었다. 이미 16세기에 반군주주의자들이 어느 정도 명확한 형태로 다듬은 초기 입헌주의 정치 이론에서도 저항과 군주 폐위의 권리는 국민의 제헌적 권력에 근거를 두고 있었다. 모든 정당한 권위는 공동체의 동의에서 나오고 따라서 조건부의 것이므로, 국민은 그 조건이 침해될 때에는 왕을 폐위할 권리를 가진다는 것이다. 그러나 이러한 반군주주의의 전통 속에서 국민의 제헌적 권력은 언제나 국민을 대표한다고 간주된 다른 어떤 실체의 권리와 동등시되었다. 바꾸어 말하면 국민의 대표자의 권리와 전체 공동체의 권

..

18) H. T. Dickinson, *Liberty and Property: Political Ideology in 18th Century Britain* (London, 1979), pp. 18-19를 참조하라.

리가 법률적으로 등가인 것으로, 그리고 상호 대체가 가능한 것으로 여겨졌다. 그리하여 저항권의 인정은 대의체인 신분의회에, 신분의회가 무력할 때는 상급의 국가 관리 및 귀족에 한정되었다. 그리고 일반 민중이 주도하는 저항은 반사회적이고 무정부적인 것으로 여겨져 부정되었다.[19] 로크의 시대에 와서도 앨저넌 시드니(Algernon Sidney)와 같은 완강한 공화주의자조차 여전히 영국 국민은 오직 의회 안에서 주권자라고 주장하였다.[20]

그런데 이와 같은 전통적인 반군주주의자 혹은 의회주권론자들은 당시의 영국과 같은 혼합정체, 즉 국왕이 귀족 및 평민과 더불어 세 신분(three estates)을 구성하는 한 부분으로서 입법권에 함께 참여하고 있는 정치 체제에 부합하는 저항 이론을 제대로 수립할 수 없었다. 왜냐하면 그들은 의회의 제헌적 권위를 전제함으로써 저항 자체를 정당화할 수는 있었지만, 그들이 때로는 유지하기를 원했던 국왕의 독립성을 동시에 설명할 수는 없었던 것이다.[21] 그리고 의회의 제헌적 권위를 부정하는 부류들은 그렇게 함으로써 국왕의 독립성을 설명할 수는 있었으나, 그 대신 저항권을 정당화할 수는 없었다. 그런데 로크는 영국처럼 국왕이 입법권에도 일정한 몫을 가지고 있는 국가에서는 국왕도 최고권자라고 말할 수 있다는 점을 인정하였다.(sec. 151) 이렇게 국왕의 독립성을 인정하고 국왕에 대한 의회의 우위성을 부정함으로써, 로크는 더 이상 의회주권론자

••

19) 이 문단은 J. H. Franklin, *John Locke and the Theory of Sovereignty* (Cambridge, 1981), pp. 1~2에 따른 것이다.

20) 같은 책, p. 91.

21) Grant, *Locke's Liberalism*, p. 202는 그뿐만 아니라 만일 의회가 최고권을 가진다면 의회에 의한 전제정이라고 하는 문제가 없으리라는 법은 없을 것인데, 그럴 때 이 이론은 의회의 악정에 저항할 권리라는 문제에 대해서는 아무런 대답도 하지 않고 있다는 점을 지적한다.

들의 전통적인 저항의 교의를 그대로 채용할 수는 없었다.[22]

로크는 저항권을 결코 의회에 한정하지 않거니와, 그것의 지도력도 인정하지 않는다. 그는 저항권 문제를 다루면서 의회의 권위는 아예 거론조차 하지 않는다. 아니, 사실은 그의 저항 이론의 논리 구조에는 의회나 다른 어떤 정부 기구가 끼어들 여지가 조금도 없다. 그는 국민의 저항권은 정부가 더 이상 정부이기를 그친 상태, 즉 정부가 해체된 상태에서 발동되는 것으로 이해했는데, 이것은 곧 저항을 수행하거나 지도할 주체로서 의회 그 자체가 존속하는 것이 불가능함을 의미하는 것이다. 로크에 의하면 정부가 해체되면 모든 권력은 자동적으로 공동체에게로 되돌아간다. 정부와 달리 공동체는 정부의 해체 이후에도 해체되지 않는다. 그 구성원들 사이에 공동의 정부를 유지할 의지와 능력이 있는 한 공동체는 계속 존속하고, 새로운 정부를 구성할 제헌적 주권을 보유하고 있는 것이다. 그리고 그 구성원 각자는 정부에 대한 복종의 의무에서 해방되지만, 공동체에 대한 의무는 여전히 남아 있다.

그 자신의 독자적인 권력을 가진 법적 실체라고 하는 이러한 공동체 관념은 로크에게는 확고한 것으로서, 이는 정부 수립에 관한 자신의 설명과도 일치한다. 그는 정부 수립의 과정을 정치공동체의 수립과 명백하게 분리한다. 그는 정부 수립을 정치공동체의 신탁 행위의 결과로 설명함으로써, 공동체의 독자성을 확보하고 폭정으로 전락한 정부에 대한 저항의 주체를 그것에서 구할 수 있었던 것이다. 이리하여 로크는 당시 영국의 체제였던 혼합정체에서의 저항의 문제에 대해 좀 더 적절한 해결책을 찾아 낼 수 있었다.[23]

••
22) 이 문단은 대체로 Franklin, *Theory of Sovereignty*, pp. 49, 93에 따른 것이다.
23) 같은 책, pp. 53-54에서 프랭클린은 혼합군주정에서의 저항의 문제에 대한 이와 같은 해결

2. 저항권의 주체

　그러면 로크가 폭군으로 전락한 군주에 대해 저항할 권리를 부여한 정치공동체, 즉 국민(people)을 구성하는 사람들은 누구인가? 혁명권은 누구에게 있는가? 로크는『정부론』도처에서 빈번하게 국민이라는 용어를 사용하면서도 그 말의 개념을 명확하게 규정하지 않음으로써, 그가 말하는 정치사회의 구성원이 과연 누구인지, 혹은 혁명의 권리를 가진 사람이 누구인지에 대해 많은 논란과 오해를 불러일으켰다. 로크와는 달리 그의 동시대인들은 많은 경우 누가 국민인가에 대한 자신의 견해뿐 아니라 자신이 특정한 입장을 취한 이유에 대해서도 분명하게 설명하는 데에 상당

책은 조지 로슨(George Lawson)이 먼저 고안해 낸 것이었는데, 로크가 이를 전폭적으로 수용하여 좀 더 항구적인 이론 체계로 확립했다고 주장한다. 그에 따르면 로슨은 1657년에 완성하고 1660년에 출간한 저서인 *Politica sacra et civilis*에서 청교도혁명을 정당화하기 위한 이론을 전개했는데, 여기에서 그는 영국의 정부는 1642년에 해체되었고, 그에 따라 모든 권력은 법적으로 공동체에 되돌아갔다고 결론지었다는 것이다. 1642년에 의회와 찰스 1세 왕이 대립했을 때, 장로파의 영향이 강력했던 하원에 직면하여 대부분의 국교회 성직자는 찰스 1세의 편에 섰다. 국왕은 적어도 공개적으로는 국교회의 보호를 약속했기 때문이다. 그러나 로슨은 국교회 성직자이면서도 의회를 지지했다. 프랭클린은 로슨이 드물기는 했지만 결코 희귀한 예외는 아니었다고 한다.
　또한 머클린(Maclean)에 의하면, 로슨의 저술은 큰 인기를 끌지는 못했지만 꾸준히 유통되었고 명예혁명의 지지자들에게도 잘 알려져 있었다. 그것이 그 후에 잊힌 것은 로크의 명성에 가린 탓이라는 것이다. 시민정부의 기원과 조직 그리고 운용과 해체에 관해 로크가『정부론』에서 전개한 논의는 본질적인 면에서 사실상 로슨의 저술에서 명백하게 개진되었으며, 로슨의 저술의 주요 논점을 열거하는 것은 사실상『정부론』자체를 요약하는 것과 다름 없다고 머클린은 주장한다. 로크가 로슨을 읽었음을 보여 주는 직접적인 증거는 없지만, 로크가 네덜란드 망명 시절 귀국 전 2년 동안 식객으로 머물렀던 펄리(Benjamin Furly)가 로슨의 저서를 소장하고 있었고, 또한 로크의 장서 목록에도 그것이 포함되어 있다는 사실로 볼 때 그럴 가능성은 충분히 있다는 것이 머클린의 생각이다. A. H. Maclean, "George Lawson and John Locke," R. Ashcraft ed., *John Locke: Critical Assessments*, 4 vols. (London & New York, 1991), vol. 1, pp. 110-114.

한 주의를 기울였다.

앨저넌 시드니는 정치사회의 일차적 목적이 자유의 보호에 있고, 그 자유는 신이 모든 인간에게 부여한 것이라고 선언하였다. 그러나 그는 그러한 포괄적인 근본 원리로부터 정치적으로 민주적인 함의(含意)를 끌어내는 것이 얼마나 부적절한가 하는 점을 명백히 했다. 실제로 '국민'을 얼마나 다양하게 정의하든지 간에, 어쨌든 정치권력은 국민으로부터 나온다고 시드니는 주장하였다. 그렇지만 그는 또한 오직 하인(servants)을 제외한 독립적인 사람들만이 정치적 발언권을 가질 수 있는 것으로 간주해야 한다는 자신의 근본적 입장을 거듭 강조하였다.[24]

휘그들이 국민의 자유를 수호한다고 말할 때, 그것은 어김없이 자산가들이 누리는 특권을 보호하는 것을 의미했다. 로크의 오랜 지인이었던 티렐(J. Tyrrell) 역시 명백하게 국민과 군중(multitude)을 구별하려 했다. 그는 "내가 국민이라는 단어를 사용할 때, 나는 언제나 상스럽고 잡다한 군중을 의미하는 것이 아니라, 자연상태 안에서 자유로운 남녀 집단 전체, 특히 가족의 아버지이자 주인(master)들을 의미하는 것으로 이해되기를 바란다"고 말했다. 그리고 국민 주권의 가장 목소리 큰 주창자였던 디포(Daniel Defoe) 역시 국민을 극히 제한적인 의미로 사용하였다. 그는 국민이 정치권력을 저장하고 있는 하나의 독자적인 정치적 실체로서, 정부가 해체되면 그들이 적절하다고 생각하는 정부에 그 권력을 신탁할 권리가 있다고 믿었다. 그런데 그럴 때 그가 말하는 국민은 아주 소수에 불과한 자유토지보유농(freeholders)을 의미하는 것이었다. 그리고 노동 빈곤

⋮

24) J. Richards, L. Mulligan, & J. K. Graham, "'Property' and 'People': Political Usages in Locke and Some Contemporaries," *Journal of the History of Ideas*, vol. 42, no. 1 (1981), pp. 40-41.

층과 같은 다른 주민들은 단순한 체류자, 비유컨대 한 집안의 하숙인에 불과한 존재이며, 따라서 이들은 자유토지보유농들이 제정하고 부과하는 법에 예속되어야 마땅하다고 생각하였다.[25]

많은 연구자들은 로크 역시 실제로는 이들과 마찬가지로 저항권을 가진 구성원을 『정부론』의 논의가 암시하는 만큼 포괄적인 것으로 생각하지는 않았다고 주장한다. 로크는 단지 귀족이나 대재산 소유자만 『정부론』에서 옹호한 혁명적 활동의 수행자라고 상정했다거나,[26] 혹은 로크의 국가는 사실 유산자를 그 주주로 하는 일종의 주식회사로서 오직 재산 소유자들만이 그 국가의 완전한 구성원이라는 것이다.[27] 이들은 로크가 비록 그의 시민사회를 구성하는 완전한 구성원이 누구인지 명백하게 밝히지는 않았지만, 이는 곧 그가 이 문제에 관해서는 그 시대의 기본적 가정들을 받아들였다는 의미이며, 따라서 그의 글은 그러한 가정들에 대한 적절한 인식 아래 읽어야 한다고 주장한다.

..

25) 이 문단은 대체로 Dickinson, *Liberty and Property*, pp. 88-89에 의한 것이며, James Tyrrell, *Bibliotheca Politica* (1694), advertisement의 글도 p. 88에서 재인용한 것이다.

26) R. Ashcraft, *Locke's Two Treatises of Government* (London, 1987), p. 219는 이런 견해가 당혹스럽게도 로크의 주석가들 사이에서 정통으로 발전한 주장이라고 하면서, 그 예로 J. Dunn, "The Politics of Locke in England and America in the Eighteenth Century," J. W. Yolton ed., *John Locke: Problems and Perspectives* (Cambridge University Press, 1969)와 G. H. Sabine, *A History of Political Theory*를 든다. 그러면서 애시크래프트는 이런 해석은 역사적 근거는 말할 것도 없고 이를 뒷받침할 전거도 전혀 없다고 비판하면서, 로크의 저작은 그가 광범한 일반 국민에게 정부에 대항하여 무기를 들라고 호소하는 것을 암시하는 구절로 가득 차 있다고 주장한다.

27) C. B. MacPherson, *The Political Theory of Possessive Individualism* (Oxford, 1975), p. 195는 이러한 견해를 가진 학자로 L. Stephen, *English Thought in the Eighteenth Century* (1876); Vaughan, *History of Political Philosophy* (1925); H. J. Laski, *Political Thought from Locke to Bentham* (1920); R. H. Tawney, *Religion and the Rise of Capitalism* (1926) 등을 들고 있다. 물론 이런 견해의 가장 대표적인 주창자는 먹퍼슨 자신임은 두말할 나위가 없다.

먹퍼슨(C. B. MacPherson)에 의하면, 17세기의 영국 사회는 합리성과 권리의 면에서 매우 큰 차이가 나는 두 개의 계급으로 구성된 사회였다. 그 가운데 유산계급만이 합리성 및 그것을 바탕으로 하여 인정되는 정치적 권리를 지닌 완전한 시민이고, 무산 노동계급의 구성원은 그렇지 못하다고 한다. 무산계급은 합리적인 존재가 못되며, 따라서 정치적 권리가 없는 단순한 통치의 대상일 뿐이다. 요컨대 이들은 시민사회 속에 있기는 하지만 그 온전한 구성원은 아닌 것이다. 로크는 이러한 당대의 통념을 자신의 자연상태 속으로 전이하고, 17세기 영국 사회와 영국인의 몇몇 속성들을 자연상태와 그 안의 인간의 속성으로 일반화했다. 그는 그의 사회가 지닌 통념들을 너무나 당연한 것으로 여겼기 때문에 그것에 대해 어떤 구체적 논의를 전개할 필요를 느끼지 못했다는 것이다.[28]

먹퍼슨은『제2론』의 첫머리나 혹은『인간 오성론(*An Essay Concerning Human Understanding*)』의 인간 본성에 관한 분석에는 인간의 합리성이나 자연적 권리가 사회계급에 따라 차이가 난다는 것을 암시하는 진술이 전혀 없으며, 거기에서는 전적으로 권리의 자연적 평등에 강조점이 놓여 있다는 것을 인정한다. 그러면 어디에서 어떻게 평등한 자연권으로부터 차등적인 자연권으로 변이가 일어나게 되었는가? 그것은 바로 재산이론의 전개 과정을 통해서라고 먹퍼슨은 주장한다. 그의 주장을 따르자면, 로크는 재산에 관한 논의를 통해 평등한 개인들을 매우 상이한 권리를 갖는 두 개의 계급, 즉 재산을 가진 자와 갖지 못한 자로 갈라놓았다. 그래서 재산을 갖지 못한 자는 그들의 삶 자체를 유산자에 의존하게 되고, 따라서 최초의 평등한 자연권은 재산의 차등화 이후에는 유지되지 못한다. 이러한 재산의 차등화는 자연상태 안에서 일어난 자연적인 것이

28) MacPherson, *Possessive Individualism*, pp. 226-229.

며, 시민사회는 이러한 불평등한 소유, 즉 이미 자연상태 안에서 불평등한 권리를 만들어 낸 바로 그 불평등한 소유를 보호하기 위하여 재산 소유자들에 의해 수립된다. 이러한 방법으로 로크는 자신의 사회에 존재하는 계급에 따른 차등적 권리라는 관념을 자연상태에 투사하여 암묵적으로 차등적인 자연권이라는 관념으로 일반화했다는 것이다.[29]

결국 먹퍼슨의 해석에 의하면, 오직 재산 소유자만이 로크의 시민사회의 완전한 시민이며, 노동계급은 시민사회에 종속되지만 그 완전한 구성원은 아니다. 로크에게 노동계급은 다만 국가 정책의 시행 대상이지 시민의 일부는 아니라는 것이다. 따라서 혁명의 권리는 오직 완전한 시민인 유산계급만의 것으로서, 노동계급에게는 이 권리가 부정된다. 왜냐하면 혁명의 권리는 본질적으로 합리적 능력에 의존하는 것인데, 노동계급은 기본적으로 이러한 합리적인 정치적 행동의 능력이 결여되어 있기 때문이라는 것이다.[30]

먹퍼슨은 이리하여 로크가 실제로는 말하지 않은 것을 근거로 해서 사실상 말했음에 틀림없다고 생각되는 바의 것을 도출해 내었다. 이러한 방식은 어떤 사상을 해석하는 데 있어서, 실제 글로 표명되지 않은 견해를 그 사상의 핵심적 지위에 올려놓는 격이다. 물론 한 저자의 침묵에서도 그의 생각을 읽을 수는 있을 것이다. 그러나 어떤 문제에 대해 침묵하거나 혹은 일반적으로 기대되는 견해를 표명하지 않은 사실보다는, 저작 속의 실제 진술이 그 저자의 주장을 이해하는 일에서 훨씬 더 나은 안내자라고 하는 지적은 전적으로 타당하다 할 것이다.[31]

••

29) 같은 책, pp. 230-232.

30) 같은 책, p. 224.

31) Richards et al.., "'Property' and 'People'," p. 40.

정치사회의 구성원 자격에 대해 로크가 명확한 규정을 제시하지 않은 사실을 그가 그 문제에 관한 사회적 통념을 묵인한 것으로 해석할 수도 있을 것이다. 그러나 달리 생각할 여지 또한 충분히 있다. 사실 먹퍼슨이 제시하는 로크의 원리는 그 자신도 인정하듯이 권리의 자연적 평등에 강조점이 놓여 있고, 『제2론』에서 '국민'은 매우 포괄적 개념인 것으로 읽힐 여지가 충분히 있다. 그래서 만일 로크가 그것으로 당대의 통념대로 유산계급만을 의미하고자 했다면, 앨저넌 시드니나 지인인 티렐이 그랬던 것처럼, 오해의 소지를 없애기 위해서라도 오히려 개념 규정을 할 필요가 있었을 것이다. 그럼에도 그가 그렇게 하지 않았다는 것은 곧, 먹퍼슨의 판단과는 정반대로 로크가 '국민'을 그의 원리가 논리적으로 의미하는 바대로 포괄적인 개념으로 읽히기를 바랐기 때문이라고 볼 수도 있을 것이다.

더군다나 국민의 개념에 대한 로크의 침묵을 당대의 사회적 통념의 수용으로 이해한다 할지라도,[32] 거기에서 한 걸음 더 나아가 그것을 그의 정치사상의 핵심으로 부각하고, 그리하여 로크를 '부르즈와 독재'[33]의 주창자인 것처럼 묘사한다면 이는 어불성설이 될 것이다. 한 사상가가 적극적으로 거부하지 않은 사회 통념은 그의 사상의 기반이나 혹은 한계를 드러내어 주는 것으로 이해될 수는 있지만, 그것을 그 사상가가 적극적으로 주장하는 핵심 사상으로 내세울 수는 없는 법이다. 이를테면 로크가 여성이 참정권에서 배제된 선거제도에 침묵했다고 해서, 혹은 여성 참

---

32) 실은 먹퍼슨이 17세기 영국 사회의 일반적 가정이라고 한 것이 과연 그런가, 혹은 정말 통념이었나 하는 것도 의심스러운 점이다. 앞에서도 보았듯이 다른 많은 저술가들은 국민의 개념을 따로 규정해 둘 필요를 느끼고 있었다.

33) 이 용어는 라이언(A. Ryan)이 먹퍼슨 테제를 논하면서 사용한 표현이다. A. Ryan, "Locke and the Dictatorship of the Bourgeoisie," *Political Studies*, vol. 13, no. 2 (1965) 참조.

정권을 주장하지 않았다고 해서—따라서 아마도 그는 남성 우월적 사고방식을 가졌을 것이며, 그것은 분명 그의 사상이 지닌 한계임이 틀림없을 터이지만—그를 전형적인 성차별주의자로, 그의 사상을 성차별의 교의로 내세울 수는 없는 노릇이다.[34) 사회적 통념은 사회의 것이지 그 통념을 묵인하고 받아들인 특정 사상가의 것은 아니며, 공이든 과이든 그에게 돌릴 성질의 것이 아니다.

그렇다면 로크의 정치사회의 구성원은 과연 누구인가? 유산계급만인가, 아니며 보다 넓은 범위를 포괄하는 것인가? 이것은 로크의 사상을 해석하는 데에서 가장 논쟁적인 문제 가운데 하나이다. 그런데『정부론』어디에서도 로크가 시민의 자격을 토지재산 소유자와 같은 어떤 특정 계급에게만 한정했다는 식의 해석을 정당하게 뒷받침해 주는 전거를 발견할 수 없다. 정치사회를 구성하는 사람들이란 로크가 자연상태에서 모든 사람은 다 자유롭고 이성적이라고 말한 바로 그 모든 자유인이다. 그것에 대해 그는 결코 어떤 특별한 사회적 혹은 경제적 조건으로 규정하거나 제한을 가하지 않았다. 그리고 로크는 어디에서도 그가 말한 이러한 자유인의 개념을 변경하지 않았으며, 그래서 누구든 자연상태에서 그런 지위를 가진 자는 또한 정치사회의 구성원이 될 필요하고도 충분한 자격을 갖추고 있는 것이다.

만일 자연상태에서 화폐가 도입된 이후 계급분화가 일어나고 그래서 정치 사회의 완전한 구성원은 오직 유산자만이라고 한다면, 그것은 곧 정치사회 수립을 위한 계약은 전적으로 유산자들만의 일이라는 말이

<hr />

34) 로크는 실제로 남성 우월적 사고방식을 드러내기도 했다. 그는 82절에서 한 가정에서 남편과 아내가 의견이 엇갈릴 때, 최종적 결정권 곧 지배권이 어디엔가 있어야 하게 마련인데, 그럴 때 "그것은 당연히 보다 유능하고 힘센 자로서 남자의 몫으로 떨어진다" 하고 언명하였다.

된다. 왜냐하면 정치사회의 수립은 재산의 보호를 위한 것이므로 보호할 아무런 재산도 없는 무산 노동계급은 그것을 수립할 필요성을 전혀 느끼지 못할 것이며, 더욱이 아무런 반대급부 없이 오로지 지배받기만을 위해 계약에 참여할 리는 만무하기 때문이다. 그렇다면 결국 시민사회란 유산계급이 재산을 갖지 못한 노동계급으로부터 자신들의 재산을 보호하기 위해 수립한 것이 될 터이다. 시민사회는 그렇게 유산계급이 노동계급을 배제한 채, 아니 어쩌면 이들의 반대를 받으면서, 이들과 투쟁하는 가운데 수립되는 것인가? 로크는 시민사회의 기원을 정복에서 찾는 논의를 비판하면서(sec. 175) 합의에 의한 계약을 강조하는데, 만일 화폐 도입 이후의 자연상태가 계급사회라면 시민사회의 기원에 대한 설명으로는 '계약'보다는 오히려 '정복'이 더 적절할 것이다. 소수의 유산계급과 다수의 노동계급으로 분화한 자연상태에서는 이른바 "투쟁적이고 다투기 좋아하는"(sec. 34) 노동계급을 배제한 유산계급만의 국가도, 혹은 이들을 오로지 온순한 양처럼 복종의 의무만 지는 예속민으로 거느린 계급국가도 자발적인 계약으로는 불가능할 것이다. 이런 것은 시민사회의 기원에 관한 로크의 설명과는 전혀 상관이 없다.

로크의 자연상태에서 사람들의 재산은 불평등하지만,[35] 그러나 재산의 불평등이 곧 인간 상호간의 불평등이나 혹은 인간의 권리의 불평등을 가져오는 것은 아니다. 로크는 재산의 소유가 정치적 권위를 창출하지 않는다는 점을 분명히 했다. 그가 『제1론』에서 필머를 비판한 두 개의 주된 논거 가운데 하나가 재산과 권위의 분리이다(그리고 다른 하나는 가족과 국가의 분리이다). 재산과 권위의 봉건적 동일시를 날카롭게 비판하면서, 그

---

35) 48절에서 로크는 "근면의 정도가 서로 다름에 따라 사람들은 서로 다른 비율로 소유물을 가지게 마련"이라고 적고 있다.

는 재산 소유가 결코 정치적 권위를 부여해 주지 않으며 양자 사이에는 아무런 직접적인 관련도 없다고 주장하였다.[36]

『제1론』의 제4장에서 아담이 대지의 소유주라는 필머의 명제를 논파한 다음, 로크는 비록 아담이 그 소유주였다고 하더라도 여전히 그것 때문에 그가 어떤 정치적 권위를 가졌다는 결론은 따라 나오지 않는다고 주장하였다. 그는 "토지에 대한 재산권이 한 사람에게 다른 사람의 생명에 대한 권력을 부여한다는 일이 어떻게 일어난다는 말인가" 하고 반문한다.(I. sec. 41)[37] 로크의 생각으로는, 신은 어느 누구의 생명도 다른 사람의 자비에 내맡겨지도록 버려두지 않았으며, "만인의 주이시요 어버이이신 하느님은 그의 자녀 어느 누구에게도 그러한 재산을 부여하지 않았다 … 그러므로 어느 누구도 토지나 소유물에 대한 재산의 권리로 다른 사람의 생명에 대한 정당한 권력을 가질 수는 없었다."(I, sec. 42) 그리고 비록 재산의 힘을 극도로 무자비하게 휘두른다 하더라도, 이것이 "토지에 대한 재산권이 … 사람의 인신에 대한 권위를 부여해 주었다는 것을 증명하는 것은 아니며, 오직 계약만이 그렇게 할 수 있다."(I, sec. 43)

그런데 로크가 시민사회의 수립이나 그 목적 등과 관련하여 말하는 재산은 언제나 넓은 의미의 것, 이를테면 생명과 자유와 자산 등을 포괄하는 개념이라는 사실을 이 시점에서 다시 한 번 상기할 필요가 있다. 그는 그 점을 기회 있을 때마다 반복하여 강조한다. 이를테면 "사람은 … 완전한 자유에 대한 자격을 가지고 태어나서 … 다른 사람의 침해와 공격

36) J. Cohen, "Structure, Choice, and Legitimacy: Locke's Theory of the State," *Philosophy and Public Affairs*, vol. 15, no. 4 (1986), p. 307은 이 점을 지적하고 있다.

37) Seliger, *The Liberal Politics*, p. 176은 이리하여 정치권력을 경제 권력에서 도출하는 것은 로크의 정치권력의 본질을 파괴하는 것이며, 로크 사상에서는 정치 영역이 경제 영역보다 우위에 있다고 주장한다.

으로부터 그의 재산, 즉 생명과 자유와 자산을 보전할 권력을 가지고 있을 뿐만 아니라"(sec. 87)라거나, 사람들이 다른 사람들과 더불어 정치사회를 수립하는 것은 "내가 재산이라는 일괄 명칭으로 부르는 것, 즉 그들의 생명, 자유 및 자산의 상호 보전을 위해서"(sec. 123)라고 말하는 것 등이 그런 것이다. 로크는 재산(property)이라는 용어를 생명 및 자유와 나란히 열거하면서 사용하지 않는다. 그럴 경우에는 재산 대신 반드시 자산(estates)이나 소유물(possessions) 혹은 부(fortunes)와 같은 용어를 사용한다.[38]

이런 의미에서 보자면, 노예를 제외한 모든 자유인은 재산 소유자이다. 비록 물질적인 자산이 없는 사람이라 하더라도, 양도할 수 없는 보다 근원적인 재산인 생명과 자유를 지녔다는 의미에서 그러하다. 국가의 주된 목적이 재산의 보호라는 면에서 볼 때, 양도 가능한 물질적 재화는 오히려 부차적인 재산에 불과하다. 로크는 재산의 항목을 나열할 때 반드시 생명-자유-자산의 순서로 하거니와, 『정부론』과 비슷한 시기에 출간된 『관용에 관한 서신』에서는 그러한 태도가 더욱 두드러지게 나타난다. 여기에서도 그는 자신의 기본적인 정치 원리를 다음과 같이 되풀이한다.

내게는 국가란 오로지 자신의 시민적 이익을 획득하고 보전하고 증진하는 것만을 위해서 구성된 인간 사회인 것으로 보인다. 내가 '시민적 이익'이라고 말하는 것은 생명·자유·건강 및 육체의 무통, 그리고 외적인 물질, 이를테면 돈·토지·주택·가구 기타 등등의 소유이다.[39]

∴

38) 85, 120, 135, 171, 173 및 222절 들도 참조하라. 그러나 예외가 하나 있다. 로크는 131절에서는 재산을 자유와 함께 언급한다.

39) M. Montuori, *John Locke on Toleration and the Unity of God* (Amsterdam, 1983), p. 15.

여기에서 로크는 국가의 목적인 '시민적 이익'을 열거할 때 이와 같이 '외적인 물질'의 소유를 시민적 이익의 일부로서 생명이나 자유와 동등하게 취급하기보다 그것에 추가되는 부차적인 요소인 것처럼 취급하고 있다. 이러한 사실은 그런 외적인 물질의 소유 여부가 국가 구성원의 자격을 좌우하는 결정적이고 유일한 요건이 아니라는 주장에 이바지할 수 있을 것이다.

뿐만 아니라 로크가 보기에는, 모든 자유로운 인간―이 말에서는 오직 노예만이 제외될 뿐이다―은 협의의 재산, 즉 자산 혹은 물질적 재화라는 의미에서도 재산 소유자이다. 로크가 재산에 관한 이론을 개진한 제5장에서 자연권으로 옹호하려고 했던 재산은 생산 수단으로서의 자본이라기보다는 기본적으로 사람이 삶을 영위하는 데 필요한 재화였다. 애시크래프트도 그 의미를 적절하게 지적한 것처럼, 바로 앞에서 인용한 『관용에 관한 서신』의 구절은 이러한 생각이 옳다는 것을 말해 준다고 할 것이다.[40] 즉 로크가 시민적 이익의 하나로 마지막에 든 외적인 소유물은 곧 『정부론』의 '재산' 항목 중 '자산'에 속하는 것이라고 볼 수 있을 것이다. 따라서 누구든지 돈이나 주택 혹은 가구 등을 소유한 사람은 자산, 즉 협의의 재산을 소유했다고 말할 수 있을 것이다. 더 나아가 현재 아무것도 가진 것이 없다고 할지라도 앞으로도 영원히 아무것도 가질 가능성이 없는 사람은 없을 것인바, 누구든 "장차 획득할 소유물"의 소유자로서도 재산을 가진 사람이다.(sec. 120)

이러한 구절은 유산자와 무산자의 엄격한 구별을 허용할 여지를 주지 않는다. 물론 로크가 자연상태에서 재산의 불평등을 인정한 것은 사실이다. 그러나 그 불평등이란 사람을 유산자와 무산자로 갈라놓는 것이 아

---

40) Ashcraft, *Locke's Two Treatises*, pp. 173-174를 참조하라.

니라, 다만 보다 많이 가진 사람과 보다 적게 가진 사람으로 갈라놓을 정도의 불평등에 불과하다. 이런 면에서 볼 때, 로크가 『관용에 관한 서신』에서 자유인은 누구나 재산의 소유자이며 따라서 국가를 구성하는 구성원이라고 생각했을 것으로 추정해 볼 수 있다. 이 저서는 『정부론』과 저술 시기는 달랐지만 거의 비슷한 시기에 출간되었고, 따라서 이 문제에 관한 한 양 저서가 서로 다르다고 볼 수는 없을 것이다.[41]

모든 사람이 재산 소유자인 것과 마찬가지로 또한 모든 사람은 이성을 지닌 합리적 존재이다. 로크의 사상은 기본적으로 모든 성인의 잠재적 합리성에 바탕을 두고 있다. 그가 사회경제적 계급과 합리성을 직접 결부하고, 그래서 노동계급 혹은 사회적 하층신분은 도덕성이나 합리성을 결여한 존재로 간주했다는 주장은 크게 잘못된 해석이다. 물론 로크는 이성적 능력의 측면에서 사람들 사이에 실질적인 차이가 있다는 것을 인정하였다. 그렇지만 또한 그가 이러한 차이가 계급 분화에까지 이른다고 생각하지 않았다는 것도 분명하다.

로크가 "근면하고 합리적인 사람들"(sec. 34)이라는 표현을 사용함으로써 근면과 합리성을 서로 연결한 것은 사실이다. 그는 나태하고 가난한 사람들은 위험하고 비합리적이며, 따라서 엄격한 감독이 필요하다고 생각했다. 그러나 그는 가난한 사람들 모두가 나태하다거나 혹은 이들만이 나태하다고 주장하지 않았으며, 또한 모든 나태한 사람이 다 가난하다고

---

41) Richards et al.., "'Property' and 'People'," p. 29도 당대의 정치적 논쟁의 맥락 안에서 로크의 '재산' 용어법을 다른 사람의 용어법과 비교해 보면, 로크는 '재산'에 대한 독특하고도 의식적인 용법을 통해 '국민'에 대해서 대부분의 정치적 동료들과는 현격하게 다른 정치적 정의(definition)에 도달했다는 결론을 얻게 된다고 주장한다. 이를테면 동료들이 정치 공동체의 완전한 구성원의 자격을 분명하고 엄격하게 배타적으로 규정할 때, 로크는 일관되게 포괄적(inclusive)으로 규정했다는 것이다.

하지도 않았다. 그는 방탕하고 게으른 귀족에 대한 혐오감을 숨기지 않았다.[42] 로크는 결코 부자는 합리적이고, 빈자는 비합리적이며 비도덕적인 금수에 불과하다고 생각하지 않았다. 그의 눈에는 오히려 부자는 대부분 부패하고, 유덕한 사람들은 가난하게 남아 있으려 하는 것처럼 보였다.[43] 로크가 1670년대 말에 프랑스를 여행할 때, 그에게 아주 인상적이었던 사람들은 성공적인 축재자들이 아니라 위그노(Huguenots) 농민들이었다. 그는 이들이 영국의 일용노동자들보다 훨씬 더 무거운 빈곤과 결핍의 중압에 시달리고 있지만, "합리적 존재이자 기독교도"이며 영국의 더 나은 형편에 있는 사람들보다 종교적인 문제에 관해 훨씬 더 잘 이해하고 있다는 점에 감명을 받았다.[44]

로크는 경제 문제를 다룬 한 저술에서 노동자들은 거의 하루 벌어 하루 먹고 사는 생활을 하거나 생계를 간신히 유지하는 정도의 수준에 머물러, 자신들의 생각을 그 이상으로 끌어 올릴 시간이나 기회를 갖지 못한다고 썼는데,[45] 먹퍼슨은 이런 구절을 들어 로크가 노동계급에게 완전한 합리성을 인정하지 않았다고 강변한다.[46] 그러나 사실 로크에게는 노동이야말로 이성적 행동이고 이성의 법에 따르는 행위였다. 그는 "신이 세계를 모든 인류에게 공유로 주었을 때, 그는 또한 인간에게 노동할 것

42) E. J. Hundert, "Market Society and Meaning in Locke's Political Philosophy," *Journal of the History of Philosophy*, vol. 15, no. 1(1977), p. 39를 참조하라.

43) Dunn, *Political Thought of John Locke*, p. 217.

44) 위그노 농민에 관한 로크의 글은 "Of the Conduct of the Understanding", *The Works of John Locke* (1768), IV, p. 155에 실려 있으며, 이 부분은 Hundert, "Market Society and Meaning," p. 39와 Richards et al.., "'Property' and 'People'," p. 49의 지적에 의한 것이다.

45) "Some Considerations of the Consequences of the Lowering of Interest and Raising the Value of Money", *The Works of John Locke* (1759), II, p. 36.

46) MacPherson, *Possessive Individualism*, p 223.

을 명령했으며, 인간의 궁핍한 상태가 그에게 노동을 요구하였던 것이다"라고 말한다.(sec. 32) 궁핍한 환경 속에서 생계를 위해 노동하고 땅을 전유화하는 것은 신의 명령을 수행하는 행위이다. 먹퍼슨은 자연상태의 처음 단계에서는 노동과 합리성이 일치했지만, 화폐가 도입된 이후의 단계에서는 양자가 분리되고 완전한 합리성은 오직 무제한의 자본 축적에만 놓이게 되었다고 주장한다.[47] 그러나 로크가 합리성의 개념을 이렇게 변경해서 특정 계급의 사람들을 이성적 존재의 범주에서 제외한 일은 결코 없으며, 이러한 주장은 전혀 전거로 뒷받침되지 않는다.

이성의 힘을 갖고 있지 못하고, 따라서 자유인으로서의 권리를 행사할 수 없다고 로크가 언명한 집단이 있기는 하다. 그것은 미성년자(sec. 55)와 백치 및 정신이상자(sec. 60)이다. 이들은 이성이 결여된 존재이기 때문에 자유인, 즉 권리의 주체가 될 수 없으며, 단지 부모의 보호와 후견 아래 놓여 있을 뿐이다. 만일 이들을 예외적인 존재로서 논외로 접어 둔다면, 로크가 시민사회의 구성원에서 제외하는 범주는 단 하나, 노예뿐이다. 미성년자나 정신이상자는 아직 일정한 연령에 도달하지 않았거나 타고난 결함과 같은 자연적 요인으로 말미암은 데 비해, 노예는 자신이 저지른 행위의 결과로 그렇게 된 것이다.

로크가 유일하게 인정하는 노예는 무고한 사람을 해치려고 부당하게 전쟁을 일으켰다가 그 "전쟁에서 사로잡힌 포로"인데, 이 노예는 "자연의 권리에 의해 그 주인의 절대적인 지배와 자의적인 권력에 예속된다."[48]

..

47) 같은 책, pp. 232-234. 먹퍼슨은 p. 236에서는 "로크가 노동과 전유화가 분리되는 그 시점에서는 노동보다는 전유화에 완전한 합리성이 놓여 있다는 것을 알 수 있었던 것은, 그가 언제나 완전히 합리적인 행위는 축적적(accumulative) 행위라고 생각했기 때문이었다"고 주장한다.
48) 이러한 노예 개념과 현실의 노예제 사이에는 상당한 괴리가 있었다. 그러나 로크는 그런

이들은 그리하여 "그들의 생명, 그리고 그것과 더불어 그들의 자유를 박탈당하고, 자산을 상실한다." 한마디로 말하자면 '재산'에 대한 권리를 완전하게 상실한 것이다. 이렇게 노예는 "어떠한 재산도 가질 수 없게 됨으로써, 재산의 보전을 그 주된 목적으로 하는 시민사회의 일부로 간주될 수 없다." 로크는 이러한 노예와 하인(servant)을 엄격하게 구분하였다. 하인은 비록 주인 가족의 일원이 되어 그 가족의 일상적인 규율에 복종하게 되지만, 그러나 그는 명백히 '자유인'으로서 단지 일정 기간 동안 임금을 받는 대가로 그의 노역을 팔 뿐인 것이다.(sec. 85)

로크는 이렇게 시민사회의 구성원에서 유일하게 노예만을 제외하였다. 그와 동시에 그는 하인, 오늘날의 좀더 일반적인 용어로 표현하자면 자신의 생계를 남에게 의존하는 임금노동자를 노예와는 그 성격이 전혀 다른 별개의 존재로 구분함으로써 시민사회의 일원임을 명백히 하였다. 로크의 이러한 논의는 또한 원래 왕을 제외한 다른 모든 사람은 왕의 노예였다는 필머의 주장에 대한 대답의 일부이기도 하다.[49] 로크는 권력의 유형을 분류하면서, 정치권력은 인간의 권리와 처분할 수 있는 재산을 가

• •

문제에 대해 전혀 개의치 않은 것으로 보인다. 그는 현행 노예제도에 대해 침묵했을 뿐 아니라, 아프리카 노예들과 국제 노예무역에 재정적으로나 행정적으로나 상당히 깊숙하게 개입하기도 했다. 로크는 노예무역 독점권을 갖고 있는 칙허아프리카회사(Royal African Company)와 노예무역과 식민 활동을 주로 하는 모험상인회사(Company of Merchant Adventurers)에 투자했다. 그는 또한 1669-1675년 사이에 캐롤라이나(Carolina) 식민 사업의 실무를 총괄하는 서기로 일하면서, 『캐롤라이나 정부의 헌법(*Fundamental Constitution for the Government of Carolina*)』의 작성에도 참여했는데, 이 문헌은 "캐롤라이나의 모든 자유인은 그의 흑인 노예에 대해, 그들의 견해와 종교가 무엇이든 간에 절대적인 권력과 권위를 갖는다"고 규정하고 있다. 그가 참여도 하고 투자도 한 영국 식민지에서의 노예제도와 그의 자연권 이론 간의 모순을 설명하기는 어렵다. 혹자는 노예 소유 관행에 대한 로크의 침묵을 '부도덕한 회피'라고 비판했다. W. M. Spellman, *John Locke* (New York, 1997), p. 118-119 참조.

49) Richards et al.., "'Property' and 'People'," p. 37.

진 자유인에게 행사되는 권력이며, 이에 비해 전제권력은 전혀 아무런 재산도 갖지 못한 노예에게 행사되는 권력이라고 규정한 바 있다.(sec. 174) 이런 측면에서 보더라도, 재산에 대한 권리를 상실한 노예를 제외하고 '정치권력'의 지배 아래 있는 사람은 누구나 '재산'이 있는 자유인이자 시민인 것이다.

당시의 정치적 논의에서 국민이라는 용어는 한편으로는 군중(multitude)이라는 용어와 구분되기도 했지만, 다른 한편으로는 오히려 이와 동일시되면서 자주 조소적인 용어로 사용되기도 했다. 즉 그것은 그 용어가 가리키는 실체에 대해 이성적 능력이나 책임 있는 정치적 행위를 부정하는 의미로 사용되곤 하였던 것이다. 명예혁명 당시에 공회의회(Convention Parliament)에서 토리 의원인 소여(R. Sawyer)는 "평민원인 제3신분은 자유토지보유농과 도시민을 대변하는데, 이들은 이 왕국의 제4부가 아니다. 만일 정부가 국민에게 넘어간다면, 등본토지보유농, 임차토지보유농, 연수 40실링 이하의 모든 사람이 국민이다" 하고 연설하였다. 소여의 이해에 의하면, 국민에게 권력이 넘어간다는 것은 곧 의회에서 대변되지 않는 연수 40실링 이하의 사람들, 이른바 '제4신분'에게 넘어간다는 것이다.[50] 경우에 따라서 국민이라는 용어가 티렐이나 디포가 배제하고자 한 바로 그 부류를 의미하는 것으로 쓰이기도 한 것이다. 토리를 위시하여 국민에게 저항권이 있다는 주장을 반대하는 사람들이 언필칭 내세우는 논리가 곧 국민은 무지하고 이성적 판단을 하지 못하기 때문에 그런 권리를 인정해서는 안 된다는 것이었다.

물론 로크는 그러한 사정을 잘 알고 있었으며, 또한 그런 측면에서 그의 급진적 혁명 이론에 쏟아질 비판을 충분히 의식하고 있었다. 이를테

50) Franklin, *Theory of Sovereignty*, p. 103.

면 "국민은 무지하고 언제나 불만에 쌓여 있으므로, 정부의 토대를 국민의 불안정한 여론과 변덕스러운 기질 위에 둔다는 것은 곧 그것을 확실한 파멸에 내맡기는 것"이라는 비난이 그런 것이었다. 그러나 이런 비난에 대해, 그는 국민은 결코 그들이 익숙해 있는 체제를 함부로 부정하거나 사소한 실정에 쉽게 부화뇌동하거나 하지 않는다고 반박하였다.(sec. 223) 로크가 보기에 국민은 사소한 불의나 산발적인 압제에 대해서는 저항으로 맞서기보다 오히려 참고 견디려는 경향이 있어서, 지배자의 사악한 의도가 드러나고 실정의 폐해가 널리 무르익기까지는 동요하지 않는 존재였다. 그는 국가적 무질서와 혼란이 국민의 변덕과 지배자의 합법적 권위를 내던지고자 하는 국민의 욕망에서 더 자주 시작되었는지, 아니면 지배자의 오만과 자의적 권력 행사의 기도에서 더 자주 시작되었는지, "애초에 혼란을 야기한 것이 압제였는지 아니면 불복종이었는지"는 불편부당한 역사의 판단에 맡긴다고 했다.(sec. 230)

로크가 저항권을 부여한 '국민'은 바로 "무지하고 언제나 불만에 쌓여" 있다고 비난받는 존재이기도 하다. 그러나 국민을 마치 "하등동물의 무리"처럼 비난하는 절대군주정의 옹호자들에 맞서서, 그는 국민을 "그들 상호간의 공동선을 위해 공동체로 들어간 이성적 동물의 사회"로 그렸다.(sec. 163)[51] 티렐처럼 당시의 다른 많은 저술가들은 그런 도전에 대해 '국민'을 어떤 사회—경제적인 용어로 재정의함으로써, 그리고 오히려 공동체의 가장 비중 있는 사람들로 재정의함으로써 대응하였다. 그러나 로크는 그런 해결책을 채택하지 않았다. 왜냐하면 그것은 많은 사람을 국민의 범주에서 배제하고, 그럼으로써 그들의 자연권을 박탈하는 것을 의미하기 때문이었다.

∙∙

51) 그 밖에 국민을 이성적 동물로 묘사한 것으로는 91, 98, 164절 및 230절 등이 있다.

로크는 원칙적으로 노예를 제외한 모든 사람이 정치사회의 시민이며, 그 모든 시민은 폭군으로 전락한 지배자에게 저항할 권리를 보유한다고 믿었다. 그가 저항권을 부여한 이른바 '국민'은 전혀 어떤 사회-경제적 지위와 관련해서 범주화된 집단이 아니다. 그것은 전혀 계급이나 신분의 함의를 지닌 용어가 아닌 것이다. 그것은 무지한 하층민만인 것도, 이들을 배제한 나머지의 교양 있는 상층계급만인 것도 아니다. 로크는 결코 폭군에 대한 저항이나 혁명을 어떤 소수 집단만이 누리는 특권으로 만들지 않았다.

로크 이전에도 오래 전부터 많은 사람들이 저항권을 주장하였다. 그렇지만 그들 대부분은 그것을 의회나 법원 혹은 관리들과 같은 특정 단체나 집단에 한정함으로써, 그것을 일종의 특권으로 만들었다. 이것이 본질적으로 저항권에 대한 중세적 혹은 봉건적 관념이다. 만일 로크가 『정부론』에서 개진한 일반적 주장을 좀 더 온건하게 보이도록 하고 저항권에 대한 급진적인 변론에 가해질 비판을 피하려 했다면, 그는 자신의 논의를 이러한 낡은 교의에 의존할 수도 있었을 것이다. 그러나 그는 이러한 봉건적 교의를 거부하였다. 그 대신 그는 혁명권의 주인을, 혁명의 수행자를 전체 국민에게서 찾았던 것이다.[52]

3. 저항권과 선거권

우리는 지금까지 로크가 정치공동체를 구성하는 시민의 자격에 대해

---

52) Plamenatz, *Man and Society*, p. 234는 로크는 이러한 중세 봉건적 관념에서 벗어나 저항의 권리를 확고하게 모든 사람의 수중에 두었으며, 그런 면에서 그의 저항의 교의는 그의 정치 이론 가운데 가장 가치 있는 부분이라고 평가한다.

서 아무런 제한도, 특히 재산과 관련한 어떠한 제한도 두지 않았으며, 국민 모두에게 저항의 자연권을 부여했다는 점을 밝히기 위해 노력하였다. 그런데 이 문제와 밀접하게 관련되어 논의되는 것으로서, 여태까지 언급을 미루어 온 문제가 아직 하나 남아 있다. 그것은 선거권에 관한 로크의 견해가 어떤 것인가 하는 점이다. 그는 모든 국민이 선거권을 가져야 한다고 믿었는가? 그의 관념 속에서 시민권과 선거권은 얼마만큼 연결되어 있는가? 일반적으로 말하자면 어떤 체제에서든 시민만이 선거권을 갖는다는 면에서 양자는 불가분의 관계에 있다. 그렇지만 선거권이 반드시 시민의 조건인 것은 아니다. 오직 완전한 민주주의에서만 모든 성인이 시민이자 선거권자인 것이다.

여성 참정권을 논외로 한다는 전제에서, 로크가 오늘날의 의미의 민주주의자로서 모든 성인 남자의 참정권을 옹호했다고 분명하게 주장하는 학자는 별로 많지 않다. 이런 견해를 가진 인물로 털리(Tully)를 들 수 있을 터인데, 그의 주장은 158절의 마지막 부분에 대한 해석에 근거한다. 거기에서 로크는 대의제는 "정부의 원래의 형태에 부합하는, 공정하고 의문의 여지없이 평등한 조처들"에 기초를 두어야 한다고 말하는데, 털리는 이것을 "모든 사람의 자연적 평등"(sec. 5)과 같은 뜻으로 해석하고 그런 결론을 내린 것이다.[53] 그러나 이 구절은 전체 맥락에서 볼 때 평등한 선거권을 말하는 것이 아니며, 따라서 그의 해석은 어떤 문헌상의 근거를

∙∙
53) J. Tully, *A Discourse on Property: John Locke and his Adversaries* (Cambridge, 1980), p. 173. Jacqueline Stevens, "The Reasonableness of John Locke's Majority: Property Rights, Consent, and Resistance in the *Second Treatise*," *Political Theory*, vol. 24, no. 3 (August, 1996), p. 429 또한 로크는 참정권을 일정 규모의 재산이나 소득을 가진 사람에 한정하지 않았다고 주장한다. 그 밖에 이런 견해를 표명한 것으로는 W. Kendall, *John Locke and the Doctrine of Majority-Rule* (Urbana, 1965), p. 121이 있다.

가지고 있지는 않다.

아마도 가장 분명하게 이런 입장을 취하고 있는 학자는 애시크래프트일 텐데, 그는 "이차 문헌에서 지배적인 견해와는 대립되게, 나는 로크가 모든 사람이 정부에 대해 자신의 개인적 동의를 보낼 자연권을 옹호했다고 주장한다"고 밝히고 있다.[54] 그러나 그의 해석도 어떤 뚜렷한 전거로 뒷받침되는 것은 아니다. 단지 로크의 사상 전반의 근본적 특징이나 원리에서 그렇게 추론할 수 있다는 것이다. 이를테면 로크는 자신의 자연권 논의를 동의 개념 및 정치사회의 시민권 문제와 결합하여, 모든 성인 남자가 참정권을 가진다는 결론을 도출할 수 있는 근거로 삼으려 했다는 것이다.[55]

어떤 학자들은 이 문제에 관한 한 명확한 판단을 유보하기도 한다. 이들의 입장에서는, 로크의 전반적 논의에서 추론하자면 그가 의당 성인 남자 모두 혹은 적어도 거의 대부분을 포괄하는 선거제도를 지지했을 법하지만, 그러나 또한 그가 기존의 극히 제한된 선거권—성인 남자 전체의 1/6도 채 안 되는 사람, 즉 연수 40실링 이상의 자유토지보유농만이 선거권을 가졌을 뿐이다—에 대해서 아무런 비판도, 그리고 그 확장을

••

54) Ashcraft, *Locke's Two Treatises*, pp. 8-9.
55) 같은 책, p. 175. 한편 우튼(D. Wootton)은 애시크래프트가 로크를 급진주의자로 해석하는 것을 비판하면서, 로크 자신과 그의 저술을 구별해야 한다고 주장한다. 말하자면 저서는 급진적이지만 저자는 그렇지 않다는 것이다. 우튼은 『정부론』은 추상적인 정치이론을 개진한 저작일 뿐인데, 애시크래프트는 로크가 자신의 저서의 궁극적 논리를 스스로 체현했다고 보는 잘못을 저질렀다고 말한다. 그는 『정부론』에서 참정권 문제에 대한 일관된 입장을 읽을 수 없으며, 우리가 말할 수 있는 것은 실제적인 면에서 로크는 명예혁명기의 공회가 영국 국민의 대표라는 데에 만족했다는 것, 그리고 그는 가난한 사람과 참정권을 박탈당한 사람들에 대해 거의 아무런 관심도 보여 주지 않았다는 것이라고 결론짓는다. D. Wootton, "John Locke and Richard Ashcraft's Revolutionary Politics," *Political Studies*, vol. 40, no. 1 (1992), pp. 95-97.

요구하는 어떠한 주장도 직접적으로 하지 않은 이상 그렇게 단정하기는 어려운 일이었다. 오히려 기존의 제도를 용인했을 가능성도 충분히 있다는 것이다.[56]

그에 비해 좀 더 많은 학자들은 로크의 국가를 계급국가로 파악하고, 그래서 로크가 정치권력을 아주 소수의 유산자들에게만 한정하였다고 믿고 있다. 이들에 의하면, "로크는 그의 시대의 영국 의회에 만족하였다. 그는 참정권의 확장도 원하지 않았으며,"[57] "비록 의석의 재분배와 부패 선거구의 의석 박탈을 환영하였을 터이기는 하지만, 투표권을 소수의 재산소유자 계급에게 한정하는 협량한 전통적 선거제도의 지속을 암묵적으로 받아들였다"[58]는 것이다. 먹퍼슨을 날카롭게 비판하면서 로크

56) Lamprecht, *Moral and Political Philosophy*, p. 140의 다음과 같은 주장이 그 대표적인 예가 될 것이다. "로크가 주민의 모든 계급에게 어느 정도까지 정치권력을 부여하기를 원했는가는 명확하지 않다. 밀턴 및 해링턴(Harrington)과 같은 공화주의자들조차 보통선거를 반대하고 투표권을 오직 유력자 혹은 지주계급에게만 허용하려 했다 … 로크가 이들 선배들을 따랐는가 하는 것을 판단하기는 어렵다. 그의 다수 지배 및 피치자의 동의에 관한 논의는 보다 폭넓은 민주적 견해를 가리키는 것처럼 보인다. 그러나 만일 그의 세대의 일반적인 가정들을 고려한다면, 그가 정치권력이 보편적으로 공유되는 것을 선호한다고 명시적으로 언명하지 않았다는 사실은 곧 그의 시대의 영국 헌정의 극히 제한된 민주주의에 대한 만족으로 해석될 수도 있을 것이다."

이에 비해 Richards et al., "'Property' and 'People'"은 로크의 입장을 좀더 급진적인 것으로 파악한다. 그러나 이들도 처음에는(p. 39에서) "로크는 신중하게 모든 사람은 능동적인 정치적 발언권에 대한 권리를 가지고 있다고 시사하였다"고 말하고 나서, 나중에는(p. 47에서) "로크는 모든 국민이 완전한 정치적 권리를 지닌 채로 정치사회에 포함된다는 것을 상세하게 주장하는 데까지 나아갈 준비는 되어 있지 않았을지 모른다. 그러나 그는 그의 가정들의 논리적 결과인 이러한 입장에 반대되는 주장을 하지는 않았다"고 말하면서, 단정적인 판단을 피하고 소극적 표현으로 한 걸음 물러서고 있다.

57) Plamenatz, *Man and Society*, p. 234.

58) Gough, *Locke's Political Philosophy*, p. 64. 그리고 같은 책 p. 113은 로크가 급진파나 민주주의자는 아니었으며, 민중 참정권을 옹호하지도 않았고, 단지 동료 휘그와 마찬가지로 전통적인 헌정에 만족했다고 주장한다.

가 결코 재산을 갖지 못한 노동계급을 시민의 범주에서 제외하지도, 이들의 저항권을 부정하지도 않았다고 강조하는 셀리거(M. Seliger) 역시 "로크는 대중들은 그들의 대표를 선출하는 데에서 아무런 몫도 가질 수 없다는 점을 분명히 하였다"고 주장한다.[59] 그러나 사실은 로크가 노동대중들은 참정권을 가질 수 없다는 점을 "분명히 하였"던 것은 결코 아니다. 문헌상으로 확실한 전거를 가지지 못하기로는, 로크가 남자 보통선거를 옹호했다는 해석이나 협소한 제한선거를 옹호했다는 해석이나 매한가지이다(하기야 이 문제에 관한 로크의 명확하고 명시적인 견해 표명이 있다면 그에 관한 갑론을박이 왜 있겠는가!).

그런데 로크가 제한선거를 옹호했다는 주장을 뒷받침해 주는 것으로 흔히 제시되는 전거는 『제2론』의 140절과 158절에 있는 두 개의 구절이다. 앞의 절에서 로크는 어느 누구든 정부의 보호를 받는 사람은 그 정부의 유지를 위해 재산에 비례한 몫을 지불해야 한다고 말하고 있는데, 이 몫이 곧 참정권을 갖느냐 갖지 못하느냐를 결정한다는 것이다. 그러나 이 구절은 단순히 시민들은 누구나 재산에 비례하여 세금을 내야 한다는 것을 말하고 있을 뿐이지, 참정권과의 관련성을 암시하는 것은 아니다. 그리고 애시크래프트의 지적처럼 대부분의 주민은 소비세나 간접세 등의 형태로 세금을 내고 있다.[60] 이 구절보다 셀리거가 자신의 해석을 위한 좀 더 확실한 근거로 삼고 있는 것은 158절이다. 이 절은 다음과 같은 진술을 담고 있다.

그러므로 만일 입법부를 소집하는 권력을 갖고 있는 행정부가 대의제의 형

59) Seliger, *The Liberal Politics*, p. 285.
60) Ashcraft, *Locke's Two Treatises*, pp. 176-177.

식보다는 참된 비율을 준수하면서, 각자 독자적으로 대표를 보낼 권리―이 권리는 국민의 어느 일부가 비록 incorporated 되었다고 해서 요구할 수 있는 것은 아니고, 오직 그것이 공공에 제공하는 도움에 비례해서만 요구할 수 있는 권리이다―를 지닌 모든 지역의 의원의 수를 낡은 관습이 아니라 참된 이유에 입각하여 조정한다고 한다면, 그것은 결코 새로운 입법부를 수립한 것으로 판단되어서는 안 된다. 그것은 예전의 참된 입법부를 복원한 것으로, 그리고 시간이 흘러가면서 부지불식간에 그리고 불가피하게 초래된 혼란을 시정한 것으로 판단되어야 한다.

셀리거는 이 구절에서 거두절미하고 "국민의 어느 일부가 … 요구할 수 있는 권리"의 부분만을 인용하고 나서, '도움'은 납세로 행해지니까 투표의 권리는 과세할 수 있는 재산을 가졌느냐에 달렸고, 더욱이 그 재산에 비례해서 등급이 지어진다고 자신 있게 해설하였다.[61]

그러나 이와 같은 해석은 원문의 의미와는 너무나 동떨어진 것이다. 왜냐하면 이 구절은 제한선거나 혹은 차등선거와는 전혀 상관이 없는 것으로서, 조금만 주의 깊게 읽으면 누구나 알아차릴 수 있듯이, 시대가 변함에 따라 터무니없을 정도로 불합리해진 선거구와 의석 분포를 재조정할 필요성을 역설하는 글의 일부이기 때문이다. 이 대목에서 로크가 말하고자 하는 것은, 행정부가 낡은 의석 분포를 각 지역의 인구와 경제력 등을 고려하여 재조정하는 것이 결코 행정부의 월권이 아니라고 하는 점이다. 여기에서 로크는 전혀 재산에 따른 자격 조건으로 어떤 특정 사회 계급이나 집단의 참정권을 제한하는 문제를 언급하고 있지 않으며, 그것을 염두에 두고 있지도 않다.

••

61) Seliger, *The Liberal Politics*, p. 286.

셀리거는 'incorporated'를 사람이 시민사회의 일원으로 편입해 들어
간다는 의미로, 바꾸어 말하자면 시민이 된다는 의미로 이해하였다. 그
래서 그는 자신이 인용한 불완전한 문장을, 사람들은 시민이 된다고 하
더라도 대표를 뽑을 수 있는 권리를 요구할 수 있는 것은 아니며 오직 그
가 공공에 제공하는 도움, 즉 납세의 능력에 비례해서만 그럴 수 있다
는 의미로 해석했던 것이다.[62] 물론 'incorporated'가 『정부론』의 여러 곳
에서 셀리거가 이해하는 의미대로 쓰이는 것은 사실이지만,[63] 여기에서
는 그런 뜻이 아니다. 여기에서 이 단어는 사람들이 어떤 정치공동체에
가입하는 것을 의미하는 것이 아니라, 한 지역의 주민들이 그들 자신의
대표자를 선출할 권리를 가질 독자적인 선거구로서의 지역공동체를 수
립하는 것을 의미한다. 로크는 인용한 구절의 조금 뒷부분에서 "새로운
corporations를 수립하고, 또한 그와 더불어 새로운 대표자들을 세우는
권력은 …"이라고 말하고 있는데, 사람들이 incorporated된다는 것은 바
로 이 'corporation'을 결성하는 것을 의미하는 것이다.

그리고 원문에서 "각자 독자적으로 대표를 보낼 권리를 지닌" 주체는

---

62) 'incorporated'를 이런 의미로 이해함으로써 셀리거는 위의 인용 구절을 먹퍼슨의 주된 테
제, 이를테면 노동계급은 시민의 범주에서 제외된다는 테제를 비판하는 데에도 아주 요긴
하게 사용하였다. 즉 그에 의하면 이 단어는 모든 사람은 재산의 유무에 관계없이 시민사회
의 일원으로 편입되어 있음을 보여 준다는 것이다. 재산의 차별은 사람들을 incorporated
된 사람과 안 된 사람으로 나누지 않으며, 나누는 것은 단지 incorporated 된 사람들을 몇
개의 범주로 나눌 뿐이라는 것이다. 먹퍼슨처럼 셀리거 역시 로크의 국가가 계급국가임을
분명히 인정한다. 그러나 그는 먹퍼슨과 달리 정치적 권리는 재산의 유무가 아니라 재산의
정도에 따라 등급이 지어진다고 주장한다. 그에 의하면 로크는 모든 정상적인 사람은 재산
을 획득할 재능이 있다고 인정했다. 누구든 살려면 일을 통해 재화를 획득해야 하고, 할 수
있는 것이다. 이리하여 일하는 사람은 누구나 시민의 자격을 얻기에 충분할 만큼의 재산 소
유자로 간주될 수 있고, 그들이 공공에 제공하는 '도움에 비례해서' 정치적 권리를 나누어
갖는 사람들 가운데 낄 수 있다는 것이다. 같은 책, pp. 290-292 참조.
63) 106, 120, 121절 및 211절 등의 여러 구절들이 그런 것이다.

명백히 '지역'이며, 또한 공공에 도움을 제공하는 주체도 지역공동체이다. 그럼에도 불구하고, 셸리거는 이 부분을 인용하면서 앞뒤를 잘라내고 전체 문맥을 무시해 버림으로써, "각자 독자적으로 대표를 보낼 권리"의 소유자나 '도움'을 제공하는 주체가 마치 그가 파악한 의미의 incorporated된 시민인 것처럼 보이도록 해 놓고는 아전인수 식으로 해석하였다. 그러나 이 구절은 시민의 선거권을 거론하는 것이 아니라, 지역 선거구를 거론하는 것이다. 다시 말하자면, 그것은 시민 가운데서 납세의 능력에 따른 차등선거권이나 혹은 무산자의 선거권 제한을 말하는 것이 아니라, 각 지역공동체 혹은 선거구의 의석의 수는 그것이 제공하는 도움, 즉 납부하는 세금에 비례해서 배분되어야 한다는 것이다.[64]

로크가 무산자의 참정권을 부정하려 했다는 해석의 전거로 흔히 제시되는 140절과 158절은 위에서 살펴본 것처럼 별로 그러한 논거의 구실을 할 수 없는 것들이다. 그런데 이 문제와 관련해서 비록 아무도 주목하지 않았지만, 이 문제에 관한 로크의 생각을 추정해 볼 수도 있는 언급을 다른 데서 하나 찾아 낼 수 있다. 그것은 216절로서, 여기에서 로크는 『정부론』을 통틀어 유일하게 '유권자'(electors)라는 단어를 언급하였다. 이 절은 정부가 해체되는 여러 경우 가운데 하나를 거론한 것인데, 아주 짧은 절이어서 전문을 인용해도 무방할 것이다.

셋째로, 군주의 자의적인 권력에 의해 국민의 동의 없이, 그리고 국민의 공

----

64) Stevens, "Reasonableness of Locke's Majority," p. 432도 158절의 이 부분을 선거구와 관련한 언급으로 이해한다. 그러면서 스티븐스는 먹퍼슨이 이를 더 많은 세금을 내는 부유한 사람들이 의회에서 더 많은 의석을 받아야 한다는 것으로 오독하고 있다고, 그리고 먹퍼슨의 해석에 동의하지 않는 애시크래프트 역시 또 다른 방식으로 이 구절을 잘못 읽고 있다고 비판한다.

동 이익에 반하여 유권자나 선거 방식이 변경된다면, 그러한 경우에도 역시 입법부는 변경되는 것이다. 왜냐하면 만일 그 사회가 권한을 부여한 사람들 이외의 다른 사람들이 선출하거나, 혹은 그 사회가 규정해 놓은 방식 이외의 다른 방식으로 선출한다면, 그렇게 선출된 사람들은 국민이 임명한 입법부가 아니기 때문이다.

이 글에서 우리는 첫째로 로크가 국민 혹은 성인 남자 전부가 당연히 유권자가 되는 것이 아니라 그 가운데 일부만이 입법부 의원을 선출할 권한, 즉 선거권을 부여받는 것으로 생각했다는 점, 둘째로 유권자는 국민의 공동 이익에 부합한다면 국민의 동의를 얻어 변경할 수 있다고 생각했다는 점, 그리고 셋째로 국민의 일부에 불과한 유권자에 의한 선출을 곧 전체 국민에 의한 선출과 동일시했다는 점 등을 추론해 볼 수 있다.

이러한 내용들은 당대에 영국에서 실제 시행되고 있던 헌정의 실상을 그린 것으로서, 이로 미루어 볼 때 로크가 국민의 일부에게만 선거권을 부여한 당시의 선거제도를 소극적으로 용인했다고, 혹은 최소한으로 말하자면 적극적으로 반대하지는 않았다고 추정할 수 있을 것이다. 왕제인 제임스의 왕위계승을 반대하고 그를 왕위계승권자에서 배제하려던 소위 '왕위계승배제파'(Exclusionists)가 마치 의회와 국민이 동일한 것처럼 말했을 때, 그 반대파들은 하원이 국민의 불과 1/6밖에 대표하지 않는다고, 따라서 어떤 유의미한 수준에서는 의회가 결코 국민의 대표라고 말할 수 없다고 반박하였다. 그렇지만 '배제파'의 거두인 샤프츠베리(Shaftsbury) 백작의 사람이었던 로크는 이러한 대의제도의 밑바탕에 깔려 있는 원칙을 당연한 것으로 받아들였다고 할 수 있을 것이다. 말하자면 그는 형식이 아니라 '실질적' 대표의 관념을 가지고 있었던 것이다.[65]

로크가 『정부론』에서 제시하는 가장 기본적인 원리의 하나가 정부의 정통성은 그 국민 모두의 동의에 기초를 둔다는 것이다. 그렇다면 모든 국민의 동의에 기초를 둔 정부를 강조하는 것과 다른 한편으로 제한선거를 용인하는 듯한 태도는 서로 상충하는 것이 아닌가 하는 의문이 제기될 수 있을 것이다. 그러나 반드시 그렇다고 할 수 있는 것은 아니다. 로크의 이론 속에서 저항권과 참정권이 반드시 일치할 필요는 없으며, 동의가 반드시 모든 국민의 직접적인 동의일 필요도 없다. 저항권은 정부 밖에서, 즉 정부가 해체되고 난 다음 전쟁상태에서 발동되는 초법률적 혹은 헌정적 권리이다. 그것은 하나의 몸으로 행동하는 전체로서의 국민이 직접 행사하는 권리로서, 결코 어느 누구에게도 양도될 수 없다. 그에 비해 참정권은 시민정부 안에서 행사되는 법률적 혹은 정치적 권리로서 다른 사람에게 위임될 수 있으며, 따라서 국민 일부의 선거가 국민 전체의 선거로 간주될 수 있는 것이다. 국민의 동의란 "국민이 스스로 하든지 아니면 그들의 대표들이 하든지 간에 국민의 동의"이기 때문이다.(sec. 142)[66]

∴

65) 샤프츠베리 백작이 주도한 캐롤라이나 식민지 개척 사업의 일환으로 1670년에 마련된 『캐롤라이나 정부의 헌법』의 작성에 로크도 참여했는데, 이 문헌은 비교적 자세하게 제한선거제를 논의하고 있다. 이를 근거로 셀리거는 식민지라는 특수한 상황의 요구 아래 작성된 이 문서의 세부 사항에 동의했든 하지 않았든 간에, 로크는 이미 그때 벌써 선거권의 제한을 인정하고 있었다고 주장한다. 그럼 왜 『정부론』에서는 그에 대해 자세히 언급하지 않았는가? 그 이유에 대해 셀리거는, 영국의 바람직한 질서에 대한 이데올로기 투쟁에서 『정부론』이 수호하려는 원리가 당시의 지배적 관행과 부합하는 마당에, 굳이 세부 사항에 천착할 필요가 없었기 때문이라고 말한다. 로크가 대상으로 했던 공중이나 받들려 했던 대의의 면에서 볼 때, 남자보통선거는 전혀 긴요한 쟁점이 아니었다는 것이다. 따라서 청교도혁명기에 선거권의 민주적 개혁을 위한 시도가 있었음에도 불구하고, 로크는 투표권은 재산 자격에 따른다는 원칙을 재확인했을 뿐이라고 셀리거는 주장한다. Seliger, *The Liberal Politics*, pp. 287-288.

66) John Marshall, *John Locke: Resistance, Religion and Responsibility* (Cambridge University Press, 1994), p. 216 역시 사람들이 의회의 입법 활동에 동의했다고 말할 수 있는 것은 참정권을 통해 대표됨으로써 그런 것이며, 의회에서 대표된다는 것은 모든 개인이 직접 참정권을 행사한다는 것이 아니라, 참정권을 소유한 사람들에 의해 모든 성인들이 대

로크의 정치공동체의 주민을 특정의 자격 요건을 기준으로 구성원과 비구성원 혹은 시민과 비시민으로 구분하는 이분법적 논의는 적절하지 않다. 『정부론』에는 그러한 구분의 개념이 없다. 아직도 귀족이 엄존하던 신분사회인 영국에서 각 계층이나 신분이 가진 권리는 서로 다르게 마련인데, 특정 권리의 소유 여부를 기준으로 시민과 비시민을 구분할 수는 없는 것이다. 참정권 역시 마찬가지여서 선거권이든 피선거권이든 그 권리의 구체적 행사는 차등적으로 행해졌으며, 상원 의석은 아예 몇 안 되는 귀족의 전유물이었다(이는 지금도 그러하다).

절대군주정의 확고한 반대자인 샤프츠베리만 하더라도 영국의 헌정이 군주정–귀족정–민주정의 절묘한 균형이라고 믿었고, 그런 이유로 그는 귀족의 특권이 영국의 혼합정부 체제에 필수적이라고 보았다. 그에게 귀족의 권력은 절대주의로부터 헌정을 지키는 요새였다.[67] 그런 만큼 영국은 아직 민주 사회가 아니었고, 로크 또한 오늘날 의미의 민주주의자가 아니었다. 하지만 유산계급만이 참정권을 가진 완전 시민이고, 무산대중은 참정권이 없는 비시민이라는 양분법은 로크와 무관한 것이다. 로크는 선출의회의 존재 여부를 시민정부의 조건으로 삼지도 않았으며, 대의정부만이 합법적 정부라고 말하지도 않았다.

당시 영국의 선거구와 의석 분포는 터무니없을 정도로 공정성과 균형을 잃은 상태였다. 그래서 로크는 시대의 변화로 인해 지금은 "폐허조차 제대로 남아 있지 않아 가옥이라기에는 차라리 양의 우리에 지나지 않거나, 주민이라고는 양치기 한 명 찾아보기 힘든데도, 달랑 남은 도시

표된다는 것이 로크의 생각이었다고 주장한다.

67) D. McNally, "Locke, Levellers and Liberty: Property and Democracy in the Thought of the First Whigs," *History of Political Thought*, vol. 10, issue 1 (1989), pp. 20, 22.

(town)라는 이름 하나로 사람 수가 많고 부가 대단한 하나의 주 전체만큼이나 많은 대표를 입법가들의 대회의에 보낸다"고 하면서 불합리한 선거제도를 비판하였다.(sec. 157) 그런 다음 그는 이러한 이른바 부패 선거구를 개혁할 필요가 있음을 역설했는데(sec. 158), 이는 공공의 이익이라는 측면에서 당연히 요청되는 일이었다. 그리고 실제로 샤프츠베리를 중심으로 한 휘그파는 1679년에 선거구 개혁을 위한 법안을 의회에 상정하기도 했다.

그렇지만 로크는 오늘날 보기에는 부패 선거구만큼이나 불합리한 선거제도, 즉 성인 남자 6명 중 겨우 1명 정도만 투표를 할 수 있는 현실에 대해서는 침묵했다. 참정권의 확장을 요구하기는커녕 그런 현실에 대해 아무런 비판조차 하지 않은 것이다. 1647년 겨울에 수평파(Levellers)의 지도자들과 그들의 장군들인 크롬웰(O. Cromwell) 및 아이어턴(H. Ireton) 사이에 벌어졌던 퍼트니(Putney) 논쟁에서는 참정권의 개혁이 뜨거운 쟁점이었던 것과 달리, 로크가 『정부론』을 집필하던 시기에는 그것은 별다른 현안이 되지 못했다.[68] 일부 급진적 휘그파나 공화파는 의회에 대한 국왕의 영향력을 축소하고 유권자의 권위를 강화하기 위해 의회 개혁 조치를 궁리했다. 그러나 가장 급진적인 공화파조차 노동빈민에게 투표권을 부여하라고 요구하지는 않았다. 그들 가운데 많은 사람은 대중을 무

··

68) 와일드먼(John Wildman)은 청교도혁명 시기 수평파의 지도자로서 명예혁명 무렵에는 급진 휘그의 지도자로 활동했으며, 당연히 로크와도 친분이 있는 인사였다. 그래서 애시크래프트가 수평파와 로크의 연결 고리로 주목하기도 하는 인물인데, 이 와일드먼조차 명예혁명 직후 선거권의 재산 자격 기준을 올리자고 제안했다. 이 사실은 17세기 말엽에는 가장 급진적인 휘그일지라도 1640년대의 수평파의 입장과는 크게 간극이 벌어졌음을 보여 주는 한 예라고 할 것이다. 와일드먼은 수평파 지도자들 가운데 유일하게 1680년대에 주로 토지 투기를 통해 매우 큰 부자가 되었고, 이후 기사 칭호까지 얻었다는 점을 참고할 필요가 있다. 같은 논문, p. 23 참조.

지하고 무질서한 군중으로, 독자적인 정치적 판단을 수행하는 데 필요한 자질을 결여한 존재로 경멸하였다. 아마도 참정권의 확대를 위한 개혁은 로크의 시대의 사회적 및 경제적 상황에서는 거의 실현이 불가능한 일이었을 것이다.[69] 그렇지만 만일 언제가 되었든지 간에 의회 개혁 운동이 전개된다고 한다면, 로크가 분명히 참정권을 합리적인 수준까지 확장하는 것을 지지할 것이라는 지적[70]은 충분히 타당하다고 할 것이다.

4. 정부의 해체

우리는 이미 앞에서 정부에 힘으로 저항하는 일은 오직 법에 호소할 길이 없어졌을 때, 곧 합법적인 정부가 해체되었을 때 하늘에의 호소로서 비로소 정당화되는 것이라는 로크의 주장을 살펴보았다. 정부에 대한 저항은 정통성을 상실한 정부, 따라서 진정한 의미에서는 이미 더 이상 시민정부이기를 그친 정부에 대한 저항이다. 그런 의미에서 '시민정부'에 대한 저항이란 있을 수 없다. 저항권은 정치사회 안에서 행사하는 정치적 권리가 아니라 전쟁상태에서 발동되는 가장 기본적인 자연권으로서, 정당하게 수립된 합법적 정부가 제대로 기능하는 한 결코 행사할 수 없는 권리이다. 그러면 구체적으로 어떠한 경우에 정부가 해체되었다고 말할 수 있

69) Dickinson, *Liberty and Property*, p. 116을 참조하라.

70) E. S. de Beer, "Locke and English Liberalism: the *Second Treatise of Government* in its Contemporary Setting," Yolton ed., *Problems and Perspectives*, p. 43. 이와는 달리 로크의 입장에 대해 다소간 부정적인 평가도 있다. John Dunn, *Locke* (Oxford, 1984), p. 33 은 "로크는 영국 내전에서의 수평파나 혹은 자신보다 한 세기 반 뒤의 차티즘 운동(Chartist Movement)이 제기했던 투표권 확장을 위한 급진적 프로그램이 그의 시대에 실현되기를 기대하지도 않았고, 우리가 아는 한 원하려 하기조차 않았다"고 주장한다.

는가? 로크는『제2론』의 마지막 장을 국민의 저항권에 관한 논의에 할애하였다. 그것은 이를테면『정부론』의 결론이라고 말할 수도 있을 것인데, 거기에서 로크는 정부가 해체되는 여러 가지 경우를 열거하고 있다.

그는 정부의 해체를 명확하게 이해하자면, 먼저 그것과 사회 자체의 해체를 구별해야 한다는 말로 논의를 시작한다. 이는 홉스를 염두에 두고 한 언급일 수 있다. 홉스에 의하면 사람들은 주권자의 구속의 손길이 제거되자마자 자연상태의 혼란으로 되돌아간다. 그는 사회는 그 우두머리의 결합력으로 하나의 유기적 공동체가 되는 것이며, 우두머리 없는 유기적 공동체란 존재할 수 없다고 생각했다. 이와는 달리 로크는 조심스럽게 신탁을 통한 정부 수립 과정을 사회를 수립하는 계약 과정과 구별함으로써 홉스의 결론을 피해 갔다.[71]

로크에 의하면 사회 자체가 해체되는 "통상적이고 거의 유일한 길"은 외국의 정복에 의한 것인데, 이때는 사회 해체뿐 아니라 정부 해체 역시 함께 따라온다. 한 사회가 정복되는 경우에는 스스로를 온전한 독립 조직체로 유지할 수 없게 됨으로써, 조직체의 결합이 소멸하고 각자는 자연상태로 되돌아가 버리고 마는 것이다. 이렇게 사회가 해체되어 버리면, 그 정부 또한 해체되어 버린다는 것은 너무나 당연한 일이다. "이리하여 정복자의 칼은 종종 정부를 그 뿌리째 잘라 버리고, 사회를 산산조각으로 박살내어 버린다." 사회의 보호로부터 단절되어 제각기 흩어진 사람들은 각자 자연적인 자유의 상태로 환원되고, 마음 내키는 데 따라 어떤 다른 사회에서 자신의 안전을 도모할 수도 있는 것이다.(sec. 211)

이러한 정복, 즉 '밖으로부터의 전복' 이외에 정부는 또한 안으로부터 해체되기도 하는데, 그것은 여러 가지 형태로 나타날 수 있다. 로크는 그

••
71) Gough, *Locke's Political Philosophy*, p. 129 및 Leyden, *Hobbes and Locke*, p. 177.

것을 크게 두 가지 경우로 나누어 설명하고 있다. 첫째는 입법부가 변경되는 경우이다. 그의 설명에 따르면, 입법부는 "국가에 형태와 생명과 통일성을 부여해 주는 혼"이며, 따라서 그것을 구성하는 일은 "사회의 으뜸가는 기본적인 행위이다."(sec. 212) 그리고 입법권은 또한 국가의 최고 권력으로서, "공동체가 일단 그것을 맡겨 놓은 사람의 수중에서는 신성하고 변경이 불가능하다."(sec. 134) 그런데 만일 그것이 국민이 동의를 통해 권리를 부여하지 않은 사람에 의해 행사된다면, 입법부는 파괴되는 것이며 따라서 정부는 사멸하는 것이다.

이렇게 입법부가 변경되는 경우를 로크는 다시 좀더 구체적으로 세분하여 다음과 같은 네 가지 사태를 들고 있다. 첫째, 입법부가 제정한 법률을 군주가 자신의 자의적인 의지로 대체할 때, 즉 그럴 권한을 부여받지 않았음에도 불구하고 군주가 스스로 법을 제정할 때.(sec. 214) 둘째, 군주가 입법부의 집회나 토의 등의 자유로운 입법 활동을 방해할 때.(sec. 215) 셋째, 군주가 자의적인 권력으로 국민의 동의도 없이 그들의 이익에 반하여 입법부를 구성할 때, 말하자면 유권자와 선거 방식을 자의로 변경할 때.(sec. 216) 마지막으로 군주나 입법부가 국민을 외국 권력의 지배에 넘길 때.(sec. 217) 그리고 이 네 가지 경우와 성격이 약간 다르기는 하지만, 역시 입법부의 변경을 초래하는 경우가 또 하나 있다. 그것은 최고 집행권자가 소기의 책무를 유기하는 경우이다.(sec. 219) 이것은 왜냐하면, 만일 군주가 자기의 소임을 유기하여 기왕에 제정되어 있는 법률이 제대로 시행되지 못한다면, 그 법률을 제정한 입법부 자체가 파괴된 것과 마찬가지이기 때문이라는 것이다.

그런데 입법부가 변경되는 경우에 관한 이와 같은 언급들은 모두 일반론적 서술이기는 하지만, 또한 그것은 분명히 로크 당대의 영국의 정치 현실, 특히 1680년대의 여러 사태를 언급한 것이기도 하다.[72] 이를테면 제임스 2세는 국왕 대권을 사용하여 가톨릭교도의 공직 취임을 금지하는 심사법(Test Act)과 그들에 여러 형벌을 부과하는 형법의 효력을 정지시켰다. 그럼으로써 그는 17세기 영국 사회의 공공의 의지를 반영하여 입법부가 제정한 법률을 자신의 의지로 대체한 것이다. 한편 찰스 2세는 불과 2년 남짓한 사이에 의회를 네 번이나 해산하면서 '왕위계승배제법안(Exclusion Bill)'의 입법화를 추진한 의회의 입법 활동을 방해하고 저지하였다. 또한 복고왕정의 이 두 왕은 통제하기가 좀 더 수월하고 고분고분한 의회를 구성하기 위해 의원의 선출 방식과 선거인 자격을 변경하는 등 선거제도를 바꾸려고 시도하기도 했다.

한편 그 시대 대다수 영국인들에게 교황은 명백히 '외국 권력'이었고, 따라서 영국을 가톨릭 국가로 전환하려는 국왕의 시도는 곧 국민을 외국 권력에 예속시키는 일이 되었다. 제임스 2세에게 가해진 주된 비난 가운데 하나가 바로 그가 국민을 교황에게 예속시키려 한다는 것이었다. 그리고 1688년 11월 오렌지 공 윌리엄이 군대를 이끌고 영국에 상륙했을 때 제임스 2세가 프랑스로 도망친 일은 군주가 소기의 책무를 유기한 경우라고 볼 수 있을 것이다.

이상과 같이 입법부가 변경되는 경우 이외에 정부가 해체되는 또 다른 길이 있다. 그것은 입법부나 군주가 신탁에 위배하여 행동하는 경우이다. 즉 입법부가 국민의 재산, 곧 생명과 자유와 자산에 대해 자의적이고 절

..
72) 이와 관련한 좀 더 자세한 논의는 Ashcraft, *Locke's Two Treatises*, pp. 213-216 및 R. Ashcraft, *Revolutionary Politics and Locke's Two Treatises of Government* (Princeton, N. J., 1986), pp. 542-548 참조. 그리고 래슬리트(Peter Laslett)는 그가 편집한 *Two Treatises of Government* (New York: New American Library, a Mentor Book, 1965)의 219절에 대한 각주에서 이 절과 220절은 제임스 2세가 왕국을 버리고 도망간 것을 언급하기 위해 1689년에 써서 추가로 삽입한 것임에 틀림없다고 주장한다.

대적인 권력을 장악하여 그 주인이 되려고 하거나(secs. 221-222), 아니면 군주가 그와 같은 일을 도모하려고 할 때이다.(sec. 222) 로크는 정부의 해체가 비단 군주의 실정으로만 초래되는 것이 아니라 입법부의 잘못으로도 초래된다는 사실을 상기시킨다. 입법부든 군주든 국민의 재산을 약탈하고 자신의 자의적 권력의 지배 밑에 국민을 굴종시켜 노예의 상태에 떨어뜨리려고 할 때에는, 그들과 국민은 서로 전쟁상태에 놓이게 된다. 그들은 신탁을 어김으로써 국민이 그들에게 맡긴 권력을 상실하게 되고, 그 권력은 국민의 수중으로 되돌아가게 된다. 국민은 이제 그들에 대한 어떠한 복종의 의무에서도 해방되어 "신이 폭력과 폭행에 대비하여 모든 사람들을 위하여 마련해 놓은 공동의 피난처"(sec. 222), 즉 저항의 권리에 의지할 수 있게 되는 것이다.

그런데 로크가 안으로부터 정부가 해체되는 방식으로 이렇게 두 가지 경우를 구분하여 제시하기는 했지만, 사실 그 양자가 별개의 것으로 엄격하게 구분된다고 보기는 어려울 것이다. 두 번째 경우인 신탁 파기에 관한 설명은 첫 번째 경우인 입법부의 변경에 관한 것과 근본적으로는 크게 다르지 않다. 입법부의 변경도 엄밀하게 말하자면 주로 군주가 자행한 신탁의 위배라고 할 수 있을 것이기 때문이다. 군주가 전제적 권력으로 국민이 설립한 입법부를 자의적으로 변경하거나 혹은 그 책무를 소홀히 하여 법을 무용지물로 만들어 버린다면, 그것은 명백한 신탁의 위배인 것이다. 어느 경우든 그것은 모두 한마디로 말하자면, 정부가 신탁을 저버리고 폭정으로 전락하는 사태라고 할 것이다. 그러므로 로크가 구분한 두 가지 경우 간에 실제로 중요한 차이점은 폭정으로의 전락이 이미 일어난 일인가, 아니면 현재 기도되고 진행 중인 단계인가 하는 점이다.

입법부 변경에 대한 설명(secs. 212-219)에서 신탁의 파기에 대한 설명

(secs. 221-222)으로 넘어가는 중간의 연결 고리인 220절에서 로크는 전자의 경우에 대해 종합적으로 언급하면서, 일단 정부가 해체되어 버리면 국민은 자신의 안전과 복지를 보장해 줄 새로운 정부를 수립할 수 있다는 점을 강조한다. "왜냐하면 사회는 스스로를 보전하기 위해 가지고 있는 원래의 고유한 권리를 결코 다른 사람의 잘못 때문에 잃을 수는 없기 때문이다."

그러면서 다른 한편으로, 그는 이러한 사후 조치를 인정한다는 것은 기껏해야 노예가 되고 난 다음에 자유를 지키라고 말하거나 쇠사슬에 얽매이고 난 후에야 자유인으로 행동해도 좋다고 말하는 것이나 마찬가지라고 생각하였다. "만일 사람들이 전제의 지배 아래 완전히 떨어질 때까지는 그것으로부터 벗어날 아무런 수단도 없다고 한다면, 사람들은 결국 전제로부터 결코 안전할 수 없다. 그러므로 그들은 단순히 전제로부터 벗어날 권리뿐만 아니라, 그것을 미리 예방할 권리 역시 갖고 있다"고 로크는 믿었다. 정부가 해체되는 두 번째 경우인 신탁의 파기에 관한 221-222절의 논의는 바로 이러한 예방의 경우를 취급하고 있는 것이다. 그러니까 로크의 견해로는, 입법부나 집행부가 전제적 권력을 장악할 의도를 드러내고 그것을 위한 시도를 하는 것만으로도 정부는 해체되며,[73] 그럴 경우에 국민은 전제권력에 예속되기 이전에 미리 예방적 차원에서 저항권을 행사할 수 있다는 것이다.

우리는 지금까지 정부가 해체되어 국민의 저항권이 발동되는 여러 경우에 대한 로크의 설명을 간략하게 살펴보았다. 그런데 다른 많은 주제

‥
73) 이 장의 서두 부분에서 인용한 적이 있는 언급, 자연상태에서 "다른 사람의 생명을 노리는 … 의도를 말이나 행동으로 선언하는 것"만으로 전쟁상태가 초래되며(sec. 16), 또한 힘으로 "다른 사람을 자신의 절대적 권력 밑에 두려고 기도하는"(sec. 17) 것만으로도 전쟁상태가 초래된다는 언급들을 상기할 필요가 있다.

에 관한 진술이 그러하듯이, 여기에서도 로크의 진술은 아무런 혼란도 일으키지 않을 만큼 명료해 보이지는 않는다는 비판을 받는다. 그는 하나의 몸으로 행동하는 전체 국민의 저항을 말하면서, 다른 한편으로 한 개인도 부당한 침해를 받은 경우에는 저항할 권리가 있는 것처럼 말한다는 것이다. 켄덜(W. Kendall)에 따르면, 로크가 168절에서 전체 국민뿐 아니라 어느 단 한명의 사람도 '충분히 중대한 명분'만 있다면 하늘에 호소할 권리를 가지며 하늘에 호소할지 말지를 판단할 권리는 어느 개인도 양도할 수 없는 것이라고 말하면서, 그와 동시에 저항이 야기하는 폐해가 너무 크기 때문에 다수가 정부의 실정을 시정할 필요를 느낄 때까지는 그런 원리가 작동하지 않는다고 말한다는 것이다. 그는 로크가 동일한 문단 안에서 한 개인이 명분이 충분하다고 판단하면 하늘에 호소할 권리를 갖는다고 말하고, 그러면서 동시에 다수가 그의 호소에 가담할 준비가 될 때까지는 그렇게 하면 안 된다고 말할 때, 우리는 이 사람을 어떻게 이해해야 할 것인가 하고 불평한다.[74]

머코믹(MacCormick)는 168절을 근거로 좀 더 분명하게 주장한다. 그는 어느 한 신민이 정부로부터 부당하게 권리를 침해당한다면 그는 언제나 하늘에 호소할 권리, 즉 저항할 권리를 갖는다고 언명한다. 로크가 인정하듯이 오직 다수가 억압받을 경우에만 신민의 저항이 효과적일 법하기 때문에 그 때를 제외하면 개인에게는 그 권리가 소용없기는 하지만, 어쨌든 권리는 갖고 있다는 것이다. 비록 효과적일 수 없는 곳에서조차 그 저항 자체는 정당하다고 머코믹은 말한다.[75] 스코트(Scott) 역시 견

74) Kendall, *Doctrine of Majority-Rule*, pp. 132-133.
75) Neil MacCormick, "Law, Obligation and Consent: Reflections on Stair and Locke," *Archiv für Rechts und Sozialphilosophie*, Bd. 65/3 (1979), p. 396.

해를 같이한다. 그는 로크가 스스로 판단하고 집행할 자연적 권력을 가진 개인의 권리에서 저항의 권리의 근거를 구함으로써, 국민뿐 아니라 개인 각자가 저항권을 소유하고 있다는 주장을 펼쳤다고 본다. 그리고 그는 그런 점에서 로크가 그 이전에 국민에게서 저항의 권리를 찾은 가장 뛰어난 이론가였던 로슨을 결정적으로 한 걸음 넘어섰다고 주장한다.[76]

그렇지만 이와 같은 주장은 오독 혹은 곡해의 결과일 뿐이다. 168절에서 로크는 "전체 국민 혹은 단 한 명의 사람이 그들의 권리를 박탈당하고, 권리 없는 권력의 행사 아래 놓이고, 그리고 지상에서는 아무런 호소할 데가 없을 때, 그곳에서는 충분히 중대한 명분이 있다고 판단하면 언제나 그들은 하늘에 호소할 자유를 갖는다"[77]라고 말한다. 그런데 이 문장에서 명분이 있다고 판단하거나, 혹은 하늘에 호소할 자유를 갖는 '그

••

76) John T. Scott, "The Sovereignless State and Locke's Language of Obligation," *American Political Science Review*, vol. 94, no. 3 (September, 2000), pp. 551-552. 그랜트 또한 각 개인은 전쟁상태를 시작한 자가 사사로운 개인인지 아니면 정부인지를 판단해야 하며, 개인은 사회가 실제 해체되었는가에 대한 궁극적 판단자이라고 주장한다. Grant, *Locke's Liberalism*, p. 173. 그 외에 Plamenatz, *Man and Society*, p. 232와 Ashcraft, *Revolutionary Politics*, pp. 307-308도 참조하라.

77) 영어 원문은 다음과 같다. "And where the Body of the People, or any single Man, is deprived of their Right, or is under the Exercise of a Power without right, and have no Appeal on Earth, there they have a liberty to appeal to Heaven, whenever they judge the Cause of sufficient moment." 이 문장에서 종속절의 동사가 단수(is)이기도 하고 복수(have)이기도 해서 다소 헷갈리기는 하지만 'any single Man'은 단순히 삽입된 것일 뿐, 주절의 they는 의미상 분명 the People 또는 the Body of the People이다. 아마도 로크가 무엇보다 개인의 자유와 권리를 천명한 인물이라는 선입견을 가지고 본 때문이겠지만, 여러 학자들은 이 구절을 인용하면서 중간 부분을 적당하게 생략하고 "any single Man …… have a liberty to appeal to Heaven"으로 읽은 것이다. 그리고 로크는 하늘에 호소할 권리를 어느 개인도 양도할 수 없다고 말한 적이 없다. 위의 인용문에 이어지는 글에서 로크는 "this Judgement they cannot part with"라고 했는데, 앞에서 나온 the People을 받는 대명사인 they를 켄덜은 이와 전혀 무관한 any single Man으로 치환해 놓고 그것을 로크의 글이라고 읽으면서 그렇게 주장할 뿐이다.

들'은 '단 한 명의 사람'이 아니라 '전체 국민'을 가리키는 것으로 봐야 한다. 그런데 로크에게서 개인의 저항권 옹호를 읽는 학자들은 모두 "단 한 명의 사람이 ⋯⋯하늘에 호소할 자유를 갖는다"라고 읽은 것이다. 그렇지만 이 구절은 단 한 명의 사람이 권리를 박탈당했더라도 전체로서의 국민이 법이 총체적으로 무너져서 법에 호소할 길이 막혔다고 판단하면 저항을 할 수 있다는 의미로 읽어야 한다. 로크는 이 구절에 바로 이어서 "국민은 ⋯⋯지상에서는 아무런 호소할 데가 없는 곳에서는, 그들이 하늘에 호소할 정당한 명분이 있는지 없는지를 판단할 궁극적인 결정권을 그들 자신이 확보해 왔다. 그리고 이 판단권을 그들은 양도할 수 없다"면서 하늘에 호소할지 말지에 대한 궁극적 판단권이 전체로서의 국민에게 있음을 다시 한번 확인하고 있는 것이다.

로크는 권리를 침해당할 때마다 개인들이 각자 행하는 저항을 말하지 않는다. 그는 "피해자가 법에 호소함으로써 구제를 받고 손해를 배상받을 수 있는 곳에서는 힘에 호소할 구실이 전혀 없다. 힘은 오직 사람이 법에 호소하는 길이 가로막혔을 때 사용할 수 있는 것이다"라는 점을 강조한다.(sec. 207) 로크가 말하는 저항은 법이 총체적으로 무너지고 그래서 지상에서는 아무데도 호소할 곳이 없을 때, 바꾸어 말하자면 정부가 해체되었을 때 하늘에 호소하는 국민의 권리로서 정당화되는 것이다. 누가 군주나 입법부의 신탁 위배 문제에 대한 재판관이 될 것인가 하는 질문에 대해 로크는 "국민이 재판관이 되어야 한다"고 대답한다. 그러면서 "수탁자 또는 대리인이 자신에게 위임된 신탁에 따라 잘 행하고 있는지에 대해 그를 대리자로 삼고, 또한 그를 대리자로 삼았음으로 해서 그가 신탁을 이행하지 못할 때는 여전히 그를 내칠 권력을 필히 가지고 있는 사람이 아니라면, 누가 재판관이 될 것인가?" 하고 반문한다.(sec. 240)[78] 로크에게는 참으로 민심이 곧 천심인 것이다.

정부 해체 이후의 상태가 어떤 것인가도 논란거리이다. 왜냐하면 사회의 해체와 정부의 해체를 구별해야 하며, 사회의 해체는 오직 외국의 정복에 의해서만 일어난다는 진술이 곧바로 그와 상충하는 것처럼 보이는 진술로 이어지기 때문이다. 입법부 변경의 경우를 논하면서 로크는 만일 "입법부가 파괴되거나 해체될 때는 해체와 죽음이 뒤따른다"고 하면서, 그럴 경우 "사람들은 각자 자신의 의지대로 행할 수 있게 된다"고 말하고 있는 것이다.(sec. 212) 그는 또한 군주가 책무를 유기해 버리면 '사회의 접착제'인 법률이 정지되고, 모든 것이 무정부 상태로 변해 버리며, "국민은 질서도 연관성도 없는 혼란스러운 군중이 되어 버린다"고 말하기도 한다.(sec. 219)

이러한 진술은 정부의 해체 이후에 정치사회 역시 붕괴하고, 하나의 의사를 가지고 하나의 몸으로 행동하는 공동체가 자연상태로 환원되어 '혼란스러운 군중'으로 해체된다는 것을 의미하는 것처럼 보인다. 래슬리트는 로크가 종종 마치 정부의 해체가 자연상태를 가져오는 것처럼 말하는 것으로 보인다는 점을 지적하면서, 이런 모호함은 그가 자연상태와 사회상태를 엄격하게 구분하지 않는 태도와 관계있는 듯하다고 이해하면서 넘어간다.[79] 그리고 스트라우스(Strauss)는 로크가 한편으로 사회는 정부 없이 존재할 수 있다고 하면서 다른 한편으로는 정부 없이 존재할 수 없다고 하는데, 이러한 모순은 다음과 같은 사실 즉 사회는 오직 혁명의 순간에만 정부 없이 존재하고 행동한다는 사실을 참작한다면 해소된다고 주장한다. 만일 사회 혹은 국민이 합법적 정부가 없는 동안 존재할 수 없다면, 전제정으로 전락한 사실상의 정부에 대항하는 '국민'의 행동은 없

∴

78) 242절에서도 같은 주장을 되풀이해서 강조한다.
79) Laslett, "Introduction," Laslett ed., *Two Treatises*, pp. 128-129.

게 되리라는 것이다.[80]

그러나 애시크래프트는 로크가 묘사한 정부 해체 이후의 혼란 상태가 자연상태라는 것을 부인하는 해석은 잘못된 것이라고 비판한다. 그는 정부가 해체됨으로써 "요컨대 국민은 자연상태로 되돌아갔다" 하고 언명한다. 왜냐하면 시민사회의 삶이 자연상태의 삶과 다른 점은 입법부의 존재와 법률의 공평무사한 집행이기 때문이라는 것이다.[81] 이러한 『정부론』 읽기는 이미 로크 당대에도 있었다. 빼어난 휘그 이론가였던 애트우드(Atwood)는 『정부론』을 매우 높이 평가하면서도, 그것이 해체 이론에서 영국법의 독특한 취지를 간과했다고 믿었다. 그 저자가 국민은 군주의 헌정 유린으로 인해 자연상태로 환원되며, 군주의 침해로 그들이 처하게 된 전쟁상태에는 아무런 공동의 재판관이 없다고 주장한다고 하면서, 그는 그 익명의 저자를 비판했다.[82] 그런데 애시크래프트는 애트우드의 이런 해석을 그대로 받아들인 것이다.

사람들이 자연상태로 되돌아가면, 그러면 저항은 어떻게 되는가? 애시크래프트는 그들이 자연상태로 복귀하더라도 폭정에 저항할 공동체는 남아 있다고 주장한다. 정부의 해체가 사람들을 자연상태로 되돌려 놓지만 그러나 그것은 서로 분리된 개인들이 아니라 집단적 정치권력을 보유하고 공동체로 행동하는 국민으로 되돌려 놓는다는 것이다. 그의 설명

⋮

80) Leo Strauss, *Natural Right and History* (Chicago, 1971), p. 232.
81) 그러면서 애시크래프트는 "그들이 호소할 판결 권력이 없는 곳이면, 그곳이 어디든 그들은 여전히 자연상태에 있는 것이다"(sec. 89)와 같은 구절을 그 전거로 제시한다. Ashcraft, *Revolutionary Politics*, pp. 575-576.
82) 애트우드의 이런 견해를 설명하면서, 프랭클린은 로크가 정부 해체의 결과가 자연상태로의 복귀라고 생각하지 않았으며, 이 점에서 애트우드의 비판은 틀렸다고 주장한다. 애트우드는 로크의 정부 해체와 사회 해체의 엄격한 구분을 파악하지 못했다는 것이다. Franklin, *Theory of Sovereignty*, pp. 105-108 참조.

에 따르자면, "사회는 정부의 해체 이후에 자연상태에서도 계속 존재한다. 왜냐하면 정치권력은 개인들 사이의 원초적 사회계약의 창조물인 '공동체'로 되돌아가기 때문이다."[83] 애시크래프트는 공동체는 정치사회와 다르다고, 그리고 공동체와 자연상태는 상호 배타적 개념이 아니라고 강변한다. 그래서 그는 국민이 자연상태로 되돌아갔다고 하면서도 동시에, 국왕에 대항하여 혁명을 일으킬 것으로 기대되는 '국민'의 상태는 명백히 "공동체로 조직된 국민"이라고 말하기도 한다.[84] 이쯤 되면 뭐가 뭔지 모를, 참으로 요령부득의 상태에 접어든다. 그는 서로 다른 것을 같은 것이라고, 그리고 서로 같은 것을 다른 것이라고 주장하고 있는 것이다.

애시크래프트의 이러한 혼란은 로크의 자연상태의 개념을 오해한 데서 시작되었다. 애시크래프트는 "누군가에게 입법권을 확실하게 양도할 때까지는 개인들은 자연상태를 떠난 것이 아니다"라고 말한다. 그는 공동체의 결성과 입법부 혹은 정부의 수립을 엄격하게 구분하고, 공동체와 정치사회를 별개의 것으로 파악한다. 그는 입법부를 수립하여 특정 형태의 정부를 확립한 상태를 정치사회로 규정하고, 정부 없는 공동체는 자연상태로 규정한다. 그래서 공동체는 자연상태 안에 존재하고, 또한 공동체의 구성원으로서의 개인은 상호 관계에 있어서는 자연상태에 있다는 것이다.[85]

그러나 로크는 분명하게 "사람들 사이의 자연상태에 종지부를 찍는 것은 …… 하나의 정치체(body politick)를 만들 것을 상호 간에 합의하는 그런 계약뿐이다"라고 말한다.(sec. 14) 사람들은 정치사회를 결성하는 사회

..
83) Ashcraft, *Revolutionary Politics*, pp. 576-577.
84) Ashcraft, *Locke's Two Treatises*, pp. 216-217.
85) 같은 책, p. 217.

계약을 맺음으로써 자연상태를 벗어나고, 정치사회의 구성원이 된다. 요컨대 정치사회는 사회계약으로 수립되는 것이다. 이때 사람들은 자연상태에서 가지고 있던 자연권을 그들이 결성한 공동체에, 즉 정치사회에 넘긴다. 그리고 정부 혹은 입법부는 이 정치사회 혹은 공동체가 각 개인이 공동체에 양도한 정치권력을 신탁함으로써 수립되는 것이다. 이 "정치권력은 모든 사람이 자연상태에서 가지고 있다가 사회의 수중에 넘겨준 권력이며, 그리고 그곳에서는 그것이 …… 신탁과 더불어 사회가 그 자신 위에 세운 통치자들에게 넘겨준 권력이다."(sec. 171) 그런 점에서 많은 경우 로크에게 정치사회와 공동체는 동일한 존재이며, 경우에 따라 서로 호환하여 사용할 수 있는 용어이다. 애시크래프트는 로크의 이러한 계약과 신탁의 개념을 제대로 이해하지 못했거나 미처 그에 생각이 미치지 못한 듯하다.

자연상태와 정치권력을 가진 공동체는 양립 불가능하다. 자연상태의 개인들은 자연법의 지배를 받으면서 자연권을 향유하는 존재로서, 어떠한 타인이나 집단의 지배도 받지 않는다. 자연상태에서는 그 주민을 지배하는 정치권력도, "공동체로 조직된 국민"도 존재할 수 없다. 그러나 사회계약을 통해 수립된 공동체는 그 구성원을 구속하는 정치권력을 가진 존재이다. 물론 이 공동체는 정치권력을 직접 행사하는 것이 아니라, 정부의 수중에 맡기고 그 지배 아래 들어가는 것이다. 정부 해체 이후의 공동체는 애시크래프트가 인정하듯이 "개인들 사이의 원초적 사회계약의 창조물"이며, 이는 또한 정부로부터 최고 권력을 되찾은 존재이며, 새로운 입법부를 세워 권력을 맡길 주체이다. 다수결의 원리에 따라 하나의 의지를 가지고 한 몸으로 행동하는 공동체, 그것이 바로 로크의 정치사회인 것이다.

정부 해체와 관련한 애시크래프트의 설명이 요령부득이기는 하지만, 그의 혼란은 어떤 의미에서는 사소한 것이다. 왜냐하면 그의 잘못은 정부 해체 이후의 상태를 자연상태라고 잘못 명명한 것에 그칠 뿐, 그것이 로크의 저항 이론 전반을 이해하는 데 크게 방해가 되는 것은 아니기 때문이다. 그에 비하면 타코브(N. Tarcov)의 잘못은 자못 심각하다 할 것이다. 타코브는 위에서 언급한 212절과 219절의 구절들이 갖는 중요성을 지나치게 과대평가하여, 입법부의 변경에 의한 정부의 해체는 결국 사회의 해체 역시 초래한다고 해석하였다. 즉 안으로부터의 정부 해체의 두 가지 방식 중 첫 번째인 입법부 변경의 경우는 사회 해체가 정부 해체를 뒤따르고 두 번째인 신탁 파기의 경우에만 정부가 해체된 뒤에도 사회는 살아남는다는 것이다.

타코브의 이러한 해석은 매우 중요한 결과를 가져왔다. 그는 그러한 해석을 통해, "저항의 권리는 오직 두 번째 경우에만 일어난다. 그리고 로크의 저항권 교의의 특이한 성격은 바로 그러한 사실에 달려 있다"라는 매우 특이한 주장을 하고 있는 것이다.[86] 왜냐하면 정부에 대한 저항은 각 개인이 개별적으로 행사하는 것이 아니라, 하나의 의사를 가지고 하나의 몸으로 움직이는 전체로서의 국민 혹은 정치사회가 행사하는 권리인데, 사회가 해체되고 국민이 자연상태로 환원되어 버리면 저항권을 행사할 주체가 없어져 버리기 때문이라는 것이다.

타코브는 사회 자체가 해체되는 "통상적이고 거의 유일한 길"은 외국의 정복뿐이라는 로크의 말을 무시해 버렸다. 아니 무시해 버렸다기보다는 '거의' 유일한 길을 유일한 길과는 전혀 다른 것으로 받아들였다.[87] 그는 다른 사람들의 잘못이 제19장 '정부의 해체에 관하여'의 전체적인 논

---

86) N. Tarcov, "Locke's *Second Treatise* and 'The Best Fence Against Rebellion'," *The Review of Politics*, vol. 43, no. 2 (1981), p. 207.

87) 같은 책, p. 206.

의 구조를 잘못 파악한 데서 연유한 것이라고 비판했지만, 실제로 제19장의 구조를 잘못 파악한 것은 타코브 자신이다. 그의 잘못이 어떤 성격의 것인지는 로크가 사회의 해체를 가옥의 붕괴에 비유하여 설명한 구절을 해석하는 데서 잘 드러난다. 로크는 외국의 정복으로 사회와 정부 둘 다 해체된다고 하면서, 사회가 해체되면 정부가 존속할 수 없다는 것은 "마치 가옥의 자재들이 회오리바람으로 흩뜨려져서 사라져버리고 지진으로 잡동사니 범벅이 될 때, 가옥의 뼈대가 존속할 수 없는 것과 마찬가지이다"라고 말한다.(sec. 211)

타코브는 이 구절을 인용하면서 "정부는 뼈대이고 사회는 가옥이다. 우리는 밖으로부터의 회오리바람을 외국의 정복이라고, 그리고 밑으로부터의 지진을 국내의 반란이라고 추측할 수 있을 것이다" 하고 주장했다.[88] 그리하여 그는 국내의 반란으로 인한 안으로부터의 정부 붕괴가 사회 붕괴를 가져온다는 주장으로 나아간 것이다. 그러나 로크의 이 비유는 타코브의 해석과는 전혀 관계가 없다. 회오리바람은 정복을, 지진은 국내의 반란을 비유한 것으로 추측하는 것은 참으로 황당한 일이다. 별 의미 없는 단순한 비유에서 그는 너무 큰 의미를 읽어 내려 한 것이다.

로크가 말하려는 것은 단순히 사회 해체 후의 정부는 회오리바람과 지진에 부서지는 가옥처럼 그렇게 박살난다는 것뿐이다. 이 구절 전체가 정복의 결과로 나타나는 현상을 말하는 것이지, 내부 요인에 의한 붕괴를 다루고 있는 것이 아니다. 회오리바람도 지진도 굳이 따지자면 정복을 가리키는 것이다.[89] 무엇보다 로크는 정부 해체가 사회 해체를 뒤따라 나

..

88) 같은 책, p. 207.
89) 로크는 정복을 논하는 제16장의 첫 절인 175절에서도 정부 수립을 가옥을 짓는 일에, 그리고 정복을 가옥을 부수는 일에 비유했다.

온다고 말할 뿐, 타코브가 첫 번째의 경우에 일어난다고 말하는 것처럼 거꾸로 사회 해체가 정부 해체를 뒤따라 일어난다고 말하지 않는다. 논리적으로 보더라도 입법부 변경에 의한 정부 해체는 그 정부를 수립하고 권력을 신탁한 시민사회 자체의 존립과는 무관한 일이다.

타코브는 또한 저항이 전통적으로 인식되어 온 것처럼 최후의 수단이 아니라 폭정에 대한 선제적 조치이며, 입법부 변경의 경우에는 이미 '너무 늦기' 때문에 저항할 여지조차 없어져 버렸다고 주장한다.[90] 그러나 이미 살펴보았듯이, 로크는 분명히 입법부 변경의 경우에도 국민이 저항권을 행사하고 새로운 입법부를 수립할 수 있다고 언명하고 있다. 그는 분명하게 "너무 늦어 어떠한 구제책도 찾을 수 없게 되기 전까지는, 인류의 상태는 이러한 구제책을 이용할 수 없을 정도로 비참한 것은 결코 아니다"라는 점을 강조한다.(sec. 220) 뿐만 아니라 로크가 변호하려는 것은 저항의 권리이다. 비록 너무 늦어 현실적으로 저항할 힘이 없다고 할지라도 저항할 '권리'가 없어지는 것은 아닐 터이다.

그런데 사실 입법부 변경에 관한 진술이야말로 로크가 스튜어트 복고 왕조의 전제정의 구체적 사례를 열거하면서 혁명의 필요성을 역설하는 대목인데, 그 경우에는 저항권이 발동될 수 없다고 주장하는 것은 『제2론』의 가장 기본적인 의미와 그 역사적 맥락을 망각한 데서 오는 오해라 할 것이다. 로크는 '왕위계승배제 위기(Exclusion Crisis)'의 과정에서 첨예하게 드러난 의회와 국왕의 갈등 및 국왕이 자행한 의회의 자의적 해

··

90) Tarcov, "'The Best Fence Against Rebellion'," pp. 210-211. 그랜트는 사회 해체 및 저항권 발동과 관련한 타코브의 견해에 전적으로 동조한다. 그러면서도 그는 입법부가 변경되어 사회가 해체되었을 때는 "저항을 성공적으로 개시할 가능성이 참으로 희박하다"거나, "너무 늦은 곳에서도, 성공할 법하지는 않지만 저항은 여전히 정당화된다"고 말하는 등, 타코브와 약간의 차이를 보이기도 한다. Grant, *Locke's Liberalism*, pp. 148-149, 150, 155.

산 등과 같은 사태를 입법부가 변경된 상태, 따라서 정부가 해체된 상태로 파악했던 것이다.

223-230절에서 로크는 신탁의 위배가 저항을 정당화한다는 주장이 잦은 반란을 부추기고 사회를 혼란에 빠뜨릴 것이라는 비난에 직면할 것을 예상하고, 이러한 비난에 대해 반론을 전개하고 있다. 그런데 타코브는 이것을 신탁 위배의 경우에만 저항권이 행사될 수 있다는 증거라고 생각하였다.[91] 그러나 그것은 첫 번째의 경우는 당연히 혁명이 정당화되지만 두 번째의 경우에도, 즉 '예방적' 저항까지도 정당화한다면 지나치게 혼란을 부추기는 것이 아닌가 하는 비판에 대한 반론일 뿐이다. 저항은 최후의 수단이면서 동시에 예방 수단이기도 한 것이지, 최후의 수단이 아닌 예방 수단만인 것은 아니다. 로크는 분명하게 사람들은 "단순히 전제로부터 벗어날 권리뿐만 아니라, 또한 그것을 미리 예방할 권리 역시 갖고 있는 것"이라고 언명하였다.(sec. 220) 그가 '예방적' 저항을 변호한 것은 '사후적' 저항을 부인하기 위해서가 아니라, 후자만으로는 전제정에 대한 제어 장치로서 부족하다고 생각했기 때문이다.

----

91) Tarcov, "'The Best Fence Against Rebellion'," p. 212.

로크와 자유주의

로크는 서재에 들어앉아 오로지 연구와 저술에만 몰두하는 학자의 삶만 살았던 것이 아니다. 그는 학자임과 동시에 또한 다른 어떤 정치사상가도 그럴 수 없을 정도로 정치 현실의 한가운데에 깊이 뛰어들었다. 때로는 외교관으로서, 때로는 행정 관료로서, 그리고 때로는 당대 거물 정치가들의 개인 참모나 고문으로서 17세기 후반 영국의 정치적 격랑을 직접 체험하였다. 그의 정치사상은 바로 이러한 실제 정치적 경험으로부터 형성된 것이었다. 이는 어떤 면에서는 그의 인식론과도 부합하는 말일 것이다. 철학자는 연구실에 들어 앉아, 읽고 생각하고 동료 지성인과 대화하는 것만으로는 진리를 발견할 수 없다는 것이 그의 신념이었다. 왜냐하면 자신을 세상에서 격리하는 것은 곧 경험과의 단절을 의미하는 것인데, 그에게는 경험이야말로 무엇인가를 배울 수 있는 유일한 수단이었던 것이다.[1]

어떤 저술을, 특히 정치적인 저술을 올바로 이해하고자 할 때, 무엇보다 먼저 그것이 저술된 동기나 배경에 대한 파악이 전제되지 않으면 안 된다는 것은 너무나 당연한 말이다. 더욱이 그 저자가 서재 속에 깊숙이 파묻힌 사색가라기보다는 현실 정치에 깊이 관여하고 참여한 행동가일 경우는 더욱 그러하다. 로크는 정치철학뿐 아니라 실로 다방면에 걸쳐 관심을 가졌고, 또 실제로 많은 분야에서 일가를 이루었다. 그러나 적어도 정치사상가로서 그의 관심은 자신의 시대 및 현실 정치적 관계에 의해 제한되게 마련이었다. 말하자면 그가 놓여 있던 시대적 맥락에 따라 그는 어떤 문제는 '자신의 문제'로 다루기도 하고, 어떤 문제는 무시하기도 했던 것이다. 그는 모든 문제를, 혹은 현실과 유리된 추상적인 문제를 '자신의 문제'로 삼거나 다루지 않았다. (무언가 역사에 영향을 미친 사상가치고 그런 사람이 어디에 있겠는가!)

로크의 정치사상은 흔히 독창성이 결여되었다고, 로크가 그 발전에 새롭게 기여한 것은 아무것도 없다고 평가되기도 한다. 그의 정치학의 거의 모든 주제는 자연법학자나 영국 헌정의 법률가 혹은 친구 티렐(Tyrrell)과 같은 동료들의 저술에서, 아니면 심지어 오버튼(Overton)같은 수평파의 저술에서 부분적으로 발견할 수 있다고 말해지기도 한다.[2] 그렇다 하더라도, 단편적이거나 개별적인 생각들을 일관된 사상 체계로 종합하는 일 역시 창조적이고 독창적인 업적이라 할 것이다. 사실 대부분의 위대한 사상이 다 그런 것이 아니겠는가? 당대의 많은 사람들이 관심을 갖고 나름대로 견해를 표명한 바가 별로 없는 주제라면, 그런 것은 독창적이기보다는 시대의 문제와는 별 관련 없는 생뚱맞은 것이라 할 것이다.

1) Maurice Cranston, "John Locke and Government by Consent," D. Thomson ed., *Political Ideas* (Pelican Books, 1972), p. 67.

2) G. Parry, *John Locke* (London, 1978), p. 153.

다른 한편 로크는 연구자들로부터 자주 일관성 없는 사상가라는 비난도 받아 왔다. 특히 그가 가장 위대한 업적을 이룩한 두 분야인 철학과 정치학에 관한 저술인 『인간 오성론』과 『정부론』 사이가 그렇다고 말해진다. 로크는 인식 이론상으로 전자에서는 경험론을 주장한 데 비해 후자에서는 합리주의적 태도를 취했다는 것이다. 뿐만 아니라 논리적 모순과 상충은 한 저술 내에서도 지적되고 있으며, 특히 그 집필이 당시의 긴박한 정치 상황에 기인한 『정부론』은 철학 저술인 『인간 오성론』보다 그러한 비판을 더 많이 받아 왔다.[3] 그는 철학, 정치학, 경제학, 신학, 교육학, 의학, 식물학, 심지어 식민지 행정에 이르기까지 아주 다양한 분야에 걸쳐 지적인 관심을 보였고, 또한 그만큼 다양한 분야에 걸쳐 관련 저술을 남겼다. 그의 지적 관심이 이렇게 다방면에 걸쳐 있기 때문에, 각 분야에 관한 저술이 서로 상충하거나 전체적으로 일관성을 결여한 측면이 있는 것이 사실이다.

그렇기는 하나 많은 경우, 로크의 사상에 대한 오해나 또는 그것이 모호하고 일관성이 결여되었다는 비난의 근저에는 비역사적 태도가 자리하고 있다. 셀리거(Seliger)가 지적하듯이, 일반적으로 위대한 사상가들이 흔히 그런 것처럼 로크의 경우 역시 그의 사상은 그것이 나중에 얻게 되는 의미, 그러니까 그 사상을 바탕으로 해서 출현하게 된 후대의 사상과 똑 같은 의미를 로크에서도 갖고 있다는 가정 아래 읽히게 된다. 로크가 말한 모든 것이 그 후 세대가 그것에 결부한 의미와 일치할 수는 없기 때

3) 로크의 진술상의 불일치나 논리적 결함을 지적한 사례나 그와 관련한 논의에 대해서는 R. Ashcraft, *Locke's Two Treatises of Government* (London, 1987), pp. 2-3; Parry, *John Locke*, pp. 11-12; H. Aarsleff, "Some Observations on Recent Locke Scholarship," J. W. Yolton ed., *John Locke: Problems and Perspectives* (Cambridge University Press, 1969), pp. 262-264 등을 참조하라.

문에, 로크의 저술에서 지적되는 모호성이나 비일관성은 때때로 로크 자신이 아니라 해석자의 탓이 더 크다.[4]

이를테면 로크는 재산을 중세의 도덕적 제약에서 해방함으로써 무제한의 자본 축적을 정당화해 준 자본주의 이데올로기의 대변자라고 주장되기도 한다. 그런가 하면 때로는 개인의 자유를 위해 공동체의 이익을 희생시키는 극단적 개인주의자로 묘사되거나, 거꾸로 개인을 집단에 예속시킴으로써 전체주의 이데올로기를 예견하게 하는, 이를테면 루소의 선구자쯤으로 인식되기도 한다. 그리고 또 어떤 해설자들은 이러한 상태를 놓고, 그러한 문제에 대한 로크의 태도가 모호하다거나 혹은 로크가 그런 문제를 제대로 다루지 않았다고 하면서 비난하기도 한다. 로크의 저술 가운데 어느 한 부분을 논리적으로 극단화하면 물론 이러한 해석의 어떤 것도 가능할 것이다. 말하자면 로크에게서 극단적 개인주의도, 그 반대 의미의 집단주의도 도출해 낼 수 있다. 그에게서 무제한의 재산 축적에 대한 옹호의 실마리도, 재산의 제한과 부의 보다 균등한 분배에 대한 정당화의 실마리도 끌어낼 수 있다. 그에게서 극단적인 자유방임적 자본주의 이데올로기의 단서도, 사회 정의에 입각한 복지국가 이데올로기의 단서도 찾아낼 수 있다.

그러나 로크에게서 이 모든 것이 가능하다는 말이 곧 이 모든 것을 그가 주장했다는 의미로 이해되어서는 안 된다. 사실을 말하자면 오히려 그 반대이다. 그는 이 가운데 그 어느 것도 주장하지 않았다. 아니, 보다 정확하게 말하자면 그 어느 하나를 다른 것에 대해 배타적으로 주장하지 않았다고 해야 할 것이다. 그는 애당초 문제를 그와 같은 각도에서 제기하지 않았던 것이다.

••
4) M. Seliger, *The Liberal Politics of John Locke* (New York, 1969), p. 33.

우리가 어떤 역사적 인물의 사상을 다루는 경우에, 중요한 것은 그의 저술의 논의들을 그 인물이 씨름하고 있는 주된 문제의식과의 관련 속에서 분석하고 파악하는 일이다. 동일한 논의를 다른 문제의식과 연관지어 그 논리를 극단화하면 결국 원래의 취지나 의미를 왜곡하는 결과를 가져올 뿐이다. 이를테면 산업자본주의 사회의 갈등이나 전체주의 체제의 모순 등과 같은 문제의식에서 로크를 바라보려고 해서는 안 된다는 것이다. 그런 것은 오늘날 우리의 문제이지 17세기 후반의 절대주의 시대를 산 로크의 문제는 아니기 때문이다.

역사적 인물을 다룰 때 흔히 저지르기 쉬운 잘못은 바로 "죄악 중의 죄악, 용서받지 못할 죄악인 시대착오"[5]라는 잘못이다. 개인과 사회의 갈등이 해결을 요하는 심각한 문제로 대두하는 것은 19세기에 와서의 일이다. 이때가 되면 이제 자유의 주된 쟁점은 더 이상 어떻게 하면 정부의 권력 남용으로부터 개인을 보호할 것인가와 같은 문제가 아니게 된다. 그보다는 오히려 어떻게 하면 다수의 횡포로부터 개인의 자유를 보호할 수 있는가 하는 것이 보다 미묘하고 중요한 문제가 된 것이다. 문제의 성격이 이렇게 변함으로써 이제는 다수의 권력 남용을 방지하고 개인의 자유를 보호하기 위해 오히려 정부의 힘을 강화해야 한다는 요구가 대두하기도 했다. '개인과 사회의 관계', '개인의 자유에 대한 사회로부터의 위협' 혹은 '다수의 독재' 같은 문제를 자신의 과제로 다루었던 인물이 바로 밀 (J. S. Mill)이었는데, 그는 로크보다 거의 2세기 가까이나 뒤에 활동한 인물이다. 던(Dunn)의 지적처럼, 20세기 오늘의 문제에 대한 해결책을 로크

5) Lucien Febvre, *Le probl me de l'incroyance au X VI si cle, la religion de Rabelais* (Paris, 1968), p. 15. 김응종, 「뤼시앙 페브르의 '역사를 위한 전투'」, 남현(南峴) 양병우(梁秉祐) 박사 정년퇴임기념논총 간행위원회 역음, 『역사가와 역사 인식』 (민음사, 1989), p. 46에서 재인용.

에게서 직접 구하려는 태도는 마치 돈키호테가 풍차에 돌진하는 것과 같다고 할 것이다.[6]

우리는 로크가 관심을 가지고 직접적으로 다루려고 했던 주제에 관한 그의 견해를 들으려고 해야지, 다루지 않은 주제에 관한 견해를 억지로 강요하거나 그가 어떤 주제를 다루지 않은 것에 대해 책임을 추궁하려 해서는 안 된다. 물론 그가 정당히 다루어야 했을 주제를 무시하거나 외면한 것에 대한 면책을 주장하려는 것은 아니다. 다만 어떤 사상가도 모든 문제를 다 자신의 문제로 삼을 수는 없으며 자신의 일정한 지평을 가지고 있다는 점, 그리고 그를 그 지평에서 끌어내면 결코 그로부터 그의 진정한 목소리를 들을 수 없다는 점 등의 지극히 당연한 사실을 다시 한 번 환기하고자 할 뿐이다.

그렇다고 이런 말이 오늘 우리의 문제를 이해하거나 해결하려 하는 데에 로크는 아무런 관련이 없다거나, 혹은 그를 끌어들여서는 안 된다는 의미로 이해되어서는 안 된다. 우리는 모든 역사적 유산은 후대에 아무런 변형 과정이 없이 원형 그대로 상속되지는 않는다는 것을 잘 알고 있다. 상속자는 그 유산을 이런 저런 방식으로 활용하여 재산을 증식하게 마련이다. 아무런 활용도 하지 않고 그대로 창고 안에 보관하는 상속자는 훌륭한 상속자가 아니다. 로크의 유산을 오늘에 적용하여 자본주의도, 개인주의도, 집단주의도, 혹은 평등주의도 정당화하는 근거를 찾아낼 수도 있을 것이다. 그러나 그것은 상속자의 노력의 결과이지, 로크가 물려준 유산 그 자체는 아니다. 유산과 그것을 이용해서 얻어낸 부가가치는 구별해야 한다. 유산이 값진 것일수록 더욱 풍요로운 부가가치가 창출되기를 기대할 수 있을 것이다. 역사적 유산이란 원래 그런 것이다. 그렇지만

••

6) J. Dunn, *The Political Thought of John Locke* (Cambridge University Press, 1982), ix-x.

유산 그 자체의 실체가 무엇인가를 밝혀내는 일은 그것을 제대로 잘 활용하기 위해서도 중요한 일이다.

『정부론』 집필의 직접적인 계기는 요크 공 제임스의 왕위계승 문제를 둘러싼 스튜어트 왕조 말기의 정치적 위기 상황이다. 그렇지만 보다 넓은 역사적 맥락에서 보자면, 로크가 자신의 정치사상을 숙성시켜 가던 17세기 말엽은 근대 주권 국가가 급속하게 하나의 현실로 되어 가고 있던 시기였다. 중앙 정부는 관습에 의해 부과된 많은 제약과 여러 지역적 및 공동체적 특권의 제약으로부터 해방되었다. 국민의 안전과 복지를 위한다는 구실 아래 이 새로운 주권국가는 점차 옛 특권들을 폐지하고 옛 법률들을 개폐하면서, 새로운 권리를 수립하고 새로운 법을 제정할 수 있었다. 신민의 영혼을 위해 그것은 어떤 것이 참된 종교인지를 선언할 수 있었고, 이전에는 교회가 수행하던 복지 기능의 많은 부분을 넘겨받기도 했다. 그리고 보다 세련된 행정적 및 재정적 통제 기술의 발달과 좀 더 전문적인 관료 집단의 등장으로 이러한 과업들은 더욱 효율적으로 시행될 수 있었다. 그리하여 근대 주권국가는 봉건국가의 낡은 틀을 벗어 던지고, 이제 모든 것을 집어삼키는 거대한 리바이어선(Leviathan)이 되어 갔다.

로크는 바로 이 리바이어선 앞에 서게 된 개인의 자유와 권리라는 문제에 직면하게 된 것이었다. 이것과 개인의 관계는 어떻게 설정되어야 하는가? 국가는 과연 얼마만큼의 복종을 그 국민에게 요구할 수 있으며, 또한 국민은 얼마만큼의 자유와 권리를 국가로부터, 그리고 국가에 대해 가지는가? 이것이 바로 로크가 해결해야 했던, 그리고 해결하고자 했던 문제였다. 로크는 거대한 리바이어선의 출현이 부정할 수 없는 역사적 현실임을 분명히 깨달았다. 그러므로 한편으로 그것의 존재를 부정하는 것이 아니라 명확하게 인정하면서, 다른 한편으로 어떻게 하면 그것과 마주선 개인과 국민의 자유와 권리를 확립할 수 있는가 하는 것이 로크의 과제였던 것이다. 그런데 이것은 또한 정치사상으로서의 자유주의의 가장 기본적인 주제이기도 하니, 로크가 자신의 과제를 해결하기 위해 기울인 노력은 곧 자유주의의 기초를 놓는 일이기도 했다.

개인의 자유와 권리에 관한 문제는 근대 정치사상에서 핵심적 위치를 차지하고 있거니와, 그것은 또한 기본적으로 근대적인 문제이기도 하다. 근대에 들어와서야 비로소 정치사상가들은 개인의 자유와 권리를 어떻게 질서와 조화시킬 것인가라고 하는 문제를 제기한 것이다. 플라톤(Platon)이나 아리스토텔레스(Aristoteles)와 같은 고대 사상가들은 이런 종류의 문제로 골머리를 앓지는 않았다. 물론 고대 그리스인들도 스스로를 자유인이라고 불렀다. 그러나 그들에게 자유는 본질적으로 어떤 외부 세력에 예속되지 않은 독립된 도시국가의 한 차원이었으며, 자유인이란 그런 도시국가의 법과 정책의 결정에 참여하는 능동적인 시민이었다.[7] 그리고 중세 유럽에서도 역시 자유란 기본적으로 제후나 군주의 지배권에서 벗어난 도시의 자치를 의미하는 것이었다. 이에 비해, 근대 유럽에서 자유의 이상은 사적이고 개인적인 차원의 것이다. 그것은 어떻게 하면 각 개인의 자유를 그것을 위협하는 힘, 이를테면 국가 권력으로부터 지키고 보호할 수 있을까 하는 문제로 나타난다. 그런 면에서 근대 자유주의의 기초를 놓은 인물로 평가되는 로크가 자유로운 개인을 자신의 정치적 논의의 출발점으로 삼은 것은 어떻게 보면 당연하다고 할 것이다.

『정부론』의 기본 가정은 모든 사람은 자연적으로는 자유롭고 평등하

..
7) C. J, Friedrich, *An Introduction to Political Theory*, 서정갑 역, 『정치사상강좌』(법문사, 1977), pp. 9-10.

여 어느 누구도 다른 사람에게 예속되지 않는다는 것, 타인의 동등한 권리를 존중하는 한 누구든 적절하다고 생각하는 대로 행할 권리가 있다는 것, 그리고 누구나 자기가 선택한 목적을 추구하기 위해 신이 부여해 준 자원을 자유롭게 사용할 수 있다는 것 등이다. 이러한 가정은 바로 자유주의의 기본적인 도덕 원리이기도 하다. 이 가정 속에서의 개인은 스스로 선택하고 결정할 수 있는 능력을 갖춘 자율적인 존재이다. 그리고 로크의 세계관 속에서 이러한 자율성의 함양은 언제나 개인이 누릴 권리이자 또한 짊어져야 할 의무, 곧 인간에게 의도적으로 그러한 능력을 부여해 준 신에 대한 의무이기도 하다. 자유주의는 로크 이후 여러 사상가들에 의해 좀 더 철저하게 세속화하게 되었지만, 로크의 경우에는 아직 신학적인 요소가 말끔히 청산되지는 않았다.

자유롭고 독립적이며 스스로 선택하고 결정하는 개인이라는 관념은 오랜 시간에 걸쳐 중세적 개인을 대체해 오고 있었다. 그것은 한 인간의 생활 방식이 대체로 어떤 집단, 이를테면 길드나 교회나 지역 혹은 가족의 한 구성원으로서의 지위에 의해 결정된다는, 그리고 그의 선택이나 권리의 범위가 개인으로서가 아니라 공동체의 일원으로서의 그에게 주어졌다는 사회이론에 도전했다. 이러한 근대적 개인과 리바이어선은 어떤 관계에 있는가? 리바이어선이 엄연한 역사적 현실임을 직시했던 로크는 그것을 부정하거나 거부하기보다는 오히려 그 속에서 개인의 자유와 권리를 보전하는 수단을 발견하려 했다. 비유하건대 로크는 국가를 국민의 생명과 재산을 위협하고 약탈하는 이리가 아니라, 오히려 그것을 지키고 보호해 주는 충견으로 생각했다. 문제는 이리와 충견을 구별하고 가려내는 일이다. 그래서 그는 시민의 '재산'―생명·자유·자산―을 보호하는 일을 그 목적으로 하는 시민정부와 지배자의 이익을 위해 국민을 희생시키는 폭정을, 그리고 피치자의 동의에 기초하는 정치권력과 지배자의 의지에 기초하는 절대적이고 자의적인 전제권력을 엄격하게 구별하였다.

로크의 정치철학은 자유를 중심 주제로 한 위대한 정치철학 가운데 최초의 것이다. 자유는 인간이 오로지 인간이기 때문에 갖는 권리이다. 그는 자신이 좋다고 생각하는 바에 따라 자신의 삶을 최선으로 영위하도록 허용되어야 한다. 로크는 비록 자유를 보전하기 위해 어떻게 권력을 조직해야 하는가를 자세하게 말해 주지는 않지만, 그 이전의 어느 누구보다 확고하게 이 자유의 보전을 정부의 지상 목표로 만들었다. "로크는 우리 시대의 위대한 자유주의자들 가운데 최초의 인물이며, 아직도 우리에게 가장 친숙한 정치 언어를 말한 최초의 인물이었다."[8]

로크가 보기에 개인의 자유와 권리를 지키는 일에서 문제의 핵심은 국가의 권력이 강해야 하느냐 약해야 하느냐 하는 데 있는 것이 아니라, 그것이 무엇을 위해 그리고 어떤 방식으로 사용되어야 하는가 하는 데 있었다. 그는 국가 권력 자체를 축소하려 한 것이 아니다. 그는 그것이 국민의 복지를 위해 합법적으로 행사되어야 할 것임을, 그리고 그런 목적을 수행하는 데 충분할 만큼 국가 권력이 강해야 함을 주장했던 것이다. 로크가 부정하고 저항하려고 했던 것은 폭정과 전제권력일 뿐, '시민정부'와 '정치권력'에 대해서는 오히려 복종의 의무를 강조하였다.

흔히 자유주의는 약한 정부를 가진 최소국가를 지향한다고 말한다. 토머스 페인(Thomas Paine)이 아메리카 식민지 주민들에게 독립을 부추기기 위해 집필했던 『상식(Common Sense)』에서 주장했던 것처럼, 그 무렵의 이른바 자유주의자들은 "정부는 그 선의 상태에 있어서도 하나의 필요악"[9]

..

8) John Plamenatz, *Man and Society: A Critical Examination of Some Important Social and Political Theories from Machiavelli to Marx*, 2 vols. (London, 1963, 1980), vol. 1, pp. 251-252

이라는 신념을 어느 정도 함께 공유하고 있었다. 그리고 그들은 문명이 점점 진보할수록 정부나 법률의 필요성은 그만큼 줄어든다고 믿었다. 페인의 국가관은 야경국가라는 관념으로 잘 표현되고 있다.

그러나 로크는 국가를 필요악으로 보지 않았으며, 그 기능을 '야경'에만 국한하지도 않았다. 가장 작은 정부가 가장 좋은 정부라는 관념은 아직 그에게는 없었다. 그에게 국가, 즉 시민정부는 필요선이지 결코 필요악이 아니었다. 그가 말하는 자연상태의 인간은 스스로 그것을 벗어나 자발적으로 국가를 선택했는데, 로크는 인간이 스스로 선을 버리고 악을 선택했다고는 믿지 않았다. 오히려 그는 정부를 자유의 구현과 향유에 대단히 중요하고 필요한 존재로 보았으며, 정부의 일차적인 목적은 국민의 복지를 증진하는 데 있다고 생각했다.[10] 그런 면에서 굳이 따지자면, 로크는 프리드리히(C. J. Friedrich)의 적절한 지적처럼 구자유주의자도 그렇다고 신자유주의자도 아니며, 자유주의의 이 두 역사적 학파의 중간에 위치한다고 말할 수 있을 것이다.[11] 이렇게 로크를 자유주의의 역사적

∴

9) Thomas Paine, *Common Sense*, 이가형 역, 『상식』(을유문화사, 1971), p. 131.

10) C. H. Driver, "John Locke," F. J. C. Hearnshaw ed., *The Social & Political Ideas of Some English Thinkers of the Augustan Age: A.D. 1650-1750* (New York, 1928), p. 83은 로크의 모든 저술에서 처음부터 끝까지 일관되게 견지된 하나의 생각이 있다면 그것은 "공공선은 모든 법률 제정의 규칙이자 척도이다"라는 것이라고 지적하였다. "인민의 복지가 최고의 법"이라는 것은 너무나 당연하고 기본적인 사실임을 강조한 『제2론』의 158절의 구절도 참고하라.

11) Friedrich, 『정치사상강좌』, p. 25. 여기에서 말하는 신자유주의는 1980년대 이후의 소위 '신자유주의'가 아니라 19세기 말에서 20세기 초에 영국에서 홉하우스(L. T. Hobhouse)와 홉슨(J. A. Hobson) 등이 자유방임주의를 비판하면서 주창한 '사회주의적' 자유주의를 일컫는 것이다. 이 신자유주의는 법적 권리란 질병이나 가난 혹은 다른 이유로 실질적으로 향유하지 못하는 사람에게는 그림의 떡에 지나지 않는다고 생각한다. 그래서 신자유주의자는 그런 사람들이 실질적으로 권리를 누리고 개인의 자율성을 함양할 수 있도록 국가가 공동체의 자원을 재분배해야 한다고 주장한다. 이를 위해서는 송규범, 「신자유주의」, 김영한 임지현 편, 『서양의 지적 운동』(지식산업사, 1994)을 참조하라.

발전 과정의 중간에 자리매김한다는 것은 곧 전통적으로 흔히 그렇게 해 왔던 것처럼, 그를 전형적인 개인주의적 자유주의자로 파악해서는 안 된 다는 것을 의미할 뿐만 아니라, 또한 로크를 집단주의자로 이해해서도 안 된다는 것을 의미한다.

근대 자유주의 국가는 대체로 개인의 권리와 국민 주권의 양대 교의에 기초를 두고 있다. 그런데 이들 두 교의는 개념적으로나 역사적으로 서 로 긴밀하게 결부되어 있는 한편, 이론적으로나 실제적으로는 서로 긴장 관계에 놓여 있다. 이러한 긴장은 이를테면 현대 정치 이론에서 벌어지는 개인과 공동체의 관계에 관한 논쟁에서, 그리고 정치적 혹은 법적인 무 대에서 사적 영역과 공적 영역을 정의하고 판결하려는 시도에서 볼 수 있 다. 근대 자유주의 국가를 뒷받침하는 정치사상을 확립한 인물로 평가받 아 온 로크의 정치 이론은 개인 권리와 국민 주권이라는 두 교의 모두를 위한 원천이다. 그래서 근대 자유주의의 사상과 실제를 관통하는 그와 같은 긴장이 그의 이론과 그 해석에 그대로 흐르고 있다. 한편으로 그는 지나치게 개인의 권리를 강조한 전형적인 개인주의자라는 비난을 받으면 서, 동시에 다른 한편으로는 모든 권위를 공동체의 수중에 부여하고 개 인과 소수자의 권리를 충분히 보장하지 않는다고 비판받아 온 것이다.[12]

그러나 로크의 사상에 대한 이와 같은 양쪽에서의 상반된 비판은 앞에 서도 지적했듯이 로크의 진술 가운데 어느 한 면만을 지나치게 확대 해 석한 데서 오는 오해이다. 개인의 자유와 정치 공동체 간의 관계 문제에 관한 로크의 입장은 한편으로는 개인의 자유를 유지하고 보장하면서, 동

12) 이 문단은 대체로 John T. Scott, "The Sovereignless State and Locke's Language of Obligation," *American Political Science Review*, vol. 94, no. 3 (September, 2000), p. 547에 의한 것이다.

시에 국가를 붕괴나 파괴의 위험으로부터 보호하는 것이다. 그래서 그는 때로는 개인과 사적 이해관계를, 때로는 사회와 공적 이해관계를 강조했다. 로크는 원칙적으로 그 양자가 서로 양립하지 못할 이유가 없다고 믿었다. 그러나 사실 오늘날 우리의 전망에서 볼 때, 이 둘의 관계는 이론적으로나 실제적으로나 이율배반적일 수 있고, 그래서 이와 관련한 그의 논의가 충분한 설득력을 구비하지 못한 점은 있다. 그렇지만 어쨌든 당대의 전망에서 그는 두 측면을 동시에 견지하고자 했으며, 그에게는 그 두 요소가 똑같은 비중을 차지하고 있는 것 또한 사실이다.

일상적인 의미에서 자유주의의 본질의 하나가 권위에의 도전이나 그 부정이라고 한다면, 그러한 자유주의의 초석을 다진 것으로 평가되고 또 그렇게 기억되는 인물이 자신의 생애를 권위주의자로 비칠 수 있는 모습으로 시작했다는 것은 하나의 아이러니라 할 것이다. 지방 법률가로서 청교도혁명 시기에 의회의 편에서 싸운 인물을 부친으로 두었고, 엄격한 반왕당파 분위기의 집안에서 성장했음에도 불구하고, 젊은 시절의 로크는 한때 왕정복고를 환영했으며 청교도혁명에 대해서는 매우 부정적이었다. 크롬웰(Oliver Cromwell)의 군사독재를 경험한 청년기의 로크는 군주주의자가 되었던 것이다. 복고왕정 시기에 그는 "나로 말하자면, 나보다 권위에 대해 더 큰 존경심과 숭배의 염을 가질 수 있는 사람은 아무도 없다" 하고 언명하기도 했다.[13]

그러나 이 초기의 '권위주의자' 로크가 후기의 자유주의자 로크, 혹은 폭정에 대한 무장 봉기를 선동하는 혁명주의자 로크와 양립 불가능한 모습이 아니라고 말한다면, 이는 지나친 견강부회의 강변일까? 그렇지는

13) Philip Abrams ed., *John Locke: Two Tracts on Government* (Cambridge University Press, 1967), p. 119.

않을 것이다. 왜냐하면 그는 이 말에 뒤이어 "권위에 대해 내가 지닌 복종과는 별도로, 나는 그에 조금도 못지않게 자유에 대한 사랑을 간직하고 있는데, 이 자유가 없다면 사람은 짐승만큼도 행복하지 못할 것이다"라고 진술하고 있기 때문이다.[14] 그러니까 로크에게는 권위에 대한 존중과 자유에 대한 사랑이 서로 모순되는 것이 아니었다고 말할 수 있다. 그리고 이것은 비단 그에게만 독특하게 해당되는 말이 아니라, 자유주의 자체가 바로 그런 것이다. 사실 자유주의는 권위 자체를 부정하는 것이 아니라, 로크의 표현을 빌리자면 단지 "권리를 넘어선 권력"(sec. 199)을 부정할 따름이기 때문이다.

표현상의 차이나 강조가 주어지는 정도에 따라 좀 더 보수적이거나 좀 더 급진적인 차이가 있기는 하지만, 로크는 일관되게 한편으로 권위에의 복종과 다른 한편으로 폭정에의 저항을 강조하였다. 그런데 그는 두 가지를 말하였지만, 이것은 결국 하나의 사실을 서로 다르게 표현한 것에 지나지 않는다. 왜냐하면 권위에의 복종은 곧 권위 아닌 것에 대한 저항을, 그리고 폭정에의 저항은 곧 합법적 정부, 로크의 이른바 시민정부에 대한 복종의 의무를 함축하는 것이기 때문이다.

로크는 자신의 자유주의적 이론이 무질서와 혼란을 불러일으킬 것이라는 비판에 대해, 그것은 불법적 권력에 저항할 권리를 허용하는 한편 합법적 권위에 복종할 의무에 대한 정당화 역시 제공할 수 있다는 점을 강조함으로써 대답하였다. 중요한 것은 정당한 권력과 부당한 권력을 가려내는 일이다. 그래서 로크는 모든 사람은 자유롭다는 전제에서 합법적인 정치권력과 불법적인 전제권력을 구별하는 표준을 확립하려고 노력하였다. 만일 합법적 권력과 불법적 권력의 구분이 이론적으로 확립되지

14) 같은 책, p. 120.

않는다면 정치적 권위는 붕괴하고, 치안은 위협받을 것이며, 폭군은 고무될 것이다. 로크는 이 두 권력을 혼동하는 것이 바로 절대군주정의 신봉자들이 안고 있는 결함이라고 생각하였다. 그들은 정당한 권위에 복종할 의무가 부당한 권력 남용에 저항할 권리와 불가분의 관계임을, 그리고 그 양자 모두가 질서와 평화를 확보하는 데 필수적임을 깨닫지 못하였다.[15]

로크는 혁명권 교의를 변호하기 위해 그것이 질서의 파괴가 아니라 오히려 질서의 유지를 가져올 것이라고 역설하고, 또 그 권리는 결코 함부로 행사될 것이 아니라 신중하게 행사되어야 할 것이라고 강조했다. 그런데 때로는 이러한 언급이 로크가 실제로는 혁명의 권리에 대한 믿음을 가지고 있지 않았다는 오해를 불러일으키기도 한다. 람프레히트같은 학자는 로크가 혁명권을 주장하기는 했지만, 거의 혁명주의자라고는 불릴 수 없다고 주장한다. 로크의 관심은 명백히 안정된 정부를 공급하는 데 있으며, "그가 혁명의 권리를 인정한 것은 국민들에게 그들의 정부에 대항하여 일어서라는 권고라기보다는, 단지 군주와 의회에 자신의 지배의 명확한 한계를 깨달으라는 경고였다"는 것이다. 그는 "혁명의 권리에 관한 로크의 논의의 배경에는 비혁명적인 동기"가 도사리고 있으며, 결국 "그의 이론은 민중 봉기의 가능성을 증대하기보다 축소할 것"이라고 주장한다.[16] 그러나 물론 이것은 『정부론』에 대한 올바른 이해가 아니다. 로크는 명백히 혁명주의자였다. 한걸음 더 나아가, 얼마만큼 실제 혁명 모의에 가담했는지는 분명하지 않지만, 그 자신이 실천적 혁명가이기도 했다.[17]

..

15) R. W. Grant, *John Locke's Liberalism* (Chicago, 1987), pp. 198-199 참조.
16) S. P. Lamprecht, *The Moral and Political Philosophy of John Locke* (New York, 1918), p. 149-150.

로크뿐 아니라 명예혁명을 옹호하고 저항권을 주창했던 대부분의 논자들은 항상 자신의 주장을 영국 고래의 헌정체제의 수호 및 유지라는 명분과 결부한다. 로크는 재삼재사 헌정체제의 변경은 불법이요 불가하다는 점을 강조한다. 이것은 기본적으로 사회의 근본적 개혁에 대한 무감각이나 혹은 반대의 태도를 반영하는 것으로 볼 수도 있을 것이다. 오늘날의 용어로 엄밀하게 구분하자면 그의 혁명 이론은 정치적 혁명에 국한된 것이며, 사회혁명의 개념은 배제되어 있는 것으로 보인다. 그러나 만일 그의 정치 이론을 그것 때문에 보수적인 것으로 규정한다면, 그것은 정당한 평가가 못 될 것이다. 그가 국민에게 저항의 권리를 부여한 것은 명확한 것이며, 그것은 당대의 토리파는 물론 말할 필요도 없지만 대부분의 휘그파도 받아들일 수 없을 만큼 급진적인 것이었다. 로크가 옛 헌정체제를 옹호한 것은 단순히 과거로 돌아가려는 수구적 혹은 복고적 태도에서 비롯된 것이 아니라, 진정한 복고주의가 항용 그러하듯이 이상화한 과거를 빗대어 잘못된 현실 권력을 비판하고, 그에 대한 저항을 변호하고자 한 것이었을 따름이다.

---

17) Ashcraft, *Locke's Two Treatises* 및 Ashcraft, "Revolutionary Politics and Locke's *Two Treatises of Government*: Radicalism and Lockean Political Theory," *Political Theory*, vol. 8, no. 4 (1980) 등을 참조하라.

보론

관용론

1. 서론

　로크의 정치사상 연구에서 종교적 관용, 혹은 국가와 종교의 관계에
관한 로크의 견해는 상대적으로 소홀하게 취급되어 왔다. 그 이유 가운
데 하나는 그 동안의 연구가 주로 그의 정치사상을 집약한 주저인『정부
론』을 중심으로 이루어져 왔는데, 이 저서에는 관용 문제에 관한 언급이
전혀 없기 때문이다.[1] 그러나 실은 종교적 관용 문제는 로크가 일생 동안
매달린 가장 중요한 관심사 가운데 하나였다. 20세기 후반까지 햇빛을
보지 못한 채 파묻혀 있었지만 그가 남긴 최초의 저술이 국가와 종교의

---

1) Peter Laslett ed., *Two Treatises of Government* (Cambridge University Press, a Mentor
　Book, 1965),『제2론』209절에서 로크는 자산과 자유 그리고 생명 등과 더불어 자신의 종교
　를 위험에 빠뜨리는 압제는 국민의 저항의 동기가 될 수 있다고 말하는데, 이것이『정부론』에
　서 종교적 권리에 관해 언급한 것으로서는 유일한 것이다.

관계에 관한 것이었고, 또 삶의 마지막 불꽃을 사르면서 집필하다가 미처 끝맺지 못하고 미완의 유고로 남긴 것도 관용을 위한 변론이었다. 그럼에 도 로크의 관용 관련 저술은 그 중요성에 걸맞은 대접을 받지 못했다.[2]

사실 로크의 시대에 종교적 갈등과 불화는 영국뿐 아니라 유럽 전역에 서 하나의 일상사였고, 종교적 논쟁은 언제나 고도의 정치적 쟁점을 수 반하고 있었다. 따라서 요동치는 정치적 소용돌이의 한가운데 서 있었던 로크가 종교적 관용의 문제에 천착했던 것은 어쩌면 당연한 일이었다. 관용에 관한 그의 저술은 말하자면 그 당시 국가가 자행하던 종교적 불 관용에 대한 대응으로, 그리고 영국과 유럽을 지배하던 정치적 악행에 대 한 진단과 그 처방으로 제시된 것이었다.[3]

∵

2) 로크의 관용 관련 저술이 연구자들, 특히 철학자들의 주목을 크게 받지 못한 이유에 대해 S. Mendus & J. Horton, "Locke and Toleration," J. Horton & S. Mendus ed., *John Locke: A Letter Concerning Toleration in Focus* (London, 1991), pp. 1-2는 다음과 같이 세 가지로 설명하고 있다. 첫째, 그 저술이 17세기 후반 종교적 갈등이 첨예했던 영국의 특수한 상황에 반응하여 씌어졌고, 그래서 18세기 중엽 이후 상황이 호전되자 그 직접적인 실천적 의미가 줄어듦으로써 별다른 관심을 끌지 못하게 되었다. 둘째, 로크는 관용 일반이 아니라 '종교적' 관용이라는 특정 측면만을 옹호하고 있을 뿐 현대 사회에서 관용과 관련하여 제기되는 문제 에 대해서는 침묵하고 있다. 셋째, 그것은 기독교가 지배하는 사회를 위해 기독교적 언어로 씌어졌는데, 오늘날은 그런 기독교 신앙의 가설이 더 이상 유지될 수 없으므로 그 이론의 적 실성이 떨어진다. 그러나 이 필자들이 주장하고자 하는 것은 그럼에도 불구하고 로크의 관 용 저술은 그의 정치 철학에서 중요한 자리를 차지하고 있고, 철학적 및 역사적 텍스트로서 신중한 고려를 받을 만하다는 것이다.

3) 그렇지만 고도의 정치적 쟁점이었던 종교적 관용 문제에 관한 논의를 로크가 왜 자신의 정치 철학을 포괄적으로 다룬『정부론』에서 완전히 배제했는가 하는 점은 그의 연구자들이 오랫 동안 의아하게 생각해 온 부분이다.『정부론』의 저술 배경이 국왕 찰스 2세의 종교 정책, 특 히 그가 가톨릭교도인 왕제 제임스를 후사로 삼으려 한 데서 발생한 '왕위계승배제 위기'라 는 상황이었음을 상기하면 더욱 그렇다. 로크가『정부론』안에서 관용 문제를 논하지 않은 이유에 대해 마셜은 다음과 같이 추정했다:『정부론』이 '왕위계승배제 위기'의 정국에서 샤프 츠베리(Shaftesbury) 백작이 주도한 저항 운동에 대한 지지를 얻기 위한 것이었고, 그 주요 호소 대상이 대부분 국교도인 젠트리(gentry)였다는 점을 감안하면, 실천적 측면에서 볼 때 자신의 종교적 관용 논의의 근거에 반대하거나 의구심을 가질지도 모를 젠트리의 지지를 로

관용에 관한 로크의 저술 가운데 가장 유명한 저작은 『관용에 관한 서신(*A Letter Concerning Toleration*)』이다.[4] 로크는 이 글을 망명지인 네덜란드에서 1685년 말경에 썼다. 그때는 영국에서 경원의 대상이던 가톨릭교도 제임스 2세가 왕위를 계승하여 영국에 가톨릭교를 다시 회복하려고 할지도 모른다는 두려움이 퍼져가고, 또한 프랑스에서는 루이 14세가 낭트 칙령(Edict of Nante)을 폐지하고 위그노(Huguenot)에 대해 광기에 가까운 박해를 자행하기 시작한 바로 그러한 시기였다. 로크는 단순히 영국의 사태와 영국에 적합한 관용의 형식만이 아니라, 유럽 개신교의 운명과 관용의 보편 원리 역시 염두에 두고 그 글을 썼던 것이다.[5]

원래 『관용에 관한 서신』은 로크가 1683년 망명한 초기부터 친밀하게 교유하던 아르미니우스파(Arminians) 신학자 림보르흐(Philippus van Limborch)에게 보낸 한편의 서신 형식으로 작성한 것이었다. 그런데 명예혁명이 성공하여 로크가 여왕이 될 메리 2세와 함께 영국으로 귀국한 뒤,

----

크가 잃지 않으려 했을 것이다. 그리고 저항과 관용 모두를 지지하는 사람들은 대부분 저항 이후 수립될 체제가 관용을 실현하기를 기다리는 것이 그것을 명시적으로 그들의 요구 사항에 포함하는 것보다 낫다고 생각했다. 또한 로크의 관용 옹호 논의는 국교도뿐만 아니라 많은 개신교계 비국교도 역시 소외시킬 수 있는 것이었다. 로크가 『정부론』에서 관용과 저항을 결부시키지 않은 것은 그가 관용을 쟁취하기 위해 저항하는 사람들이 순수한 관용을 원하거나 관용 체제를 수립하려 한다고 믿지 않았기 때문이다. 그는 그들이 영국을 다시 청교도혁명과 같은 내란 체제로, 그 폭동과 혼란의 체제로 되돌려 놓을지도 모른다고 생각했다. John Marshall, *John Locke: Resistance, Religion, and Responsibility* (Cambridge, 1994), pp. 288-291 참조. 그러나 마셜의 이런 논의는 어디까지나 추정에 불과할 뿐 전거로 뒷받침될 수 있는 것은 아니다.

4) 본 논문에서는 이 저술의 텍스트로 *The Works of John Locke*, A New Edition, Corrected, 10 vols. (London, 1823), vol. 6에 실린 것을 사용하였고, 이를 인용할 경우에 본문에서 괄호로 묶어 쪽수를 표기했다. John Dunn, *The Political Thought of John Locke* (Cambridge University Press, 1982), pp. 27-28은 『관용에 관한 서신』을 『정부론』 및 『인간 오성론』과 더불어 로크의 3대 저작으로 꼽았다.

5) Marshall, *John Locke*, p. 358.

1689년 5월 초에 림보르흐가 라틴어로 된 이 서신을 익명으로 출간했다.[6] 그리하여 이 글은 곧이어 영국에서 잇달아 출간된 『정부론』과 『인간 오성론』에 앞서 최초로 공식 출간된 로크의 저술이 되었고, 비록 익명이기는 했지만 그것은 다른 저작과 더불어 그에게 명성을 (그리고 동시에 격렬한 비판을) 안겨주었다.[7] 『관용에 관한 서신』은 곧 여러 언어로 번역 출간되었는데, 영국에서는 로크의 친구로서 유니테리언파(Unitarians) 상인인 포플 (William Popple)이 같은 해 가을에 영역하여 런던에서 역시 익명으로 출판하였다. 이후에 원래의 라틴어 판본은 거의 무시되고 포플의 영역본이 항상 로크의 저작집에 수록되어 왔고, 점점 더 그것 자체가 독자적인 판본으로 취급되었다.[8]

『관용에 관한 서신』의 출간으로 로크는 그 비판자 한 명과 격렬한 논쟁을 벌이게 되었는데, 그 과정에서 3통의 편지를 더 쓰게 되었다. 출간 이듬해인 1690년 4월에 종교적 관용을 반대하는 고교회(High Church)파 성직자이자 옥스퍼드 대학의 교수인 프로스트(Jonas Proast)가 짤막한 반박문을 발표했는데, 로크는 늦여름에 곧바로 『관용에 관한 제2 서신』으로 응답하였다.[9] 프로스트는 그 이듬해 『제2 서신』에 대해 좀더 긴 글로 재반

••

6) 라틴어 제목은 *Epistola de Tolerantia*이다.

7) S. C. Pearson Jr., "The Religion of John Locke and the Character of his Thought," R. Ashcraft ed., *John Locke: Critical Assessments*, 4 vols. (London & New York, 1991), vol. 2, p. 135.

8) M. Montuori, *John Locke on Toleration and the Unity of God* (Amsterdam, 1983) p. v. 그런데 Marshall, *John Locke*, p. 369는 포플이 『서신』을 번역할 때 로크가 그 사실을 알았을 가능성이 매우 높지만, 그의 적극적인 지원을 얻지는 못한 듯하다고 추정한다. 로크는 1704년 9월 15일에 작성한 유언보족서에서 『서신』에 대해 "나에게 아무런 귀띔도 없이 영어로 번역되었다"고 썼다.

9) Proast, *The Argument of the 'Letter Concerning Toleration', Briefly Considered and Answered* 및 Locke, *A Second Letter Concerning Toleration*.

론을 폈고, 일년쯤 뒤 로크는 이번에는 무려 400쪽이 넘는 방대한 분량의 글로 자신의 논지를 변호했다.[10]

그러나 이 세 번째 서신은 거의 읽을 수 없을 정도로 중언부언하는 글로 채워져 있다. 둘째와 셋째의 서신은 모두 논쟁적인 글로서, 로크 자신의 분명한 주장을 새로이 제시하기보다는 프로스트의 주장의 결점들을 들추어내는 데 치중하였고, 따라서 관용을 위한 논의에는 거의 아무 것도 보탠 것이 없다.[11] 어쨌든 그것으로 일단 두 사람의 논쟁은 끝난 듯했다. 그러나 10년도 더 지난 1704년 프로스트는 느닷없이 세 번째로 아주 짧은 반론을 펴 논쟁을 재개하였다. 로크는 이번에도 어김없이 이 도전에 응했으나 그에게 그것을 완료할 충분한 시간이 주어지지 않았다. 그 해 10월 로크가 사망함으로써 그에 대한 답변은 미완성의 유작으로 남게 되었다.[12]

이상의 네 편의 서신을 통해 로크는 당대 최대의 쟁점 가운데 하나였던 정부와 교회의 관계에 관한 자신의 견해를 피력하고 종교적 관용의 대의를 천명하였다. 본고에서는 관용에 관한 로크의 견해를 그 첫째 글인『관용에 관한 서신』을 중심으로 살펴보고자 한다. 그리고 그의 사상의 원숙기에 쓰여진 이 저술을 검토하기에 앞서 관용에 관한 젊은 시절의 생각을 먼저 간단히 살펴보는 것도 필요한 일이라 생각한다.

••

10) Proast, *A Third Letter Concerning Toleration* 및 Locke, *A Third Letter for Toleration*.

11) Marshall, *John Locke*, p. 371.

12) Proast, *A Second Letter to the Author of the Three Letters for Toleration* 및 Locke, *A Fourth Letter for Toleration*. 이들 양자 간의 논쟁에 관해서는 P. Nicholson, "John Locke's Later Letters on Toleration," Horton & Mendus ed., *John Locke: A Letter*와 Marshall, *John Locke*, pp. 370-383, 그리고 A. Wolfson, "Toleration and Relativism: the Locke-Proast Exchange," *The Review of Politics*, vol. 59, no. 2 (1997) 등을 참조하라.

2. 관용에 관한 초기 견해

로크가 쓴 최초의 본격적인 저술은 국가와 종교의 관계에 관한 것이었는데, 이것은 300년이 넘게 햇빛을 보지 못하고 묻혀 있다가 1967년에야 비로소 『정부소론(*Two Tracts on Government*)』으로 출간되었다.[13] 1660~1661년에 작성된 이『정부소론』은 두 편으로 구성되어 있다. 영어로 된 첫째 소론은 논쟁적인 것으로서, 예배나 종교 의식과 같은 사항들은 전적으로 개인의 양심에 맡겨야 한다고 주장한 옥스퍼드 대학 크라이스트처치 칼리지(Christ Church College)의 청교도 동료 배그쇼(Edward Bagshaw)의 저술[14]을 조목조목 반박한 부분이고, 둘째 소론은 종교와 국가 권력의 관계에 관한 일반 이론을 라틴어로 개진한 부분이다.[15]

로크가 누린, 영국 자유주의의 초석을 놓은 인물이라는 명성으로 미루어 판단할 때, 우리는 그의 이 첫 저술에서 나중에 원숙하게 발전할 종교적 관용과 제한 정부에 관한 그의 사상의 초기 모습, 그 불완전하고 설익은 논의를 보게 되리라고 기대하기 마련이다. 그러나 이 저술은 그런 기

••

13) 이 저술은 로크의 19세기 전기작가인 폭스 부언(H. R. Fox Bourne)과 피터 킹(Peter King) 경에 의해 언급되었으나, 그 필사본은 1948년 옥스퍼드 대학의 보들리 도서관(Bodleian Library)이 러블레이스 문고(Lovelace Collection of Locke Papers)를 인수할 때에야 발견되었다. 그리고 그것을 1967년에 필립 에이브럼스(Phillip Abrams)가 편집하여 *John Locke: Two Tracts on Government* (Cambridge University Press)로 출간하였다. 본 논문의『정부소론』인용은 이 판본에 따른 것이다. 이 저술의 출간에 관해서는 차하순, 「John Locke의 정치사상에 관한 새 자료의 검토」, 『서양사론』제11호(1970)의 제1장, 그리고 그 내용에 관해서는 제2장의 간략한 설명을 참조하라.

14) E. Bagshaw, *The Great Question Concerning Things Indifferent in Religious Worship* (1660).

15) 로크의 주저인『정부론』도 왕권신수설을 옹호한 필머(R. Filmer)의 주장들을 비판하는 논쟁적인『제1론』과 정부에 관한 일반 이론을 제시하는『제2론』으로 구성되어 있는데, 그런 형식면에서 보자면『정부소론』과『정부론』은 아주 유사하다.

대를 여지없이 깨뜨려 놓는다. 로크는 여기에서 절대적이고 자의적인 권력의 옹호자로 자신의 첫 모습을 드러내었던 것이다. 그는 독자에게 보내는 서문에서 "나로 말하자면, 나보다 권위에 대해 더 큰 존경심과 숭배의 염을 가질 수 있는 사람은 아무도 없다"고 말하면서,[16] "모든 나라의 최고 주권자는 어떤 경로로 주권자가 되었든 간에 필히 그의 백성의 모든 비본질적 행위에 대해 절대적이고 자의적인 권력을 가져야 한다"는 사실을 보여 주는 것이 자신의 목적이라고 밝히고 있다.[17] 그리하여 『정부소론』이 출간된 이후 초기의 '보수적' 혹은 '권위주의적' 로크와 후기의 성숙한 '자유주의적' 로크를 구분하는 것이 하나의 상식이 되었다.[18]

∙∙

16) *Two Tracts*, p. 119. 그렇다고 로크가 초기에는 자유에 대해 아무런 관심이 없었다는 말은 물론 아니다. 그는 이 인용문에 뒤이어 p. 120에서 곧장 "권위에 대한 복종과는 별도로, 나는 그에 못지 않게 또한 자유를 사랑하는데, 그것이 없이는 사람은 짐승보다도 행복하지 못할 것이다"라고 덧붙이고 있다.

17) 같은 책, pp. 122-123. 인용문에서 '주권자'는 'magistrate' 혹은 'supreme magistrate'의 번역어인데, 로크는 그 말을 "정부의 형태나 혹은 정부를 구성하는 사람의 수와는 상관없이 모든 사회의 최고 입법권"으로, 혹은 "공동체를 돌보는 책임을 맡은, 그리고 다른 모든 사람에 대해 최고권을 가진, 끝으로 법률을 제정하고 폐지하는 권한이 위임된" 사람을 가리키는 것으로 쓰고 있다. 같은 책, pp. 125, 212 참조. 본고에서는 이 단어를 직접 인용이 아닌 경우에는 편의상 '국가' 혹은 '정부' 등으로 번역하기도 했다.

18) J. D. Mabbott, *John Locke* (Macmillan, 1973), p. 174는 "이것은 크랜스턴(Cranston)이 말하듯이 참으로 완전한 방향 전환이다"라고 주장하고, Marshall, *John Locke*, p. 50도 "로크의 입장은 여기에서 『관용에 관한 논고(*An Essay concerning Toleration*)』와는 극적으로 달라졌다"고 지적한다. 일찍이 Maurice Cranston, *John Locke, a biography* (London, 1957), p. 67은 1660년대 초의 로크는 극단적인 권위주의자였는데, 몇 년 뒤에 그의 정치적 견해는 '근본적으로(radically)' 바뀌었다고 주장했다. 그러나 로크의 사상적 발전 과정에서 결정적인 변화가 있었다는 것을 인정하지 않는 사람들도 있다. J. W. Gough, "The Development of Locke's Belief in Toleration," *John Locke's Political Philosophy* (Oxford, 1956)는 로크의 자유주의적 기본 원칙이 일생을 통해 본질적으로 변하지는 않았다고 주장한다. 반면 R. P. Kraynak, "John Locke: From Absolutism to Toleration," *The American Political Science Review*, vol. 74 (March, 1980)는 로크 사상의 발전 과정에서 일관된 것은 절대주의적 관심이라고 하면서, 로크의 "절대주의와 관용은 실천적인 면에서의 커다란 차이에

『정부소론』에서 로크는 후기의『서신』에서와는 달리 종교적 관용을 명백하게 반대하였다. 이 저술에서 그가 전개한 관용 반대 논의는 개념적으로 새로운 근거를 개척한 것이 아니라, '비본질성(indifferency)'에 관한 전통적 논쟁의 언어와 가정 안에서 이루어진 것이었다.[19] 즉 그는 국가 권력이 인간의 내면적 신앙을 강요할 수는 없음을 인식하였고, 영혼의 구원에 '필수적인(necessary)' 요소에 대해서는 관용을 인정하였다. 문제는 예배 의식과 같은 외형적인 종교 관행들에 대한 관용의 여부였고, 배그쇼와의 논쟁도 바로 그 문제를 놓고 전개된 것이었다. 그래서『정부소론』에서 다룬 쟁점은 예를 들어 종교 의식의 시간이나 장소 혹은 복식 등과 같이 신법으로 규정하지 않은 사항, 즉 성서의 계시를 통해 직접 "하느님이 금지하거나 지시하지 않은" 사항들, 그리고 그 자체로는 "도덕적으로 선하지도 악하지도 않은" 사항들, 이른바 '비본질적인(indifferent)' 것들[20]에 대해서 정부가 특정의 방식을 결정하여 그 준수를 강제할 수 있는가, 아니면 예배는 신과 개인 간의 사적인 교류의 문제로서 순전히 개인의 양심에 맡길 일인가 하는 것이었다. 이는 사실상 모든 사람이 기독교의 진리를 믿고 있지만, 그것을 생활 속에서 어떻게 실천하는가에 대한 견해에는 큰 차이가 있는 사회에서는 아주 긴요하고도 실제적인 문제였다.

이 문제를 해결하는 데에서 로크가 취했던 기본 입장은 직접적으로 신법의 의무 아래 놓여 있지 않은 모든 비본질적 사항들에 대해서 사람들

..

도 불구하고 원칙에 있어서는 동일하다"는 것을 논증하려고 애쓰고 있다. 한편 P. J. Kelly, "John Locke: Authority, Conscience and Religious Toleration," Horton & Mendus ed., *John Locke: A Letter*는 크레이너크(Kraynak)의 논리는 거부하면서도 "권위주의적『정부소론』과 자유주의적『서신』 사이에 철학적 연속성이 있다는 것을 보여 주려" 한다.

19) I. Creppell, "Locke on Toleration: The Transformation of Constraint," *Political Theory*, vol. 24, no. 2 (May, 1996), p. 219.

20) *Two Tracts*, pp. 123, 221. '비본질적인'과 '필수적인'은 서로 대칭적으로 쓰인 용어이다.

은 자신의 권리를 정부에 양도하였으며, 따라서 주권자는 그러한 것에 대해 절대적인 입법권을 가지고 있다는 것, 그리고 그것에는 종교적인 사항도 포함된다는 것이었다. 그는 종교와 관련된 비본질적 사항들은 "비록 그것이 신에 대한 예배와 관계되는 것이라 하더라도 어디까지나 비본질적인 것에 불과하며, 사람은 다른 모든 시민적 행동과 마찬가지로 이것에 대해서도 자신의 자유에 대한 자유로운 처분권을 가지고 있으며," 따라서 그것이 시민적 사항 이상으로 주권자의 입법권에서 벗어날 수는 없는 것이라고 주장하였다.[21] 주권자가 시민적 사항들에 대해 통제권을 갖고 있다는 것은 로크의 논적인 배그쇼를 포함하여 모두가 인정하는 사실이었다. 문제는 주권자가 종교적 사항들에 대해 어느 정도의 통제권을 갖고 있는가 하는 것이었는데, 로크는 시민적 문제와 종교적 문제의 구분을 부정하였던 것이다. 그에게는 "시민적 부문의 비본질적 사항이나 종교적 부문의 그것이나 다 동일한 성격의 것이며, 또한 언제나 그러할 것"이었다.[22]

로크는 이러한 입장에서 종교적 사항들을 개인의 양심에 맡겨야 한다는 배그쇼의 주장을 강력하게 반대하였다. 그는 양심을 단순히 사적인 판단에 불과한 것으로 치부하였다. 그에게 "양심은 어떤 실천적 입장의 진실성에 대한 단지 하나의 견해에 불과한 것일 뿐"이었다.[23] 만일 종교 관련 문제에 대한 결정권을 이러한 양심에 맡기고, 그리하여 국가는 그러

---

21) 같은 책, pp. 124-126.
22) 같은 책, p. 153. 그리고 로크는 p. 229에서도 "…비본질적 사항들은 비록 그것이 신에 대한 예배와 관계되는 것이라 하더라도 정부 권력에 예속되어야 한다. 이제 모든 사항들의 비본질성이 완전히 동일한 이상… 주권자의 권위가 한 형태의 비본질적 사항들을 포괄하는 것과 마찬가지로 다른 형태의 것들도 포괄한다는 것은 명백하다"라고 재삼 강조하고 있다.
23) 같은 책, p. 138. 로크의 양심과 관련한 논의는 Creppell, "Locke on Toleration," pp. 211-212에서 잘 요약하고 있다.

한 것에 대해 정당하게 간여할 수 없게 된다면 국가의 모든 법률 체계가 뒤흔들릴 것이었다. 로크는 다음과 같이 경고했다.

한 신민의 맹세나 혹은 한 개인의 잘못된 양심이 주권자의 칙령을 무효화할 수는 없는 법이다. 왜냐하면 만일 이것이 한번 인정되면 규율은 모든 곳에서 끝장이 날 터이고, 모든 법은 붕괴할 것이며, 그리고 훌륭한 사물의 질서는 요동을 치고 정부의 틀은 해체되어 각자가 자기 자신의 입법가와 자신의 신이 될 것이다.[24]

『정부소론』에서 로크의 가장 큰 관심사는 영국 사회의 존재 그 자체를 위협하는 무질서와 혼란의 원천이 무엇인가, 그리고 어떻게 그것을 통제할 수 있는가 하는 점이었다. 그는 사회 안의 개인에게 무제한의 자유가 부여되면 초래될 무정부 상태에 대한 공포 때문에 절대주의를 옹호하는 입장을 취했다. 그에게는 악법도 지켜야 할 법이었다. 그래서 그는 "신민들은 주권자가 입법하는 것이 죄악이 될 그런 법률에도 복종할 의무가 있다"고 주장하였다.[25] 로크가 보기에는 종교적 집단 의식 혹은 귀속 의식이 정치적·사회적 불안정의 일차적 원천이었고, 따라서 안정을 확보하는 유일한 길은 여러 다양한 종교적 관행의 자유로운 표현을 금지하는 것이었다. 그래서 그는 관용을 부정하면서, 안정과 질서를 위해서는 시민적 사항뿐만 아니라 종교 분야에 있어서도 예배 의식과 같은 비본질적 사항에 대해서는 정부가 일률적인 규정을 부과할 권한이 있다고 주장하였다.

그리고 정부가 통제하는 것은 영혼 구제와 관계되는 내적인 신앙이

••
24) *Two Tracts*, pp. 226-227.
25) 같은 책, p. 152.

아니라 단지 종교의 외적인 형식일 뿐이었고, 또한 그것은 정통이나 진리이기 때문이 아니라 사회의 안녕과 질서를 위해 부과되는 것이었다. 그리하여 로크에게 비본질적인 사항인 한, 그것은 추상적인 면에서의 신앙의 자유나 양심의 자유의 문제라기보다는 정치적인 문제였다. 그는 '비본질적인' 것과 상반되는 것으로서의 '필수적인' 사항에 대해서는 국가가 결코 강요해서는 안 된다고 생각했다. 그러나 그는 종교에 있어서 필수적인 부분을 최소한으로 축소해서, 예수는 구세주라는 교의 이외에는 거의 모든 것을 비본질적인 것으로 간주하는 것으로 보인다.[26] 게다가 그는 무엇이 필수적이고 무엇이 비본질적인가에 대한 판단은 주권자만이 할 수 있다고 주장하였다. 로크는 비록 자연법과 신법이 부과하는 한계라는 궁극적 제한을 가하기는 했지만, 결과적으로 주권자는 자신의 자의적 의지에 따라 사실상 거의 모든 것을 규제할 수 있다고 주장하게 되었다.[27]

　로크가 그러한 인식을 갖게 된 것은 그가 당시 영국 사회의 혼란을 직접 경험한 데서 오는 어쩌면 자연스러운 결과였다. 그가 『정부소론』을 쓴 1660년은 찰스 2세가 부왕이 처형된 지 11년 만에 망명에서 돌아와 왕좌에 복귀한 해였다. 그에 앞선 20년 동안은 종교적 갈등과 정치적 무질서가 서로 긴밀하게 결부되어 왔는데, 그런 가운데 대다수 국민들은 끊임없는 논쟁에 지쳐 평화와 안정을 열망하게 되었다. 로크 또한 그런 열망을 나누어 가졌으며, 『정부소론』은 분명 이런 1660년의 분위기를 반영하

· ·
26) 로크는 *The Reasonableness of Christianity* (London, 1695)에서 기독교의 정통성에 관해 논하면서, 기독교인이 되기 위해 요구되는 것은 오직 예수가 메시아임을 믿는 것뿐이라고 누차 강조했다. S. Kessler, "John Locke's Legacy of Religious Freedom," Ashcraft ed., *John Locke*, vol. 2, p. 195 참조.
27) Kraynak, "From Absolutism to Toleration," pp. 57-58 참조.

고 있는 것이다.[28] 로크는 왕정복고에 즈음한 자신의 심정을 다음과 같이 토로하였다.

나는 이 세상에 있는 나 자신을 인식하자마자 내 자신이 폭풍 속에 있다는 것을 알았는데, 그 폭풍은 바로 최근까지도 지속되어 왔다. 그렇기 때문에 나는 다가오는 평온을 최대한의 기쁨과 만족감으로 반기지 않을 수 없다 … 그리고 사람들은 자신의 종교, 자신의 고장, 그리고 자기 자신에 대해 너그러워져서 이 평화와 안정이라는 귀중한 축복을 그들 스스로 사소하고 기껏해야 비본질적일 뿐이라고 자인한 그런 것들에 관한 지나치게 열광적인 논쟁으로 또다시 위태롭게 하지 않도록 설득될 수 있을 것이다.[29]

3. 불관용에서 관용으로

『정부소론』에서 로크는 종교적 관용에 대해 부정적인 생각을 피력했지만, 그러나 그와 같은 생각이 몇 해 뒤인 1667년에는 이미 확연하게 바뀌어 있었다. 로크는 이 해에 『관용에 관한 논고(*An Essay concerning Toleration*)』[30]를 집필했는데, 그는 이 미완성의 초고에서 초기의 '보수주

··

28) John Dunn, *Locke* (Oxford, 1984), p. 22.
29) *Two Tracts*, pp. 119-120.
30) 이 저술 역시 당시에 정식으로 출판되지 않은 채 4편의 필사본으로 남아 있었는데, 그 가운데 하나가 나중에 H. R. Fox Bourne, *The Life of John Locke*, 2 vols. (London, 1876)의 제1권 pp. 174-194에 수록되었고, 최근에는 D. Wootton, *Political Writings of John Locke* (Harmondsworth, 1993)에 재수록되었다. 이 논문은 부언의 책에 실린 것을 이용했고, 인용할 경우 각주에서 밝히는 쪽수는 이 책의 것이다. 이 『관용에 관한 논고』에 대해서는 Dunn, *Political Thought*, 제4장과 특히 Marshall, *John Locke*, 제2장이 자세히 다루고 있다.

의'를 버리고 대체로『서신』에서 궁극적으로 완숙하게 될 그런 태도를 취하게 되었던 것이다. 이러한 변화는 주권자의 기능과 비본질적 사항에 대한 견해에 약간의, 그러나 매우 중요한 의미를 지닌 수정을 가함으로써 이루어진 것이었다.

『관용에 관한 논고』에서도 그는 여전히 비본질적 사항에 대해 주권자의 권위가 부정된다면 법도 정부도 존립할 수 없다는 입장을 견지하지만, 더 이상 '모든' 비본질적 사항에 대한 주권자의 권력을 강조하지는 않는다. 그 대신 로크는 비본질적 사항을 주권자가 관여할 것과 그렇지 않은 것으로 구분한다. 로크는 주권자의 권력은 "다른 어떠한 목적을 위해서도 아니고, 오직 그가 지배하는 사회의 사람들의 이익과 보전 그리고 평화를 위해서만 사용되도록" 그에게 부여된 것이며, 따라서 이것만이 그가 법을 시행할 때 적용해야 할 기준이요 척도라고 주장했다.[31] 요컨대 주권자는 오로지 공동체의 물질적 필요에만 관계할 뿐이었고, 그의 권력의 행사는 오직 그 목적에 이바지하는 것에만 한정되었다. 그리하여 그는 주권자의 권력을 정당화하는 데 이바지했던 논거를 그 권력의 합법적인 행사를 위한 전제 조건으로 바꾸어 놓았다.

이제 로크는 사람들 각자의 순전히 사변적인 견해는 주권자의 관할권을 넘어서는 것이라고 주장하였다. 왜냐하면 사변적 견해는 그 자체로서는 이웃이나 혹은 시민사회에 전혀 아무런 영향도 미치지 않으며, 치안을 해치는 일도 없기 때문이라는 것이다.[32] 그는 이런 사변적 견해의 예로 성변화와 그리스도의 지상의 지배, 심지어는 타락과 삼위일체 등의 교리까

••

31) *An Essay concerning Toleration*, p. 174.
32) Selina Chen, "Locke's Political Arguments for Toleration," *History of Political Thought*, vol. 19, no. 2 (Summer, 1998), pp. 168-169가 지적했듯이 로크의 이른바 '무해성' 논의는 밀(J. S. Mill)의 '자아 관련'-'타자 관련'의 논의와 유사성을 갖고 있다.

지 거론하였다. 그리고 사변적 견해와 더불어 또한 예배 의식과 관계되는 것, 이를테면 예배의 시간과 장소 그리고 방식 등도 역시 주권자가 관여할 문제가 아니라고 하였다. 그것은 오로지 신과 개인 사이의 소통의 문제이며, 이 역시 사회에 아무런 영향을 주지 않기 때문이었다. 이러한 영역에서는 "누구나 통제할 수 없는 완전한 자유를 갖고, 그 자유를 주권자의 지시 없이, 혹은 지시를 거슬러서… 마음대로 사용할 수 있다." 말하자면 사변적 견해와 예배의 영역에서는 사람들은 "관용에 대한 절대적이고 보편적인 권리"를 갖고 있는 것이다.[33]

로크는 삼위일체와 같은 가장 근본적인 교리에 대해서도 개인의 자유로운 견해를 관용해야 한다고 주장했지만, "인간 사회에 절대적으로 파괴적인 몇몇 견해와 행동"은 결코 관용의 대상이 될 수 없다고 하였다.[34] 로크의 생각으로는 무신론이 바로 그런 경우였다. 신에 대한 믿음은 모든 도덕의 기초인데, 만일 그것이 없다면 인간은 짐승과 같으며, 따라서 아예 사회의 존립 자체가 불가능하다는 것이 그 이유였다. 예배의 자유에 대해서도 그는 단서를 달았다. 사회의 평화와 안전에 부합하는 모든 종교적 관행은 관용되어야 하지만, 일단 어떤 위협 요소가 있다면 그것은 주권자의 관할권 안에 들어온다는 것이다. 그래서 가톨릭교 역시 관용에서 제외되었다. 가톨릭교는 그 자신이 다른 것을 용납하지 않는 불관용의 종교일 뿐 아니라, 외국의 주권자 즉 교황에게 충성을 바침으로써 국가를 위태롭게 하기 때문이라는 것이다. 로크는 무신론과 가톨릭교를 관용에서 배제하는 입장을 자유주의적 사상이 원숙해진 다음에도 바꾸지 않고 끝까지 견지하였다.

• •

33) *An Essay concerning Toleration*, pp. 178, 176.
34) 같은 책, p. 186.

『관용에 관한 논고』에서 나타난 이와 같은 견해의 변화가 언제쯤, 그리고 왜 일어났는지에 대해서 우리는 자세히 알지 못한다. 그러나 우리는 관용에 관한 로크의 생각에 영향을 주었던 요인을 두세 가지 정도 지적할 수 있다. 첫째는 로크가 실제 경험을 통해 종교적 관용이 사회의 질서와 화합을 해치는 것이 아니라, 오히려 그것을 증진한다는 교훈을 얻었다는 사실이다. 그는 1665년 11월에서 이듬해 2월 사이에 브란덴부르크(Brandenburg) 선제후에게 파견된 외교사절의 일원으로 그 수도인 클레페(Cleve)에 머문 적이 있었는데, 거기서 그는 거의 완전한 종교적 자유를 보았다. 거기서는 가톨릭교도, 칼뱅교도, 루터교도를 가릴 것 없이 서로 다른 교파의 기독교 신도들이 아무런 문제없이 함께 어울려 잘 지내고 있었다. 그는 로버트 보일(Robert Boyle)에게 보낸 편지에서 이렇게 썼다.

> 그들은 조용히 서로서로 하늘에 이르는 자기 자신의 길을 선택하도록 허용합니다. 왜냐하면 나는 그들 사이에 종교 문제로 인한 어떠한 분쟁이나 증오도 찾아 볼 수 없기 때문입니다. 이러한 훌륭한 조화는 주권자의 권력의 덕분이기도 하고, 또한 … 아무 숨겨 놓은 증오나 원한도 없이 서로 다른 견해를 간직하는 국민들의 사려와 좋은 품성 덕분이기도 합니다.[35]

이러한 경험은 분명 로크가 관용에 대해 긍정적 견해를 갖는 데 크게 영향을 미쳤을 것이다.

∴

35) 친구 보일에게 보낸 1665년 12월 22일자 편지. E. S. De Beer, "Locke and English Liberalism: The *Second Treatise of Government* in Its Contemporary Setting," J. W. Yolton ed., *John Locke: Problems and Perspectives* (Cambridge University Press, 1969), p. 36에서 재인용.

또 하나는 로크가 영국으로 돌아온 다음, 그해 여름에 이후의 그의 삶을 온통 바꾸어 놓을 인물인 샤프츠베리(Shaftesbury) 백작을 만나고, 곧바로 그의 사람이 된 일이다. 샤프츠베리는 다채로운 정치 역정을 겪으며 정계의 거물로 성장했는데, 로크를 만날 무렵 그는 시민적 자유와 종교적 관용의 열렬한 주창자요 의회 권한의 강고한 수호자였다. 관용 옹호와 관련한 그의 견해는 주로 경제적인 관점에 입각하고 있었다. 비국교도들은 숙련 기술을 가진 수공업자나 무역에 종사하는 사람이 많았는데, 이들을 박해하면 이들의 해외 이민을 부추겨 경제 발전을 저해하게 된다는 것이었다. 그는 그러므로 영국은 종교적 박해를 할 것이 아니라 오히려 관용 정책을 펴서 개신교도 난민을 받아들이고, 유럽의 개신교 지도국이 되어야 한다고 주장해 왔다. 로크는 샤프츠베리의 영향 아래 그의 공리주의적 견해를 수용하면서, 『관용에 관한 논고』에서 종교적 관용을 위한 이론적 근거를 모색했다.

샤프츠베리를 따라 런던으로 옮겨온 로크는 새로 많은 사람들을 사귀었는데, 그들 가운데 벤저먼 휘치코트(Benjamin Whichcote)를 중심으로 한 여러 광교회파(Latitudinarians) 성직자들도 로크에게 관용의 미덕을 일깨웠다. 그들은 구원을 얻는 데 요구되는 필수적인 신앙 조항은 이를테면 '예수는 구세주다'와 같은 아주 단순한 것뿐이라고 믿었다. 그들은 국교회가 이 최소한의 것 이외의 다른 신조를 요구하지 않음으로써 다양한 부차적 신조를 가진 종파들을 관용하고 그 넓은 울타리 안에 모두 받아들일 수 있도록 해야 한다고 주장하였다. 광교회파의 이런 사상은 로크에게 종교적 관용의 대의를 위한 아주 유용한 논거를 제공해주었다.[36]

•.

36) W. M. Spellman, *John Locke* (New York, 1997), pp. 18-19.

4. 관용을 위한 변론

원숙한 자유주의자, 혹은 『관용에 관한 서신』과 『정부론』의 저자로서의 로크에게는 종교적 관용은 "예수 그리스도의 복음과도, 인류의 진정한 이성과도 너무나 부합하기 때문에 사람들이 그토록 분명한 빛 속에서도 관용의 필연성과 이점을 깨닫지 못할 만큼 눈이 멀었다는 것은 기괴해 보일" 정도였다.(p. 9) 로크는 그 관용의 근거를 정부의 기능과 종교의 기능을, 국가 권력과 교회 권력의 고유한 영역을 명확하게 구획하는 데서 찾고자 했다. 앞에서 우리는 로크가 『관용에 관한 논고』에서 종교 사항 중에서 주권자가 관여할 수 있는 것과 그렇지 않은 것을 구별하고, 주권자는 오직 공동체의 물질적 필요에만 관계할 뿐이라는 입장을 취함으로써, 불관용에서 종교적 관용으로 태도를 바꾸었던 것을 살펴본 바 있다. 그런데 이제 그는 『관용에 관한 서신』에서 관용 논의에 '국가-교회'라는 이원적 틀을 도입하여 새로운 논의 근거를 마련함으로써 『관용에 관한 논고』의 논의를 한 단계 진전시켰고, 그렇게 함으로써 보다 확고하게 관용을 위한 변론을 전개할 수 있었다.

로크는 국가를 "오로지 자신의 시민적 이익들을 획득하고 보전하고 증진하기 위해 설립한 사람들의 사회"라고 규정했는데, 이때 시민적 이익이란 "생명·자유·건강 및 육체의 무통(無痛), 그리고 돈·토지·집·가구 기타 등등과 같은 외형적 물질의 소유"를 가리키는 것이었다. 주권자는 "평등한 법률을 불편부당하게 집행함으로써" 바로 이러한 시민적 이익들을 지켜줄 의무를 지고 있으며, 또한 그 의무를 수행하기 위해 "그의 모든 신민들의 강제력과 힘으로 무장"하고 있는 것이었다. 그렇기 때문에 주권자의 모든 권력은 오직 이런 시민적 관심사(civil concernments)에만 미치고, 그런 것들을 보살피는 데에만 한정되어야 하며, 결코 "어떤 방식으

로든 영혼의 구제에까지 확장될 수 없으며, 되어서도 안 된다"고 로크는 주장하였다.(pp. 9-10)

로크에게 '영혼의 구제'는 종교와 교회의 고유 영역이었다. 그는 교회를 "신이 받아들일 수 있으며, 또 자기 영혼의 구제에도 효험이 있다고 스스로 판단하는 그런 방식대로 신에게 예배를 드리기 위해 자진하여 함께 모인 사람들의 자발적인 사회"라고 생각했다. 무엇보다 그것은 자발적인 사회였다. 아무도 특정 교회의 교인으로 태어나지 않으며, 누구든 특정 교회나 종파에 얽매이지 않고 신이 진정 받아들일 수 있는 신앙과 예배가 있다고 믿는 그런 사회에 자진해서 가입하는 것이다.[37] "종교사회의 구성원은 누구든 영원한 삶에 대한 기대에서 나오는 것 이외의 그 어떤 다른 끈으로도 결합될 수 없다."(p. 13) 로크에게 종교사회, 즉 교회의 목적은 "신을 공적으로 예배하고, 그걸 수단으로 해서 영생을 얻는 것"이었다. 따라서 이 사회는 시민적 및 세속적 재화의 소유와 관련해서는 그 어떤 것도 처리할 권한이 없으며, 그리고 그 어떤 경우에도 강제력(force)을 사용해서는 안 되는 것이었다. 왜냐하면 모든 외형적 재화의 소유는 시민사회의 주권자의 관할 아래 들어가고, 강제력은 전적으로 주권자가 행사하는 것이기 때문이다. 교회가 그 구성원에게 자신의 의무를 지키게 하는 수단은 "권고, 훈계 그리고 충고"이며, 교회법을 위반한 사

••

37) Gough, "The Development," pp. 192-193의 지적처럼 자발적 사회로서의 교회라는 개념은 국가를 포함한 모든 사회의 기원이 계약을 맺는 개인들의 동의에 있다는 이론과 마찬가지로 역사적으로는 틀린 것이다. 그리고 많은 면에서 역사적 전통과 관습, 혹은 무지에서 오는 편견 등이 인간의 선택을 지배하는 주요 요인인데, 로크의 정치·사회이론은 합리적인 선택을 할 인간의 지적 능력을 과신하고 있다. 한편 Kessler, "John Locke's Legacy," p. 198은 로크가 교회를 '자발적 사회'로 규정함으로써 그것이 다른 수많은 모임보다 어떤 특별히 우월한 지위를 갖고 있지 않다는 것을 암시하고, 그럼으로써 교회의 힘과 위엄을 축소하려고 했다고 지적한다.

람에게 할 수 있는 유일한 처벌은 그를 제명하여 교회에서 쫓아내는 것뿐이다.(pp. 15-16)

이와 같이 시민사회와 종교사회, 국가와 교회는 로크가 보기에는 완전히 별개의 존재였다. "양측의 경계는 확정되어 있고 움직일 수 없는 것이다. 그들의 기원·목적·업무 그리고 모든 면에서 서로 간에 완전히 구별되고 무한히 다른 이들 두 사회를 한데 섞는 사람은 하늘과 땅을, 가장 동떨어지고 대립적인 것을 뒤범벅으로 만드는 것이다."(p. 21) 그러므로 국가는 종교 문제에 관여해서는 안 되며, 영혼의 구제는 전적으로 개인과 교회에 맡길 일이었다.

로크는 국가의 권력이 오직 시민적 관심사에만 미치고 영혼의 구원이라는 문제와는 전혀 상관이 없다는 주장을 뒷받침하기 위해 세 가지 논의를 제시하였다. 첫째, 남에게 자신의 종교를 강제하거나 남의 영혼을 대신 돌볼 권한은 어느 누구에게도 없으며, 따라서 주권자에게도 없다. 로크는 신이 어느 누구에게도 그런 권한을 부여하지 않았다고 믿었다. 성서의 어디에도 신이 주권자에게 영혼 구제의 권한을 부여했다는 증거는 없다는 것이다. 그리고 그것은 또한 인민의 동의에 의해 주권자에게 맡겨진 적도 없었다. "왜냐하면 아무도 자신의 구원의 일을 어떤 다른 사람의 선택에 맹목적으로 내맡길 수는 없기 때문이다." 로크의 생각으로는 참된 종교의 생명은 내적 확신에 있는데, 만일 사람이 마음에서 우러나는 믿음이 없이 남이 하라는 대로 따라만 한다면 그것은 구원에 도움이 되기는커녕 오히려 방해가 될 뿐이었다. 왜냐하면 그것은 "거룩하신 하느님에 대한 위선이요 모욕"이기 때문이었다.(pp. 10-11)

"군주들은 참으로 권력에 있어서는 남보다 우월하게 태어나지만 본성에 있어서는 동등"하며, "다스리는 권리도 기술도 필연적으로 … 참된 종교에 관한 확실한 지식을 수반하는 것은 아니다."(p. 25) 그렇기 때문에 하늘 나라에 이르는 길은 사사로운 개인보다 주권자에게 더 잘 알려져 있지 않으며, "따라서 나는 그 길에 관해서 나 자신만큼이나 무지할 수 있는 그를, 그리고 나의 구원에 대해서는 나 자신보다 분명히 관심이 더 적은 그를 안심하고 나의 안내자로 삼을 수는 없는 일이다."(p. 26) 로크가 『서신』에서 수없이 반복하는 기본 명제는 각자의 영혼의 구원은 오직 그 자신이 감당할 몫이라는 것이다.

그러나 혹자는 다음과 같은 질문을 제기할 수 있을 것이다. "비록 각자의 영혼을 돌보는 문제는 그 자신에게 속하는 일이라고 하더라도, 만일 그가 그 일을 소홀히 하면 어떻게 할 것인가, 그럴 때는 주권자가 그를 구원으로 이끌 수 있지 않은가?" 예상되는 이와 같은 반론을 스스로 제기하면서, 로크는 이 질문에 대해 "그가 자신의 건강이나 재산을 보살피는 일을 소홀히 하면 어떻게 할 것인가?"라는 반문으로 답변한다. 주권자가 그런 사람을 아프지 못하도록, 혹은 가난하지 못하도록 법으로 규정할 것인가? 법은 신민의 건강과 재산이 남에게 침해당하지 않도록 규정하지만, 그 당사자 자신의 태만으로부터 그것들을 지켜 주지는 않는다. 로크는 "어느 누구도 자신의 의지와는 관계없이 강제로 부유해지거나 건강해질 수는 없다. 아니, 신 그 자신도 사람들의 의사를 거슬러서 그들을 구원할 수는 없다"고 강조하였다.(p. 23) 모든 사람은 스스로 판단할 최고의 절대적인 권위를 갖고 있으며, 그러므로 로크의 생각으로는 비록 한 개인이 자신의 힘으로 구원에 이를 신앙을 확립하지 못한다고 할지라도 그것은 자유 그 자체의 불행하지만 어쩔 수 없는 결과인 것이었다.

둘째로 주권자는 인민의 영혼을 돌볼 아무런 권한이 없을 뿐 아니라, 그럴 수단 또한 갖고 있지 않다. 로크가 생각하기에는, "주권자의 권력은 오직 외적 강제력에만 있는데, 그러나 참된 구원의 종교는 마음의 내적 설득에 있기 때문"에 영혼의 구원은 주권자가 간여할 수 있는 문제가 전혀 아니었다. 로크는 주권자가 논증을 통해 권고하고 설득할 수 있으며, 그리하여 이단을 진리의 길로 이끌 수 있다는 주장을 인정했다. 그러나 "설득하는 것과 명령하는 것은 별개"라는 것이다. 그러니까 "법을 부여하고, 복종을 받고, 칼로 강제하는 것"이 주권자의 고유한 권한인데, 그 권력이 "법의 강제력으로 신앙 조항이나 예배 형식을 확립하는 데까지 확대되지는 않는다"는 것이다. 로크는 "사람들의 견해에 변화를 일으킬 수 있는 것은 오직 빛과 증거뿐인데, 그 빛은 신체적 고통이나 어떤 다른 외적 처벌로부터는 결코 나올 수 없으며," 법의 강제력이나 처벌은 "마음을 승복시키는 데는 적절하지 않기 때문"에 그런 것들은 종교에서는 불필요하고 부적절한 것이라고 주장하였다.(pp. 11-12) 요컨대 강제는 사람의 의지에 작용할 수 있는 것인데, "이것 혹은 저것을 참이라고 믿는 일은 우리의 의지에 종속되어 있지 않다"는 것, 다시 말하자면 우리는 신앙을 단순히 믿으려고 의도함으로써 얻을 수는 없다는 것이다.(p. 40)

물론 주권자가 사람들을 강제로 신앙고백을 하게 하거나 외형적인 예배 의식에 참여하게 할 수는 있다. 그렇지만 한 사람이 진실로 그것을 믿지 않는다면 그런 행위는 그 사람의 영혼을 구원하는 데는 아무런 도움이 되지 않으며, 처벌은 결코 그런 믿음을 낳지 못한다고 로크는 생각했다. 로크의 말을 직접 들어보자.

내 양심의 명령을 거슬러서 걷게 될 길은 그 어느 길이라도 나를 축복받은 사람들의 저택으로 데려가지 못할 것이다. 나는 내가 즐겨하지 않는 기술로 부유해질 수도 있을 것이고, 내가 믿지 않는 치료법으로 어떤 질병을 고칠 수도 있을 것이다. 그렇지만 내가 믿지 않는 종교로, 내가 혐오하는 예배로 구원을 받을 수는 없다. 비신자가 다른 사람의 신앙을 외형적으로 흉내 내는 것은 부질없는 짓이다. 믿음만이, 그리고 내적 진심이 신의 받아들임(acceptance)을 얻게 해 주는 것들이다. … 그러므로 군주가 신민에게 그들의 영혼을 구원한다는 구실 아래 자신의 교회로 오도록 강제하는 것은 헛된 짓이다. … 사람들은 자신의 의사와는 관계없이 강제로 구원받을 수는 없으며, …그들은 그들 자신의 양심에 맡겨져야 한다.(p. 28)

앞에서 보았듯이 『정부소론』에서 로크는 양심을 단순히 사적인 판단에 불과한 것으로 치부했었지만, 이제 『서신』에서 양심은 그 명령을 거슬러서는 결코 하늘나라에 이를 수 없는 그런 절대적인 것이 되었다. 그는 "양심의 자유는 … 모든 사람의 자연권이며, 그리고 아무도 종교 문제에 있어서 법률로든 폭력으로든 강제되어서는 안 된다"라고 분명하게 선언하였다.(pp. 47-48)

외적 강제력은 참된 신앙을 가져다주는 데는 아무런 소용이 없고, 따라서 강제력이 종교에 개입해서는 안 된다는 로크의 이런 주장에는 다음과 같은 반론이 제기될 수 있을 것이다. 즉 비록 강제력이 "내적 설득"이나 "마음의 승복"을 가져오지는 못할지라도, 적절한 정도의 처벌은 사람들로 하여금 그렇지 않았더라면 생각해 보려 하지 않았을 것을 고려해 보게 하고, 읽지 않았을 저작들을 읽게 할 수는 있으며, 그렇게 함으로써 간접적으로 사람의 마음에 영향을 줄 수는 있지 않느냐는 것이다.[38]

로크가 제시한 세 번째 논의는 예상되는 이런 반론에 대한 답변이라고도 할 수 있는 것인데, 비록 주권자가 법의 강제력으로 사람의 마음을 바

••
38) 로크와 논쟁을 벌였던 프로스트도 이러한 논리로 반론을 폈다. J. Waldron, "Locke: Toleration and the Rationality of Persecution," Horton & Mendus ed., *John Locke*, p. 119는 로크가 프로스트에게 엄청난 분량으로 재반론을 시도했지만, 이 두 번째 논점에 대해서는 적절한 답변을 제시하지 못했다고 평가했다.

꿀 수 있다고 할지라도 그것이 영혼의 구원에는 아무런 도움도 안 된다는 것이었다. 그는 "오직 하나의 진리, 하나의 하늘 가는 길이 있을 뿐인데," 만일 사람들이 국가가 강요하는 종교를 따를 수밖에 없고, 자기 자신의 이성의 빛을 포기하고 양심의 명령을 거역할 수밖에 없다면, 그리고 지배자의 의지에 자신을 맹목적으로 맡길 수밖에 없다면, 보다 많은 사람이 구원의 길로 인도될 희망이 어디에 있느냐고 반문하였다. 주권자가 강요하는 종교는 그의 무지와 야망 혹은 미신에 의해 우연히 확립된 것일 수 있고, 각 나라의 군주는 서로 다른 종교를 강요하는데, 만일 그중 하나가 참이라면 다른 모든 나라에서는 그들의 군주를 따라 멸망의 길로 가게 될 것이 아닌가? 이는 곧 영원한 복락과 불행이 순전히 태어나는 장소에 의해 결정된다는 말인데, 로크에게 그것은 천부당 만부당한 일이었다.(p. 12)

그러나 프로스트와 같은 관용 반대론자들은 로크의 이런 논의가 '참된' 종교가 확립된 나라—이를테면 국교회가 확립된 영국—에서는 통하지 않는다고 반박하였다. 그들도 잘못된 종교의 주권자가 자신의 종교를 모든 신민에게 강제할 권리가 없다는 것은 인정했지만, 정통의 종교를 가진 주권자는 이단을 박멸하고 정통 종교를 강제할 권리가 있다는 것이었다. 그렇지만 이런 주장은 로크가 보기에는 하나마나한 말에 불과했다. "왜냐하면 모든 교회는 그 자신에게는 정통이고, 다른 교회에게는 잘못되거나 이단적이기 때문이다." 각 교회는 자신이 믿는 것은 모두 참되다고 믿으며, 그와 배치되는 것은 거짓되다고 단정하게 마련이다. 그러므로 로크는 정통에 관한 교회 상호 간의 논쟁에 있어서는 양자가 서로 동등하며, 그 논쟁을 종결할 판관은 지상에는 없다고 주장했다.(pp. 18-19)

더 나아가 로크는 같은 논리의 연장선상에서 우상 숭배 교회도 관용해야 한다고 주장했다. "모든 군주의 종교는 그 자신에게는 정통"인데, 만일 그가 제네바에서처럼 "우상 숭배적이라는 평판이 있는 종교를 폭력과 피로써 박멸"할 수 있다고 한다면, 같은 논리로 이웃 나라의 다른 주권자는 개혁 교회를 그리고 인도에서는 기독교도를 그렇게 할 것이 아닌가? 이런 일은 로크에게는 사리에 맞지 않는 것이었다.(p. 35) 그리고 로크는 우상 숭배는 죄이고 따라서 피해야 한다고 말한다면 거기까지는 좋지만, 그렇다고 그것이 죄이기 때문에 주권자에게 처벌을 받아야 한다는 결론이 나오는 것은 아니라고 생각했다. 왜냐하면 "다른 사람의 권리를 해치거나 공공의 안녕을 깨뜨리지 않는 한" 신에 대한 모든 죄를 처벌할 권력이 주권자에게 있는 것은 아니기 때문이다. "탐욕, 무자비, 나태, 그리고 다른 많은 것이 … 죄이지만, 아무도 그것이 주권자에 의해 처벌되어야 한다고 말한 적이 없다"는 것이다.(p. 36)

어떤 사람들은 종교적 관용이 다양한 종교적 분파들의 난립을 가져올 것이고, 이런 종파들은 결국 공공 질서를 해치고 국가 안보를 위태롭게 할 것이라는 이유로 관용을 반대하였다. 관용을 종파의 난립 및 반란과 관련짓는 이러한 논리는 관용을 거부하기 위한 가장 강력하고 또 가장 자주 언급되는 논거가 되어 왔는데, 실제로 로크의 시대에는 종교를 구실로 해서 소요나 폭동이 자주 일어났던 것이다. 이런 주장에 대해 그는 "기독교 세계에서 종교를 이유로 지금까지 있었던 모든 소동과 전쟁을 낳았던 것은 견해의 다양성이 아니라 … 다른 견해를 가진 사람들에 대한 관용의 거부"라고 반박했다.(p. 53)

로크의 생각으로는 특정 종교를 강요하고 반대파를 처벌하는 종교적 강압 정책은 그 의도와는 정반대의 결과를 가져올 뿐이었다. 탄압을 받은 사람은 자기의 신앙을 포기하기보다는 그것을 지키기 위해 다른 사람들과 더욱 굳건히 결합하여 큰 집단을 형성할 것이며, 결국 사회적 분열이 일어나 소요를 부추길 것이기 때문이었다. 로크는 만일 사람들이 소요나 폭동을 일으킨다면, "그들이 그렇게 하도록 고무하는 것은 종교가 아니라 … 그들의 고난과 탄압"이며, "탄압은 소요를 야기하고, 사람들로 하여금 불편하고 압제적인 멍에를 벗어 던지기 위해 투쟁하게 만든다"고 주장하였다. 사람이란 "어떤 과중한 짐 아래 신음하게 되면 자연히 그들의 목을 조이는 멍에를 떨쳐 버리려고 애쓰게 마련인" 존재인 것이다.(p. 49)

사람들은 이런 저런 이유나 목적으로 이런 저런 모임을 만든다. 그러나 로크가 보기에 "사람을 모아 폭동을 일으키도록 하는 것은 딱 한 가지가 있는데, 그것은 탄압이다." 그렇기 때문에 그는 주권자가 탄압을 거두어들이고 모든 종파를 공평하게 대우하면 사회는 오히려 보다 더 안전해진다고 주장했다. 그는 주권자와 종교가 다른 사람들은 그 누구보다 더 열심히 나라의 평화를 지키려 할 것이라고 믿었다. 왜냐하면 그들의 여건이 다른 데보다 더 나으며, 만일 질서가 무너지면 이미 누리고 있는 것 이상을 누리기를 기대할 수 없을 것이기 때문이었다.(p. 50)

그런 반면에 "종교는 무력으로 전파되어야 한다는 견해가 지배적인 한 … 평화와 안전은 결코 확립되거나 유지될 수 없다"고 로크는 역설하였다.(p. 20) 그리고 다른 종파나 이교도를 파멸시켜야 한다고 설교하면서 "그 자체 아주 상이한 두 기구, 교회와 국가를 하나로 섞고 혼동해 온" 국교회 우두머리들을 로크는 격렬하게 비난하였다. 그들은 만족을 모르는 지배욕과 탐욕에 빠져, 주권자의 무절제한 야망과 경솔한 대중들의 미신을 이용하면서 이들을 자기들과 다른 견해를 가진 사람들에게 대립하도록 자극하고 부추겨 왔다는 것이었다. (p. 53) 이렇게 로크는 사회를 혼란에 빠뜨리는 종파 분쟁의 주된 이유를 교회 지도자들의 세속적 탐욕과 지배욕 그리고 국가와 교회의 긴밀한 제휴의 탓으로 돌리면서, 국가와 교회를 엄격하게 분리할 것을 주장하였다. 그는 "복음 아래에서는 '기독교 공화국'과 같은 것은 절대로 없다"고 생각했다.(p. 38)[39]

국가는 교회와 분리되어 모든 종교를 공평하게 대하고 관용해야 한다는 말이, 교회에서 종교의 이름으로 행해지는 모든 것이 국가의 통제에서 벗어난다는 것을 의미하는 것은 아니었다. 사실 로크가 종교적 자유와 관용의 범위를 논할 때, 종교를 국가의 통제로부터 분리하는 경계는 그가 주장하는 만큼 "확정되어 있고 움직일 수 없는" 것이 아니었다. 그는 종교 의식이 사회의 질서와 안전을 위해 제정된 법률에 종속된다는 점을 기꺼이 인정하였다. 모든 교회는 물론 자신의 방식에 따라 예배를 행할 자유가 있지만, 그것은 어디까지나 법의 테두리 안에서 그런 것이었다.(p. 30) 사실 교회가 한 국가의 법질서 안에서 존재하는 하나의 "자발적인 사회"인 한, 그것은 당연한 일이다. 그러므로 만일 어떤 교회가 어린이를 희생으로 바치거나, 혼음을 행하거나, 혹은 다른 가증스런 악행을 저지른다면, 그것은 명백히 불법이며 따라서 예배의 일환으로 행해졌다고 해서 관용될 수는 없는 법이었다. 그러나 이 경우에 주목해야 할 것은 국가가 개입하거나 금지한 것이 어디까지나 "종교적인 문제가 아니라 정치적인 문제"라는 사실임을 로크는 환기시켰다.(pp. 33-34)

로크는 외형적인 예배 의식뿐만 아니라 종교의 교의 역시 국가의 통제와 전적으로 무관할 수는 없다고 생각했다. 그는 종교적 교의를 순전히 사변적인 요소와 실천적인 요소로 구분했다. 그 중에서 전자는 "시민적 권리와는 아무런 상관이 없기 때문에"(성변화 교리를 예로 들자면 빵을 예수의 몸이라고 믿는다고 해서 이웃에 해를 끼치는 것은 아니라는 것이다) 전적으로 개인의 양심에 속하는 것이다. 그렇지만 후자는 사람의 도덕적 삶

39) 로크는 이 시기의 한 필사본에서 주권자의 역할을 종교의 '양부(nursing father)'로 묘사하는 것을 공박하였다. 그러면서 로마제국의 기독교화는 국가 사법권과 교회 사법권의 혼동을 초래했고, 기독교가 그토록 많은 무질서의 원천으로 비난받는 주요한 계기가 되었다고 주장했다. Marshall, *John Locke*, p. 107 참조.

과 연관되는 것이므로 "외적 법정과 내적 법정 양자 모두의, … 주권자와 양심 양자 모두의 사법권"에 속한다는 것이다. 그런데 문제는 이 주권자와 양심, 즉 "공공질서의 수호자와 영혼의 감독" 사이에서 충돌이 일어나는 경우이다.(pp. 40-41)

로크는 "주권자는 오로지 공익이라는 구실 아래 어떤 교회를 탄압하는 데 자신의 권위를 남용하지 않도록 언제나 지극히 조심해야 한다"고 경고했지만(pp. 34-35), 만일 주권자가 권력을 남용하여 "이상한 종교를 강요한다든가"[40] 하는 경우에는 어떻게 할 것인가? 그 경우 로크는 분명하게 각자의 양심을 더 우선시하였다. 영혼을 보살피는 일은 전적으로 자기 자신에 맡겨진 문제이기 때문에 "사람들은 이런 경우 자신의 양심에 반해서 그 법을 따를 의무는 없다"는 것이다.(p. 43) 그는 "각자의 일차적이고 주된 염려는 먼저 자기 자신의 영혼에 대한 염려이고, 그 다음에 공안에 대한 염려이어야 한다"고 믿었다.(p. 44)

"그러나 만일 주권자가 그러한 법을 제정할 권리가 있다고, 그 법들은 공익을 위한 것이라고 믿고, 그리고 신민들은 그 반대로 믿는다면 어떻게 되는가?" 여기에서 우리는 『정부론』에서 자주 나타나는 수사를 만난다. 로크는 "그들 사이에서 누가 판관이 될 것인가? 나는 오직 '하느님만' 이라고 대답한다. 왜냐하면 지상에는 최고 주권자와 국민 사이에 판관이 없기 때문이다"라고 말하고 있는 것이다.(p. 44) 보다 구체적으로 말해서 만일 전적으로 각자의 양심에 속해서 오로지 신에게만 책임질 뿐, 주권자의 사법권에는 전혀 속하지 않는 그런 일로 재산을 빼앗기고 폭력과 강탈의 희생이 된다면, 그때는 어찌 되는가? 로크는 그러면 "이런 사람들이

40) 이 구절은 제임스 2세가 관용해서는 안 되는 가톨릭교회를 강요하는 정책을 염두에 두고 한 표현이라고 할 수 있다.

… 마침내 폭력에는 폭력으로 저항하고, 종교를 이유로 해서는 몰수당할 수 없는 자신의 자연권을 할 수 있는 한 최대로 무장하여 지키는 일을 정당하다고 생각하는 것"은 너무나 당연하다고 단언했다. 이것이 사태의 당연한 귀결임은 역사적 사례로 보나, 이성적으로 생각해 보나 명백하다는 것이다.(pp. 53-54)[41]

『서신』의 여러 곳에서 로크는 신앙인으로 자처했고 또한 그는 끝까지 국교도로 남아 있었지만, 그는 결코 관용을 기독교에만 한정하지 않았다. 그는 기독교의 한 종파에 허용된 것은 다른 모든 종파에도 허용되어야 한다고 하면서 한 걸음 더 나아가 "아니, 우리가 솔직히 진실을 말하자면 … 이교도도, 마호메트교도도, 그리고 유대인도 자신의 종교 때문에 국가의 시민권에서 배제되어서는 안 된다"하고 말했다.(p. 52) 그에게는 기독교도가 아닌 사람들에게도 자비심과 선의를 베풀지 못하는 사람은 진정한 기독교도가 아니었다. 사람들이 주권자의 호의가 자기들 쪽에 있고 자신이 더 힘이 있다고 느낄 때는 평화와 자선을 외면하고, 박해할 힘을 갖지 못하고 주인이 될 힘이 없을 때, 그때 그들은 동등하게 살기를, 관용을 설교하기를 바라게 된다고 로크는 개탄하였다.(p. 20) 그는 불관용이 아니라 바로 "관용이 참된 교회의 주된 특징적 징표"임을 강조하고,(p. 5) 예수를 "자신의 병사들을 검이나 다른 무기로 무장시키는 것이 아니라, 평화의 복음을 갖추게 하여" 내보내는 "평화의 왕자"로 묘사하였다.(pp. 8-9)

∴

41) A. J. Simmons, *On the Edge of Anarchy* (Princeton, N. J., 1993), p. 128은 『서신』이 대체로 1667년의 『관용에 관한 논고』의 주된 요소들을 (보다 완전하고 세련되게) 반복하고 있을 뿐인데, 『서신』의 논의가 『관용에 관한 논고』의 정신을 넘어선 것은 정부의 비관용에 대한 치유책으로 폭력적 저항을 정당화했다는 점이라고 지적한다. 그리고 종교적 관용의 권리가 시민들이 합법적 정부 아래에서 보유하고 있는 바로 그런 권리 가운데 하나이며, 그런 점에서 『서신』은 『정부론』의 편입되지 않은 일부로 볼 수 있다고 말한다.

기독교가 배타적으로 지배하고 모든 사람이 기독교를 신봉하던 사회인 17세기 유럽에서, 이처럼 이슬람교나 유대교 등 기독교가 아닌 다른 종교도 관용할 것을 주장할 만큼 로크는 관용 정신이 투철했다. 그런 그에게도 관용할 수 없는 신앙이 있었다. 그는 관용에서 제외되는 것으로 네 가지 범주를 들었다. 첫째는 "인간 사회에 반하거나 혹은 시민사회의 보전에 필요한 도덕 규율에 반하는 견해"를 설파하는 교회이다. 그러나 실제 이런 견해를 내세우는 교회는 거의 찾아 볼 수 없다는 것을 로크도 인정했다. 왜냐하면 그 어떤 종파든 사회의 기초를 무너뜨리고, 그래서 모든 인류에게 비난받을 그런 교의를 노골적으로 가르칠 만큼 미친 종파는 없기 때문이라는 것이다.(p. 45)

　그러므로 둘째는 "좀 더 은밀한 죄악이면서 공동체에 더욱 위험한 것"으로서, 실제로는 공동체의 시민적 권리에 역행함에도 거짓된 말을 그럴 듯해 보이게 포장하여 어떤 특별한 대권을 가로채려 하는 종파이다. 이를테면 군주는 종교가 다른 사람에 의해 폐위될 수 있다는 위험한 주장을 공공연하게 내세우는 종파는 없다. 그렇지만 어떤 종파는 "파문당한 왕은 왕관과 왕국을 몰수당한다"고 주장하는데, 이것은 무엇을 의미하는가? 로크가 보기에 군주에 대한 파문의 권리를 주장하는 자들의 속셈은 결국 왕의 폐위권을 차지하겠다는 것임이 명백하다는 것이다. 또한 만물에 대한 지배권(dominion)은 오직 자신에게만 있다는 사악한 주장을 내놓고 가르치는 종파는 없지만, 로크에게는 "지배권은 은총 안에서 수립되었다"고 하는 주장 역시 그런 주장을 하는 자신들이 만물에 대한 지배권을 갖고 있다고 주장하는 것이나 매한가지였다.(pp. 45-46)

　셋째는 교회에 입교하는 사람은 그것으로 사실상 자신을 또 다른 군주의 보호에 넘기는 것이라는 바탕 위에 설립된 교회이다. 이를 관용한다는 것은 곧 통치자가 그 나라 안에 외국 관할권의 수립을 양해하고, 제나라의 국민이 자신의 정부에 대항하는 병사로 복무하는 것을 감수한다는 것을 의미하기 때문이다.(pp. 46-47)

교회의 이름을 직접 일컫지는 않았지만, 이렇게 세 가지 범주로 나누어 열거하면서 로크가 실제 염두에 두고 있었던 것은 가톨릭교회였다. 그는 그것을 가톨릭교회에 대해 관용을 거부하는 논리적 근거로 삼은 것이다. 가톨릭교회에 대한 로크의 이러한 입장은 오늘날의 관점에서는 참으로 의아하게 생각될 수 있다. 그러나 우리는 그가 아주 다른 시대에 전혀 다른 역사적 맥락에서 『서신』을 저술했다는 사실을 상기할 필요가 있다.

로크의 시대 영국인들에게 가톨릭교가 영국의 지배적 이데올로기가 될 것이라는 전망만큼이나 끔찍스러운 일은 없었다. 그들은 가톨릭교도는 자신의 양심을 교황이 행사하는 정신적인 지배권에 예속시키며, 또한 가톨릭 군주들은 절대주의 정치 이론을 떠받든다고 믿었다. 따라서 영국을 다시 가톨릭국가로 되돌린다는 것은 개신교도에 대한 종교적 박해를 의미할 뿐만 아니라, 의회 정부를 국왕 전제정으로 대체하고 그들의 기본적 신앙과 거리가 먼 생활방식을 강요당하는 것을 의미했다.[42] 그뿐 아니라 가톨릭교도인 제임스의 왕위계승 문제가 야기한 갈등으로 영국이 다시 한 번 내란의 벼랑으로 치달은 것을 경험하고, 또 그 소용돌이 속에서 네덜란드로 망명해야 했던 로크였다. 『서신』은 바로 그가 망명지 네덜란드에서 쓴 것으로서, 교황과 가톨릭교를 극단적으로 경원시하던 당시 영국 사회의 통념을 그대로 반영한 것이었다.

마지막으로 관용에서 배제되는 것은 종교가 아니라 신의 존재를 부정하는 견해, 즉 무신론이다. 약속이나 계약 혹은 서약 등은 인간 사회의 유대를 유지해 주는 것인데, 무신론자에게는 이런 것이 아무런 구속력

---

42) R. Ashcraft, *Locke's Two Treatises of Government* (London, 1987), p. 25.

을 갖지 못한다는 게 로크가 내세운 불관용의 이유다. 그는 사람의 마음과 생각에서 하느님을 지운다는 것은 곧 모든 것을 해체해 버리게 되는 것이라고 믿었다. 게다가 자신의 무신론으로 모든 종교를 파괴하는 사람은 스스로 종교임을 내세울 수도 없고, 따라서 종교적 관용의 특권을 요구할 근거조차 없다는 것이다.(p. 47) 무신론에 대한 이런 견해 역시 오늘날에는 좀 기묘해 보일 수도 있으나, 로크는 신을 믿지 않는 사람은 서약에 얽매이지 않는다고 생각하던 시대의 인물이었다. 17세기는 아직 기독교가 절대적으로 지배하던 시대였다. 무신론은 단순히 사변적인 견해에 그치는 것이 아니라 서약과 맹세를 지킬 의무를 부정하고, 그래서 사회의 토대 자체를 무너뜨리는 해로운 생각으로 인식되었다.

5. 결론

역사적으로 볼 때, 영국에서 관용을 위한 싸움은 『서신』이 출판되었을 때쯤에는 이미 거의 승리를 거두어 가고 있었다. 왜냐하면 명예혁명 이후에는 종교를 강압하는 일이 더 이상 가능하지 않게 되었기 때문이다. 1689년 5월의 관용법(Toleration Act)은 유니테리언과 같은 삼위일체를 부정하는 사람들을 관용에서 제외하는 등 로크의 기대에 미치지 못하는 것이었고,[43] 앤(Anne) 여왕 치세 말기에는 관용 정책이 잠시 뒷걸음치기도

----

43) 로크는 뉴튼(Newton)을 포함하여 여러 유니테리언들과 긴밀하게 교유했고, 그의 신학은 삼위일체설을 부정하는 유니테리어니즘과 상당히 유사한 것으로 평가받고 있다. 그는 심지어 국교도 일각으로부터 원죄를 부정하는 소시니언(Socinian)이라고 비난받기도 했다. Marshall, *John Locke*, pp. 344, 374 및 Gough, "The Development," p. 195 등을 참조하라.

했다. 그럼에도 불구하고 관용의 원리는 18세기를 지나면서 확고하게 확립되고, 더욱 널리 받아들여지게 되었다. 고프(J. W. Gough)는 로크의 저작이 이러한 발전에 일조했음을 인정하면서, 관용의 역사에서 『서신』이 차지하는 중요성은 『정부론』과 마찬가지로 독창성이나 참신성 혹은 시대를 뛰어넘는 급진성에 있는 것이 아니라, 철학적 바탕과 조리 정연함에서 오는 설득력에 있다고 지적하였다.[44] 또한 『서신』은 밀(J. S. Mill)의 『자유론(On Liberty)』과 더불어 적어도 영어 사용 국민 가운데서는 결정적인 양대 관용 변론서로서, 단순히 영국에서 당대의 정치적 발전에 대한 대응으로서만이 아니라 미래에 대한 안목과 원칙의 문제를 확립하려는 기대에서 쓰여진 저술이라고 평가받기도 한다.[45]

그러나 다른 한편 로크의 관용 사상은 몇몇 연구자들로부터 비판을 받기도 한다. 월드런(J. Waldron)은 로크의 관용론이 이른바 '박해의 비합리성' 논리, 즉 종교 문제에서 강제적 수단은 그 목적을 결코 달성할 수 없기 때문에 박해는 비합리적이라는 논리에 근거하고 있을 뿐, 국가의 불관용 정책 그 자체를 도덕적으로 나쁘다고 하는 관념이나 박해의 피해자에 대한 깊은 관심이 없기 때문에 부적절하다고 비판한다. 그리고 밀과 같은 근대 자유주의자들과는 달리 로크는 종교적 혹은 도덕적 다양성의 적극적 가치를 옹호하지 않았으며, 다양한 견해의 공존으로부터 어떤 것을 얻을 수 있다거나 혹은 반대로 획일적인 만장일치에서 어떤 것을 잃을 수 있다는 사실을 보지 못했다는 것이다.[46] 혹자는 한발 더 나아가 로

––

44) Gough, "The Development," pp. 195-196.

45) A. Wolfson, "Two Theories of Toleration: Locke versus Mill," *Perspectives on Political Science*, vol. 25, no. 4 (Fall, 1996), pp. 192-193.

46) Waldron, "Locke: Toleration". 월드런의 이 글에 대해서는 S. Mendus, "Locke: Toleration, Morality and Rationality," Horton & Mendus ed., *John Locke*가 상세하게 반론을 펴고 있다.

크의 관용 변호는 나중의 자유주의적 관용 변론, 즉 과학 및 사회 진보의 조건으로서의 관용이나 혹은 자유주의 사회의 덕성으로서의 관용이라는 변론과 뚜렷하게 구별된다고 말했다. 그러면서 로크에게는 "훌륭한 사회의 필수적인 요소로서의 관용을 위한 원칙적인 논의를 전개하려는 시도가 없"으며, 따라서 로크는 오늘날 우리의 관용 문제를 이해하는 데 직접적으로 적용될 것은 거의 아무 것도 말하지 않았다고 비판하였다.[47]

그러나 크레펠(I. Creppell)의 지적처럼, 월드런은 '박해의 비합리성' 논의를 지나치게 강조함으로써 잘못된 결론을 이끌어냈다. 로크는 실은 이 '비합리성' 논의를 훨씬 더 깊고 넓은 전망에 뿌리를 둔 한 입장을 개진하기 위한 수사학적 전략의 일부로 사용했던 것이다.[48] 참으로 로크의 진정한 관심은 개인 양심의 존엄성 그리고 신과 개인의 신성한 관계에 있었다. 『서신』 전체에 걸쳐 그가 끊임없이 강조한 것은 "각자의 구원의 문제는 전적으로 그 자신에게만 속한다"는 것과 "양심의 자유는 자연권으로서 누구도 종교 문제에서 폭력으로 강제되어서는 안 된다"는 점이었다. 로크는 각자의 양심을 종교적 진리를 판단하는 궁극적 표준으로 제시하고, 이 양심의 자유를 누구도 침해할 수 없는 자연권으로 확립함으로써 '정통' 신앙을 강요해 온 국가와 교회의 전통적 권력을 부정했던 것이다.

그리고 로크가 양심의 자유를 내세우면서 종교적 관용을 옹호하는 기본 바탕에는 온건한 회의주의가 놓여 있다. 흔히 관용은 회의의 자식이라고, 세속적 자유주의의 성장과 종교적 확실성의 쇠퇴 사이에는 철학적 및 역사적 연관이 있다고 말하거니와, 로크는 이러한 철학적 회의주의 전통의 영향을 받았다. 그는 한편으로 "오직 하나의 진리, 하나의 하늘 가

· ·
47) Kelly, "John Locke," pp. 128, 144.
48) Creppell, "Locke on Toleration," p. 221.

는 길이 있을 뿐"임을 부정하지 않으면서, 다른 한편으로 주권자를 포함한 어느 누구도 그런 '진리'와 '길'을 완전한 확신을 가지고 증명할 수는 없으며, 정통에 관한 논쟁을 종결할 판관은 지상에는 없다고 생각했다. 그렇다고 해서 로크가 종교적 판단을 유보하라고 권유하는 것은 아니다. 그는 사람들이 합리적으로 믿을 의무가 있다고 주장한다. 다만 이들 믿음에 불가피하게 끼어들게 될 오류의 가능성을 환기하면서, 그는 사람들에게 다양성을 관용할 것을 요구하는 것이다.[49)]

그렇지만 로크는 완전한 종교적 자유를 주장하지는 않았다. 『서신』을 영역한 포플은 서문에서 "절대적 자유, 공정하고 참된 자유, 평등하고 공평한 자유야말로 우리가 요구하는 것이다"하고 언명하였지만,(p. 4) 이것은 사실 로크의 입장보다 한 발짝 더 나간 것이었다.[50)] 로크는 결코 절대적 자유를 주장하지는 않았다. 그는 가톨릭교와 무신론을 관용에서 엄격하게 배제했을 뿐 아니라, 공공질서와 치안이 요청하는 경우에는 언제나 국가가 종교 문제에 간섭할 권리를 인정하였다. 사실 공공질서의 유지와 안정은 『정부론』뿐 아니라 『서신』을 포함한 로크의 모든 정치 저술의 밑바닥에 깔려 있는 매우 중요한 정치적 목표였다.

그렇다고 해서 크레이너크(R. P. Kraynak)처럼 『서신』의 전체적 목적이 종교에 대한 세속 권위의 우위를 확립하고, 인간의 정력을 신성과 구원의 추구에서 안전과 안락의 추구로 돌리는 것이라고 주장한다면, 이

---

49) Sam Black, "Toleration and the Skeptical Inquirer in Locke," *Canadian Journal of Philosophy*, vol. 28, no. 4 (Dec., 1998), p. 497. 그리고 블랙은 p. 499에서 관용이 종교에 관한 회의론에 반드시 수반되는 결론은 아니라고 했다. 그는 홉스(Hobbes)를 그 예로 들었는데, 홉스는 신의 본질은 인간이 헤아릴 수 없는 것이라고 생각했지만, 이 회의론이 양심의 권리를 옹호하는 주장으로 나아가지는 않았다는 것이다.

50) 관용에 대한 로크와 포플의 견해의 차이에 관해서는 Maurice Cranston, "John Locke and the Case for Toleration," Horton & Mendus ed., *John Locke*, pp. 85-89를 참조하라.

는 『서신』의 참뜻을 곡해하는 것이다. 크레이너크는 로크가 초기의 절대주의를 버리고 관용을 택한 것은 그것이 정치적 안정에 더 도움이 된다는 것을 깨달았기 때문이며, 비록 로크가 종교적 감수성을 존중하는 것처럼 보임에도 불구하고, 그의 궁극적 목적은 양심을 해방하는 것이 아니라 정부를 보다 안정되게 만듦으로써 정부를 강화하는 것이라고 주장하였다.[51] 하지만 정치적 안정에 대해 일관된 관심을 가졌다는 것과 그것을 다른 무엇보다 우선하는 목적으로 삼았다는 것은 별개의 문제다. 앞에서도 살펴보았듯이 로크는 "각자의 일차적이고 주된 염려는 먼저 자기 자신의 영혼에 대한 염려이고, 그 다음에 공안에 대한 염려이어야 한다"고 언명했던 것이다. 로크에게 정부의 안정은 그 자체가 목적이 아니라, 양심의 자유를 포함한 시민적 권리를 보호하는 데 그 존재 의의가 있는 것이었다.

관용을 변호하는 로크의 입장은 그 당시로서는 진보적인 것이었다. 만일 그 논의가 오늘날 관점에서 어느 정도 진부하게 보인다면, 그것은 분명 그 논의들이 이미 전통 속에 확고하게 확립되었기 때문일 것이다. 『서신』은 관용 일반이 아니라 '종교적' 관용이라는 특정 측면만을 옹호하고 있고, 또 기독교 단일 신앙이 지배하던 시대에 그 기독교 사회의 현안을 위해 씌어졌다는 한계를 갖고 있다. 그렇기는 하지만 그것은 지나가 버린 옛 이야기가 아니라, 로크의 정치 철학에서 중요한 자리를 차지하고 있으면서 오늘날 우리에게도 무언가를 말해 주고 있다. 그것은 국가의 고유한 역할과 의무, 정부 간섭의 적절한 한계, 그리고 시민의 기본적 권리 등과 같이 오늘날에도 여전히 중요한 문제에 관한 로크의 사상을 이해하는 데 도움을 주고 있는 것이다. 그리고 거꾸로 그의 관용론은 이런 정치 철학의 전체 틀 속에 놓고 살필 때 그 의미가 온전히 드러날 것이다.

∴

51) Kraynak, "From Absolutism to Toleration"

로크 연보

1632, 8, 29	서머세트 주 링턴에서 출생.
1637	동생 토머스가 태어남.
1642, 4	내전 발생, 부친이 의회군 기병 대위로 내전에 참가.
1643, 7	부친 소속 의회군이 왕군에 참패, 부친 귀향.
1645	크롬웰이 왕군을 격파.
1647, 가을	웨스트민스터 학교 입학.
1649, 1	국왕 찰스 1세의 처형, 이후 크롬웰 주도의 공화국 탄생.
1650	웨스트민스터 국왕 장학생으로 뽑힘.
1651	홉스의 『리바이어선』이 출간됨.
1652, 2	웨스트민스터 학교 졸업.
1652, 11	옥스퍼드 대학교 크라이스트처치 칼리지에 입학.
1654, 10	모친 사망.
1656, 2	문학사 학위 취득.
1658	평생의 지기 제임스 티렐 만남.
1658, 6	문학석사 학위 취득.
1658, 9	호국경 크롬웰 사망, 정치적 혼란 재연.
1659, 초	크라이스트처치 칼리지의 연구원 지위 획득.
1660, 5	왕정복고, 찰스 2세 즉위.
1660	로버트 보일을 사귀게 됨.
1660, 12	이듬해 개설되는 그리스어 강좌 담당 강사로 임명됨.
1660-1662	『정부소론』 집필(미출간).
1661	기사의회 개원.
1661, 2	부친 폐질환으로 사망, 재산 상속으로 안정적 생계 확보.
1661, 봄	크라이스트처치 칼리지의 튜터로 임명됨.

1662	국교회를 강제하는 통일법이 제정됨.
1662, 12	이듬해 개설되는 수사학 강좌 담당 강사로 임명됨.
1663	동생 토머스 폐결핵으로 사망.
1663, 12	이듬해 개설되는 도덕철학 강좌 담당 강사로 임명됨.
1663-1664	『자연법논고』 집필(미출간).
1665, 11	써 월터 베인의 외교사절단 일행으로 클레페 방문.
1666, 2	클레페 방문 마치고 귀국.
1666	성직자의 길을 포기하고 의사의 길로 진로를 선택함.
1666, 여름	앤서니 애슐리 쿠퍼 남작을 처음 만남.
1667, 봄	옥스퍼드를 떠나 런던의 엑시터하우스로 거처를 옮김.
1667	의사 토머스 시더넘을 만남. 벤저먼 휘치코트를 비롯한 많은 광교회파 성직자 및 케임브리지 플라톤학파와 교유함.
1667, 8	애슐리 경이 CABAL의 일원으로 권력의 핵심이 됨.
1667, 말	『관용에 관한 논고』 집필(미출간).
1668, 6	애슐리 경의 간농양 제거 수술을 관장하고 그의 생명을 구함.
1668, 11	왕립협회 회원으로 선출됨.
1669-1675	캐롤라이나 식민지 관련 업무의 실질적 책임을 맡음.
1670	『캐롤라이나 정부의 헌법』 작성에 참여함.
1671	『인간 오성론』의 기초가 된 최초의 초고가 작성됨.
1672	노예무역 독점권을 가진 칙허아프리카회사에 투자.
1672, 4	애슐리 경이 샤프츠베리 백작의 작위를 받음.
1672, 9-10	프랑스 단기 여행.
1672, 11	샤프츠베리 백작이 권력의 최정상인 상서경의 지위에 오름.
1672, 11	성직관리관에 임명됨.
1673	심사법이 제정되고, 가톨릭교도인 왕제 요크 공 제임스가 모든 공직을 박탈당함.
1673, 10	통상식민위원회의 서기에 임명됨.
1673, 11	샤프츠베리 백작이 상서경 직에서 파직되고, 로크도 성직관리관 직에서 해임됨.
1674	샤프츠베리 백작은 찰스 2세의 반대파 지도자가 됨.

1674. 2	의학사 학위 취득.
1675. 2	크라이스트처치의 의학연구원에 임명되고, 의료면허 취득.
1675. 3	통상식민위원회가 해산되고, 그 서기 직을 상실함.
1675. 11	요양 목적의 장기 체류를 위해 프랑스로 떠나, 연말에 몽펠리에에 도착함.
	이후 주로 이 도시에 머물면서 각지를 여행하고 프랑스 현실을 살펴봄.
1677. 2	샤프츠베리 백작이 런던탑에 투옥됨.
1677. 3	1년 3개월 남짓 머물던 몽펠리에를 떠나 파리로 옮겨감. 이후 1678년 6월까지 주로 파리에 머물면서 니숄라 트와이나르 등 많은 인사들과 교유함.
1678. 2	샤프츠베리 백작이 석방됨.
1678. 6-11	프랑스 남부 여러 지역을 여행함. 여행 도중 이후 평생의 조수가 된 실베스터 브라우노버를 만남.
1678. 가을	'교황의 음모' 사건 발생.
1679. 1	기사의회 해산.
1679. 2	새 의회 위한 총선거에서 샤프츠베리파 압승, 샤프츠베리 백작은 추밀원 의장이 되어 권좌에 복귀함.
1679. 4	샤프츠베리 백작의 요청으로 3년 반의 프랑스 체류를 끝내고 귀국.
1679. 5	의회에서 왕위계승배제법안이 통과되고 찰스 2세는 의회 해산으로 대응. 이후 1681년까지 소위 왕위계승배제 위기가 계속됨.
1679. 10	샤프츠베리 백작이 추밀원 의장 자리에서 해임됨.
1679-1683	이 기간 어느 때쯤 『정부론』 집필.
1680. 1	로버트 필머의 『가부장』이 출간됨.
1680. 11	새 의회에서 왕위계승배제법안 재차 통과, 상원에서 기각됨.
1681. 1	의회 해산.
1681. 3	찰스 2세는 옥스퍼드 의회 소집, 6일 만에 해산하고 3차 왕위계승배제법안 원천 봉쇄함.
1681. 7	샤프츠베리 백작이 대역죄 혐의로 체포되어 런던탑에 투옥됨.
1681. 11	런던 대배심이 샤프츠베리를 보석으로 석방.

1681, 말	대머리스 커드워스를 만남.
1682, 6	토리파가 런던의 셰리프로 선출됨. 이후 국왕은 런던의 시정부와 법정을 장악하기 시작함.
1682, 11	혁명을 추진하던 샤프츠베리 백작이 네덜란드로 망명함.
1683, 1	샤프츠베리 백작 암스테르담에서 사망.
1683, 6	'라이하우스 음모'가 탄로 나고, 이후 많은 휘그 급진파들이 투옥되거나 처형됨.
1683, 9	감시를 피해 네덜란드로 망명. 이후 1687년 초까지 주로 위트레흐트와 암스테르담에서 지냄.
1683-1685	『인간 오성론』 집필에 몰두함.
1684, 1	림보르흐와 사귀게 되면서 그로부터 관용사상의 영향을 받음.
1684-1688	에드워드 클라크에게 수많은 아동 교육 관련 편지를 보냄.
1684, 11	크라이스트처치의 연구원 자격 박탈당함.
1685, 2	찰스 2세 사망, 제임스 2세 즉위.
1685, 5	영국 정부가 네덜란드 당국에 로크를 포함한 84명의 위험분자 인도를 요구함. 로크는 지하로 잠적.
1685, 6	먼머스 공 영국 침공. 이후 7월에 먼머스는 거사에 실패하고 처형됨.
1685, 8	대머리스 커드워스가 써 프란시스 매셤의 후처가 됨.
1685-1686	라틴어로 『관용에 관한 서신』 집필.
1686, 5	영국이 인도를 요구한 위험분자 명단에서 로크가 빠짐.
1687, 초	『인간 오성론』의 집필이 거의 완료됨.
1687, 2	암스테르담에서 로테르담으로 거처를 옮겨 벤저먼 펄리의 집에서 식객으로 기거함
1688, 1	『인간 오성론』 프랑스어 요약 번역본을 잡지에 게재.
1688, 6	제임스 2세가 후사를 얻음.
1688, 7	영국 지도자들 대표단이 네덜란드의 오라녜 공 빌렘(윌리엄)에게 공식 초청장 전달.
1688, 11	윌리엄 영국 원정, 명예혁명을 이룩함.
1689, 2	5년 반의 망명 생활을 끝내고 귀국. 윌리엄과 메리가 공동 국왕에 즉위함.

	로크는 베를린 주재 대사 직 제의를 사양함.
1689, 봄	뉴튼을 처음 만나 교유를 시작함.
1689, 5	물품세항소심의관이 됨.
1689, 가을	『관용에 관한 서신』 영역본과 『정부론』 출간.
1689, 12	『인간 오성론』 출간.
1690, 여름	프로스트의 『관용에 관한 서신』 비판에 대해 『관용에 관한 제2 서신』으로 반박함.
1691, 봄	대머리스 매섐의 장원저택 오트스로 거처를 옮김.
1692, 초	『이자율 인하와 화폐가치 인상의 결과에 관한 몇 가지 고찰』 출간.
1692	프로스트의 재반론에 대해 방대한 분량의 『관용에 관한 제3 서신』으로 다시 대응함.
	아일랜드인 윌리엄 몰리뉴와 서신으로 교유 시작.
1693, 7	『교육에 관한 몇 가지 생각』 출간.
1694	『인간 오성론』과 『정부론』 제2판 출간.
1695, 8	『기독교의 합리성』 출간, 격렬한 논쟁을 야기함.
1695, 12	존 에드워즈의 『기독교의 합리성』 비판에 대한 제1차 변론서 발표. 『화폐가치 인상에 관한 재고찰』 출간.
1696, 4	로크의 안이 반영된 재주조법안이 의회에서 통과됨.
1696, 5	최후의 공직인 통상식민위원회 위원에 임명됨.
1697, 봄	존 에드워즈의 『기독교의 합리성』 비판에 대한 제2차 변론서 발표.
1697-1698	스틸링플리트 주교의 『인간 오성론』 비판에 대해 세 차례에 걸쳐 반박함.
1698	『정부론』 제3판 출간
1698, 여름	윌리엄 몰리뉴가 로크를 방문, 5주간 함께 지냄. 아일랜드로 돌아간 뒤 9월에 몰리뉴 급서.
1700	피에르 코스트가 『인간 오성론』을 프랑스어로 번역, 출간함.
1700, 6	공직에서 물러남. 이후 주로 바울 서신 연구에 주력함.
1702	윌리엄 3세 사망, 앤 여왕 즉위.
1704	『바울 서신 주해』 집필 완료(사후 출간). 『관용에 관한 제4 서신』 집필은 미완으로 남겨둠.
1704, 10, 28	오트스에서 잠들다.

참고문헌

로크의 저술

The Works of John Locke, A New Edition, Corrected, 10 vols. (London, 1823).

The Correspondence of John Locke, 8 vols, ed. E. S. de Beer (Oxford, 1976–1985).

Two Tracts on Government, ed. Philip Abrams (Cambridge, 1967).

Essays on the Law of Nature, tr. & ed. W. von Leyden (Oxford, 1954, 1965).

An Early Draft of Locke's Essay, Together with Excerpts from his Journals, ed. R. I. Aaron & J. Gibbs (Oxford, 1936).

Two Treatises of Government, ed. Peter Laslett (Cambridge, 2nd ed, 1965).

An Essay Concerning Human Understanding, ed. P. H. Nidditch (Oxford, 1975).

Some Considerations of the Consequences of the Lowering of Interest and Raising the Value of Money, *Works*, vol. V.

A Letter Concerning Toleration, *Works*, vol. IV or M. Montuori, *John Locke on Toleration and the Unity of God* (Amsterdam, 1983).

연구 저서 및 논문

Aaron, R. I., *John Locke* (Oxford, 1937, 2nd ed., 1965).

Aarsleff, H., "The State of Nature and the Nature of Man in Locke," J. W. Yolton ed., *John Locke: Problems and Perspectives* (Cambridge Univ. Pr., 1969).

_____, "Some Observations on Recent Locke Scholarship," Yolton ed., *Ibid*.

Abrams, P., "The Locke Myth," *Past and Present*, no. 15 (Apr, 1959).

Appleby, J. O., "Locke, Liberalism and the Natural Law of Money," *Past and Present*, no. 71 (May, 1976).

Aronson, J., "Shaftebury on Locke," *American Political Science Review*, vol. 53, no. 4 (1959).

Ashcraft, R. "Faith and Knowledge in Locke's Philosophy," Yolton, ed., *John Locke: Problems and Perspectives*.

_____, "Locke's State of Nature: Historical Fact or Moral Fiction?," *American Political Science Review*, vol. 62 (1968).

_____, "Revolutionary Politics and Locke's *Two Treatises of Government*: Radicalism and Lockean Political Theory," *Political Theory*, vol. 8, no. 4 (November, 1980).

_____, *Revolutionary Politics and Locke's Two Treatises of Government* (Princeton Univ. Pr., New Jersey, 1986)

_____, *Locke's Two Treatises of Government* (London, 1987).

_____, ed., *John Locke: Critical Assessments*, 4 vols. (London & New York: Routledge, 1991).

_____, "Simple Objections and Complex Reality: Theorizing Political Radicalism in Seventeenth Century England," *Political Studies*, vol. 40, no. 1 (1992).

Ashcraft, R. & Goldsmith, M. M., "Locke, Revolution Principles and the Formation of Whig Ideology," *The Historical Journal*, vol. 26, no. 4 (1983).

Barker, E., ed., *Social Contract: Essay by Locke, Hume, & Rousseau* (Oxford Univ. Pr., 1971).

Batz, W. G., "The Historical Anthropology of John Locke," *Journal of the History of Ideas*, vol. 35, no. 4 (1974).

Beer, E. S. de, "Locke and English Liberalism: the *Second Treatise of Government* in its Contemporary Setting," Yolton ed., *John Locke: Problems and Perspectives*.

Beitz, C. R., "Tacit Consent and Property Rights," *Political Theory*, vol. 8 no. 4 (Nov., 1980).

Bennett, J. G., "A Note on Locke's Theory of Tacit Consent," *Philosophical Review*, vol. 88, no. 2 (1979).

Berlin, I., "Hobbes, Locke and Professor Macpherson," *Political Quarterly*, vol. 35, no. 4 (1964).

Biddle, J. C., "Locke's Critique of Innate Principles and Toland's Deism," *Journal of the History of Ideas*, vol. 37, no. 3 (1976).

Black, Sam, "Toleration and the Skeptical Inquirer in Locke," *Canadian Journal of Philosophy*, vol. 28, no. 4 (Dec., 1998).

Bourne, H. R. Fox, *The Life of John Locke*, 2 vols. (London, 1876).

Brogan, A. P., "John Locke and Utilitarianism," *Ethics*, vol. 69, no. 2 (1959).

Cassinelli, C. W., "The 'Consent' of the Governed," *Western Political Quarterly*, vol. 12, no. 2 (1959).

Chen, Selina, "Locke's Political Arguments for Toleration," *History of Political Thought*, vol. 19, no. 2 (Summer, 1998).

Cherno, M., "Locke on Property: a Reappraisal," *Ethics*, vol. 68, no. 1 (1957).

Cohen, J., "Structure, Choice, and Legitimacy: Locke's Theory of the State," *Philosophy and Public Affairs*, vol. 15. no. 4 (1986).

Colie, R. L., "The Social Language of John Locke: a Study in the History of Ideas," *Journal of British Studies*, vol. 4, no. 2 (1965).

Conniff, James, "Reason and History in Early Whig Thought: The Case of Algernon Sidney," *Journal of the History of Ideas*, vol. 43 (1982).

Cox, R. H., *Locke on War and Peace*, (Oxford Univ. Pr., 1960).

_____, "Justice as the Basis of Political Order in Locke," *Nomos*, vol. 6 (1963).

Cranston, Maurice, *John Locke, a biography* (London, 1957).

_____, "John Locke and Government by Consent," D. Thomson ed., *Political Ideas* (Pelican Books, 1972).

_____, "John Locke and the Case for Toleration," J. Horton & S. Mendus eds., *John Locke: A Letter Concerning Toleration in Focus* (London, 1991).

Creppell, I., "Locke on Toleration: The Transformation of Constraint," *Political Theory*, vol. 24, no. 2 (May, 1996).

Davidson, E. H., "From Locke to Edwards," *Journal of the History of Ideas*, vol. 24, no. 3 (1963).

Day, J. P., "Locke on Property," *Political Quarterly*, vol. 16 (1966).

Dickinson, H. T., "The 18th-Century Debate on the 'Glorious Revolution'," *History*, vol. 61, no. 201 (Feb., 1976).

————, *Liberty and Property: Political Ideology in Eighteenth-Century Britain* (London, 1979).

Driver, C. H., "John Locke," F. J. C. Hearnshaw ed., *The Social & Political Ideas of Some English Thinkers of the Augustan Age: A. D. 1650-1750* (New York, 1928).

Dunn, John, "Consent in the Political Theory of John Locke," *The Historical Journal*, vol. 10, no. 2 (1967).

————, "Justice and the Interpretation of Locke's Political Theory," *Political Studies*, vol. 16, no. 1 (1968).

————, *The Political Thought of John Locke* (Cambridge Univ. Pr., 1982).

————, *Locke* (Oxford Univ. Pr., 1984).

————, "The Concept of 'Trust' in the Politics of John Locke," R. Rorty, J. B. Schneewind, & Q. Skinner eds., *Philosophy in History* (London, 1984).

————, *Rethinking Modern Political Theory* (Cambridge Univ. Pr., 1985).

————, "The Politics of Locke in England and America in the Eighteenth Century," Yolton ed., *John Locke: Problems and Perspectives*.

Dussinger, J. A., "'The Lovely System of Lord Shaftesbury': An Answer to Locke in the Aftermath of 1688?," *Journal of the History of Ideas*, vol. 42. no. 1 (1981).

Eisenach, E. J., *Two Worlds of Liberalism: Religion and Politics in Hobbes, Locke and Mill* (Chicago, 1981).

D'Entrèves, A. P., *Natural Law* (London, 1951).

Farr, J., "'So Vile and Miserable an Estate': The Problem of Slavery in Locke's Political Thought," *Political Theory*, vol. 14, no. 2 (May, 1986).

_____, "The Way of Hypothesis: Locke on Method," *Journal of the History of Ideas*, vol. 48, no. 1 (1987).

Farr, J. & Roberts, C., "John Locke on the Glorious Revolution: a Rediscovered Document," *Historical Journal*, vol. 28, no. 2 (1985).

Foster, H. D., "International Calvinism through Locke and the Revolution of 1688," *American Historical Review*, vol. 32, no. 3 (Apr., 1927).

Franklin, J. H., *John Locke and the Theory of Sovereignty* (Cambridge, 1981).

Fraser, A. C., "John Locke as a Factor in Modern Thought," *Proceedings of the British Academy*, vol. 1 (1903-4).

Friedrich, C. J, *An Introduction to Political Theory*, 서정갑 역,『정치사상강좌』 (법문사, 1977).

Furley, O. W., "The Whig Exclusionists: Pamphlet Literature in the Exclusion Campaign, 1679~1681," *Cambridge Historical Journal*, vol. 13 (1957).

Germino, D., *Machiavelli to Marx: Modern Western Political Thought* (Chicago, 1972).

Gibson, J., "John Locke," Ashcraft ed., *John Locke: Critical Assessments*, vol. 1.

Gierke, Otto von, *Natural Law and the Theory of Society: 1500 to 1800*, trans. by E. Barker (Beacon Press, 1956).

Goldie, Mark, "The Roots of True Whiggism, 1688-1694," *History of Political Thought*, vol. 1, no. 2 (June, 1980).

_____, "John Locke and Anglican Royalism," *Political Studies*, vol. 31, no. 1 (1983).

Goldwin, R. A., "John Locke," L. Strauss & J. Cropsey eds., *History of Political Philosophy* (Chicago, 1963).

Gough, J. W., *The Social Contract: A Critical Study of Its Development* (Oxford Univ. Pr., 1936).

_____, *John Locke's Political Philosophy* (Oxford Univ. Pr., 1956).

Grant, R. W., *John Locke's Liberalism* (Chicago, 1987).

Hamilton, W. H., "Property—According to Locke," *Yale Law Journal*, vol. 41 (1931–1932).

Hamowy, R., "Cato's Letters, John Locke and the Republican Paradigm," *History of Political Thought*, vol. 11, no. 2 (1990).

Hampsher-Monk, I. W., "Tacit Concept of Consent in Locke's *Two Treatises of Government*: A Note on Citizens, Travellers, & Patriarchalism," *Journal of the History of Ideas*, vol. 40, no, 1 (1979).

Hancey, J. O., "John Locke and the Law of Nature," *Political Theory*, vol. 4, no. 4 (1976).

Hartman, M., "Hobbes's Concept of Political Revolution," *Journal of the History of Ideas*, vol. 47, no. 3 (1986).

Hinton, R. W. K., "Husbands, Fathers and Conquerors: Patriarchalism in Hobbes and Locke," *Political Studies*, vol. 16, no. 1 (1968).

_____, "A Note on the Dating of Locke's *Second Treatise*," *Political Studies*, vol. 22, no. 4 (1974).

Hobbes, T., *Leviathan*, C. B., Macpherson ed. (Pelican Books, 1978).

J. Horton & S. Mendus eds., *John Locke: A Letter Concerning Toleration in Focus* (London, 1991).

Hundert, E. J., "The Making of *Homo Faber*: John Locke between Ideology and History," *Journal of the History of Ideas*, vol. 33, no. 1 (1972).

_____, "Market Society and Meaning in Locke's Political Philosophy," *Journal of the History of Philosophy*, vol. 15, no. 1 (1977).

Jenkins, J. J., "Locke and Natural Rights," *Philosophy*, vol. 42 (1967).

Jones, J. R., *Country and Court: England 1658–1714* (London, 1978).

Kelly, P. J., "John Locke: Authority, Conscience and Religious Toleration," Horton & Mendus ed., *John Locke: A Letter*.

Kendall, W., *John Locke and the Doctrine of Majority-Rule* (Urbana, 1965).

Kenyon, J. P., *Revolution Principles: The Politics of Party 1689–1720* (Cambridge Univ. Pr., 1977, paperback ed., 1990).

Kessler, S., "John Locke's Legacy of Religious Freedom," *Polity*, vol. 17, no. 3 (1985).

Kraynak, R. P., "John Locke: From Absolutism to Toleration," *The American Political Science Review*, vol. 74 (March, 1980).

Lamprecht, S. P., *The Moral and Political Philosophy of John Locke* (New York, 1918).

Landesman, Ch., "Locke's Theory of Meaning," *Journal of the History of Philosophy*, vol. 14, no. 1 (1976).

Laslett, P., "The English Revolution and Locke's *Two Treatises of Government*," *Cambridge Historical Journal*, vol. 12, no. 1 (March, 1956).

Lemos, R. M., *Hobbes and Locke: Power and Consent* (Univ. of Georgia Pr., Athens, 1978).

Leyden, W. von, "John Locke and Natural Law," *Philosophy*, vol. 31 (1956).

_____, *Hobbes and Locke: The Politics of Freedom and Obligation* (New York, 1982).

Mabbott, J. D., *John Locke* (London, 1973).

MacCormick, Neil, "Law, Obligation and Consent: Reflections on Stair and Locke," *Archiv für Rechts und Sozialphilosophie*, Bd. 65/3 (1979).

MacNally, David, "Locke, Levellers and Liberty: Property and Democracy in the Thought of the First Whigs," *History of Political Thought*, vol. 10, no. 1 (Spring, 1989).

Macpherson, C. B., "Locke on Capitalist Appropriation," *Western Political Quarterly*, vol. 4, no. 4 (1951).

_____, *The Political Theory of Possessive Individualism* (Oxford, 1975).

Marini, F., "John Locke and the Revision of Classical Democratic Theory," *Western Political Quarterly*, vol. 22, no. 1 (1969).

Marshall, John, *John Locke: Resistance, Religion and Responsibility* (Cambridge Univ. Pr., 1994).

Mendus, S., "Locke: Toleration, Morality and Rationality," Horton & Mendus eds., *John Locke: A Letter*.

Mendus S., & Horton J., "Locke and Toleration," Horton & Mendus eds., *John Locke: A Letter*.

Miller, John, "The Glorious Revolution: 'Contract' and 'Abdication' Reconsidered," *The Historical Journal*, vol. 25, no. 4 (1982).

Milton, J. R., "Locke's Life and Times," Vere Chappell ed., *The Cambridge Companion to Locke* (Cambridge Univ. Pr., 1994).

Monson, C. H. Jr., "Locke and His Interpreters," *Political Studies*, vol. 6, no. 2 (1958).

Montuori, M., *John Locke on Toleration and the Unity of God* (Amsterdam, 1983).

Moore, J. T., "Locke's Analysis of Language and the Assent to Scripture," *Journal of the History of Ideas*, vol. 37, no. 4 (1976).

Moulds, G. H., "John Locke's Four Freedom Seen in a New Light," *Ethics*, vol. 71, no. 2 (1961).

_____, "Private Property in John Locke's State of Nature," *American Journal of Economics and Sociology*, vol. 23 (1964).

_____, "The 'Right' and the 'Good' in Locke's Writings," *Locke Newsletter*, no. 3 (1972).

Neilson, F., "Locke's Essays on Property and Natural Law," *American Journal of Economics and Society*, vol. 10 (Apr., 1951).

Nelson, J. M., "Unlocking Locke's Legacy: a Comment," *Political Studies*, vol. 26, no. 1 (1978).

Nicholson, P., "John Locke's Later Letters on Toleration," Horton & Mendus eds., *John Locke: A Letter*.

Olivecrona, K., "Appropriation in the State of Nature: Locke on the Origin of Property," *Journal of the History of Ideas*, vol. 35, no. 2 (1974).

_____, "A Note on Locke and Filmer," *Locke Newsletter*, vol. 7 (1976).

Parry, G., "Individuality, Politics and the Critique of Paternalism in John Lokce," *Political Studies*, vol. 12, no. 2 (1964).

_____, "Trust, Distrust and Consensus," *British Journal of Political Science*, vol. 6 (Apr., 1976).

_____, *John Locke* (London, 1978).

Pearson Jr. S. C., "The Religion of John Locke and the Character of his Thought," Ashcraft ed., *John Locke: Critical Assessments*, vol. 2.

Pitkin, Hanna, "Obligation and Consent—I," *American Political Science Review*, vol. 59, no. 4 (1965).

_____, "Obligation and Consent—II," *American Political Science Review*, vol. 60, no. 1 (1966).

Plamenatz, John, *Man and Society: A Critical Examination of Some Important Social and Political Theories From Machiavelli to Marx*, 2vols. (Longman, 1963, 1981).

Pocock, J. G. A., "The Myth of John Locke and the Obsession with Liberalism," Pocock & Ashcraft, *John Locke: Papers Read at a Clark Library Seminar, 10 December 1977* (Los Angeles, 1980).

Pollock, F., "Locke's Theory of the State," *Proceedings of the British Academy*, vol. 1 (1903-1904).

Post, D. M., "Jeffersonian Revisions of Locke: Education, Property-Rights, and Liberty," *Journal of the History of Ideas*, vol. 47, no. 1 (1986).

Rapaczynski, A., "Locke's Conception of Property and the Principle of Sufficient Reason," *Journal of the History of Ideas*, vol. 42, no. 2 (1981).

_____, *Nature and Politics: Liberalism in the Philosophies of Hobbes, Locke, and Rousseau* (Ithaca, 1987).

Resnick, D., "Locke and the Rejection of the Ancient Constitution," *Political Theory*, vol. 12, no. 1 (1984).

Richards, J., Mulligan, L. & Graham, J. K., "'Property' and 'People': Political Usages in Locke and Some Contemporaries," *Journal of the History of Ideas*, vol. 42, no. 1 (1981).

Riley, P., "Locke on 'Voluntary Agreement' and Political Power," *Western Political Quarterly*, vol. 29, no. 1 (1976).

_____, *Will and Political Legitimacy* (Harvard Univ. Pr., 1982).

Rowen, H. H., "A Second Thought on Locke's *First Treatise*," *Journal of the History of Ideas*, vol. 17 (1956).

Ruben, D.—H., "Tacit Promising," *Ethics*, vol. 83, no. 1 (1972).

Russell, P., "Locke on Express and Tacit Consent: Misinterpretations and Inconsistencies," *Political Theory*, vol. 14, no. 2 (May, 1986).

Ryan, A., "Locke and the Dictatorship of the Bourgeoisie," *Political Studies*, vol. 13, no. 2 (1965).

_____, "Locke, Labour and the Purposes of God," A Ryan, *Property and Political Theory* (Oxford, 1984).

Ryan, C. C., "Yours, Mine, and Ours: Property Rights and Individual Liberty," *Ethics*, vol. 87, no. 2 (1977).

Schochet, G. J., "The Family and the Origins of the State in Locke's Political Philosophy," Yolton ed., *John Locke: Problems and Perspectives*.

_____, "Radical Politics and Ashcraft's Treatise on Locke," *Journal of the History of Ideas*, vol. 50, no. 3 (1989).

Scott, John T., "The Sovereignless State and Locke's Language of Obligation," *American Political Science Review*, vol. 94, no. 3 (September, 2000).

Seliger, M., "Locke's Theory of Revolutionary Action," *Western Political Quarterly*, vol. 16, no. 3 (1963).

_____, "Locke's Natural Law and the Foundation of Politics," *Journal of the History of Ideas*, vol. 24, no. 3 (1963).

_____, *The Liberal Politics of John Locke* (New York, 1969).

Sigmund, P. E., *Natural Law in Political Thought* (Cambridge, Massachusetts, 1971).

Simon, W. M., "John Locke: Philosophy and Political Theory," *The American Political Science Review*, vol. 45, (June, 1951).

Simmons, A. John, "Tacit Consent and Political Obligation," *Philosophy and Public Affairs*, vol. 5, no. 3 (1976).

_____, "Inalienable Rights and Locke's *Treatises*," *Philosophy and Public Affairs*, vol. 12, no. 3 (1983).

_____, *On the Edge of Anarchy: Locke, Consent, and the Limits of Society* (Princeton Univ. Pr., 1993).

Singh, R., "John Locke and the Theory of Natural Law," *Political Studies*, vol. 9, no. 2 (1961).

Skinner, Q., "Meaning and Understanding in the History of Ideas," *History and Theory*, vol. 8, no. 1 (1969).

Slaughter, T. P., "'Abdicate' and 'Contract' in the Glorious Revolution," *The Historical Journal*, vol. 24, no. 2 (1981).

Smyrniadis, M. B., *Les Doctrines de Hobbes, Locke et Kant et le Droit d' insurrection* (Paris, 1921).

Snare, F., "Consent and Conventional Acts in John Locke," *Journal of the History of Philosophy*, vol. 13, no. 1 (1975).

Snyder, D. C., "Faith and Reason in Locke's Essay," *Journal of the History of Ideas*, vol. 47, no. 2 (1986).

Soles, D. E., "Locke's Empiricism and the Postulation of Unobservables," *Journal of the History of Philosophy*, vol. 23, no. 3 (1985).

Spahr, M., "Sovereignty under Law: a Possible Redefinition of Sovereignty in the Light of Locke's Theory of Liberty," *American Political Science Review*, vol. 39 (Apr, 1945).

Steinberg, Jules, *Locke, Rousseau, and the Idea of Consent* (Westport, Connecticut, 1978).

Stevens, Jacqueline, "The Reasonableness of John Locke's Majority: Property Rights, Consent, and Resistance in the *Second Treatise*," *Political Theory*, vol. 24, no. 3 (August, 1996).

Strauss, Leo, "On Locke's Doctrine of Natural Right," *Philosophical Review*, vol. 61, no. 4 (October, 1952).

_____, "Locke's Doctrine of Natural Law," *American Political Science Review*, vol. 52 (June, 1958).

_____, *Natural Right and History* (Chicago, 1971).

Strathern, Paul, *Locke in 90 Minutes* (Chicago, 1999).

Tanner, J. R., *English Constitutional Conflicts of the Seventeenth Century 1603-1689* (Cambridge Univ. Pr., 1966).

Tarcov, N., "Locke's *Second Treatise* and 'The Best Fence Against Rebellion'," *The Review of Politics*, vol. 43, no. 2 (1981).

_____, *Locke's Education for Liberty* (Chicago, 1984).

Tarlton, C. D., "The Exclusion Controversy, Pamphleteering, and Locke's *Two Treatises*," *The Historical Journal*, vol. 24, no. 1 (1981).

_____, "'The Rulers Now on Earth': Locke's *Two Treatises* and the Revolution of 1688," *The Historical Journal*, vol. 28, no. 2 (1985).

Tassi, A., "Locke on Majority-Rule and the Legislative," *The Locke Newsletter*, no. 4 (Spr., 1973).

Tennant, R. C., "The Anglican Response to Locke's Theory of Personal Identity," *Journal of the History of Ideas*, vol. 43, no. 1 (1982).

Thiel, Udo, *John Locke*, 이남석 역, 『로크』(한길사, 1998).

Thompson, M. P., "The Reception of Locke's *Two Treatises of Government* 1690-1705," *Political Studies*, vol. 24, no. 2 (1976).

_____, "The Idea of Conquest in Controversies over the 1688 Revolution," *Journal of the History of Ideas*, vol. 38, no. 1 (1977).

_____, "Reception and Influence: A Reply to Nelson on Locke's *Two Treatises of Government*," *Political Studies*, vol. 28, no. 1 (1980).

_____, "Significant Silences in Locke's *Two Treatises of Government*: Constitutional History, Contract and Law," *Historical Journal*, vol. 31 (1988).

Tuck, R., *Natural Rights Theories: their Origin and Development* (Cambridge, 1979).

Tully, J., *A Discourse on Property: John Locke and his Adversaries* (Cambridge, 1980).

Vaughan, C. E., *Studies in the History of Political Philosophy before and after Rousseau* (Manchester, 1925).

Viner, J., "'Possessive Individualism' as Original Sin," *Canadian Journal of Economics and Political Science*, vol. 29, no. 4 (1963).

Waldman, T., "A Note on John Locke's Concept of Consent," *Ethics*, vol. 68, no. 1 (Oct., 1957).

Waldron, J. J., "Locke's Account of Inheritance and Bequest," *Journal of the History of Philosophy*, vol. 19, no. 1 (1981).

_____, "Locke: Toleration and the Rationality of Persecution," Horton & Mendus eds., *John Locke: A Letter*.

Wallace, D. D., "Socinianism, Justification by Faith and the Sources of John Locke's *The Reasonableness of Christianity*," *Journal of the History of Ideas*, vol. 45, no. 1 (1984).

Western, J. R., *Monarchy and Revolution* (London, 1972).

Winfrey, J. C., "Charity versus Justice in Locke's Theory of Property," *Journal of the History of Ideas*, vol. 42, no. 3 (1981).

Wolfson, A., "Two Theories of Toleration: Locke versus Mill," *Perspectives on Political Science*, vol. 25, no. 4 (Fall, 1996).

_____, "Toleration and Relativism: the Locke—Proast Exchange," *The Review of Politics*, vol. 59, no. 2 (1997).

Wolin, S. S., *Politics and Vision* (Boston, 1960).

_____, "Contract and Birthright," *Political Theory*, vol. 14, no. 2 (1986).

Wootton, D., "John Locke and Richard Ashcraft's *Revolutionary Politics*," *Political Studies*, vol. 40, no. 1 (1992).

Yolton, J. W., "Locke on the Law of Nature," *Philosophical Review*, vol. 10 (1958).

_____, ed., *John Locke: Problems and Perspectives* (Cambridge Univ. Pr., 1969).

Zuckert, M. P., "An Introduction to Locke's *First Treatise*," Ashcraft ed., *John Locke: Critical Assessments*, vol. 3.

Zvesper, John, "The Utility of Consent in John Locke's Political Philosophy," *Political Studies*, vol. 32, no. 1 (March, 1984).

江金太, "Locke's Theory of Property,"『史學彙刊』第七期, (1976).

강정인·문지영 편역,『로크의 이해』(문학과지성사, 1995).

김남두, 「사유재산권과 삶의 평등한 기회: 로크를 중심으로」, 『철학연구』 (1990, 가을).

문지영, 「'자유'의 자유주의적 맥락: 로크와 로크를 넘어」, 『정치사상연구』 제10집 1호 (2004).

박은정, 『자연법 사상』 (민음사, 1987).

서병훈, 「로크의 정치사상: 자유와 관용」, 이근식·황경식 편저, 『자유주의의 원류: 18세기 이전의 자유주의』 (철학과현실사, 2003).

정달현, 『로크의 정치 철학』 (영남대학교 출판부, 2007).

차하순, 「John Locke의 정치사상에 관한 새 자료의 검토」, 『서양사론』 제11호(1970).

황경식, 「소유와 자유 — 소유권의 자유주의적 정당화」, 『철학연구』 (1990, 가을).

존 로크의 정치사상

1판 1쇄 찍음 | 2015년 4월 13일
1판 1쇄 펴냄 | 2015년 4월 23일

지은이 | 송규범
펴낸이 | 김정호
펴낸곳 | 아카넷

출판등록 2000년 1월 24일(제406-2000-000012호)
413-120 경기도 파주시 회동길 445-3
전화 | 031-955-9511(편집) · 031-955-9514(주문)
팩스 | 031-955-9519
책임편집 | 이경열
www.acanet.co.kr

ISBN 978-89-5733-406-5 93920

이 도서의 국립중앙도서관 출판시도서목록(CIP)은
서지정보유통지원시스템 홈페이지(http://seoji.nl.go.kr)와
국가자료공동목록시스템(http://www.nl.go.kr/kolisnet)에서 이용하실 수 있습니다.
(CIP 제어번호: CIP 2015010438)